LES PARAS
DU MATIN ROUGE

DU MÊME AUTEUR

Aux Presses de la Cité

COMMANDO DE CHASSE (Collection Troupes de choc).
LES PANZERS DE LA GARDE NOIRE (Collection Troupes de choc).
LES PARAS DU MATIN ROUGE (Collection Troupes de choc).
LA CRÊTE, TOMBEAU DES PARAS ALLEMANDS (Collection Troupes de choc).
CHASSEURS ALPINS, DES VOSGES AUX DJEBELS 1914-1964 (Collection Troupes de choc) Prix Raymond Poincaré et Prix de l'Alpe.
LA BATAILLE DES ALPES (Collection Troupes de choc).
LES PARAS PERDUS (Collection Frères d'Armes).

CHEZ D'AUTRES ÉDITEURS

La Guerre.

LA BRIGADE FRANKREICH (Arthème Fayard et Livre de Poche).
LA DIVISION CHARLEMAGNE (Arthème Fayard et Livre de Poche).
MOURIR A BERLIN (Arthème Fayard et Livre de Poche).
LES JEUNES FAUVES DU FÜHRER (Arthème Fayard et Presses Pocket).
LA DIVISION « WIKING » (Arthème Fayard et Livre de Poche).
LA PANZERDIVISION « WIKING » (Arthème Fayard).
LA DIVISION « NORDLAND » (Arthème Fayard).
LES SS AU POING-DE-FER (Arthème Fayard).
PANZERS SS DANS L'ENFER NORMAND (Arthème Fayard).
LES GÉNÉRAUX DU DIABLE (Jacques Grancher).

L'Histoire.

LES GRANDS AVENTURIERS DE L'HISTOIRE (Arthème Fayard).
HISTOIRE DE L'AFRIQUE (François Beauval) *en collaboration.*
LE MASSACRE DES JANISSAIRES (Éditions de Crémille).
LES SAMOURAÏ (André Balland et Presses Pocket) avec *Yves Bréhéret.*
L'ÉTÉ ROUGE DE PÉKIN (Arthème Fayard et Livre de Poche).
LA BATAILLE DE L'YSER (Arthème Fayard).
LA MARNE ET VERDUN (Larousse) avec *Yves Bordes* et *Marcel Uderzo.*
HISTOIRE DES TROUPES D'ÉLITE (Famot, Genève) *en collaboration.*
LES SEIGNEURS DE LA GUERRE (François Beauval) *en collaboration.*
UNGERN, LE DIEU DE LA GUERRE (Art et Histoire d'Europe).
LES ÉNIGMES DE L'OCCUPATION (Éditions de Crémille) *en collaboration.*
HISTOIRE DE LA GESTAPO (Éditions de Crémille) *en collaboration.*
LES SURVIVANTS DE L'AVENTURE HITLÉRIENNE (Famot) *en collaboration.*
RÖHM, L'HOMME QUI INVENTA HITLER (Arthème Fayard).
LA LVF (Arthème Fayard) avec *Éric Lefèvre.*

La Politique.

DRIEU PARMI NOUS (La Table Ronde).
HISTOIRE D'UN FRANÇAIS (L'Esprit nouveau).
L'ÉCRIVAIN, LA POLITIQUE ET L'ESPÉRANCE (Europe).

Le Nord.

THULÉ, LE SOLEIL RETROUVÉ DES HYPERBORÉENS (Éditions du Trident).
LES SOLSTICES, HISTOIRE ET ACTUALITÉ (G.r.e.c.e.) avec *Pierre Vial.*
LES VIKINGS, SEIGNEURS DES TEMPÊTES (Versoix, Genève).
LES DIEUX MAUDITS, récits de mythologie nordique (Copernic).
VIKINGS EN NORMANDIE (Copernic) *en collaboration.*
HISTOIRE DE LA NORMANDIE (France-Empire) avec *Jean-Robert Ragache.*
LA SAGA DE GODEFROY LE BOITEUX (Copernic).
HISTOIRE SECRÈTE DE LA NORMANDIE (Albin Michel).
LES DUCS DE NORMANDIE (Lavauzelle).
GUILLAUME LE CONQUÉRANT (Art et Histoire d'Europe).

La Mer.

LA MARÉE NOIRE DU « TORREY CANYON » (Albin Michel).
ÉVASIONS FANTASTIQUES (Éditions maritimes et d'outre-mer).
PÊCHEURS DU COTENTIN (Heimdal).
LES CONQUÉRANTS DES MERS POLAIRES (Vernoy, Genève).
« MOR BIHAN » AUTOUR DU MONDE (Éditions maritimes et d'outre-mer).

JEAN MABIRE

LES PARAS DU MATIN ROUGE

Collection « Troupes de choc » dirigée par Jeannine BALLAND

PRESSES DE LA CITÉ
PARIS

DANS LA MÊME COLLECTION

La Bataille des convois de Mourmansk, Jean-Jacques Antier.
La Bataille de Malte, Jean-Jacques Antier.
La Bataille des Philippines, Jean-Jacques Antier.
L'Aventure Kamikaze, Jean-Jacques Antier.
Corsaires en béret vert, René Bail.
La Légion au combat, Erwan Bergot.
Bataillon Bigeard, Erwan Bergot.
Les 170 jours de Diên Biên Phu, Erwan Bergot.
La 2e D.B., Erwan Bergot.
La Guerre des appelés en Algérie, Erwan Bergot.
La Coloniale, du Rif au Tchad, Erwan Bergot.
Le 1er Bataillon de Corée, Erwan Bergot.
Le Régiment de marche de la Légion, Erwan Bergot.
Les Gendarmes au combat en Indochine, Erwan Bergot.
11e Choc, Erwan Bergot.
La Bataille de Dong Khê, Erwan Bergot.
Les Escorteurs de la France Libre, Michel Bertrand.
Les Chasseurs de la R.A.F., Jean Bourdier.
Normandie-Niémen, Yves Courrière.
Paras de la France Libre, colonel Roger Flamand.
Le Royal Étranger, Alain Gandy.
Spahis, Alain Gandy.
Les Corps francs 1939-1940, Patrick de Gmeline.
La 1re D.F.L., Yves Gras.
La Bataille des Ardennes, Michel Hérubel.
La Bataille de Midway, Michel Hérubel.
Soldats perdus et Fous de Dieu, Jean Lartéguy.
Le Commando du 6 juin 1944 — Commando n° 4, Raymond La Sierra.
Les Forces spéciales en Birmanie, Jean-Claude Lauret.
La Division Brandebourg, Éric Lefèvre.
Les Panzers de la garde noire, Jean Mabire.
Les Paras du matin rouge, Jean Mabire.
Commando de chasse, Jean Mabire.
Le Tombeau des paras allemands, Crète 1941, Jean Mabire.
Les Chasseurs alpins, Jean Mabire.
Les Chasseurs alpins T. 2 — La Bataille des Alpes, Jean Mabire.
Le 1er Bataillon de Choc, Raymond Muelle.
Le 1er Bataillon de Choc en Indochine, Raymond Muelle.
Les Sous-marins de la France Libre, Maurice Pasquelot.
Bataillon R.A.S. Algérie, Jean Pouget.
Le corps expéditionnaire français en Italie, 1943/1944, Jacques Robichon.
La Légion saute sur Kolwezi, Pierre Sergent.
Paras-Légion 2e B.E.P. en Indochine, Pierre Sergent.
Le 2e R.E.P., Pierre Sergent.

ISBN : 2-258-00825-5

A Erwan Bergot.

I

LES VOLONTAIRES DU REGIMENT « GENERAL-GŒRING »

— La décision d'une guerre ne dépend pas du matériel, elle dépend toujours des hommes.

C'est une phrase qu'Adolf Hitler ne cesse de répéter à ses fidèles depuis cette nuit du 30 janvier 1933 où il est devenu le chancelier du Reich, à l'appel du vieux maréchal Hindenburg. Passionné d'armement et de technique, mécanicien tout autant qu'aquarelliste, le Führer croit finalement bien davantage dans l'homme que dans la machine. Pourtant...

Pourtant, il rêve, avec une précision lyrique de somnambule, d'une fantastique armée des nuages, confiant à ses intimes :

— L'arme aérienne est une arme virile. Elle sera la forme moderne de l'éternel combat germanique. Je ferai construire la plus grande flotte aérienne du monde et nous aurons les pilotes les plus intrépides.

Recevant le Dr Hermann Rauschning, ancien chef national-socialiste du gouvernement de la ville libre de Dantzig dans les dures années qui ont précédé la guerre, Adolf Hitler lui confie soudain :

— Le moment favorable à l'attaque, je l'attendrai avec une détermination de fer et je ne le laisserai pas échapper... Ce que nous voulons, c'est anéantir l'adversaire. Nous ne nous amuserons pas à jouer aux héros. Les généraux, malgré les enseignements de la guerre passée, veulent continuer à se comporter comme des chevaliers d'autrefois. Ils se croient obligés de conduire les guerres comme des tournois de Moyen Age. Je n'ai que faire des chevaliers. Ce qu'il me faut, ce sont des révolutionnaires... J'ai fait de la révolution la base de ma politique [1].

De toutes ces rêveries et de tous ces soliloques, toujours sous le même éclairage blafard d'une idée essentielle, à savoir que la guerre reste l'état naturel de l'homme, le Führer va tirer l'esprit même de la puissance militaire la plus nombreuse et surtout la plus moderne de son temps.

Toute l'œuvre du nouveau régime national-socialiste ne semble pas avoir d'autre but que cette ambition wagnérienne : rendre au Siegfried allemand le glaive de la Force éternelle. Son armée sera celle du romantisme et de la motorisation. Persuadé de la supériorité de l'infanterie et enthousiasmé par les progrès de l'aviation, Adolf Hitler devait fatalement faire de ses unités parachutistes la troupe de choc par excellence des forces armées du IIIe Reich.

Ainsi, au point de convergence brutal de l'air et de la terre, ces soldats, qui ont pour emblème l'aigle fonçant sur sa proie, vont devenir les guerriers des nuages et de la foudre, du vent et des éclairs.

Les paras allemands formeront un jour, à travers l'Europe en flammes, des divisions et même des corps d'armée. Pourtant, au début, ils ne furent que quelques centaines d'hommes, mais de cette légère brise qui gonfle les voilures blanches à l'école de saut de Stendal va jaillir la tempête de feu et l'orage d'acier.

***

Avant de devenir une arme de combat, le parachute a été une attraction de foire et un moyen de sauvetage. L'aventure commence à la fin du XVe siècle avec les merveilleux dessins des albums de Léonard de Vinci qui avait tout prévu, bien avant Jules Verne.

Le premier à mettre au point le parachute, à la fin du XVIIIe siècle, se nomme Jean-Pierre Blanchard. Il est né aux Andelys, au pied de la forteresse démantelée du Château-Gaillard, et sera le premier à traverser la Manche de Douvres à Calais, en ballon, un beau jour de 1785. Quant au parachute, il l'imagine et le réalise dès ce moment, mais, prudent comme un vrai paysan normand, il se contente de l'expérimenter... avec les animaux de la ferme familiale se gardant bien de se jeter dans le vide suspendu à une fragile voilure tanguant à la moindre brise.

---

1. Hermann Rauschning : *Hitler m'a dit*, librairie « Coopération », Paris, 1939. Livre interdit et détruit pendant l'occupation allemande. Réédité après la guerre par Somogy en 1945.

Le premier à mériter le titre de parachutiste sera donc, sous la Révolution, un certain André-Jacques Garnerin. Le 22 octobre 1797, ce Parisien se lance du haut d'un ballon, stationné à mille mètres de hauteur, et atterrit sain et sauf dans le parc des Mousseaux — aujourd'hui, le parc Monceau.

Son enthousiasme sera si communicatif qu'il incitera sa femme, Jeanne Labrosse, puis sa nièce, Elise Garnerin, à se lancer dans les airs suspendues à une mince voilure. A vingt-quatre ans la jeune Elise saute pour la première fois, en 1815. Une douzaine d'années plus tard, elle aura accompli trente-neuf descentes et suscité l'enthousiasme des foules tant en Europe qu'en Amérique.

C'est le début du parachutisme à la française qui relève encore de la fantaisie. Bien plus tard, avec une autre femme, Fräulein Khäte Paulus, originaire de Francfort, naît le parachutisme à l'allemande, qui se place sous le signe de la technique. Son parachute de soie est plié dans une gaine cylindrique en métal fixée à la nacelle d'un ballon. Quand il s'est élevé à cinq ou six cents mètres de haut, Mlle Käthe décroche alors l'espèce de trapèze où elle se tenait assise. Cet engin est relié par des suspentes au parachute qui se délove. La jeune fille réalise un saut à ouverture « automatique ». Le succès est prodigieux. Mais, au-delà du spectacle, apparaît vite une idée nouvelle : le parachute ne servira plus seulement à épater le badaud. Il pourra aussi sauver la vie des aérostiers en détresse.

Et s'il pouvait — aussi — déposer un soldat sur le champ de bataille ? C'est une idée qui germe dans le cerveau de deux Américains à la fin du XIXᵉ siècle, Charles Leroux et Joe Loyal. Cette fois, dans leur invention, l'homme n'est plus installé sur une sorte de balançoire mais sanglé dans un harnais. Comme beaucoup d'inventeurs — même outre-Atlantique —, ils ne réussissent pas à convaincre leurs compatriotes. Ils décident alors de se produire en Europe. Et les gens qu'ils considèrent comme les plus capables de les comprendre, ce sont les militaires allemands du grand état-major impérial. La démonstration a lieu le 16 avril 1889, à Schöneberg, près de Berlin, devant un prestigieux aréopage de « seigneurs de la guerre », avec moustaches en crocs et casques à pointe. Ces messieurs ne ménagent pas les « Hoch » d'admiration. Le comte von Waldesee, chef d'état-major général, et son adjoint, le comte von Schlieffen — l'homme du fameux Plan d'invasion de la France par les Ardennes — ne tarissent pas d'éloges :

— Si quelqu'un voulait prendre l'affaire en main en haut lieu, nous pourrions révolutionner l'art de la guerre, monsieur Leroux.

Le parachutiste franco-yankee s'incline, rouge de confusion.

En quittant l'esplanade où il vient de magistralement se poser, les jeunes officiers à particule et à monocle ne peuvent s'empêcher de rêver tout haut :

— Avec quelques hommes tombant ainsi de ballons, nous pourrions nous emparer d'un quartier général bien plus facilement qu'avec un raid de uhlans !

L'apparition de l'avion va révolutionner la technique du parachute qui redevient, plus que jamais, un moyen de sauvetage. Un an avant la Première Guerre mondiale, le célèbre aviateur français Adolphe Pégoud n'hésite pas, le 19 août 1913, au-dessus du terrain de Châteaufort, près de Versailles (aujourd'hui Toussus-le-Noble), à se lancer d'un avion en plein vol. Ce précurseur sera tué en 1915 en combat aérien.

Le conflit va donner un coup de fouet à la production de parachutes. En Allemagne, le mot d'ordre est à l'efficacité et au colossal. Fräulen Käthe Paulus, une fois passé l'âge des acrobaties, se reconvertit dans l'industrie. Sur ses conseils et sous ses ordres, une usine spécialisée fabrique cinq mille parachutes pour les escadrilles de reconnaissance, de bombardement ou de chasse de l'aviation impériale.

Il n'est pas un seul grand aviateur des armées alliées ou ennemies qui n'ait eu, au moins une fois, la vie sauve grâce à son parachute, indispensable compagnon des aigles solitaires, ces grands rapaces de la chasse à l'homme dans le labyrinthe des nuages. Parmi eux, un jeune officier entré, en 1915, à vingt-deux ans, dans la plus célèbre de toutes les escadrilles allemandes et que mène au combat l'as des as aux quatre-vingts victoires, le major Manfred von Richtofen, surnommé le Baron rouge parce que son appareil arbore la couleur du feu et du sang. Ce jeune officier aviateur se nomme Hermann Göring. A la mort de son chef, il prend la tête de l'escadrille. Puis c'est la défaite, la vie errante comme pilote d'acrobatie aérienne à l'étranger, le retour en Allemagne, les complots, le putsch manqué de 1923, une grave blessure, l'exil, la reprise du combat politique. Et, enfin, la revanche. Elu député dès 1929, l'ancien capitaine aviateur Göring devient trois ans plus tard, en 1932, chef du groupe parlementaire du parti national-socialiste et président du Reichstag, le parlement de la république allemande de Weimar. A la fin de janvier 1933, voici l'ancien pilote de chasse nommé ministre de l'Air, ministre de l'Intérieur de Prusse et général de corps d'armée par la magie des promotions exceptionnelles d'un régime qui vient de prendre le pouvoir.

Bonhomme et impitoyable tout ensemble, cruel et bon vivant, soucieux de sa propre légende tout autant que de la renaissance de l'aviation allemande, Hermann Göring devient rapidement le personnage le plus populaire du IIIe Reich, celui qui excite la verve des caricaturistes étrangers, la haine des détenus ou des émigrés et la ferveur de toute une génération de jeunes pilotes qui croient leur heure enfin venue dans le ciel d'une Allemagne orgueilleuse.

***

Au mois de septembre 1935, le ministre de l'Air du IIIe Reich convoque dans son bureau de Berlin le lieutenant-colonel Jacoby, qui commande le régiment qui porte son nom : *General-Göring*.

La création de cette unité, à la fois politique et militaire, remonte aux premiers jours qui ont suivi la prise du pouvoir par le parti national-socialiste, au début de l'année 1933. Dès le 23 février, Hermann Göring a décidé de créer une force armée autonome à son entière disposition : la *Polizeiabteilung zb V* que commande le major Wecke. Quatre cents hommes et quatorze officiers exactement, tous militants nazis de plus ou moins longue date et décidés à venger les deux cent cinquante morts du parti, tombés au cours des années de lutte pour la prise du pouvoir. Très rapidement, une fois arrêtés et molestés quelques opposants bien connus de leurs vieux adversaires, cette force spéciale devait abandonner son caractère policier pour prendre, de plus en plus, une allure militaire. L'unité s'installe dans les anciennes casernes des grenadiers de la Garde impériale, à Kreuzberg d'abord, puis à Charlottenburg.

Au Congrès du parti, à Nuremberg, en septembre 1933, cette unité d'élite reçoit son étendard et, avant la fin de l'année, pour l'avant-veille de Noël, elle prend officiellement le nom de *General-Göring*. Elle devait peu à peu s'étoffer et le lieutenant-colonel Jacoby en a pris le commandement le 6 juin 1934, quelques semaines avant la fameuse purge de la Nuit des longs couteaux.

Depuis mars 1935, la Wehrmacht a définitivement remplacé la Reichswehr. L'Allemagne ne se trouve plus défendue par une troupe de métier, mais par une armée nationale. Le régiment *General-Göring* voit son caractère militaire s'accentuer et il comprend désormais deux bataillons de chasseurs, une compagnie motocycliste, une compagnie du génie, une batterie antiaérienne et deux unités de gardes d'honneur destinées à « protéger » les bâtiments du ministère de l'Air et les demeures de son chef, le personnage le plus fastueux du nouveau régime.

Massif, souriant, chaleureux, le général Göring, sanglé dans le nouvel uniforme de la Luftwaffe qu'il a tenu à dessiner lui-même, fait entrer le lieutenant-colonel Jacoby dans son bureau :

— Votre régiment devient une unité militaire à part entière. Il se trouve désormais rattaché à la Luftwaffe et va se trouver encore renforcé dans les semaines qui viennent.

Malgré son garde-à-vous impeccable, le commandeur du régiment *General-Göring* ne peut dissimuler un sourire de satisfaction. Désormais, son unité a rompu toute attache avec des origines policières qu'il a toujours regrettées. Le ministre de l'Air lui fait signe de s'asseoir dans un fauteuil dont la tapisserie représente un aigle tenant dans ses serres la croix gammée. Lui, derrière son impressionnant bureau ministériel, doit se contenter d'une simple chaise, plus adaptée à cet embonpoint qui fait la joie des chansonniers. Pour être obèse, le maître de la nouvelle aviation allemande n'en reste pas moins un redoutable animal de guerre.

— J'ai décidé, dit-il au lieutenant-colonel Jacoby, de créer une unité de parachutistes au sein de l'armée allemande. Les premiers volontaires seront choisis parmi les hommes qui se trouvent sous vos ordres.

— Ils seront probablement tous volontaires, assure le chef du régiment *General-Göring*.

Le ministre de l'Air arbore un sourire béat de satisaction. Il n'a d'ailleurs jamais douté du fanatisme de l'unité qui porte son nom.

— Alors le plus simple, conclut-il, sera d'entraîner au saut d'avion votre Ier bataillon [1]. Il deviendra le noyau de la future armée aéroportée allemande que je veux un jour offrir au Führer.

***

Quelques jours plus tard, le 1er octobre 1935, le régiment *General-Göring* fait mouvement sur le camp d'instruction d'Altengrabow, où l'entraînement militaire s'intensifie pour transformer cette troupe de parade en unité d'élite d'infanterie. Du lieutenant-colonel au dernier chasseur, tous ne pensent plus qu'à cette histoire de parachutistes qui suscite des conversations passionnées depuis qu'une note officielle de l'état-major a désigné comme « volontaires » tous les hommes du Ier bataillon et autorisé quelques demandes de mutations à l'intérieur du corps.

Le major Bruno Bräuer semble le plus décidé. Ce Berlinois de quarante-deux ans a servi comme simple sous-officier pendant la Grande Guerre. Très grièvement blessé, il a été démobilisé après avoir été décoré de la croix de Fer de 2e classe. Ne pouvant rejoindre la petite armée de cent mille hommes tolérée par

1. Selon l'usage allemand et afin de rendre plus clair le cours du récit, les compagnies seront désignées par un numéro en chiffre arabe, les bataillons par un numéro en chiffre romain et les régiments par un chiffre arabe. Ainsi, écrira-t-on, par exemple : la 6e compagnie du IIe bataillon du 1er régiment de chasseurs parachutistes (en abrégé 6/II/FJR 1).

le traité de Versailles, il s'est alors engagé dans la police prussienne et a tout naturellement rejoint le régiment *General-Göring* dès sa création. Il en a d'abord commandé, dès le début, la 1re compagnie. C'est un homme massif, dont le visage osseux, d'une rare énergie, est éclairé par des yeux au dur regard gris-bleu.

— Les Allemands du nouveau Reich se doivent de réaliser ce que les Américains ont rêvé et ce que les Soviétiques sont en train d'expérimenter, confie le major Bräuer au capitaine Reinberger, au milieu d'un auditoire attentif, dans un des salons du « Kasino » des officiers d'Altengrabow.

— Les Américains, Herr Major ?

— Mais oui. C'est une histoire peu connue, mais fantastique. En octobre 1918, juste avant la fin de la guerre, un de leurs officiers que n'encombrait certes pas l'esprit de routine, le major-général William Mitchell, un aviateur, a eu l'idée de briser notre résistance sur le front occidental par une opération aéroportée. Toute l'infanterie de la 1re division du corps expéditionnaire des Etats-Unis devait être équipée de parachutes et larguée dans la région flamande de Menin et Roselare, pour y semer la panique. Le matériel lourd et les munitions devaient aussi suivre par la voie des airs. C'était un plan gigantesque qui exigeait deux mille avions...

Le major Bräuer ajoute aussitôt, avec un soupir de dépit :

— Nos ennemis ne manquaient pas de moyens. Rien ne s'opposait au projet Mitchell. Il fallait seulement le temps de tout mettre au point. L'opération fut décidée et prévue pour le mois de février 1919. L'armistice que nous connaissons tous vint interrompre le projet trois mois avant son exécution. Voici une demi-douzaine d'années, quand Mitchell a publié ses *Mémoires,* on a découvert ce projet extraordinaire. Et comme tous les précurseurs, ce général américain est sans doute passé pour un utopiste ou même un fou.

— Pas chez les Soviétiques, Herr Major ! lance le lieutenant Walther.

Bruno Bräuer en sait sur ce sujet, encore très mystérieux, à peine plus que la plupart des officiers allemands.

— Le parachutisme est devenu une sorte de sport national en URSS et il paraît que l'on voit des tours d'entraînement au saut dans chaque bourgade. Le maréchal Toukhatchevski s'y intéresserait particulièrement. En tout cas, dès les manœuvres de 1931, un lieutenant et une demi-douzaine d'hommes ont sauté d'un Antonov 14. Exactement sept minutes plus tard, ils mettaient en action une mitrailleuse lourde.

— Ils ont fait des progrès à pas de géant depuis, Herr Major, ajoute le lieutenant Kroh. Aux dernières manœuvres de l'Armée rouge en Ukraine, cet été, ils ont parachuté un millier d'hommes.

— Ce n'est pas possible ! s'exclament ensemble plusieurs des gradés du régiment *General-Göring.*

— Un de mes camarades de promotion a suivi la manœuvre comme attaché militaire, confirme Bräuer. Il me l'a dit : « Si je n'avais pas été un témoin oculaire je n'aurais jamais cru qu'une telle opération fût possible. »

Tous les officiers se lancent dans une discussion passionnée, quand un planton apporte un message au lieutenant-colonel Jacoby. Le commandeur en prend connaissance et impose le silence d'un geste sec :

— Messieurs, c'est un ordre du ministère de l'Air. Le régiment doit se rendre au terrain de Döberitz pour assister à une démonstration de sauts en vol. Vous saurez au moins de quoi vous parlez avec toute cette histoire de parachutistes !

Une telle nouvelle ne peut que surexciter davantage tous les officiers du régiment *General-Göring* qui attendent avec une impatience mal contenue le moment de faire mouvement sur Döberitz.

***

Soldats et officiers du régiment *General-Göring* sont installés en bordure du terrain d'aviation de Döberitz. Ils sont en tenue de sortie et viennent assister en spectateurs obligés à ce meeting aérien ultra-secret. Ils regardent les quelques parachutistes d'essai chargés de la démonstration s'équiper de leur harnais et de leur sac, avant de se diriger vers un avion de transport Junkers 52 qui ne tarde pas à rouler lentement, couchant l'herbe rase du souffle de ses hélices. L'appareil arrive en début de piste. Le grondement se transforme en rugissement. Toute la ferraille vibre. Puis l'avion s'élance brusquement, roule de plus en plus vite, décolle. Toutes les têtes le suivent quand il grimpe, semble disparaître, prend encore plus de hauteur, amorce un grand virage et revient au-dessus du champ d'aviation. Voici les premiers parachutistes qui sautent. Machinalement chacun compte les hommes à haute voix :

— *Eins... Zwei... Drei... Vier...*

Les corolles blanches s'ouvrent l'une après l'autre et les hommes descendent assez lentement, au bout de leurs suspentes, mal visibles à cette distance. Un peu de brise provoque quelques balancements. Assez vite, ils arrivent au sol. Tout va bien. Ils roulent à terre, se relèvent, étouffent la voilure et la ramassent à grandes brassées.

— Tiens ! L'un d'eux ne bouge plus, fait remarquer le lieutenant-colonel Jacoby à son chef d'état-major, le major von

Axthelm, qui doit bientôt lui succéder à la tête du régiment *General-Göring.*

Tous les hommes ont vu la scène. Ils lancent quelques exclamations :

— Qu'est-ce qui se passe ?

— Il ne bouge plus !

— Est-ce qu'il est mort ?

— Mais non, le parachute s'est ouvert.

Une ambulance grise à grosses croix rouges se dirige à toute allure à travers l'herbe rase du terrain et arrive près de la piste en ciment. On voit deux infirmiers en sortir avec un brancard et charger le malheureux parachutiste d'essai. La scène n'a duré que quelques minutes, mais elle impressionne vivement les spectateurs de cet accident.

Quelques instants plus tard, un haut-parleur nasille :

— Un de vos camarades vient d'être grièvement blessé en service commandé.

Puis la voix anonyme ajoute aussitôt :

— Tous ceux qui sont décidés à suivre l'entraînement parachutiste doivent se faire inscrire aussitôt auprès des adjudants de compagnie.

Malgré l'accident, presque tous les officiers et plus de six cents hommes du régiment *General-Göring* décident de se présenter comme volontaires paras. Le risque semble un attrait supplémentaire. Tant il est vrai que toute une jeunesse, fanatisée par le métier des armes, est résolue à « vivre dangereusement ».

Ainsi se constitue aussitôt le premier bataillon parachutiste de la Luftwaffe, qui va véritablement « écrémer » le régiment *General-Göring.*

Le premier commandeur de cette unité d'élite est aussitôt désigné. C'est, comme beaucoup de ses camarades s'y attendaïent, le major Bruno Bräuer. Il prend comme adjoint le lieutenant Vogel et confie le service des transmissions au sous-lieutenant Dunz. Les trois premières compagnies de combat seront commandées par des lieutenants : Erich Walther, Hans Kroh et Karl-Lothar Schulz, tandis que le capitaine Reinberger prend la tête de la quatrième, la compagnie d'appui avec ses mortiers et ses mitrailleuses lourdes.

Le lieutenant-colonel Jacoby félicite le major Bräuer :

— Vous devenez désormais le IVe bataillon d'infanterie du régiment *General-Göring* et vous allez prendre de plus en plus d'autonomie. Je vous souhaite bonne chance, Bruno.

Immédiatement, le major Bruno Bräuer se met au travail. Il convoque le lieutenant Karl-Lothar Schulz, qui commandait, avant d'être volontaire pour les parachutistes, la 15e compagnie du régiment *General-Göring,* une unité du génie. Schulz se demande ce que son chef lui veut, tandis qu'il se rend à cette convocation. Bräuer ne lui laisse pas le temps de s'interroger plus longuement :

— Schulz, nous avons besoin de sapeurs. Ils seront plus utiles chez les paras que dans aucune autre unité. Je vais donc vous demander de retourner à votre ancienne compagnie et de trouver des volontaires pour former une section de génie parachutiste.

— Seulement une section, Herr Major ?

— Je doute que vous trouviez davantage d'acrobates. Les paras n'ont pas très bonne réputation. Il y a encore trop de pertes lors des sauts d'entraînement.

Le lieutenant Schulz sourit, mais n'en dit pas plus. Quelques jours plus tard, il rejoint, à Altengrabow, les casernements du régiment *General-Göring*. Les sapeurs de la 15e compagnie sont assez surpris de voir revenir leur ancien chef.

— Alors, Herr Oberleutnant, vous ne vous plaisez plus dans les paras ? lui demande son adjudant de compagnie, que l'on nomme, en argot militaire allemand, le « Spiess ».

— Rassemblez immédiatement les hommes, ordonne Schulz sans autre commentaire.

Quelques instant plus tard, activés par le sous-officier, les sapeurs s'alignent dans un ordre impeccable. Ils se figent au garde-à-vous, fixant Schulz dans les yeux.

— Repos, ordonne leur ancien lieutenant. Ecoutez-moi bien. Je suis revenu pour demander quels sont ceux qui veulent former avec moi une unité de génie parachutiste. Ce sera une véritable aventure. Dangereuse. Que ceux que cela intéresse fassent un pas en avant.

D'un seul élan, tous les sapeurs de la 15e compagnie du régiment *General-Göring* avancent d'un pas, sans même se concerter.

— Très bien, dit Schulz. Alors, à partir d'aujourd'hui, vous êtes devenus des parachutistes. Voyez, ce n'est pas bien difficile.

Tous, du lieutenant au dernier sapeur, se mettent à éclater de rire. Et ce qui amuse le plus Schulz, c'est de penser à la surprise du major Bräuer quand il va récupérer toute une compagnie du génie et non pas seulement une section.

Quelques jours plus tard, ils sont ainsi plus de deux cents nouveaux à rejoindre le premier bataillon parachutiste de la nouvelle armée allemande.

*
**

Le 29 janvier 1936, trois ans après la prise du pouvoir, dont on doit célébrer le lendemain l'anniversaire par une grande parade de l'armée et du parti sous la porte de Brandebourg, le général Milch, secrétaire d'Etat à la Luftwaffe, signe un ordre secret destiné au commandant du secteur aérien de Berlin. Il s'agit de l'entraînement de l'unité parachutiste du régiment *General-Göring :*

« Quinze officiers et sous-officiers volontaires seront entraînés comme instructeurs parachutistes. Ils devront peser moins de quatre-vingt-cinq kilos entièrement habillés et équipés. Ils seront définitivement acceptés après un examen médical d'aptitude au service aérien. Le premier stage d'une durée de huit semaines commencera le 1er avril 1936 [1]. »

Et le général Milch ajoute aussitôt :

« Sur ces huit semaines d'entraînement, les quatre premières seront consacrées à se familiariser avec les parachutes sous le contrôle du service d'équipement de la Luftwaffe. Les quatre semaines suivantes seront destinées à l'entraînement pratique et comporteront plusieurs sauts d'avion. Le terrain d'aviation de Neubrandenburg est affecté à cet usage et un appareil Junkers 52 sera détaché à cet effet. »

Les autres paragraphes de la circulaire du commandant en chef de la Luftwaffe règlent les détails administratifs et notamment le paiement de la solde à l'air pour les pilotes.

Parachutiste. Mais avec quel parachute ? Celui utilisé par les aviateurs, à ouverture commandée, est bien trop long à se déployer. Il faudrait sauter d'une altitude d'au moins deux cents mètres. Et tout le problème du parachutisme militaire est justement d'écourter au maximum ce « temps mort », dans tous les sens du terme, pendant lequel les paras se trouvent en plein ciel, à la merci des coups de l'adversaire. Au bout de leurs suspentes, ils forment alors des cibles parfaites, presque immobiles.

Tous les instituts de recherche du Reich se mettent au travail pour trouver une solution. A Berlin, à Reshlin, à Darmstadt, à Stuttgart, ingénieurs de l'air et parachutistes d'essai travaillent sans relâche. Des hommes se lancent du ciel pour tester le nou-

---

1. C'est-à-dire exactement *un an* après l'entretien entre le lieutenant-colonel Jacoby et le ministre de l'Air Hermann Göring sur l'éventualité de créer une force parachutiste. Même dans le IIIe Reich, la lenteur administrative grippe parfois un effort de préparation à la guerre pourtant gigantesque, à partir d'une petite armée de cent mille hommes et d'une poignée d'aviateurs entraînés seulement sur des planeurs ou sur les appareils de ligne de la Lufthansa.

veau matériel qui sera rapidement au point. Selon le vieil adage : qui peut le plus peut le moins. Et l'on expérimente aussi des parachutes pour sauts à haute altitude et à grande vitesse. Tout cela se déroule dans le plus grand secret. Le pays ignore que des hommes sont en train de risquer leur vie pour doter l'Allemagne d'une véritable arme nouvelle. Enfin, un parachute opérationnel efficace est mis au point. Les représentants du ministère en sont fort satisfaits et annoncent à leur chef les résultats de leurs travaux :

— Nous allons employer un parachute dorsal, le RZ 1. Il a un diamètre de 8,50 mètres et une voilure de 56 mètres carrés. Ses suspentes sont fixées à un harnais de grosse toile dont les sangles s'attachent par un mousqueton sur chaque cuisse et par une boucle métallique en dessous de la poitrine. C'est, bien entendu, un parachute à ouverture automatique.

— Comment fonctionne-t-il ? demande Hermann Göring.

— Le plus simplement du monde, Herr General. Le RZ 1, que le parachutiste porte sur le dos, est contenu dans un sac dont la calotte est reliée par une corde à un filin d'acier courant sur toute la longueur de l'appareil. Il suffit seulement, avant de sauter, d'accrocher un mousqueton de sécurité. Un geste très simple.

— Et ensuite ?

— Le parachutiste n'a plus qu'à se jeter dans le vide et à attendre que les suspentes se délovent, grâce à la corde reliée à l'avion, qui arrache la calotte et tire le parachute hors de son sac. Aucun problème. L'ouverture est automatique et certaine.

Le ministre de l'Air fronce les sourcils pour demander brutalement :

— Des accidents ?

— Très peu. Sauf en arrivant au sol. A une vitesse qui va de six à huit mètres/seconde, la réception est quand même assez brutale. Surtout s'il y a du vent. Mais, là, c'est une question d'entraînement.

Le parachute RZ 1 est donc adopté pour équiper les premiers volontaires des troupes aéroportées du Reich [1].

Le parachute est donc mis au point, mais il faut aussi choisir le type d'avion le plus capable de larguer des combattants du haut du ciel. Le choix s'arrête sur le Junkers 52.

D'abord appareil civil de transport, cet avion est apparu dès

---

1. Ce parachute RZ 1 sera par la suite amélioré et modifié. A la veille de la guerre, on en viendra à fabriquer des RZ 16 et des RZ 20, légèrement différents, mais utilisant le même principe d'ouverture automatique. Les opérations militaires ne tarderont pas à prouver que le système de harnais avait l'inconvénient d'être assez long à dégrafer. Sous le feu de l'ennemi, c'était un handicap parfois mortel.

1932 sur les lignes de la Deutsche Lufthansa. Plusieurs pays étrangers n'ont pas tardé à en commander à l'industrie aéronautique de la république de Weimar tant ils le trouvaient en avance sur son époque. Clandestinement quelques techniciens allemands en ont étudié ses possibilités militaires ; ils ont rapidement mis au point deux versions permettant d'utiliser le Junkers 52 comme transport de troupe ou comme avion de bombardement.

C'est un appareil d'allure massive aux dimensions impressionnantes : trente mètres d'envergure et près de vingt mètres de long. Equipé de trois moteurs BMW de 830 chevaux, il peut atteindre une vitesse de 265 kilomètres à l'heure. Son poids en charge est d'un peu plus de dix tonnes. Quant à l'autonomie de vol, elle dépasse douze cents kilomètres, c'est-à-dire l'aller et retour Berlin-Strasbourg par exemple.

L'équipage du Junkers 52 est réduit : un pilote, un mécanicien et un radio. Eventuellement, un mitrailleur peut prendre place dans une tourelle à l'air libre au-dessus du fuselage. Ce fuselage de métal ondulé est très caractéristique du Junkers et lui donne une fausse apparence de « camelote ». Pourtant, aucun avion ne va montrer autant d'endurance et de longévité... Dès la création offficielle de la Luftwaffe, en 1935, le Junkers 52 est utilisé comme bombardier, mais il deviendra peu à peu la véritable « bonne à tout faire » de la nouvelle armée de l'air allemande et connaît une popularité fantastique.

— Comment utiliser cet avion pour larguer des parachutistes ? demande Hermann Göring aux ingénieurs militaires. Il est trop rapide.

— Il suffit de diminuer la vitesse au moment du saut, Herr General. On peut facilement descendre à cent vingt à l'heure seulement, en réduisant les moteurs.

— Et à quelle altitude comptez-vous faire sauter nos paras ?

— Il ne faudrait pas descendre en dessous de cent mètres pour des raisons de sécurité. Certains parachutes peuvent mettre un tout petit peu plus longtemps à s'ouvrir. De toute façon, la descente ne doit pas durer plus de vingt à trente secondes à cette altitude de largage.

Ce qui intéresse le plus le ministre de l'Air n'est pas tant le saut que le combat. Chaque Junkers 52 pourra emmener une quinzaine d'hommes qui, avec une bonne cadence de saut, seront tous à terre en moins d'une minute. Ils devraient tomber à une cinquantaine de mètres les uns des autres. Tout le problème est donc celui du regroupement, sous le feu éventuel de l'ennemi.

Le créateur de la Luftwaffe félicite les hommes qui ont mis au point les modernes techniques du parachutage militaire.

— Je regrette de ne pas sauter avec les hommes du régiment qui porte mon nom. Il y a quelques années, je pouvais encore pratiquer ce « sport », mais le poids est l'ennemi du parachutiste, lance en riant Hermann Göring.

Personne n'a oublié en Allemagne les années difficiles de l'immédiate après-guerre, lorsque l'ancien as de la chasse devait gagner sa vie en la risquant, dans des meetings au-dessus de la Suède, lors d'exercices de voltige aérienne ou des démonstrations de saut en parachute. Voici un ministre qui sait de quoi il parle, même si ses souvenirs sont déjà vieux d'une quinzaine d'années et si, depuis, le gros Hermann a pris quelques dizaines de kilos supplémentaires.

— Tout cela, c'est bien fini pour moi. Mais il y a mieux à faire, conclut le ministre de l'Air. L'heure n'est plus aux acrobates mais aux soldats. Maintenant, les aigles vont reprendre les armes.

II

UNE ECOLE ET SON CHEF : STENDAL ET STUDENT

Les premiers volontaires parachutistes du régiment *General-Göring* arrivent au début du mois d'avril 1936 dans des cantonnements situés près de l'aéroport de Stendal. Cette ancienne ville hanséatique, au cœur de l'Altmark, à une centaine de kilomètres à l'ouest de Berlin, est une petite cité tranquille d'une quarantaine de milliers d'âmes, surtout connue pour ses maisons d'architecture médiévale [1].

Stendal se situe dans un vaste paysage de landes assez sauvages qui constituent un terrain idéal pour l'entraînement au saut. Pas de relief tourmenté, pas de forêt profonde, pas de cité industrielle, mais une campagne verte, aérée, largement ouverte sous les nuages qui cavalcadent dans un ciel souvent gris. Les averses sont fréquentes dans ce pays de l'Allemagne septentrionale, où le vent amène souvent les pluies froides de la Baltique ou de la mer du Nord, aussi proches l'une que l'autre.

En ce mois d'avril, pourtant, il fait beau. Le printemps s'établit. Les nouveaux venus prennent possession des baraquements de cette école encore assez secrète où ils vont être accueillis par trois officiers de la Luftwaffe : le major Bassenge, ancien ingénieur diplômé dans le civil, qui s'efforce de mettre au point les premiers rudiments d'une tactique d'emploi des troupes aéroportées, et les lieutenants Immans et Kuhno, à qui incombe la

1. Aujourd'hui, Stendal est situé en République démocratique allemande, dans le district de Magdeburg.

responsabilité de l'entraînement au sol et de l'école de saut en vol.

Durant les premières semaines d'instruction, il faut sans arrêt tâtonner et improviser. La « débrouillardise » devient la règle absolue de l'école de Stendal. Là, au milieu des bruyères et des landes, est en train de naître un esprit nouveau.

Tout commence au magasin d'habillement. Un sous-officier et ses aides virevoltent entre les étagères et le comptoir pour distribuer à chacun son lot. Les futurs paras découvrent des pièces d'équipement inconnues : un casque rond sans rebord qui ressemble à un pot de chambre plutôt qu'à un heaume de chevalier, des gants de cuir à crispin, des genouillères rembourrées qui évoquent les protections des joueurs de hockey, des bottes à semelles de caoutchouc débordantes qui se lacent sur le côté. Et par-dessus son uniforme gris-bleu de la Luftwaffe, le para doit enfiler une espèce de blouse de toile vert olive. Les poches en biais sont closes par des fermetures éclair et les jambes de pantalon de cette insolite combinaison s'arrêtent au-dessus du genou.

Un Berlinois tient à bout de bras ce vêtement avec un air dégoûté et lance d'une voix à l'accent faubourien de Wedding :

— Mais ce n'est pas une tenue de soldat. Ce n'est qu'un linceul mal taillé, un « Knochensack ».

Ce mot de « sac à os » fera fortune dans les unités paras, d'autant que cette tenue de saut et de combat sera portée par tous, sans distinction de grade. Les volontaires qui arrivent à l'école des paras sont traités par les instructeurs de même manière. Ce sont des élèves parachutistes qui doivent passer leur brevet. Qu'il soit caporal ou colonel, un homme n'est rien pour eux tant qu'il n'est pas un para.

Le petit discours d'accueil de l'instructeur sera bref :

— Ici, plus que nulle part ailleurs, votre vie dépend des ordres que vous recevez. Si on vous dit de sauter, vous sautez. C'est à moi et pas à vous de savoir si vous avez un parachute sur le dos et s'il est accroché au câble d'ouverture automatique. Ce n'est plus votre problème. Obéir doit devenir un réflexe. Pas autre chose. Seuls les imbéciles n'auront pas peur. Et seuls les lâches se laisseront dominer par cette peur. Ce n'est pas parce que vous êtes les meilleurs que vous allez devenir parachutistes. C'est parce que vous allez devenir parachutistes que vous serez les meilleurs. En attendant, vous avez tout à apprendre.

L'instructeur regarde les volontaires, bien certain de ses effets oratoires. Puis il conclut :

— Regardez derrière vous. La porte de l'école de saut reste toujours ouverte. On ne retient personne. Vous êtes ici parce que vous le voulez bien. Une dernière chose : je ne veux pas voir un seul homme marcher dans ce camp. Tout déplacement se fait au pas de course. Pas de question ? Rompez !

Les paras s'égaillent comme une volée de pigeons après un coup de fusil.

L'instruction est aussitôt rudement menée : abdominaux, « pompes », course, parcours d'obstacles ; pourtant le premier exercice de l'école de saut n'en est pas moins une partie de plaisir : le vol d'accoutumance. Pour beaucoup de jeunes Allemands, c'est le baptême de l'air. Le moniteur lance :

— Grimpez dans l'avion et profitez-en. C'est la première et la dernière fois que vous allez atterrir !

— Tant mieux, lance le Berlinois. Tous les accidents se produisent à l'atterrissage !

Les élèves se dirigent vers les appareils, de gros Junkers 52 aux fuselages et aux ailes de tôle ondulée. Les trois moteurs tournent au ralenti, mais un vent violent couche l'herbe du terrain. L'air sent une drôle d'odeur, assez écœurante, d'huile chaude et d'essence brûlée. L'appareil vibre. L'un après l'autre, les paras grimpent par la porte basse d'où ils sauteront dans quelques jours. La carlingue semble bien étroite, avec ses deux banquettes métalliques qui courent de chaque côté. Par les petites fenêtres de mica jaunâtre ils distinguent vaguement un bout d'aile.

— Tassez-vous vers l'avant !

Le moniteur doit crier pour se faire entendre. Il faut se serrer pour mieux répartir le poids et aider au décollage. L'appareil roule en cahotant. Puis les trois moteurs sont lancés à pleine puissance. Le Junkers vibre plus que jamais. Le bruit devient infernal. Enfin, l'avion s'élance sur la piste de ciment, arrache son chargement de parachutistes, décolle lourdement.

— Ça y est ! On vole.

Les paras essayent d'apercevoir quelque chose par les hublots. Mais ce qui attire tous les regards, c'est la porte, le vide qui commence juste après, le ciel. Leur nouvel ami. Ils viennent, l'un après l'autre, regarder. Peu importe l'odeur des gaz d'échappement. Ce qui compte, c'est le paysage vu du ciel. Les champs et les maisons, les forêts et les prés. Une grande prairie, bien dégagée, sans un seul arbre.

— Belle zone de saut !

Voici des villes, des ports, des usines, toute une Allemagne tendue dans une frénésie de production et de conquête. Leur premier vol fouette l'orgueil national.

— Vous avez vu votre patrie du haut du ciel, leur dit seulement le major Bassenge, commandeur de l'école de saut, au retour. Vous l'avez trouvée belle ? Alors, vous devez être prêts à vous battre et à mourir pour elle.

Les paras seront un jour des soldats d'élite. En attendant, ils ne sont que des sportifs et des acrobates. Au bout de quelques jours, s'élancer, les bras étendus, au-dessus d'une demi-douzaine de camarades accroupis au sol et terminer par un « roulé-boulé » devient un jeu.

Pour sauter, on saute. D'une table, d'une échelle, en avant, en arrière. Une fois, dix fois, cent fois. Monotonie des gestes sans cesse répétés et enchaînés. Mais l'effort devient réflexe et la fatigue endurance. Chaque jour, chacun exige davantage de lui-même.

Quand les élèves sont capables de sauter du haut d'un portique et de bien se recevoir, il est temps de passer aux agrès. Un palan est fixé au plafond d'un hangar. Au bout du fil d'acier pend un harnais de parachute. L'instructeur n'a qu'à tirer sur un câble pour le dégager.

— Le premier, en position !

Un des élèves fixe les sangles du harnais autour de ses cuisses, de ses épaules et de sa poitrine. Un camarade tourne une manivelle et le hisse à deux mètres au-dessus du sol. Le moniteur pousse vigoureusement les pieds du futur para qui commence à se balancer.

— Le vent vient de la porte de la salle. Orientez-vous !

Comme une araignée au bout de son fil, l'élève agite bras et jambes pour avoir le « vent » dans le dos.

— Bien ! Vous êtes à vingt mètres de haut. A quinze, à dix, à cinq. *Ab* (lâchez) !

L'homme est largué en plein balancement. A lui d'atterrir en souplesse et de réussir son roulé-boulé. Il se relève tant bien que mal.

— Au suivant !

Et quand tous sont passés, on recommence... Des heures entières.

Après le saut, arrivé au sol, le para devra rapidement se dégager de son harnais. Qu'il y ait du vent, et alors, après un choc plus rude, le risque est grand de se voir traîné par le parachute. Afin d'apprendre à étouffer la voilure, on provoque un véritable ouragan artificiel avec un moteur d'avion tournant à plein régime. Pour cette mise en scène tempêtueuse, un avion sans ailes suffira... On le peint en rouge et blanc et on le baptise, on ne sait trop pourquoi, l'Ane de tôle...

Les élèves s'entraînent avec de vieux parachutes hors d'usage. Ils sont allongés sur le dos derrière le fuselage, parachutes étendus au sol devant eux. Le moteur, mis en marche, gonfle brutalement la voilure. Entraînés les futurs paras glissent sur le sol. Ils doivent se retourner sur le ventre, se relever, courir pour contourner leur voilure et lui couper le vent. Ce jeu d'adresse, qui provoque plaies et bosses, est pourtant pris à la blague par le cercle des camarades qui attendent leur tour et assortissent les glissades des plaisanteries d'usage.

A l'école de saut, on découvre le métier à l'envers. Comme le dit l'instructeur :

— Maintenant que vous savez tomber, vous devez apprendre à sauter.

Sortir d'un avion en plein vol n'est pas le plus difficile. Il suffit de prendre la position à la porte, à demi agenouillé, les deux mains bien à plat à l'extérieur du fuselage. Au signal, une poussée. Et tout le corps est projeté dans un magnifique plongeon en « saut de l'ange »... qui pour l'instant se termine un mètre plus bas dans un bac de sable. S'extraire du fuselage d'un vieil avion Junkers, posé sur des tréteaux de bois, à l'abri incertain d'un hangar ouvert à tous les vents, n'est pas difficile. Chacun prend très vite la cadence et saute à l'appel de son numéro

Bientôt viendra le premier saut.

Il ne reste plus qu'à apprendre à plier soi-même son parachute. Voilures et suspentes sont étendues sur d'immenses tables de bois. Jamais on n'aura vu soldats plus attentifs. De tous les cours suivis à l'école de saut, c'est celui qui exige la perfection la plus absolue. La « cérémonie » se déroule dans le plus grand silence. Personne n'a le droit de parler dans cet immense hangar qui apparaît comme le « saint des saints » de Stendal.

***

Sans même s'en rendre compte, les futurs parachutistes sont en train de transformer en réflexes toute une série de gestes nouveaux et sans cesse répétés. Les instructeurs les sentent chaque jour un peu plus prêts. Le dur dressage n'a pas brisé leur volonté, certes, mais il l'a totalement orientée dans une seule direction : la portière de l'avion qu'ils vont un jour franchir. Cette fois pour de bon.

Le major Bassenge arrive au rapport, étroitement sanglé dans son uniforme gris-bleu de la Luftwaffe. Il répond au salut des lieutenants Immans et Kuhno, puis il s'adresse d'emblée aux stagiaires de Stendal.

— Je ne suis pas venu vous faire un discours. Mais je tenais à vous annoncer moi-même ce que vous attendez depuis votre arrivée ici. Votre premier saut d'avion aura lieu demain à l'aube.

Cette dernière journée avant la grande épreuve semble interminable. Et la nuit sera encore plus longue. Malgré la fatigue de l'exercice, beaucoup de volontaires sont terriblement énervés et ne peuvent trouver le sommeil. Certes, les instructeurs assurent que les parachutes s'ouvrent toujours. Mais si, quand même...

A l'heure du réveil, les sous-officiers de service ont le sourire.

— Dépêchez-vous ! C'est le grand jour !

Les parachutistes s'équipent de leur « sac à os », bouclent la double jugulaire de leur casque et grimpent dans les camions qui vont les conduire au terrain d'aviation. Dans les véhicules, ils chantent à tue-tête pour se donner du courage. D'ailleurs, maintenant, les dés sont lancés et tous les gestes vont s'enchaîner.

Sitôt arrivés, les volontaires alignés sur le bord de la piste voient arriver les deux principaux « officiants » : le météorologue et le médecin.

Celui que l'on nomme ici « le Dr Millibar » mesure la vitesse du vent avec un anémomètre.

— C'est presque le calme plat, dit-il imperturbablement, même s'il souffle une petite brise.

— Un temps idéal, conclut le médecin. On peut y aller pour le dépucelage...

Rien qu'à voir le manche à air rouge et blanc qui faseye mollement sur son mât, les futurs paras savent que le grand jour est arrivé. Il fait assez beau. Le ciel est clair. Le vent n'est pas encore levé. Au milieu du terrain de saut un lieutenant brandit un pistolet et tire aussitôt une fusée qui indique qu'au sol tout est paré. Un adjudant gagne la zone d'atterrissage, un mégaphone sous le bras.

Sur l'aérodrome, les pilotes des Junkers ont vu la fusée et lancent leurs moteurs. Les hommes embarquent. L'avion roule en bout de piste, face au vent. Les trois moteurs rugissent. Presque aussitôt, c'est le décollage. L'appareil s'élève, vire sur une aile. Tous les paras voient le sol qui semble basculer. Puis le Junkers reprend l'horizontale et se dirige au-dessus de la zone de saut. L'appareil, moteurs réduits, semble planer. Les paras accrochent au câble d'acier le mousqueton de la sangle d'ouverture automatique. Pour le premier saut, ils passeront la porte, un par un, à chaque passage au-dessus du terrain.

Le largueur surveille son élève. Il vérifie une dernière fois que tout est en ordre.

— *Fertig zum Absprung* (Prêt pour le saut) ?

— *Fertig !*

Le pilote veut encore ralentir. Il semble presque s'être arrêté dans le ciel. Et pourtant il vole encore à plus de cent kilomètres à l'heure.

La tête hors de l'avion, le premier para à sauter est violemment giflé par le vent des hélices.

— *Los* (Dehors) !

Une brutale traction des mains et une poussée du pied gauche, voici l'élève en plein ciel. Impression de vent plus que de chute. Et puis le grand silence qui succède au fracas infernal de l'avion.

La sangle d'ouverture automatique se tend, les brides de fermeture du sac craquent, la voilure se délove puis les suspentes. Le parachute se met en poire. Un brusque choc à l'ouverture vient interrompre le moment d'angoisse. Tout cela n'a duré que deux ou trois secondes. Le para voit l'avion s'éloigner. L'impression de calme et de silence s'accentue. Mais ce n'est pas le moment de rêver, ainsi accroché en plein ciel. Le sol semble monter soudain. Au milieu du terrain se tient l'adjudant avec son mégaphone. Il lance des commandements brefs :

— Tournez dans le vent... Comme à l'instruction... Tournez !

Le sol se rapproche de plus en plus vite. On peut estimer l'altitude à la taille du petit groupe au milieu du terrain : le météorologue, le commandant de compagnie, le directeur de l'école, le médecin, les servants qui vont aider le nouveau para à ramasser sa voilure.

— Jambes serrées... Attention à l'atterrissage... Serrez les chevilles... Ça y est... Roulez... Debout... Parfait.

Ce n'est que cela le premier saut ? Pas plus dur qu'à l'exercice dans le hangar, au bout du filin d'acier. L'homme déboucle le harnais et se précipite vers l'officier qui surveille l'exercice. Il s'immobilise au garde-à-vous :

— Chasseur parachutiste Schmidt. Premier saut. Bien atterri.

L'officier porte sa main à la visière de cuir de sa casquette pour saluer :

— Tout s'est bien passé ? demande-t-il.

— *Jawohl,* Herr Leutnant, répond le nouveau parachutiste avec une figure rayonnante.

Il ne lui reste plus qu'à se rendre au bord du terrain pour voir ses camarades qui, l'un après l'autre, vont effectuer à leur tour ce premier saut, d'une hauteur de trois cents mètres.

Jamais il n'y aura autant d'animation à la cantine que ce jour-là. Les instructeurs calment tant d'enthousiasme :

— Ne vous réjouissez pas trop vite. Le premier saut, c'est rien du tout. La frousse, ce sera pour plus tard.

Mais ils sont tous persuadés qu'ils sauront la dominer. Ainsi Stendal devient l'école du courage et de la peur.

***

L'entraînement se poursuit implaçable. Les six sauts nécessaires pour être breveté parachutiste et recevoir l'insigne, avec l'aigle d'or en piqué sur une couronne de feuilles de chêne et de laurier, sont répartis sur deux semaines. Entre les exercices sportifs et les cours techniques, les paras se rendent — toujours en petites foulées — au cours de chant.

C'est à Stendal qu'ils vont apprendre le fameux *Rot scheint die Sonne :* « Rouge brille le soleil. » Ils n'en oublieront plus jamais de leur vie les paroles. Ils les lancent, comme un défi au monde entier, par ces aurores radieuses du printemps 1936, tandis qu'ils se dirigent vers le terrain d'aviation où les attendent les Junkers de l'école de saut :

Rot scheint die Sonne, fertig gemacht,
Wer weiss, ob sie morgen für uns auch noch lacht ?
Werft an die Motoren, schiebt Vollgas hinein,
Startet los, flieget an, heute geht es zum Feind !
In die Maschinen, in die Maschinen ! [1]

Après le premier couplet, les paras ne laissent plus place qu'au sourd martèlement des bottes à larges semelles de caoutchouc sur cette petite route pavée de l'Allemagne du Nord qui fuit entre ses haies de peupliers que fouettent les averses. Et, soudain, éclate, comme des coups de fouet, le refrain sauvage du chant jailli des profondeurs belliqueuses de l'âme germanique :

Kamerad, da gibt es kein Zurück,
Fern in Westen stehen dunkle Wolken,
Komm mit, und zage nicht, Komm mit ![2]

Dans le ciel, au-dessus de la compagnie en marche, se pourchassent des nuages blancs et gris. Ils portent l'orage comme les paras portent la guerre en leur cœur. Jamais, croient-ils, n'aura défilé sur les routes allemandes troupe de lansquenets aussi résolue et aussi joyeuse. Et pourtant c'est la mort qu'ils appellent de leurs chants :

Klein unser Häuflein, wild unser Blut,
Wir fürchten den Feind nicht und auch nicht den Tod.
Wir wissen nur eines, wenn Deutschland in Not,

---

1. *Rouge brille le soleil, préparez-vous !*
Qui sait s'il sourira encore pour nous demain !
Lancez les moteurs ! Mettez plein gaz !
Démarez, prenez votre vol, aujourd'hui on part pour l'ennemi !
Aux machines, aux machines !
2. *Camarade, là il n'y aura pas de retour !*
Loin à l'Est il y a de sombres nuages,
Viens avec nous, ne renonce pas, viens avec nous !

Zu kämpfen, zu siegen, zu sterben den Tod!
An die Gewehre, an die Gewehre! [1]

Le chant s'achève, la colonne s'éloigne et disparaît. On entend sur la route un grondement de moteurs. C'est une nouvelle promotion qui arrive en stage à l'école de saut de Stendal.

⁂

Les volontaires du régiment *General-Göring*, tous brevetés parachutistes, forment désormais un bataillon autonome sous le commandement du major Bruno Bräuer et vont prendre le nom de Ier bataillon du 1er régiment de chasseurs parachutistes du I/FJR 1 (Fallschirmjäger Regiment). Ils cessent d'appartenir à leur unité d'origine, mais font toujours partie de l'armée de l'Air.

Cette création, relativement clandestine, d'une unité parachutiste suscite bien des commentaires dans les milieux militaires. L'armée de Terre ne voudrait pas être en retard en ce domaine sur la Luftwaffe et envisage, à son tour, de mettre sur pied une formation expérimentale de fantassins parachutistes.

Dès le début de l'année 1937, une compagnie spéciale de volontaires est rassemblée sous les ordres du lieutenant Hilmar Zahn, rapidement promu capitaine. Il est assisté du lieutenant Pelz, un recordman du pentathlon aussi connu dans les milieux sportifs que dans les cercles militaires. Ces deux officiers sont tout à fait conformes au « modèle standard » que veut imposer le Reich national-socialiste. Grands, blonds, les yeux bleus, l'allure à la fois énergique et dégagée, en rupture avec ce que la vieille école de l'*Offizierskorps* conserve de trop rigide. A l'inverse de la génération précédente, ils n'appartiennent pas à l'aristocratie héréditaire, mais se veulent les jeunes cadres d'une armée populaire.

Un des éléments de choc de la compagnie Zahn est le groupe du génie. Ces premiers sapeurs parachutistes sont commandés par un simple sous-officier, le sergent Helmut Wenzel, qui devient rapidement le grand maître des explosifs du camp d'instruction des parachutistes de l'armée de Terre. Chaque fois que retentit une déflagration, on sait que ses hommes ne sont pas loin. Aucune mine n'a de secret pour eux et ils apprennent à

1. *Petit est notre groupe, mais sauvage notre sang.*
Nous ne craignons pas l'ennemi ni la mort.
Nous ne savons qu'une chose : l'Allemagne est dans la détresse.
Combattre, vaincre, jusqu'à l'agonie et la mort!
Aux fusils, aux fusils!

tous leurs camarades comment piéger une maison avant de l'abandonner aux mains de l'ennemi :

— Il faut que tout saute ! Mais pas en même temps. Tu ouvres la porte. Boum ! Tu poses le pied sur une lame de parquet. Boum ! Tu veux allumer la lumière. Boum ! Tu tires la chaîne des chiottes. Boum !

Les sapeurs parachutés derrière les lignes adverses deviendront de redoutables bricoleurs. Partout où ils passeront, tout semblera frappé d'un mortel ensorcellement ; les véhicules sautent quand on tire le démarreur et tout le bureau vole en éclats quand on ouvre un tiroir. Le sergent Wenzel entraîne aussi ses paras pour des missions plus classiques : ouvrir un chemin dans un réseau de barbelés ou faire sauter des fortins.

Au fil des mois, les effectifs des sapeurs augmentent et ils sont bientôt, dans la compagnie Zahn, toute une section, aux ordres d'un jeune officier de vingt-six ans, le sous-lieutenant Rudolf Witzig. On voit ses hommes s'affairer dans tout le camp avec leurs pains d'explosifs et leurs cordons allumeurs. Tirer le cordon de l'allumeur d'une grenade posée sur leur casque est un des délassements favoris des paras de Witzig.

La section du génie devient vite l'unité de choc de la compagnie de parachutistes de l'armée de Terre, où pourtant ne manquent pas les originaux ni les bagarreurs. Les sapeurs donnent le ton : entrain contagieux et redoutable efficacité.

Le capitaine Zahn se persuade qu'il commande la meilleure troupe du monde. Rien que de jeunes engagés, fous d'orgueil et d'audace. Quelle n'est pas sa surprise quand il apprend que cette unité de choc va avoir désormais pour chef un officier déjà âgé de quarante et un ans, le major Richard Heidrich, un homme d'aspect assez lourd, au visage poupin et au crâne rasé.

Parti au front à dix-huit ans en 1914, le nouveau venu a terminé la guerre comme officier d'infanterie. Il a ensuite rejoint les corps francs du *Baltikum* en Lituanie. Incorporé dans la Reichswehr, il se passionne pour le travail d'état-major et se montre très supérieur à tous ses camarades des bureaux. Cependant, il désire aussi rester un officier de troupe, capable de mener lui-même des fantassins au feu.

Pendant les manœuvres de l'été 1937, dans la région du Mecklembourg, Richard Heidrich, alors capitaine, a eu la chance d'assister à une démonstration des parachutistes de la compagnie Zahn et s'en est montré très impressionné. Pour cet homme, célibataire endurci, qui ne vit que pour le métier des armes et n'a jamais eu dans son existence aucune pensée qui ne soit strictement militaire, l'arme parachutiste prend une véritable auréole magique.

Pourtant, lors du saut, l'officier a vu un des hommes s'accrocher dans la roulette de queue de l'appareil. Accident assez fréquent à l'époque. L'avion tente des soubresauts pour essayer de dégager les suspentes du parachute. Mais rien n'y fait et le malheureux trouve une mort horrible sous les yeux de ses camarades et des spectateurs. Très frappé par cette affreuse tragédie en plein ciel, le capitaine Heidrich n'en pose pas moins sa demande de mutation. Il n'est pas peu surpris de se voir finalement accepté, malgré son âge.

Le premier contact entre la troupe et son nouveau chef est franchement médiocre. L'officier estime que la compagnie réunie par le capitaine Zahn et le lieutenant Pelz n'est, selon ses dires, qu'un « ramassis de paysans vaniteux ». Quant aux paras, ils considèrent de leur côté avec un mépris évident ce « vieux » major qui n'a jamais sauté. Richard Heidrich commence par leur adresser un petit discours bien senti :

— C'est entendu, j'irai, comme vous tous, à l'école de saut. Mais pas avant l'année prochaine. Jusqu'à Noël, je vais restaurer dans cette compagnie l'ordre militaire qui me semble manquer. Pour moi, un para doit être un soldat comme les autres. Et même plus discipliné que les autres. Vous commencerez donc par obéir. Ensuite, je sauterai. Et, au printemps, nous nous retrouverons tous, messieurs, et j'en suis certain, bien contents les uns des autres. Et maintenant, à la disposition des chefs de section, rompez les rangs.

Dès les premiers jours de 1938, le major Heidrich rejoint l'école de saut, en plein hiver. Officier supérieur ou simple chasseur, l'entraînement est le même pour tous. Le chef de la première compagnie parachutiste de l'armée de Terre n'est qu'un élève comme les autres. Il prend sa place dans une équipe, passe aux agrès, exécute des centaines de « roulé-boulé », hurle son numéro, apprend à plier son parachute. Puis c'est l'avion et les six sauts réglementaires du brevet. Le sol est gelé. Il souffle parfois de brusques rafales glacées. Dans cette promotion, la casse devient très vite sérieuse : deux stagiaires se tuent et beaucoup d'autres sont sérieusement blessés. Mais le major Heidrich s'en tire aussi bien que les jeunes volontaires qui l'entourent et qui l'appellent entre eux, avec cette grande familiarité de tous les paras entre eux : le « vieux monsieur ».

Comme promis, au printemps le major regagne sa compagnie qui doit bientôt être étoffée pour former un bataillon. Il fait rassembler les hommes en carré :

— Je suis maintenant breveté comme vous, annonce-t-il. Nous sommes tous des camarades. Avant d'être paras, nous sommes des soldats. Alors, au travail.

Les hommes rejoignent aussitôt leurs cantonnements. Marches de jour et de nuit, tir, sport, manœuvres de section et de compagnie, ils sont dressés à devenir des fantassins comme les autres ou plutôt meilleurs que les autres. Une fois pour toutes, il est bien entendu pour le major Heidrich et ses officiers que le parachute n'est pas un but en soi, mais un moyen de transport. L'essentiel reste le combat.

En ce mois de mars 1938, quand arrive l'heure inéluctable de l'Anschluss, la réunion de l'Autriche au Reich se fera pourtant sans violence. Les parachutistes qui vont sauter sur l'aéroport de Wagram, le 12 mars 1938, ne seront finalement qu'une troupe de parade, prête à défiler dans les rues de la capitale de ce qui n'est plus une nation indépendante mais une simple province du Reich : l'Ostmark.

Sanglés dans leur « sac à os » de toile verte sur lequel se croisent les larges sangles de toile de leurs harnais, les paras sont follement acclamés par la foule qui découvre les soldats du ciel. Pour le major Bräuer comme pour le major Heidrich, ce printemps est celui de la guerre qui approche. Les nuages désormais s'amoncellent sur l'Europe que l'Allemagne tient tout entière en haleine, au rythme des discours enflammés du chancelier Hitler.

Les parachutistes, qu'ils soient de l'armée de Terre ou de l'armée de l'Air, se préparent, avec un enthousiasme fanatique, à devenir le fer de lance de cette nouvelle Wehrmacht que le Führer de l'Allemagne nationale-socialiste va, tôt ou tard désormais, lancer dans la guerre.

***

A cette nouvelle troupe, désormais forte de deux bataillons, celui de Bruno Bräuer et celui de Richard Heidrich, il manque sans doute un chef prestigieux qui puisse la marquer de son style, tout en imposant l'idée de l'arme parachutiste à des états-majors souvent englués dans la routine. Beaucoup de généraux allemands, qu'ils soient fantassins ou aviateurs, considèrent encore les soldats du ciel comme des funambules inutiles. Pour les convaincre que les paras peuvent devenir les plus terribles guerriers du monde, il faut attendre l'apparition sur le devant de la scène, à Stendal, d'un personnage hors du commun. Il surgit durant l'été 1938 et se nomme Student.

Le 1er juillet 1938, le général de brigade de la Luftwaffe Kurt Student est nommé commandeur de toutes les unités parachutistes allemandes de l'armée de Terre et de l'armée de l'Air.

Agé de quarante-huit ans depuis quelques semaines, c'est avant tout un militaire de vieille tradition. De onze à dix-sept ans, ce jeune Prussien, originaire de Neumark, dans le Brandebourg, a subi l'implacable éducation virile de l'école des cadets impériaux de Potsdam, puis de Lichterfelde près de Berlin. Il a été de ces enfants-soldats pour lesquels il ne saurait y avoir d'autre carrière que le métier des armes, d'autre univers que celui du service « pour l'empereur et pour la patrie ». Jeune officier dans les rangs des chasseurs du bataillon *Graf Yorck von Wartenburg,* le Fähnrich Student ne se serait pas différencié de ses camarades s'il n'avait été habité par une passion, qui devenait au fil des mois une hantise : l'aviation. Il fait partie de ces officiers dont l'adolescence a étroitement coïncidé avec les débuts de la conquête des cieux par le plus lourd que l'air. Il a rêvé des exploits des premiers aviateurs, ses aînés de peu, et il a pensé que ces fragiles aéroplanes pouvaient devenir des armes de guerre bien plus que des bêtes de records. Il demande sa mutation et rejoint la première formation militaire aérienne allemande à Johannisthal.

A la déclaration de guerre de 1914, le sous-lieutenant Student est un des rares officiers allemands à servir dans une formation aérienne et vole sur le front de l'Est à bord d'un « Albatros ». Comme tous les combattants de l'air, qu'ils soient ennemis ou alliés, une seule arme l'attire vraiment : la chasse. Seul à bord d'un « Fokker » il attaque quatre appareils russes et abat l'un d'eux, un « Morane ». Le lieutenant Student rejoint ensuite le front de l'Ouest. Dès 1916, il commande l'escadrille *Jasta 9* en Champagne et devient un des as de l'aviation impériale. Deux fois blessé et une fois descendu en vol. Pour lui, le parachute, ce fut d'abord le moyen de sauver sa vie...

Lors de la défaite, le jeune capitaine veut continuer à voler. L'Allemagne n'a plus le droit de posséder des appareils de combat. Peu lui importe. C'est sur des planeurs que Kurt Student va continuer à maîtriser les nuages. Il s'entraîne dans la Rhoen, en compagnie d'anciens officiers du front et de jeunes gens impatients que l'on retrouvera plus tard parmi les cadres de la Luftwaffe. L'ancien pilote de chasse va « casser du bois ». Il est même grièvement blessé dans un accident, au cours de l'hiver 1921. A plusieurs reprises, il ira dans les hôpitaux payer son tribut à Icare, patron des hommes-oiseaux.

L'armée l'attire autant que l'aviation. Il parvient en 1928 à entrer dans la Reichswehr réduite de la république de Weimar. Toujours capitaine dans cette armée où l'avancement est lent, il commande une compagnie, puis il devient enfin major en 1929 et prend la tête d'un bataillon du 2e régiment d'infanterie.

Le nouveau régime qui prend le pouvoir le 30 janvier 1933 ne peut laisser un homme de cette trempe se morfondre dans l'armée de Terre. Dès le mois de septembre, Kurt Student est muté au ministère de l'Air avec le grade de lieutenant-colonel.

Sa compétence technique lui vaut le commandement des centres d'essais de Rechlin et de Travemünde. Student devient inspecteur des écoles de la Luftwaffe pour tout le Reich.

Un jour, dans le cadre de son commandement, il visite l'école de saut de Stendal. Il est aussitôt conquis par tout ce qu'il voit. L'esprit para l'emporte et le subjugue. Il n'a plus qu'une idée : devenir le chef de cette nouvelle arme. N'est-il pas, à la fois, fantassin et aviateur ?

***

En prenant la tête des quelques centaines d'hommes qui constituent alors les troupes parachutistes du Reich, le général Kurt Student se rend bien compte qu'il aura beaucoup à faire pour transformer ce qui n'est encore qu'une ébauche en un instrument de guerre. D'ailleurs, quelle est la mission exacte des parachutistes ? Dans les états-majors personne ne sait très bien à quoi les hommes des majors Bräuer et Heidrich peuvent bien servir. Les deux principaux intéressés ne sont d'ailleurs pas tellement d'accord entre eux : la première mission du général Student sera d'arbitrer un conflit qui oppose, au-delà des deux chefs de bataillon, l'armée de Terre et l'armée de l'Air. Il semblerait même qu'à la rivalité traditionnelle des fantassins et des aviateurs s'ajoute la lutte discrète qui oppose sourdement le corps des officiers de l'armée traditionnelle — même si la Reichswehr de métier s'est transformée en Wehrmacht obligatoire — et les cadres du parti national-socialiste.

Certes, tous les parachutistes, qu'ils soient simples chasseurs ou officiers, sont des volontaires, très imbus des idées du nouveau régime. Pour eux, le patriotisme reste la valeur suprême, et le droit de leur peuple à posséder des armes et à s'en servir pour réunir dans un même Etat tous les Allemands, séparés de la mère patrie par le traité de Versailles, ne fait aucun doute. Mais ceux qui viennent du régiment *General-Göring* se sentent peut-être davantage des « soldats politiques » que leurs camarades issus de l'armée régulière et qui ne sont que les soldats d'une politique, celle de la nation allemande. Les aviateurs appartiennent à une arme ouvertement favorisée par le nouveau régime et ne sont mentalement pas si éloignés des SS en armes des régiments *Deutschland, Germania* ou *Der Führer*, qui se situent justement à la charnière incertaine de l'armée et du parti.

Bien au-delà d'un problème d'idéologie, ce qui oppose d'emblée les commandeurs des deux bataillons dès leur première rencontre, sera aussi, sans doute, une question de personnes. Issu de l'école impériale des cadets, le major Richard Heidrich est sans doute un soldat plus classique que son homologue de la

Luftwaffe. Le major Bruno Bräuer, lui, ne se cache pas d'avoir été naguère sous-officier et d'être sorti du rang grâce à son engagement dans cette unité de police supplétive qui fut, en 1933, le noyau constitutif du régiment *General-Göring.*

Les chefs des deux premiers bataillons de parachutistes allemands sont vite conduits à confronter leurs vues et à s'apercevoir qu'ils diffèrent totalement sur la doctrine d'emploi des troupes aéroportées.

Richard Heidrich a trois ans de moins que Bruno Bräuer, mais il a été officier bien avant lui et semble avoir un peu tendance à prendre son nouveau camarade de haut et même à lui faire la leçon. Il se sent un professionnel de la guerre parlant à un homme du peuple qui doit d'abord son avancement de policier à des bagarres de rue :

— Ne vous y trompez pas, mon cher, lui dit-il, les paras doivent être des fantassins d'élite. Mais pas autre chose. Toute l'armée de Terre est bien d'accord là-dessus. Ils n'ont d'avenir que s'ils sont engagés en coopération étroite avec le reste de nos troupes, pour prendre à revers un adversaire ou s'emparer d'un ouvrage d'art. Nous serons les spécialistes des coups de main, certes. Mais nous ne pouvons pas agir isolés.

Le major Bräuer le regarde en souriant :

— Je ne suis pas tout à fait d'accord avec vous, répond-il. Les paras ne peuvent pas être des combattants comme les autres. Leur vraie mission n'est pas tant la tâche d'une infanterie d'élite que la conduite d'une forme de guerre encore totalement inconnue. Nos hommes doivent remplir des missions lointaines chez l'ennemi. Sabotage derrière les lignes, destruction des objectifs militaires et industriels, assassinat même, s'ils parviennent à se glisser dans les états-majors. Tel sera leur rôle : semer la terreur chez l'ennemi. Par n'importe quel moyen. Et ils devront peut-être même se battre sans uniforme...

Richard Heidrich coupe Bruno Bräuer d'un geste impatient :

— Mais non, mon cher. Restons des soldats. Pas des terroristes. Il faudra étonner l'ennemi. Mais pas ainsi. De toute façon, quelles que soient nos conceptions différentes, à l'un comme à l'autre, ce sera au général Student de trancher.

— Soyez certain que je le suivrai, assure Bräuer.

— Je n'en doute pas un instant, conclut Heidrich.

Le nouveau chef des unités parachutistes du IIIe Reich devra donc d'abord faire une sorte de synthèse entre la conception, somme toute assez classique, d'un Heidrich et celle, plus révolutionnaire, d'un Bräuer. Il se met rapidement au travail, consulte les uns et les autres, réfléchit beaucoup, parle peu et garde la liaison directe avec le ministre de l'Air Hermann Göring et surtout avec le général Milch, son secrétaire d'Etat à la Luftwaffe, et aussi avec le colonel Jeschonnek, chef du bureau des Opérations aériennes.

Assez rapidement, Student prend une décision et va l'annoncer clairement à tous les officiers, qu'ils viennent de l'armée de Terre ou de l'armée de l'Air et qui maintenant doivent, dans son esprit, former les cadres des deux premiers bataillons d'une seule et même unité : le 1er régiment de chasseurs parachutistes. Cette conférence d'état-major prend, tout naturellement, un tour assez solennel. C'est la première fois que le général Kurt Student livre ainsi le fond de sa pensée aux hommes qu'il va un jour mener au combat :

— Messieurs, voici ce qui sera désormais la règle absolue d'emploi des parachutistes allemands. Je ne peux accepter l'idée d'une force de sabotage chez l'ennemi. C'est une bonne idée, certes. Mais elle doit être le fait d'agents isolés et non pas d'une unité militaire comme la nôtre. Les chances d'en revenir sont très réduites. Et ceux qui survivraient ne pourraient que tomber aux mains de l'ennemi où ils seraient traités comme des terroristes et des espions. Ce qui ne convient pas à des hommes d'une troupe d'élite. Les pertes sont inévitables à la guerre, mais chaque soldat doit avoir au moins une chance de survivre et de rentrer à sa base. Nous ne sommes pas des candidats au suicide, même glorieux.

Impassibles, les officiers écoutent leur nouveau chef qui leur tient le langage de la raison. Bien que venant de la Luftwaffe, il semble se rapprocher davantage des théories de l'armée de Terre que de celles de l'armée de l'Air. Mais, après la prudence, voici l'audace. Kurt Student poursuit :

— L'emploi des troupes aéroportées pour des missions aussi limitées que le sabotage ne me paraît pas correspondre à leurs immenses possibilités. Selon moi, les unités paras constituent un facteur militaire de première importance. Nous allons devenir les soldats de la troisième dimension. Jamais aucun adversaire ne pourra tenir une ligne de résistance sans risquer d'être pris à revers, à l'endroit et au moment que nous déciderons. Nous mènerons la guerre de l'inattendu et de la surprise. Il n'y a pas deux manières de se battre. Mais il y aura désormais une nouvelle manière d'arriver sur le champ de bataille.

Le général Student a tranché dans le vif de la querelle. La politique militaire qu'il préconise est celle de grosses unités parachutistes, emportant la décision par la surprise mais aussi par la masse — relative, bien sûr.

Une telle tactique trouvera son apogée et son tombeau trois ans plus tard, à la fin du mois de mai 1941, en Crète. Et dans cette bataille tomberont beaucoup des officiers qui écoutent aujourd'hui leur nouveau chef, avec un esprit de sacrifice et de discipline qui les mènera bientôt aux premières victoires.

III

MANŒUVRES EN BOHÊME ET GUERRE EN POLOGNE

Ayant définitivement fixé la doctrine d'emploi de ses unités parachutistes, le général Kurt Student peut se consacrer totalement à sa tâche. Le chef des paras allemands sait qu'il n'est pas de troupe d'élite sans une sorte de mystique guerrière qui puisse unir tous les volontaires ayant librement choisi de servir dans ses rangs. Parmi les chasseurs parachutistes, il se trouve des hommes souvent très différents. Mais qu'ils soient idéalistes, ambitieux ou aventuriers, tous vont devoir apprendre par cœur les mêmes commandements, les fameux Dix commandements des paras du IIIe Reich :

I

« Vous êtes les soldats d'élite de l'armée allemande. Vous rechercherez le combat et vous entraînerez aux plus dures épreuves. La bataille sera pour vous le but suprême. »

II

« Cultivez la vraie camaraderie, car c'est avec l'aide de vos compagnons que vous irez à la victoire ou à la mort. »

III

« Soyez avares de paroles. Incorruptibles. L'homme agit et laisse aux femmes leur caquetage. Ce dernier pourrait vous conduire au tombeau. »

IV

« Soyez calmes et prudents, forts et résolus. La bravoure, l'enthousiasme, l'esprit d'offensive vous donneront dans l'attaque l'ascendant sur votre adversaire. »

V

« En présence de l'ennemi, rien de plus précieux que les munitions. Celui qui tire sans nécessité, seulement pour se donner du courage, est un pleutre qui ne mérite pas le titre de parachutiste. »

VI

« Ne vous rendez jamais. Pour vous, la victoire ou la mort. Il n'est point d'autre alternative. C'est une question d'honneur. »

VII

« Point de triomphe sans de bonnes armes. Soumettez-vous à cette loi : " D'abord mes armes ; moi-même ensuite ". »

VIII

« De chacune de vos entreprises, vous devez saisir pleinement la portée afin d'être à même, si votre chef est tué, de la mener à bien à sa place. »

IX

« Contre un ennemi qui combat à visage découvert, battez-vous avec chevalerie. Mais à la guérilla, ne faites point de quartier. »

X

« Tenez vos yeux grands ouverts. Elevez-vous à la hauteur des héros. Soyez aussi rapides que le lévrier, aussi résistants que le cuir, aussi durs que l'acier de Krupp et vous serez ainsi l'incarnation parfaite du guerrier allemand. »

***

En prenant la tête des parachutistes allemands, le général Kurt Student a reçu le titre de commandeur de la 7e division aérienne. C'est une unité toute théorique et qui n'existe encore que dans les organigrammes du ministère de l'Air. On sait seulement qu'il s'agit d'une formation d'infanterie de l'air qui doit être en partie parachutée et en partie aéroportée. Les chasseurs parachutistes devront prendre d'assaut, avec la première vague, les aérodromes où pourront atterrir les avions de transport de la seconde vague, amenant les fantassins aéroportés.

Assisté de son officier d'opérations, le major Trettner, le général Student doit faire face sans arrêt à d'incroyables difficultés matérielles et administratives. Certaines des unités qui se trouvent sous ses ordres, comme le bataillon du major Bräuer, théoriquement rattaché au régiment *General-Göring*, font partie de l'armée de l'Air, tandis que d'autres, comme le bataillon du major Heidrich, dépendent encore de l'armée de Terre. Outre ces deux unités, les plus solides de la 7e division aérienne, Student a sous ses ordres un bataillon d'infanterie à effectif réduit, que commande le lieutenant Sydow et qui doit être transporté par planeurs. Ce sont là les trois unités de choc de la division, celles de la première vague d'assaut. Doivent ensuite atterrir, sur les terrains conquis de haute lutte, les fantassins du 16e régiment d'infanterie de la Wehrmacht, aux ordres du colonel Kreysing. A ces soldats réguliers s'ajoutent, sur les ordres impératifs du ministre Göring, les miliciens d'une formation armée des sections d'assaut du parti national-socialiste : la *Standarte* (régiment) *SA Feldherrnhalle*, du nom de ce bâtiment de Munich devant lequel a été brisé dans le sang le putsch de 1923, au prix de seize tués chez les nationaux-socialistes et de très nombreux blessés dont l'actuel ministre de l'Air lui-même.

La cohésion d'une « division » aussi disparate ne manque pas de causer beaucoup de soucis à Kurt Student, qui a déjà eu bien du mal à rendre relativement homogène le bataillon Bräuer et le bataillon Heidrich, désormais dénommés Ier et IIe bataillon du 1er régiment de chasseurs parachutistes.

Depuis les premiers sauts à l'école de Stendal, il s'est opéré deux véritables révolutions techniques qui bouleversent totalement l'emploi des parachutistes. La première est l'utilisation massive des Junkers 52 comme avions de transport de troupe. La seconde est la mise au point de planeurs d'assaut de type DFS 230 qui vont appuyer et même parfois précéder les paras sautant avec la première vague d'assaut.

***

Le Junkers 52 est certes, avant tout, un appareil de transport. Mais son utilisation militaire n'avait jamais été mise autant en évidence que lors des premiers jours de la guerre d'Espagne, durant l'été 1936.

Le problème, pour les militaires soulevés contre le gouvernement républicain de Madrid, était de faire passer leurs forces du Maroc en Espagne. Ils demandèrent l'aide des Allemands.

Dès le 26 juillet, le secrétaire d'Etat Milch convoque le général d'aviation Wilberg et lui annonce que le Reich a décidé d'aider le général Franco, en transportant des troupes rebelles de la région de Tétouan à l'aérodrome de Tablada près de Séville. Ce sera le premier pont aérien de l'Histoire.

Une quarantaine de pilotes de Junkers 52, sous les ordres du capitaine Henke et du lieutenant von Moreau, de la Luftwaffe, réalisent de main de maître cet exploit qui préfigure toutes les opérations aéroportées de la Seconde Guerre mondiale. Dès le premier voyage, on entasse dans la carlingue de chaque appareil vingt-deux tirailleurs maures, avec tout leur équipement. Comme tout se passe bien et que les Junkers parviennent à décoller puis à se poser sans problème de l'autre côté de l'eau, après avoir survolé à trois mille mètres d'altitude le détroit de Gibraltar, le capitaine Henke décide de porter désormais à trente la quantité de soldats africains entassés dans chaque appareil. Le nombre de traversées ainsi accomplies chaque jour varie entre trois et cinq. Les bateaux de la marine de guerre espagnole, tombés aux mains des républicains, après l'assassinat des officiers, essayent d'intervenir. Mais le lieutenant comte Hoyos, avec son Junkers 52, attaque le croiseur *Jaime* et le neutralise de deux bombes bien placées. En un mois, le capitaine Henke réussit ainsi à fournir aux forces nationalistes un renfort de 8 899 soldats. Les aviateurs allemands ont transporté non seulement des hommes, mais aussi une quarantaine de canons, une centaine de mitrailleuses lourdes et 137 tonnes de munitions et de matériel. Le 15 septembre 1936, le nombre total des soldats transportés dépasse 12 500 hommes.

Une armée qui tient un terrain d'aviation est donc capable d'être ravitaillée par air sans avoir besoin de faire appel aux parachutistes qui ne sont plus alors que l'avant-garde des forces d'invasion.

Les officiers du général Student se mettent aussitôt au travail, en tenant compte des enseignements de la guerre d'Espagne [1]. Le chef d'état-major de la division ne tarde pas à établir des plans de transport aérien et annonce à son chef le résultat de ses études :

— Chaque Junkers 52 peut transporter soit une vingtaine de fantassins, avec armes et munitions, soit un canon de 75 avec ses six tireurs et ses chargeurs, soit un caisson de quinze obus

1. On a prétendu, et notamment le lieutenant-colonel tchèque F.O. Miksche dans son livre *Paratroupes* (éditions Payot, 1946), que les Allemands auraient aussi engagé dans la guerre d'Espagne une unité de cinquante parachutistes tchèques, sur lesquels il n'y aurait eu que vingt-trois survivants. Aucun détail sur les opérations qu'ils auraient menées n'a été recueilli, et le nom même du responsable de cette unité est inconnu.

de 75 avec cinq servants d'artillerie, soit un canon de 37 PAK (antichar) avec ses servants et ses munitions, soit un canon de 20 FLAK (antiaérien), également avec ses servants et ses munitions.

Aussi Student envisage d'intégrer à sa 7e division des unités aéroportées et notamment un peloton de reconnaissance avec ses motocyclettes, une unité de transmissions avec ses téléphones et ses appareils de radio, une batterie de pièces de 20 FLAK, et une batterie de canons de 37 PAK. Ainsi, peu à peu, sa division mi-parachutée et mi-aéroportée deviendra véritablement opérationnelle.

⁂

Tout autant que l'utilisation militaire de l'avion de transport, l'emploi des planeurs d'assaut va totalement modifier la stratégie de la 7e division aérienne. Pour le général Student, ancien fanatique du vol à voile, ce n'est sans doute qu'une application logique. Puisque à l'avion de transport civil succède un avion de transport militaire pour les troupes aéroportées, il est normal d'imaginer aussi un planeur de transport militaire.

Seulement, jusqu'ici, le vol à voile était réservé à des appareils ultra-légers, dont l'équipage se réduisait au seul pilote. Même un unique passager était déjà exceptionnel. Alors transporter une demi-douzaine et même plus de soldats en armes devient pour les techniciens allemands un véritable casse-tête.

Tandis que les bureaux d'études se mettent au travail, les pilotes d'essai s'apprêtent à se lancer dans les airs pour mettre au point des planeurs de combat.

Très rapidement, le lieutenant Kiess et de nombreux pilotes rejoindront la 7e division aérienne du général Student. Ce sont eux qui prendront en charge les planeurs du bataillon du lieutenant Sydow.

Chaque appareil peut emmener, en plus du pilote, huit et même neuf combattants équipés, le poids en vol pouvant atteindre deux tonnes.

Les grands oiseaux blancs larguent en vol les roues qui ont servi au décollage et se posent sur un patin central. Ils s'inclinent alors sur une aile, tandis que jaillissent les dix hommes qu'ils transportent. L'envergure de ces DFS 230 est impressionnante : vingt-deux mètres, alors que leur longueur totale n'atteint pas onze mètres. Quant à la vitesse, elle ne doit pas dépasser 185 kilomètres à l'heure et peut se réduire à 87 kilomètres à l'heure pour l'atterrissage.

Les DFS 230 sont remorqués par des Junkers — décidément de plus en plus « bonnes à tout faire » de la Luftwaffe. C'est le pilote du planeur qui doit larguer le câble de remorque quand il se juge capable de mener sans encombre appareil et équipage jusque sur son objectif. La précision d'atterrissage est d'une vingtaine de mètres. Un record !

Grâce à ses avions de transport, le général Student peut constituer des unités divisionnaires d'appui, facilement aérotransportables. Ainsi met-il sur pied la première batterie d'artillerie équipée de canons de 75 Skoda. Elle sera commandée par le lieutenant Bruno Schram. Son grand problème est de pouvoir tracter ses pièces, une fois mises à terre par les Junkers. Les chevaux sont trop encombrants dans les avions. Alors l'officier essaye des poneys. Puis, pour gagner de la place, des chiens. Cette ménagerie vaut aux artilleurs parachutistes bien des quolibets et tous leurs camarades ne parlent plus que du « cirque Schram » pour désigner la batterie de 75. Mais ils seront un jour bien contents d'avoir l'appui de ces pièces, qui s'ajoutent aux canons de 37 PAK et de 20 FLAK de cette 7e division aérienne, de mieux en mieux équipée désormais.

***

Pendant l'été 1938, le problème des Sudètes menace d'enflammer toute l'Europe. Ces citoyens tchèques d'origine allemande ne veulent plus vivre sous la tutelle de Prague. Comme leurs territoires sont situés sur les zones frontières de la Bohême, il n'est pas question de leur accorder la moindre autonomie sans démanteler le périmètre de défense de l'Etat tchécoslovaque. Dans le pays des Sudètes, des casemates s'étendent parfois sur plus de vingt kilomètres de profondeur. C'est une véritable « ligne Maginot ». Pourtant, Adolf Hitler est décidé à intervenir. Les généraux sont très inquiets devant une opération militaire dans ces conditions. Mais le Führer arrivera à les convaincre, avec un argument irrésistible :

— Il ne s'agit pas d'attaquer de front les fortifications tchèques, mais de les prendre à revers.

— Mais comment donc ? s'inquiètent tous les chefs du grand état-major, à commencer par le Generaloberst von Brauchitsch et son adjoint Beck, un adversaire à peine dissimulé du national-socialisme.

— Tout simplement avec nos parachutistes, affirme tranquillement le Führer.

Les forces armées allemandes ne possèdent pourtant à cette époque que leurs deux bataillons d'un demi-millier de combattants chacun. Mais Hitler est persuadé que Student peut faire des miracles.

Le Generaloberst von Rundstedt, qui conduira l'attaque vers Olmütz à partir de la Haute-Silésie, reçoit l'ordre d'étudier un plan d'opérations prévoyant la mise en œuvre des paras.

— Où comptez-vous faire sauter vos hommes ? demande-t-il au chef de la 7ᵉ division aérienne.

— Ils peuvent sauter à peu près n'importe où, répond Student. Mais l'opération n'a de sens que s'ils s'emparent tout de suite d'un terrain d'aviation où nous pourrons poser les Junkers amenant les troupes aéroportées.

— L'avez-vous trouvé ?

— Non sans mal. Il y a quelque chose qui pourrait peut-être convenir dans la région de Freudenthal, sur la route d'Olmütz à Jägerndorf. C'est un terrain de collines peu élevées et bien dégagées. Nous trouverons une piste utilisable non loin des zones de parachutage.

— Alors, mettez vite cette opération au point.

Le général Student détermine rapidement la mission des unités qu'il commande. Il réunit les commandants de ses unités :

— Bräuer, vous prendrez à revers la ligne fortifiée tchèque. Heidrich, vous tiendrez le terrain d'aviation et ses abords. La première vague des aéroportés sera constituée par les deux compagnies de fantassins de l'air de Sydow et les quatre pièces de montagne de Schram. Kreysing, votre régiment viendra en deuxième vague. Puis ce seront les SA de la *Standarte Feldherrnhalle.* A vous tous de prendre position le long de la Mohra et de bloquer tous les renforts tchèques vers le front. Messieurs, ce sera peut-être la première opération de guerre menée par les parachutistes allemands. Grâce à vous, les Sudètes feront retour au Reich.

Kurt Student n'aura pas besoin de maintenir longtemps sous pression les hommes et les cadres de la 7ᵉ division aérienne : les accords de Munich règlent la question des Sudètes. Les troupes allemandes vont franchir les lignes fortifiées des frontières tchèques, l'arme à la bretelle.

⁂

Le général Student réunit à nouveau les chefs d'unité de la 7ᵉ division aérienne :

— Messieurs, il n'y aura pas d'opérations de guerre à Freudenthal...

Le commandeur croit deviner une certaine déception sur les visages de ses meilleurs officiers. Et il ajoute aussitôt :

— Il y aura par contre une manœuvre à Freudenthal. Les

sauts, ainsi que le transport par planeurs et par avions auront lieu exactement comme prévu.

Le jour J reste fixé au 7 octobre 1938, une semaine après la signature des accords de Munich. Deux cent cinquante Junkers emplissent le ciel des Sudètes du grondement fantastique de leurs sept cent cinquante moteurs ! Le ciel semble porter une nuée d'orage. Escadrille après escadrille, les appareils se présentent au-dessus de Freudenthal. Les parachutistes sautent les premiers. Ils sont plus de mille. Quelques minutes plus tard, les premiers planeurs se posent, puis, comme dans un ballet bien réglé, toute une vague d'appareils atterrit. Les Junkers roulent sur le sol du terrain de fortune. Ils ne sont même pas encore arrêtés, dans un nuage de poussière, que les portes s'ouvrent. Les fantassins aéroportés bondissent sur le sol. Ils sont bientôt deux mille qui se hâtent, sans tirer un seul coup de feu, vers les objectifs qui leur ont été désignés et où les soldats tchèques ont reçu de leur gouvernement l'ordre de n'opposer aucune résistance.

De nombreux officiers allemands sont venus en observateurs, tout tranquillement, par la route, comme pour une excursion paisible. De la frontière, ils n'ont vu que des poteaux abattus. Parmi ces spectateurs de la grande manœuvre aéroportée imaginée par Kurt Student, se trouve le ministre de l'Air en personne. Jamais Hermann Göring n'a encore paru aussi ravi qu'en voyant ces hommes ainsi fondre du ciel comme des oiseaux de proie. Il convoque aussitôt Student et le félicite.

— La Luftwaffe n'a eu que quelques appareils endommagés. Ce n'est pas grand-chose, avec près de trois cents avions en l'air en même temps. Et chez vos paras ?

— Rien à signaler, sinon quelques fractures. De toute façon, ce n'est pas pis qu'à l'exercice.

— C'est magnifique ! s'enthousiasme Göring. Les troupes aéroportées ont un glorieux avenir devant elles.

Le ministre de l'Air est un homme prompt à se laisser conduire par son enthousiasme. Il enchaîne aussitôt :

— Student, vous gardez cet état-major qui me semble avoir bien travaillé et vous venez vous installer à Berlin-Tempelhof, à proximité de l'aéroport de la capitale. Un jour, toutes les troupes parachutistes du Reich seront sous votre commandement et dépendront de ma Luftwaffe.

La situation administrative des paras du IIIe Reich, à la fin de l'année 1938, apparaît encore d'une complication qui ferait douter de la célèbre vertu allemande d'organisation...

Student, général de l'armée de l'Air, commande désormais des unités comme les 16e régiment d'infanterie d'Oldenburg, 47e de Lüneburg et 65e de Brême qui forment la 22e division aéroportée, mais continuent à dépendre de l'armée de Terre. Quant aux deux bataillons parachutistes des majors Bräuer et Heidrich, ils gardent toujours, avec une certaine jalousie, leur particularisme d'origine.

Hermann Göring le dit à Student dès la fin de l'année 1938 :

— Il n'y a qu'une solution : transférer tous les paras à la Luftwaffe. D'autre part, je veux que vos bataillons deviennent vite des régiments et que nous triplions les effectifs.

Ainsi, dès le début de l'année 1939, les forces parachutistes allemandes, entièrement rattachées à la Luftwaffe, comprennent le Ier bataillon du major Bräuer, le IIe bataillon du major Heidrich, auquel va bientôt succéder le major Prager, et, très rapidement, le IIIe bataillon du capitaine Schulz. Ces unités forment le 1er régiment de chasseurs parachutistes (*Fallschirmjäger Regiment 1*), auquel doit s'ajouter, dans les mois à venir, un 2e régiment, encore très embryonnaire, et réduit à deux bataillons, sans état-major régimentaire. Pour transporter ces fantassins du ciel, il est prévu deux escadrilles de Junkers 52, soit un demi-millier d'appareils. C'est-à-dire la moitié du potentiel militaire aérien de transport alors disponible en Allemagne.

Les paras du IIIe Reich pour l'instant vivent, s'instruisent et manœuvrent surtout dans le cadre du bataillon et ont tendance à former des unités assez autonomes que dominent les personnalités de commandeurs originaux et efficaces comme Erich Walther (I/1), Fritz Prager (II/1), Karl-Lothar Schulz (III/1).

Pour unifier le style de ses unités, le général Student nomme à la tête du 1er régiment de chasseurs parachutistes Bruno Bräuer, promu lieutenant-colonel, et que tous considèrent comme le plus ancien et le plus capable. D'avoir été naguère sous-officier et d'être sorti du rang lui vaut une grande popularité dans la troupe.

Richard Heidrich est, lui aussi, promu lieutenant-colonel ; bien que muté dans la Luftwaffe, il demeure avant tout un fantassin. Le général Student décide de le prendre auprès de lui comme adjoint et il va véritablement créer l'état-major de la division parachutiste, avant de céder la place à un nouveau venu, le major breveté Heinz Trettner.

L'école de saut de Stendal connaît une activité fiévreuse. Dans toutes les garnisons des unités paras, on récupère les brevetés pour en faire des combattants d'élite.

— Le saut n'est qu'une préface, aime à répéter Student à son chef d'état-major, le major Trettner. C'est au sol qu'il nous faudra remporter la décision.

Une grande nouvelle vient mobiliser tous les hommes de la 7e division aéroportée. Le 15 mars 1939, un an après l'entrée à Vienne, les troupes du Reich occupent Prague, sans tirer un coup de fusil. La Slovaquie devient indépendante et le reste du pays est transformé en « protectorat » de Bohême-Moravie.

En lever de rideau, les paras reçoivent l'ordre de sauter sur Prague. Le mauvais temps interdit l'opération. Mais dès le lendemain, les avions de transport peuvent se poser sans aucun incident sur les pistes de l'aéroport de la capitale de l'ancienne Tchécoslovaquie.

— Cette fois, Herr Generalmajor, annonce triomphalement Trettner à son chef, il n'y a même pas une seule fracture à déplorer.

Pour le général Jeschonnek, nouveau chef d'état-major de la Luftwaffe, comme pour son chef le général Milch, il s'agit d'un succès. Pour Göring, c'est un triomphe. Pourtant, les aviateurs vont freiner le développement des unités parachutistes en estimant que la prise des terrains d'aviation permettra de se contenter de simples troupes aéroportées sans formation particulière. Le général Student n'aura donc comme « vrais paras » que les brevetés de quatre ou cinq bataillons : moins de trois mille hommes dont certains ne sont qu'au début de leur instruction.

***

L'été 1939 sent la poudre. L'occupation de Prague n'a été qu'un lever de rideau. Un autre nom de ville se trouve sur toutes les lèvres : Dantzig. Un jour viendra où le corridor polonais ne séparera plus la Prusse-Orientale de la Grande Allemagne. Un jour... Désormais, les manœuvres militaires préfigurent exactement les opérations de guerre.

Au mois de juin, le général von Brauchitsch assiste à un exercice des troupes de Student. Depuis le défilé du 20 avril, où plusieurs bataillons paras en tenue de saut ont paradé devant le Führer et le grand état-major, tout le Reich ne parle que des fameuses unités parachutistes.

Sur le terrain d'aviation de Munster va avoir lieu une démonstration d'atterrissage d'éléments aéroportés. Les officiels de la Wehrmacht s'attendent à une opération grandiose, une sorte de répétition de ce pont aérien qui a permis, trois ans auparavant, les succès initiaux des nationalistes pendant la guerre d'Espagne, en transportant plus de douze mille soldats du Maroc à l'Andalousie. Un grondement de moteurs emplit le ciel. Tout le monde lève la tête pour apercevoir les escadrilles surgissant des nuages.

— *Sie kommen !* (Les voici !)

Mais la piste est si étroite que seulement trois appareils peuvent s'y poser ensemble. Par la minuscule porte des Junkers 52, les fantassins sortent l'un après l'autre, dans une grande bousculade. Tout cela sent l'improvisation, la bonne volonté et la pagaille. Les hommes s'attardent au déchargement du matériel. D'interminables minutes s'écoulent avant que les avions puissent reprendre l'air et libérer le terrain. Von Brauchitsch fait une moue dégoûtée et se penche vers un Student rouge de confusion et de fureur.

— Voici qui me semble aller moins vite que sur le papier, mon cher. Vos aéroportés devront se borner à des opérations de petite envergure.

— Nous mettrons tout cela au point, Herr Generaloberst. Laissez-nous un peu de temps. Et vous verrez ce que peuvent les parachutistes.

— Allons, Student, vous n'êtes qu'un grand optimiste.

L'inspecteur général est furieux. Bien sûr, l'aérotransport pose des problèmes, mais il croit à l'avenir des combattants de la 3e dimension... Il se jure de prendre sa revanche. Quelques jours plus tard, au mois de juillet de cette terrible année 1939, d'autres manœuvres ont lieu à Bergen. Cette fois, c'est le général von Kluge qui supervise l'exercice.

Bien répartis sur le terrain, les défenseurs doivent protéger une position élevée et attendent l'attaque. On leur a dit que des parachutistes pouvaient sans doute être largués. Les yeux levés vers le ciel, ils attendent leurs adversaires. Voici les escadrilles de Junkers qui annoncent l'arrivée de l'ennemi. A terre, personne ne se laissera surprendre. Chaque fusilier et chaque mitrailleur fixe les appareils, hauts dans le ciel, et cette petite porte sombre par où va jaillir l'ennemi venu des nuages.

Une masse noire se détache, une coupole blanche s'ouvre en cloche et s'épanouit. Puis une autre. Et une autre. En quelques instants, le ciel se trouve garni de corolles blanches qui descendent lentement, remplissant le paysage comme fleurs dans la prairie. Les premiers coups de feu claquent. Puis de brèves rafales d'armes automatiques : pendant plus d'une minute, les parachutistes dispersés dans le ciel restent terriblement vulnérables. Et de longs moment se passent encore avant qu'ils puissent effectuer leur regroupement au sol.

Von Kluge regarde le spectacle dans ses jumelles avec la même moue dubitative que von Brauchitsch, quelques semaines auparavant. Tout cela n'est pas très convaincant. Student n'est pour les militaires sérieux qu'une sorte de manager de cirque. Jamais il n'a montré un visage aussi impénétrable. A côté de lui, son chef d'état-major, le major Trettner, refrène avec peine une grande envie de rire.

A terre, les défenseurs ont quitté leurs positions et bondissent vers la zone où doivent se poser les paras. Ils se précipitent pour leur opposer une chaude réception. Maintenant, les coupoles ont touché le sol et s'affaissent, à demi gonflées par des rafales de bise. Bientôt, les adversaires seront au corps à corps. En quelques minutes, cette unité tombée du ciel sera anéantie. Décidément, tout cela reste une chimère.

Les officiers qui surveillent la manœuvre ne font guère attention à un nouveau grondement de moteurs. Une autre escadrille surgit, volant à moins de cent mètres d'altitude. On aperçoit les coupoles juste au moment où elles s'ouvrent. Rapidement, les paras arrivent à terre en trente secondes, se débarrassent de leurs harnais, bondissent vers la position que viennent d'abandonner ses défenseurs pour courir combattre leurs camarades. En quelques minutes, la hauteur se trouve conquise par les assaillants.

— La plupart de vos parachutistes de la première vague sont quand même anéantis, remarque von Kluge. Le succès est là, certes. Mais au prix de pertes effroyables.

— Des pertes, Herr Generaloberst ! s'exclame Student en riant franchement. Mais il s'agissait de mannequins !

Von Kluge veut bien sourire à son tour et félicite l'inspecteur général des troupes aéroportées, qui désigne son compagnon :

— C'est une idée de mon chef d'état-major, le major Trettner. La première arme du parachutiste reste la ruse.

Avec cette démonstration probante, Student vient de prendre sa revanche. Il n'est pourtant pas certain d'avoir convaincu, au-delà de l'état-major de la Wehrmacht, le Chancelier lui-même. L'attitude d'Adolf Hitler semble un peu étrange. Il laisse agir ses généraux, pour lesquels il semble encore éprouver une sorte de confiance aveugle. L'ancien caporal témoigne à ces professionnels de la guerre un étrange respect et n'intervient pas directement dans l'instruction des troupes fournies par la conscription. Le Führer ne veut privilégier aucune arme. Il connaît les rivalités et ne tranche pas. Il se tient certes au courant, mais ne visite pas les unités de parachutistes. Pas une seule fois, en ces années de ce qui apparaît désormais aux yeux de tous comme la nouvelle avant-guerre, il ne demande à rencontrer le général Student.

C'est devant un Führer impassible que les paras défilent lors des dernières grandes parades militaires de l'été 1939.

Le 26 août, toutes les unités se trouvent rassemblées dans leurs garnisons du temps de paix. La 7e division parachutiste n'est pas encore au plein de sa force et Student enrage de n'avoir pas sous la main tout le personnel et le matériel dont il doit théoriquement disposer.

— Quelques bataillons ne constituent pas une division, confie-t-il mélancoliquement au major Trettner.

— Sans doute, Herr Generalmajor. Mais si nos hommes font

leurs preuves au combat, alors le grand état-major nous donnera tout ce qu'on nous promet, et même davantage.

— Ce sera la preuve par le sang, Trettner. Elle nous coûtera très cher. Plus que nul autre, chacun de nos chasseurs est un soldat sacrifié.

⁂

A la déclaration de guerre, les bataillons parachutistes allemands — on n'en compte même pas une demi-douzaine — se trouvent répartis dans des cantonnements le long de l'autoroute de Berlin à Breslau. Ils s'attendent à être engagés d'une heure à l'autre.

Toutes les unités sont en alerte. La longue attente commence. Groupés autour des postes de radio, les officiers comme les chasseurs apprennent les faciles victoires remportées par leurs camarades de la Wehrmacht et enragent d'être ainsi cloués au sol, loin de la zone de combat. Pourtant, ils se sentent prêts à sauter sur n'importe quel objectif.

Une première unité reçoit enfin une mission de guerre. Son commandeur rassemble ses paras et leur annonce :

— Cette fois, ça y est ! Nous allons sauter non loin de la Vistule pour nous emparer d'un pont et anéantir l'unité polonaise qui garde ce passage.

Les ordres sont donnés aux chefs de section et aux chefs de groupe. Chacun sait exactement ce qu'il doit faire en arrivant au sol. Enfin, on va voir comment s'opère le regroupement sous le feu de l'ennemi. Aucune manœuvre ne pourrait remplacer cette neuve expérience.

Quelques heures plus tard, les hommes désignés pour cette première opération de guerre rejoignent l'aéroport de Breslau. Ils perçoivent leur parachute, s'équipent, grimpent dans les Junkers et s'installent, tandis que les pilotes lancent les moteurs.

Quelques officiers arrivent de la tour de contrôle en courant. Ils se précipitent vers les appareils, agitant les bras et hurlant pour se faire entendre :

— L'opération est annulée ! Tout le monde à terre !

Une casquette grise chassée par le vent des hélices est emportée dans un superbe vol plané, mais personne n'a envie de rire. Le chef du détachement d'assaut est furieux. Il saute sur l'herbe, l'air mauvais.

— Qu'est-ce qui se passe ? demande-t-il à l'officier qui vient d'apporter l'ordre d'annulation.

L'autre fait signe qu'il n'entend rien avec tout ce bruit. Son camarade lui hurle dans l'oreille :

— Mais qu'est-ce qui se passe, *Sakrament* ?

— Nos Panzers sont déjà arrivés au pont et s'en sont emparés. Ils vont trop vite...

— Les salauds ! hurle l'officier para. Mais ce sacré pont, il était à nous, non ?

Son camarade lève les bras dans un grand geste d'impuissance. Les parachutistes descendent lourdement, l'un après l'autre, du Junkers, dont les moteurs, enfin arrêtés, laissent échapper une sorte de long sifflement. L'air sent l'essence brûlée, l'huile chaude et surtout... la rancœur d'une opération loupée. Les chasseurs se débarrassent de leur parachute et rejoignent les camions, la tête basse et l'air maussade.

A plusieurs reprises, en quelques jours, des opérations aéroportées vont ainsi être annulées à cause de la trop rapide avance des blindés qui vont plus vite que l'horaire prévu par l'état-major. Le moral baisse dans les cantonnements des bataillons paras. Certains chasseurs regrettent de s'être portés volontaires pour une unité d'élite qui ne se bat pas !

Enfin, arrive l'ordre d'embarquer. Jamais les hommes n'ont grimpé aussi vite dans les camions qui démarrent aussitôt vers l'est. Mais c'est pour s'arrêter au bout de quelques dizaines de kilomètres : les paras ont pour mission de monter la garde autour du quartier général d'un des hauts dignitaires de la Luftwaffe ! Un travail pour lequel on employait, pendant la dernière guerre, de vieux territoriaux. Cette fois, la déception se change en colère.

Les officiers sont les plus furieux et se demandent si on ne se moque pas d'eux en haut lieu. Un esprit frondeur n'a jamais cessé, dans tous les pays, de régner parmi les unités paras. Les Allemands, en ces premiers jours de septembre 1939, donnent le ton.

Les généraux du haut état-major doivent avoir les oreilles qui sifflent !

— Est-ce qu'ils savent même qu'on existe ? s'exclame le sous-lieutenant comte Wolfgang von Blücher qui commande une des sections du bataillon Walther du 1er régiment.

Son chef de compagnie surgit alors et lui lance :

— Au lieu de râler, Blücher, vous feriez mieux de rassembler vos hommes. Les véhicules vont arriver.

— Où allons-nous, Herr Hauptmann ?

— Secret militaire. Sans doute en Pologne.

Enfin, des unités paras franchissent les frontières du Reich ! Non pas en avion, mais en camion. Comme des fantassins de l'infanterie motorisée. Mais les hommes chantent quand même. Ils sont joyeux. C'est leur première mission de guerre.

*
**

Les parachutistes ont l'ordre de s'emparer de plusieurs aérodromes qui se trouvent entre la Vistule et le Boug. Ils doivent les mettre aussitôt en état de défense contre les débris de l'armée polonaise qui ont échappé à la capture et errent dans les campagnes. Certains vaincus, ulcérés de voir leur pays envahi aussi brutalement, sont prêts à se lancer dans des actions désespérées.

Sitôt arrivés à destination, les chefs d'unité lancent des patrouilles pour reconnaître le terrain. Quelques paras doivent traverser la Vistule.

— Reconnaissance profonde sur l'autre rive, ordonne le chef de la compagnie. Personne ne sait plus où ont disparu les Polonais. Et faites attention : ils n'ont plus rien à perdre !

Les paras sautent dans des barques et franchissent le fleuve.

Le paysage de cette fin septembre semble totalement désert. Quelques fermes au toit de chaume brûlent dans le lointain. Il fait déjà frais. Un étrange silence, comme une brume épaisse, pèse sur toute la campagne.

Arrivés sur l'autre rive, les chasseurs de la patrouille disparaissent, les uns après les autres, aux yeux de leurs camarades et s'enfoncent sous les couverts. Il n'y a plus qu'à attendre leur retour. Soudain, retentissent des coups de feu. Isolés, d'abord. Puis des rafales d'armes automatiques et des éclatements de grenades. Un agent de liaison arrive en courant, se précipite dans un canot et vient rendre compte à force de rames :

— Nous sommes tombés sur tout un régiment d'artillerie en pleine retraite. Nous avons de la casse.

Parmi les morts, est tombé le Feldwebel Meusel. Cet adjudant est le premier para du IIIe Reich tué au combat dans cette guerre qui commence.

*
**

Dès le mois d'octobre 1939, la 7e division aéroportée rejoint ses garnisons du temps de paix. Malgré de brefs accrochages en Pologne, tous ont l'impression d'avoir été frustrés du combat auquel ils se préparaient depuis des années. Craignant de voir la guerre se terminer sans eux, quelques paras sollicitent leur mutation pour une unité d'infanterie normale de la Wehrmacht. Plusieurs officiers se demandent s'ils n'auraient pas mieux fait de rester dans l'aviation. Le général Student partage l'amertume de ses hommes. Il se confie à son chef d'état-major :

— Mais pourquoi donc, Trettner, n'avons-nous pas été utilisés en Pologne ?

Quelques jours plus tard, le 27 octobre, ce sera Adolf Hitler lui-même qui lui répondra. Le Führer convoque à Berlin le chef des troupes aéroportées. D'un geste, il prévient toute récrimination de Student :

— Les parachutistes sont trop précieux, lui dit-il d'emblée. Je les emploierai seulement quand je jugerai le moment opportun. Les troupes ordinaires de la Wehrmacht se sont très bien débrouillées sans vous en Pologne. Et je ne voulais pas révéler au monde ce qui doit encore rester une arme secrète.

Adolf Hitler annonce alors au chef de la 7e division aérienne qu'il réserve les paras pour des opérations à l'Ouest. Il lui confie que le temps presse si l'on veut prendre l'offensive avant l'hiver. Sur l'emploi des troupes aéroportées, il apparaît à Student fort lucide et se montre aussi persuasif qu'avec tous ses interlocuteurs. Ses connaissances techniques stupéfient Kurt Student qui découvre que le Führer connaît, dans le moindre détail, les caractéristiques des avions de transport et des planeurs. Adolf Hitler répète encore qu'il considère la force parachutiste comme une arme secrète et ajoute :

— La première opération aéroportée que nous mènerons devra utiliser tout le potentiel disponible et sera ordonnée au moment et à l'endroit décisifs. C'est pourquoi j'ai réservé les paras pour des objectifs dignes d'eux.

Le général Student entend exactement ce qu'il souhaitait entendre. Et il s'enhardit à dire :

— Je voudrais que vous sachiez, *mein Führer*, quel a été le désappointement de vos paras après la campagne de Pologne. Ce fut une véritable frustration qui a provoqué une chute du moral.

Hitler l'a écouté attentivement et il lance à Student :

— Nos paras pourront se rattraper à l'Ouest. Ils vont bientôt en voir.

Le Führer ajoute, en souriant :

— Et ce qu'ils verront alors, je peux vous dire que ce sera du grand spectacle !

IV

DU PONT DE VORDINGBORG A L'AÉROPORT DE STAVANGER

Dans l'air froid de la nuit de printemps, les pilotes des Junkers 52 lancent leurs moteurs bien avant le lever du soleil. Avec l'aube, va commencer le premier matin rouge de la guerre dans le Septentrion. C'est vers le Nord que l'aigle allemand doit prendre son vol, aujourd'hui 9 avril 1940.

Dans quelques heures, les avions aux croix noires vont survoler les paisibles royaumes de Danemark et de Norvège, emportant dans leurs flancs des centaines de parachutistes prêts à se lancer dans le ciel pour leur premier saut de combat.

Depuis le début du conflit en Europe, huit mois auparavant, les pays scandinaves ont essayé de maintenir leur neutralité. Les paysans danois continuent à exporter leurs produits agricoles tant vers l'Angleterre que vers l'Allemagne, tandis que les pêcheurs norvégiens ravitaillent, eux aussi, les deux belligérants. Mais les sympathies de la majorité de la population vont plutôt aux démocraties occidentales. D'autant plus que les Soviétiques, liés aux Allemands par un pacte de non-agression, ont attaqué la Finlande à la fin du mois de novembre 1939. Sentimentalement, Danois, Norvégiens et Suédois sont de cœur avec le pays agressé. Français et Britanniques ont envisagé, de leur côté, une intervention militaire dans le Grand Nord, à partir de Narvik. Mais l'armistice entre Soviétiques et Finlandais, survenu à la mi-mars 1940, est venu anéantir ce projet. Cependant Adolf Hitler est persuadé que les Alliés vont intervenir en Scandinavie. Il décide de les précéder par une opération éclair, à laquelle il donne le nom de « plan *Weserübung* ».

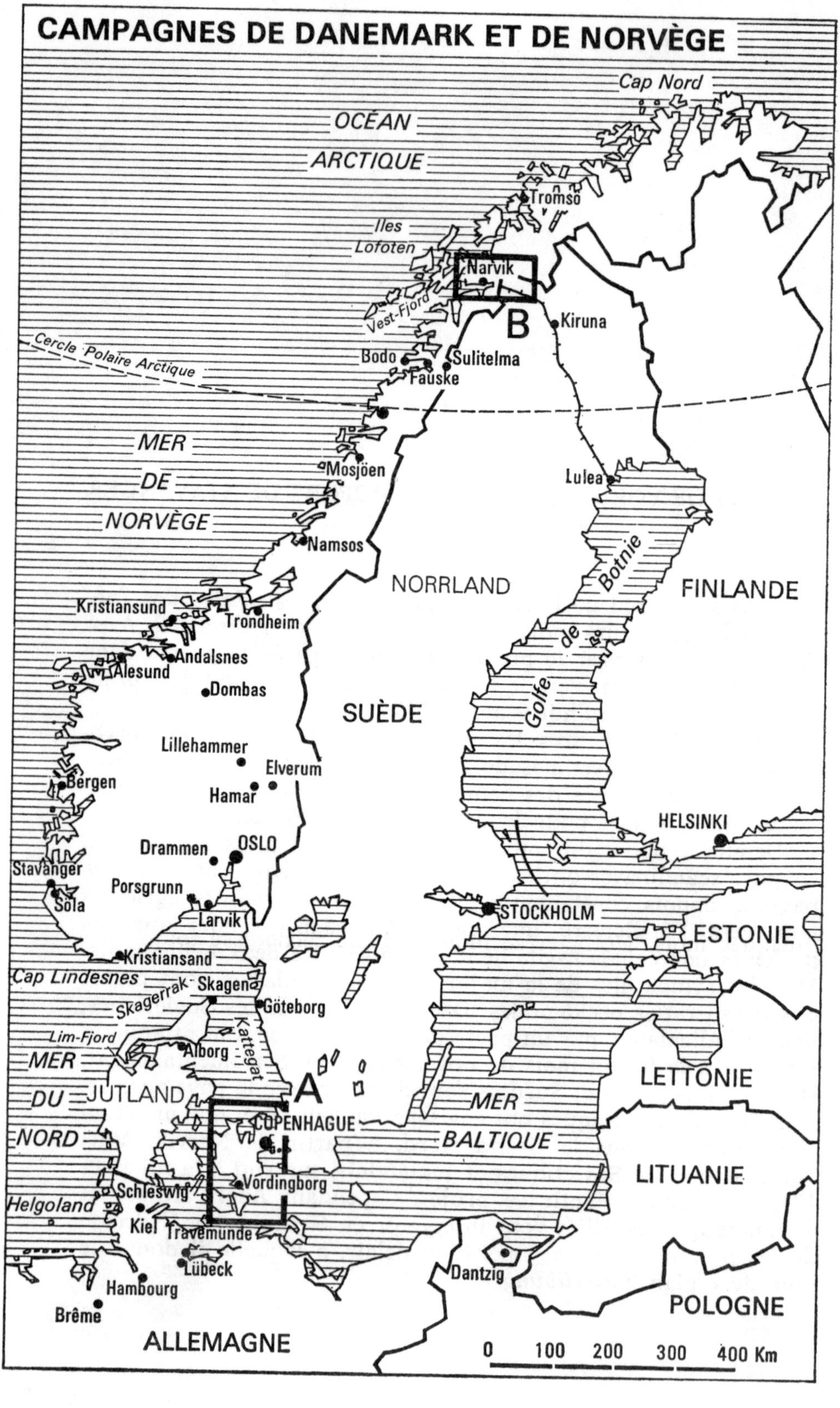
CAMPAGNES DE DANEMARK ET DE NORVÈGE
Cap Nord
OCÉAN
ARCTIQUE
Tromsö
Iles
Lofoten
Narvik
Vest-Fjord
B
Kiruna
Cercle Polaire Arctique
Bodo
Sulitelma
Fauske
MER
DE
NORVÈGE
Mosjöen
Lulea
Namsos
NORRLAND
FINLANDE
Golfe de Botnie
Kristiansund
Trondheim
Andalsnes
Alesund
Dombas
SUÈDE
Lillehammer
Elverum
Bergen
Hamar
HELSINKI
Drammen
OSLO
Stavanger
Sola
Porsgrunn
Larvik
STOCKHOLM
ESTONIE
Kristiansand
Cap Lindesnes
Skagerrak
Skagen
Göteborg
Kattegat
Lim-Fjord
MER
DU
NORD
Alborg
JUTLAND
A
LETTONIE
COPENHAGUE
MER
BALTIQUE
LITUANIE
Vordingborg
Schleswig
Helgoland
Kiel
Travemunde
Lübeck
Dantzig
Hambourg
Brême
POLOGNE
ALLEMAGNE
0 100 200 300 400 Km

Le Führer espère que les troupes du Reich, par une action rapide et brutale, décourageront toute résistance. Il espère surtout que les souverains, le roi Christian X de Danemark et le roi Haakon VII de Norvège, resteront dans leur palais et accepteront passivement la violation de la neutralité comme l'occupation de leur territoire.

Pour frapper comme la foudre un adversaire surpris et mal armé, le chancelier du Reich décide, pour la première fois, de faire sauter ses parachutistes. Mais cette intervention n'est encore qu'une expérience et il se garde d'engager en Scandinavie la totalité de ses forces aéroportées. Un seul bataillon sera largué. C'est celui du capitaine Erich Walther, qui a naguère commandé, comme jeune lieutenant, la 1re compagnie du régiment *General-Göring* et a été un des premiers officiers parachutistes de la Luftwaffe. Dans la nuit du 8 au 9 avril, ses hommes gagnent les terrains où ils doivent s'embarquer à bord des Junkers 52 des escadrilles de transport. Une cinquantaine d'appareils doivent participer à cette mission.

Les paras du bataillon Walther descendent de leurs camions dans la grisaille de la nuit. Il est trois heures du matin. Alors seulement, au cours d'un bref rassemblement sur le bord de la piste d'envol, les chefs des quatre compagnies de combat annoncent à leurs hommes qu'ils vont sauter sur le Danemark et la Norvège.

Des cartes d'état-major sont distribuées aux chefs de section qui divisent ensuite leurs hommes en équipes de saut d'une quinzaine de paras chacune. Juste avant qu'ils aillent chercher leur parachute dans les camions, le capitaine Walther leur adresse quelques mots. L'officier se montre d'une sécheresse toute militaire.

— Depuis des mois, vous vous entraînez et maintenant je sais que vous êtes prêts. Prendre des ponts, des aéroports, des batteries, c'est la mission même des chasseurs parachutistes. Nous devons réussir. Et, de toute façon, nous nous battrons jusqu'au dernier homme.

Le capitaine Walther lance alors :

— Je n'ai plus rien d'autre à vous dire. Mais ce que je veux, c'est vous entendre. C'est maintenant que le chant des paras prend sa pleine signification.

Réunis sur le bord du terrain, plus d'un millier d'hommes se mettent alors à lancer à pleine voix le *Rot scheint die Sonne*, dont le refrain semble vouloir couvrir le grondement des moteurs des Junkers qui tournent en bout de piste :

Kamerad, da gibt es kein Zurück !

Oui, cette fois plus que jamais, pour les chasseurs parachutistes, « il n'y aura pas de retour »...

A quatre heures du matin, retentit enfin l'ordre tant attendu :

— Aux avions !

Tout va très vite désormais. Chacun sait ce qu'il doit faire. Rapidement équipés, tenant le mousqueton de la sangle d'ouverture automatique entre les dents, les hommes du bataillon Walther se dirigent vers les Junkers, guidés par des sous-officiers de la Luftwaffe. Ils se hissent dans les appareils, se pressent vers l'avant pour mieux répartir le poids au moment du décollage. Des mécanos enlèvent les cales. Les Junkers roulent sur la piste et se dirigent en cahotant dans une démarche de canard vers le ciment de l'aire d'envol.

Tout cela ressemble à un ballet d'opéra minutieusement réglé. Un véritable mouvement d'horlogerie où triomphe la minutie allemande. Le programme a été calculé à la seconde près.

Les avions allemands décollent, se rassemblent, prennent leur cap. Maintenant, le soleil va se lever, faisant scintiller l'aluminium des fuselages écartelés de croix noires. Par les petites lucarnes de mica, les paras essayent de se repérer. Des champs, de longues fermes, l'étendue immense de la mer du Nord.

Enveloppée dans une quiétude encore frileuse, toute la Scandinavie sommeille. Le ciel vire lentement du noir au gris. Le printemps est toujours long à venir dans ces contrées septentrionales, où les rares soldats de garde ne croient pas appartenir à l'Europe en guerre. Les sentinelles ont les paupières lourdes de somnolence et de neutralité.

***

Le capitaine Walther a réparti les missions entre ses quatre compagnies de combat, lors de la conférence d'état-major qui a précédé cette première opération de guerre des paras du IIIe Reich.

— La première compagnie à sauter sera la 4e du capitaine Gericke. Il devra s'emparer du pont qui unit l'île de Laxland à celle de Sjaelland et ouvre la route de Copenhague aux forces de la Wehrmacht qui débarqueront à Gedser venant de Travemünde. La 3e compagnie du lieutenant von Brandis a pour mission de neutraliser les défenses antiaériennes de l'aéroport de

Sola, près de la ville de Stavanger, et de s'emparer du terrain où doivent atterrir les troupes aéroportées. Ce sera l'unité qui aura la plus longue route à faire.

Les deux chefs de compagnie ont acquiescé d'un signe de tête. S'emparer d'un pont ou tenir un aérodrome est un exercice qu'ils ont fait répéter à leurs hommes des dizaines et des dizaines de fois. Même sous le feu de l'ennemi, ils se sentent capables d'y parvenir facilement.

Le capitaine Walther a poursuivi l'exposé de la tâche qui attend le Ier bataillon du 1er régiment de chasseurs parachutistes :

— Le plus important est peut-être de nous emparer de l'aéroport de Fornebu qui se trouve à côté d'Oslo. Nous frapperons ainsi aux portes mêmes de la capitale norvégienne. Ce sera le rôle de la 1re compagnie du lieutenant Schmidt et de la 2e compagnie du capitaine Gröschke. Je prendrai moi-même le commandement de ces deux unités réunies et je sauterai le premier sur Oslo.

L'opération doit commencer à sept heures du matin. Les chefs de compagnie règlent leurs montres. Mais désormais chacun va devoir se battre seul, à la tête de ses hommes, très éloigné de ses camarades du bataillon Walther.

***

Le capitaine Walter Gericke sera donc le premier officier parachutiste allemand à sauter pour une opération de guerre avec ses chasseurs de la 4e compagnie. A vingt-trois ans, cet « ancien » du régiment *General-Göring*, où il s'est engagé à dix-neuf ans, commande l'unité « lourde » du bataillon Walther et ses hommes servent les mortiers et les mitrailleuses sur affût qu'ils doivent récupérer, sitôt après le saut, dans les gaines métalliques larguées par chaque équipe au-dessus de la zone de saut. Le chargement de tout ce matériel dans les avions a demandé du temps et les paras n'ont guère eu le loisir de se laisser dominer par des états d'âme... Ils ont enchaîné les gestes tant de fois répétés à l'exercice, et la préoccupation de récupérer leur armement sitôt à leur arrivée au sol l'emporte sur tout autre sentiment. Pourtant, en cette aube grise, tous se sentent un peu tendus à la pensée d'affronter l'inconnu. Ce n'est certes pas la peur qui leur tord les boyaux et les empêcherait tout à l'heure de passer la portière basse du Junkers, mais une sorte d'angoisse diffuse qu'ils attribuent à quelque mal de l'air... Le capitaine Gericke se tient au milieu des hommes avec qui il va sauter tout à l'heure. Il s'efforce de sourire. De son calme dépendent beaucoup de choses ce matin. Dans tous les avions, officiers et sous-officiers doivent avoir la même attitude. C'est la grande camaraderie avant le saut. Dans le fracas infernal des moteurs et les vibrations de l'appareil, il règne maintenant dans la carlingue une sorte de calme étrange.

Les paras sont serrés sur les étroites banquettes le long du fuselage, se cognant parfois l'un à l'autre avec leur casque quand ils se penchent pour essayer de distinguer des bribes du paysage entre deux bancs de nuages. Certains sommeillent, la tête posée sur leurs bras croisés. Gericke se tourne vers son voisin, un caporal de la section de commandement.

— On sera mieux dehors.

— Pas compris, Herr Hauptmann.

— Je dis... Mieux... Dehors...

— *Ja wohl.*

Le chef de la 4e compagnie a posé sa carte sur ses genoux et essaye de se repérer. Les avions qui l'emmènent au combat ont survolé la région de Lübeck. Sous leurs ailes, la vieille ville hanséatique est encore plongée dans la nuit et le sommeil. Voici, tache plus claire dans les ténèbres, le golfle de Mecklembourg avec la silhouette des îles bien dessinée sur le scintillement des eaux immobiles. Cette masse plus sombre, qui apparaît maintenant, en plein nord, c'est l'île de Lolland, terre danoise. Au bout d'une presqu'île qui s'enfonce comme un doigt dans la mer, Gericke reconnaît le port de Gedser où vont tout à l'heure arriver les bateaux chargés de troupes allemandes. Lui, sa mission le conduit plus loin, au cœur du dispositif ennemi. Voici la ville de Nykøbing, dont les toits de tuiles vertes surgissent des jardins bien peignés, tout autour de l'église de briques rouges au pignon dentelé. La cité se trouve au bord d'un fjord. Vers l'ouest, l'île de Lolland. Vers l'est, celle de Falster. L'objectif approche. Il se trouve à seulement trente kilomètres plus au nord. C'est l'affaire de cinq minutes de vol.

Au-dessus de la porte du Junkers s'allume une lampe rouge, les paras se lèvent et accrochent au câble d'acier le mousqueton de la sangle d'ouverture automatique. Les gestes s'enchaînent plus mécaniquement que jamais. Le capitaine Gericke se tient le premier à la porte. L'officier aperçoit vers le nord une tache plus claire. Voici le Grönsund, ce bras de mer qui sépare l'île de Lolland de celle de Sjaelland. Une mince ligne enjambe cette énorme masse d'eau. C'est le pont dont doit s'emparer la 4e compagnie. Il semble se rapprocher à toute allure. Gericke essaye de retrouver le terrain où les pilotes des Junkers doivent larguer ses hommes. Mais il ne voit que des champs et des herbages, tous semblables, à perte de vue.

Soudain, les moteurs changent de régime. L'avion semble bru-

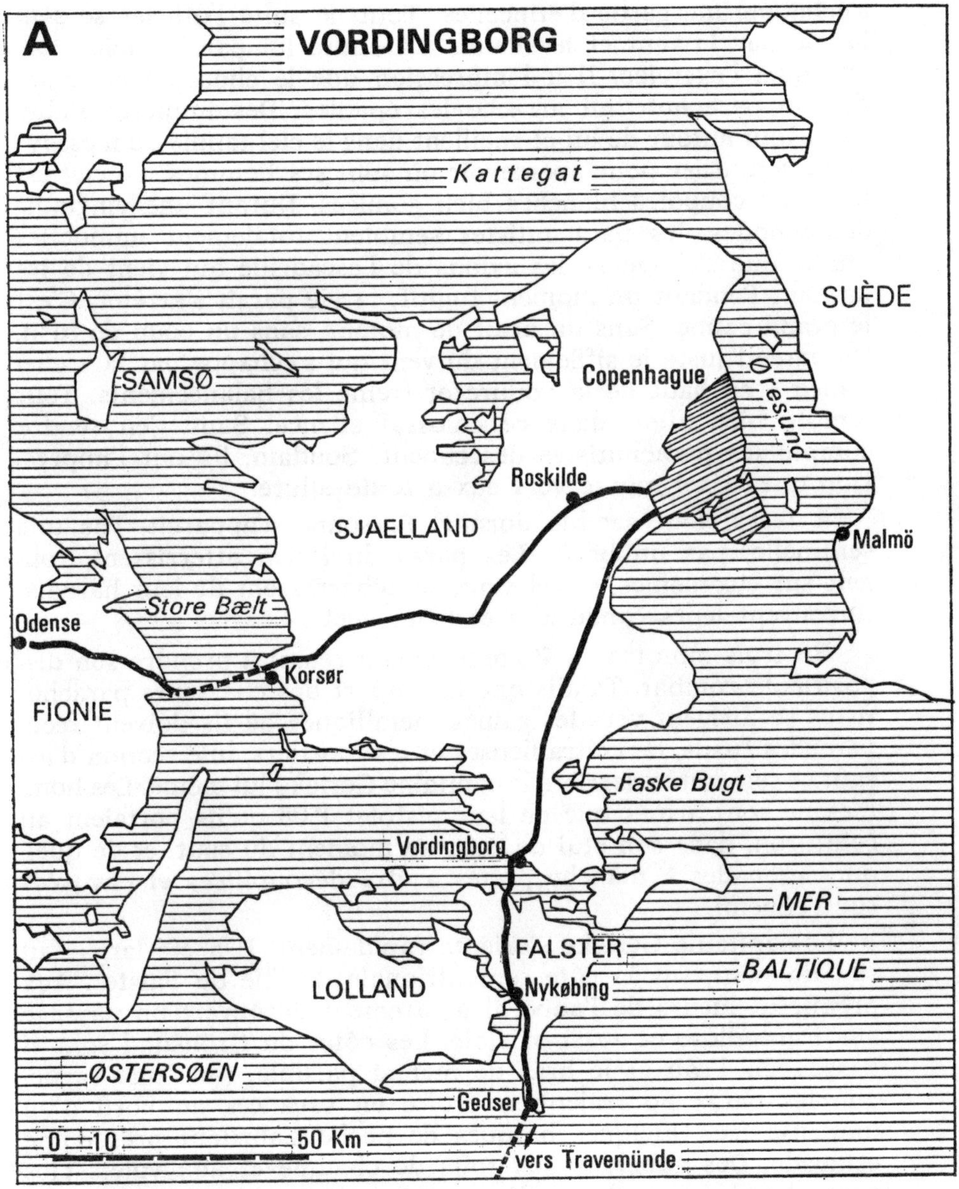

A
VORDINGBORG
Kattegat
SUÈDE
SAMSØ
Copenhague
Øresund
Roskilde
SJAELLAND
Malmö
Store Bælt
Odense
Korsør
FIONIE
Faske Bugt
Vordingborg
MER
FALSTER
BALTIQUE
LOLLAND
Nykøbing
ØSTERSØEN
Gedser
0
10
50 Km
vers Travemünde

talement freiner. La lampe verte s'allume. Une sirène se met à mugir.

— *Los !*

Le capitaine se lance dans le vide de toute la force de ses bras. Sa dernière image de l'avion est celle d'un moteur d'où s'échappe une gerbe d'étincelles. Tout de suite l'officier se sent happé par le vent et le silence. La chute lui paraît moins longue qu'à l'exercice. Il a l'impression que le choc à l'ouverture de son parachute lui arrache les épaules. Des lumières s'allument tout autour de lui et vacillent dans le ciel tandis qu'il essaye de se retourner pour apercevoir où sont ses hommes. Le ciel est fleuri de coupoles blanches bien gonflées. Durant une vingtaine de secondes, les parachutistes semblent totalement immobiles tandis que s'éloignent les avions de l'escadrille qui vient de les larguer. Pendant un moment fugitif, la vie paraît s'arrêter. C'est le grand calme. Sans un bruit de moteur, sans un coup de fusil. On entend juste le sifflement du vent qui s'échappe par la « cheminée » en haut de la voilure et freine les balancements. Tout semble bien aller, dans ce colossal silence. Sans s'en rendre compte les parachutistes descendent. Soudain, ils ont l'impression que le sol monte vers eux à toute allure.

A terre, tout semble dormir. Personne n'apparaît. Pas une sentinelle, pas un bruit. Les paras du Reich atterrissent, roulent sur eux-mêmes, se relèvent, se débarrassent de leur harnais, retrouvent leurs camarades et leurs chefs.

En trois minutes, la 4e compagnie a réussi à prendre son dispositif de combat. Tandis que la plupart des chasseurs parachutistes se dirigent vers les gaines métalliques où ils doivent récupérer les fusils, les mitrailleuses et les mortiers, une section d'assaut se rassemble derrière le capitaine Gericke lui-même. Les hommes ne sont armés que de leur pistolet P.08 qu'ils portaient au ceinturon, dans son étui de cuir, au moment du saut, et de quelques grenades à manche prêtes à être dégoupillées et envoyées sur l'ennemi.

Le capitaine Gericke s'oriente rapidement. Il a été largué au sud du pont, sur la côte septentrionale de l'île de Falster. Aux premières lueurs de l'aube, il a rarement découvert un paysage aussi grandiose et aussi paisible. Les côtes du Grönsund sont si basses sur l'eau et le bras de mer si paisible, sans une vague, que les paras pourraient se croire en vacances au bord d'un immense lac. Quelques barques de pêche s'abritent près d'une estacade. Des auberges aux toits de chaume et aux volets clos sont plantées à quelques dizaines de mètres du rivage. De part et d'autre du pont, le bras de mer s'élargit de plus en plus. On devine, là-bas vers l'est et le soleil levant, les eaux libres de la

Baltique. Comme dans le ciel tout à l'heure, ce qui frappe le plus, c'est le silence. Le Grönsund semble pétrifié.

Pour le capitaine Gericke, une seule chose compte, le pont du Storstrøm. Il est la seule voie d'accès sur la route de Copenhague, située à moins de cent kilomètres plus au nord, sur les bord de l'Oresund. Tenir à tout prix ce passage libre pour les troupes allemandes qui vont débarquer tout à l'heure à Gedser est essentiel pour la réussite du plan d'invasion du Danemark.

— En avant ! Vers le pont ! hurle le chef de la 4e compagnie aux hommes de la section de chasseurs parachutistes qui doivent s'emparer de l'ouvrage.

Les mitrailleurs, qui ont facilement retrouvé les gaines métalliques et récupéré leurs pièces, suivent dans la foulée et ne tardent pas à prendre position sur un remblai, face à la rive opposée du Grönsund. Ils distinguent, dans la brume du petit matin gris, les coupoles d'acier de quelques ouvrages fortifiés défendant l'accès de cette grande île de Sjaelland où se trouve la capitale du royaume du Danemark. Là-bas, Christian X doit encore dormir du paisible sommeil d'un monarque dont la neutralité est reconnue par le monde entier. Les équipes des mortiers trouvent à leur tour des creux où installer leurs tubes et les chefs de pièce cherchent des repères pour régler le tir.

Pendant ce temps, derrière le capitaine, les paras de la section d'assaut courent de plus en plus vite vers leur objectif, le pistolet ou la grenade à la main. Sous le casque rond, jamais leurs visages n'ont arboré un air aussi farouche. A cette scène de guerre, dans cet immense paysage immobile, avec son bras de mer aux eaux miroitantes, il ne manque qu'une chose, l'ennemi.

L'objectif dont doivent s'emparer les paras de la 4e compagnie mérite sans doute l'adjectif de « colossal ». Il n'a pas fallu moins de cinq ans aux Danois pour construire cet ouvrage de 3 200 mètres de long, inauguré en septembre 1937. En béton armé couronné de blocs de granit, ce pont de Storstrøm repose sur une cinquantaine de piliers et s'élève à près de trente mètres au-dessus des eaux du Grönsund. Sur le tablier, se trouvent, côte à côte, une ligne de chemin de fer à voie unique, un trottoir pour les piétons, une piste pour les cyclistes et surtout une route, large de plus de cinq mètres, où pourront déferler camions et Panzers.

Enfin voici, à l'entrée du pont, un soldat danois. Il est aussitôt entouré par les paras et lève les bras sans avoir même fait le geste d'épauler son arme. Tous ses camarades dorment encore dans le poste de garde. Ce sont les Allemands qui les réveillent, sans tirer un coup de feu. Mais ils crient à pleins poumons :

— *Aufstehen ! Raus ! Schnell !*

Les Danois se lèvent sans rien comprendre à ce qui leur arrive, enfilent leur pantalon et se retrouvent dehors, les bras en l'air, sous la garde d'un caporal, le pistolet au poing. Déjà, ses camarades sont en train de courir à toute vitesse sur le pont qui relie l'île de Falster à la Sjaelland. C'est une sacrée distance que ces trois mille mètres à couvrir avec tout l'équipement. Les paras commencent à comprendre pourquoi depuis des mois ils ont subi un entraînement sportif impitoyable. Leur premier acte de guerre, c'est cette course de fond, à perdre haleine.

Quelques soldats danois surgissent. Ils ne semblent pas avoir l'intention de se battre. Ils n'imaginaient pas les Allemands avec ce curieux casque sans rebord. Le temps qu'ils réalisent qu'ils ont affaire à des parachutistes, ils sont prisonniers.

Un sergent de la 4ᵉ compagnie, suivi de deux chasseurs, se dirige vers le mât des couleurs peint en rouge et blanc qui domine le poste de garde du pont de Storstrøm sur l'autre rive du Sund. Il vérifie que la drisse est bien claire, puis passe dans la boucle le cabillot d'un pavillon du Reich, qu'il envoie aussitôt à grandes brassées, Le capitaine Gericke salue la croix gammée qui flotte sur l'objectif conquis. Il ne s'attarde pas et donne ses ordres. Des patrouilles se lancent vers les fermes du voisinage pour y réquisitionner... des bicyclettes.

C'est montés sur de vieux « clous » noirs aux guidons relevés comme des cornes de taureau, que les chasseurs de la compagnie Gericke prennent la route, en cahotant sur les mauvais pavés. Ils roulent le plus vite possible pour arriver à la bourgade de Vordingborg, la première ville de Sjaelland, tandis que quelques-uns de leurs camarades tiennent solidement le pont et ses abords sous le feu de leurs mitrailleuses. Après la course à pied, c'est la course à vélo !

Les paras pédalent avec bonne humeur. Ils n'auraient jamais imaginé que la guerre ce puisse être aussi rigolo. Cette campagne du Danemark ressemble à une excursion de vacances. Les chasseurs de la compagnie Gericke n'ont toujours pas entendu siffler une seule balle.

Voici la bourgade, avec ses maisons à pans de bois, astiquées et vernies comme des jouets d'enfant, tout autour des ruines du château médiéval où mourut le roi Valdemar le Victorieux. La poste et la gare sont occupées « dans la foulée » par les paras-cyclistes. Quelques-uns des douze mille habitants sortent sur le pas de leurs portes, stupéfaits par toute cette agitation matinale. Ils ne comprennent pas encore que l'occupation allemande commence au royaume de Danemark.

Soudain, une sirène se met à hurler pour donner l'alerte. Les paras semblent courir plus vite dans tous les sens. Le ballet s'accélère encore. Toujours aussi bien réglé. La caserne est occupée en quelques minutes. Pas un soldat danois pour esquisser un seul geste de défense. Seule, la sirène hurle toujours sur Vordingborg.

— Qu'est-ce qui se passe ? demande un villageois d'un air affolé. C'est le feu ?

— Non, monsieur, répond le capitaine Gericke. C'est la guerre. Mais elle est déjà finie pour vous.

Il n'est même pas midi quand l'infanterie de la Wehrmacht, qui a débarqué dans le port de Gedser, arrive sur le pont conquis à l'aube. Les fantassins relèvent les parachutistes.

Vainqueurs et désœuvrés, les paras se répandent dans les quelques rues de Vordingborg, avant d'aller faire la queue pour grimper dans la Gäsetaarnet, la tour aux Oies. Son chemin de ronde et son toit pointu dominent de vingt-six mètres de haut tout le paysage. Mais les parachutistes ne restent pas longtemps sur son sommet. Ils préfèrent rapidement descendre le vieil escalier pour partir dans la ville à la recherche de boutiques où ils pourront acheter du chocolat et des cartes postales. Seul, le capitaine Walter Gericke s'attarde un moment pour regarder, là-bas vers le sud, le bras de mer du Grönsund et ce pont qui semble minuscule mais qui lui a pourtant paru interminable quand il a dû courir à la tête de ses hommes, le plus long trois mille mètres de sa vie.

***

A six cents kilomètres au nord-ouest de Vordingborg, sur la côte occidentale de la Norvège, d'autres chasseurs parachutistes du bataillon Walther doivent sauter en cette aube du 9 avril 1940. Ce sont les hommes de la 3e compagnie que commande le lieutenant baron von Brandis, un aristocrate de vieille souche, qui considère la guerre comme une religion et le parachute comme un sport. Ses camarades officiers le trouvent parfois taciturne et méprisant, mais ils devinent qu'il porte au front l'étoile invisible de ceux qui seront tués dans les premiers combats.

Le lieutenant von Brandis a reçu l'ordre de s'emparer de l'aéroport de Sola, qui se trouve à quatorze kilomètres au sud-ouest de Stavanger, sur la rive sud du Bukkenfjord. Une fois le terrain conquis par les paras, des Junkers 52 remplis de fantassins aéroportés doivent atterrir. Ils ont ensuite pour mission de conquérir Stavanger, qui est, avec ses cinquante mille habitants, la quatrième ville du royaume de Norvège et le haut lieu du poisson en conserve, première industrie du pays. Son importance économique et stratégique est apparue capitale au grand état-major allemand. Les appareils de la Luftwaffe, basés à Stavanger, pourront attaquer les forces navales britanniques de la mer du Nord.

Le vol d'approche, beaucoup plus long, va durer trois heures de plus pour les hommes de la 3ᵉ compagnie, qui gèlent de froid dans les avions. Entre les nuages, ils ont à peine distingué un pays montagneux et hostile, presque entièrement couvert de neige en ce début de printemps. Des pistes serpentent entre les lacs gelés et les forêts de sapins. Toute la Norvège méridionale reste encore prise au piège de l'hiver.

Il est près de dix heures du matin quand les Junkers 52 de l'escadrille qui doit larguer les parachutistes arrivent au-dessus de l'aéroport de Sola. Le lieutenant baron von Brandis ne cessait depuis longtemps de s'impatienter et de consulter sa montre. Ce retard l'inquiète. Enfin la lumière rouge s'allume.

Le chef de la 3ᵉ compagnie devine bien que ses paras, après ce vol interminable dans la brume et les nuages, vont être accueillis par une dure résistance qui aura eu largement le temps de s'organiser.

Prévenus depuis l'aube de l'attaque allemande et aussi plus combatifs, les soldats norvégiens sont à leur poste. On ne les prendra pas au lit comme leurs camarades danois. On entend des détonations sèches.

— La FLAK, murmure von Brandis.

Au sol, en effet, les canons antiaériens sont entrés en action sur ces gros appareils à croix noires qui violent depuis plusieurs heures l'espace aérien du royaume de Norvège. Le chef de la 3ᵉ compagnie voit des nuages blancs qui apparaissent dans le ciel devant l'escadrille. « On dirait un peu des coupoles de parachutes », songe-t-il. Il se demande comment les Junkers, qui ont ralenti pour le saut, vont encaisser ce barrage. Mais il n'a pas le temps de se poser longtemps des questions. La lumière verte succède à la lumière rouge. Le coin devient malsain. Les aviateurs ne tiennent certes pas à s'attarder et donnent le signal du saut. La corne retentit. Tout se passe très vite désormais. Comme à l'exercice. Von Brandis voit l'homme devant lui se baisser et disparaître par la porte. Il arrive à son tour. Saute. Trois secondes plus tard, le lieutenant se balance sous sa coupole. Il essaye de se repérer. Il entend maintenant des rafales. Après s'en être pris aux avions avec leurs canons, les Norvégiens accueillent à présent les paras du feu de leurs mitrailleuses. Les quelques dizaines de secondes que dure la descente lui semblent une éternité.

Le chef de la 3ᵉ compagnie, sitôt au sol, rassemble sous le feu les chasseurs de son unité. Autant, d'en haut, il avait une vue générale de l'aérodrome de Sola et de la situation, autant en bas il a du mal à se repérer. Les tirs augmentent d'intensité.

Au printemps de 1940, les parachutistes allemands, sautant au-dessus du Danemark, de la Norvège, de la Belgique ou de la Hollande, ont forcé la décision et ouvert la route aux colonnes d'assaut de la Wehrmacht. *(Bundesarchiv)*

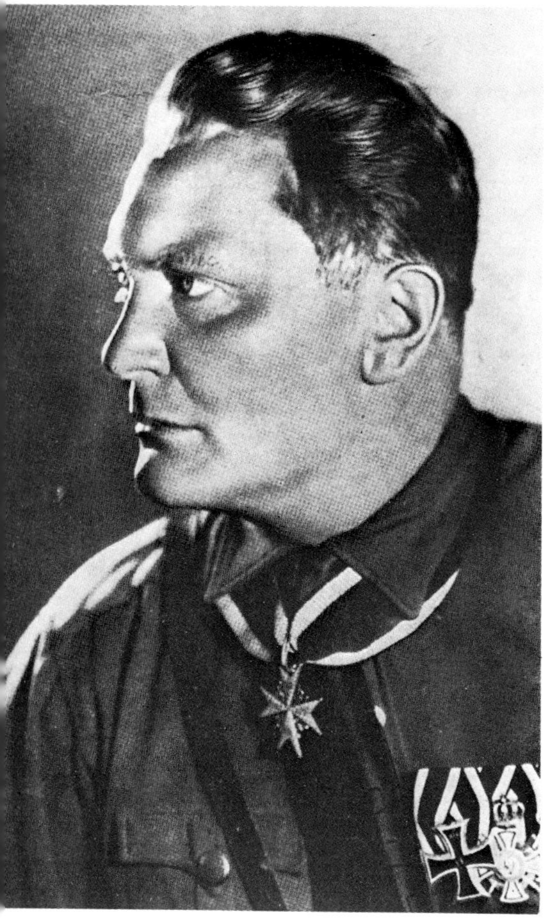

◄ Dès la défaite de 1918, l'ancien as de la chasse allemande, Hermann Göring, ne songeait qu'à reconstituer la force aérienne militaire allemande. *(Collection particulière)*

▼ Brevet de parachutiste de l'armée de l'Air.

En juin 1938, le général de brigade Kurt Student, aviateur dès 1913 et pilote de planeur, est nommé à la tête de la 7e division aérienne, qui regroupe deux bataillons parachutistes et des éléments aéroportés. *(Imperial War Museum)* ►

▼ Brevet de parachutiste de l'armée de Terre.

Dès l'enfance, les jeunes Allemands du IIIe Reich sc initiés aux sports aériens. Ils commencent par constru et faire voler des maquettes, comme le jeune « Pimp du document ci-contre. *(Collection Landemer)* Puis, apprendront à piloter des planeurs et même des avio dans le cadre des organisations du parti nation socialiste. Cette éducation est orientée vers des b militaires évidents. Ci-dessus : les avions Junkers qui servent au largage des parachutistes. *(Collect Catella)* Ci-dessous : les planeurs DFS 230, utili par les troupes aéroportées, notamment lors de l'a que sur Eben-Emael. *(Collection particulière)*

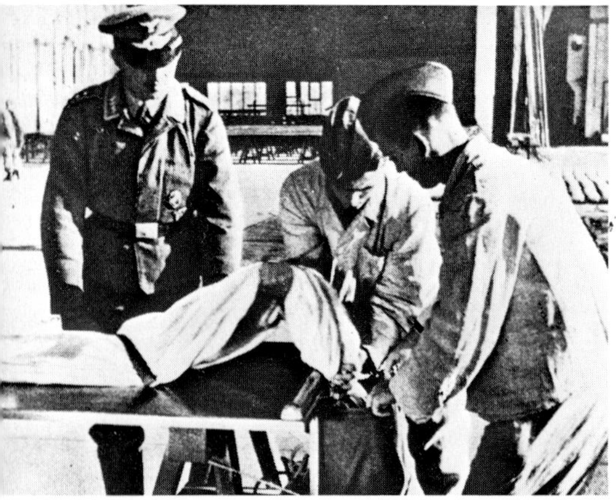

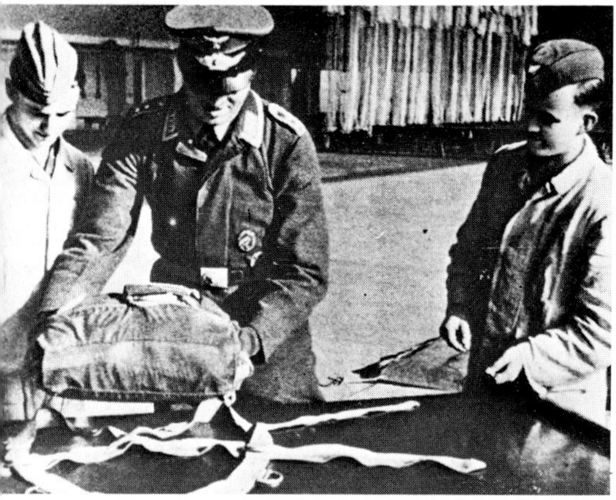

Après avoir appris à plier eux-mêmes leur parachu *(Imperial War Museum)*, les stagiaires de l'école de sa embarquent dans les Junkers *(Collection particulièr* prêts à se lancer dans le vide quelques minutes pl tard *(Collection Catella)*.

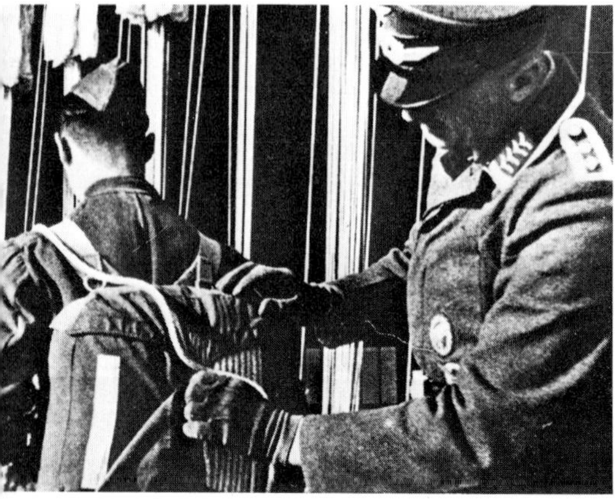

Premier saut au-dessus du territoire allemand dans les années d'avant-guerre. Au bout de six descentes, les stagiaires de Stendal reçoivent leur brevet. *(Collection Catella)* Le 20 avril 1939, les chasseurs parachutistes défilent à Berlin à l'occasion du cinquantième anniversaire du Führer-Chancelier. Dans quelques mois, Adolf Hitler les lancera à l'assaut d'une Europe stupéfaite. *(Bundesarchiv)*

Désormais, pour les parachutistes allemands, ce ne sont plus des manœuvres, mais des opérations de guerre. *(Collection Catella)* Le premier de tous, le capitaine Walter Gericke, va sauter à la tête de sa 4e compagnie sur le pont de Vordingborg, au Danemark, le 9 avril 1940. *(Collection particulière)* Ci-contre : un chasseur-parachutiste de la Luftwaffe en tenue de saut. Son armement et celui de ses camarades seront largués dans des gaines métalliques. *(Bundesarchiv)*

La campagne de Norvège va mettre à très rude épreuve les parachutistes du Reich. Si le saut sur l'aéroport de Stavanger-Sola se déroule sans encombre, l'opération du lieutenant Herbert Schmidt, en haut à droite, sur Dombas se soldera par des pertes sévères. Quant au lieutenant Rudolf Toschka, ci-dessus à gauche, il va errer pendant longtemps dans la montagne du Nordland avant d'être fait prisonnier près de Sulitelma. *(Bundesarchiv)* La plupart des sauts sur le terrain de Björnfjell, près de Narvik, se dérouleront dans de difficiles conditions, en raison d'un temps épouvantable. *(Collection particulière)*

Le bataillon d'assaut Koch, transporté par des planeurs, donne, à l'aube du 10 mai 1940, l'assaut sur les fortifications belges de la région de Liège. Ci-dessus, à droite, le capitaine Walter Koch, vu par le dessinateur Willrich *(Collection G. Silvain)*, et, à gauche, le lieutenant Rudolf Witzig, chef du groupe « Granit », qui donna l'assaut au fort d'Eben-Emael. *(Bundesarchiv)* Ci-dessous, les trois chefs de détachements. De gauche à droite : sous-lieutenant Gerhard Schacht, chef du groupe « Béton », sous-lieutenant Martin Schächter, chef du groupe « Fer », et lieutenant Gustav Altmann, chef du groupe « Acier », qui devaient s'emparer des ponts du canal Albert. *(Bundesarchiv)*

Sitôt après avoir dégrafé leurs harnais, les chasseurs et les sapeurs parachutistes récupèrent leur matériel lourd dans les gaines métalliques. Ici, trois d'entre eux s'apprêtent à mettre une mitrailleuse MG 34 en batterie. *(Collection Catella)* Ci-dessous, un groupe de la section du génie du lieutenant Witzig, après la prise du fort d'Eben-Emael, allume les cigarettes de la victoire. *(Bundesarchiv)*

ɩus par le dessinateur Willrich, quel-
ɩes-uns des vainqueurs d'Eben-Emael.
e gauche à droite : l'adjudant Arpke,
ı sapeur inconnu *(Collection Catella)*
le sous-lieutenant Delica *(Collection*
Silvain). A l'issue de la bataille,
s officiers du bataillon d'assaut Koch
çoivent la croix de chevalier de la
oix de fer des mains d'Adolf Hitler
i-même *(Bundesarchiv)*, qui pose
ec eux pour une photographie de
opagande au « Felsennest ». De gau-
e à droite : sous-lieutenant Delica,
utenant Witzig, capitaine Koch,
utenant Zierach, Adolf Hitler, sous-
utenant Ringler, sous-lieutenant
eissner, lieutenant Kiess, lieutenant
tmann et médecin-lieutenant Dr Jä-
r. *(Bundesarchiv)*

natin du 10 mai 1940, les parachutistes allemands ıussi attaqué les Pays-Bas. Ils ont sauté près de aye, le long des côtes de la mer du Nord et entre le de Rotterdam et le Hollandsch Diep. Ci-dessus : ɔat dans les dunes. *(Imperial War Museum)* Ci-e : en position dans une tranchée. *(Collection 'la)* Ci-dessous : chasseurs parachutistes et fan-ıs aéroportés près de l'aéroport de Waalhaven, ɔortes de Rotterdam. *(Collection particulière)*

L'assaut sur la Hollande fut mené par le 1er régiment de chasseurs parachutistes, aux ordres du colonel Bruno Bräuer, ci-contre, vu par le dessinateur Willrich. *(Collection Catella)* Ses trois bataillons sont commandés par trois capitaines. Ci-dessous, de gauche à droite : Karl-Lothar Schulz au IIIe, Fritz Prager au IIe et Erich Walther au Ier. *(Bundesarchiv)* Après s'être emparés des ponts de la route de Breda à Rotterdam, les paras ont mené de durs combats défensifs. *(Collection particulière)*

.a prise du pont de Moerdijk, sur le Hollandsch Diep, par le sous-lieute-
.ant Cord Tietjen, ci-dessus, à droite *(Bundesarchiv),* devait permettre
e verrouiller tout le sud du dispositif de la « forteresse Hollande ». Il
e restait plus qu'à attendre l'arrivée des troupes de la Wehrmacht,
rogressant depuis la frontière. Au cours de ces combats, le lieutenant
Volfgang, comte von Blücher, ci-dessous, à gauche, reçoit la croix de
hevalier. Il sera tué le premier jour de la bataille de Crète. Enfin, le
4 mai, la jonction est établie entre les parachutistes et l'avant-garde des
lindés de la 9e division panzer. *(Collection Catella)*

Durant l'hiver 1940-1941, de nouveaux vol taires rejoignent les troupes parachutis Trois régiments de chasseurs et un régim d'assaut seront ainsi formés par un amalga d'anciens combattants du printemps 40 et jeunes recrues. En tête d'une équipe se d geant vers son Junkers pour un saut sur terrain neigeux, on reconnaît l'ancien cha pion du monde de boxe poids lourd M Schmelling. *(Bundesarchiv)* Ci-contre, un principaux artisans de la prise du pont Corinthe et de la poursuite dans le Pélo nèse : le capitaine Gerhart Schirmer. *(Bund archiv)*

Du colonel (ici, Alfred Sturm, qui vient de sauter sur Corinthe à cinquante-deux ans, le 26 avril 1941) *(Bundesarchiv)* au simple caporal *(Collection Catella),* tous les parachutistes doivent s'élancer dans le vide, du haut d'un avion volant à 120 kilomètres à l'heure, à une altitude d'une centaine de mètres. *(Photo Lapi-Viollet)* La grande fraternité du saut précède le feu du combat.

Das Lied der Fallschirmjäger

Worte und Musik von Friedrich Schäfer

Rot scheint die Sonne, fertig gemacht,
wer weiß, ob sie morgen für uns auch noch lacht?
Werft an die Motoren, schiebt Vollgas hinein,
startet los, flieget an, heute geht es zum Feind!
In die Maschinen, in die Maschinen!

Kamerad, da gibt es kein Zurück,
fern im Westen
stehen dunkle Wolken,
komm mit und zage nicht, komm mit!

Donnern Motoren — Gedanken allein,
denkt jeder noch schnell an die Lieben daheim.
Dann kommt, Kameraden, zum Sprung das Signal,
und wir schweben zum Feind, zünden dort das Fanal.
Schnell wird gelandet, schnell wird gelandet.

Klein unser Häuflein, wild unser Blut,
wir fürchten den Feind nicht und auch nicht den Tod.
Wir wissen nur eines, wenn Deutschland in Not,
zu kämpfen, zu siegen, zu sterben den Tod.
An die Gewehre, an die Gewehre.

Le chant des parachutistes, strictement réservé à cette troupe de choc, était entonné aux moments les plus solennels, notamment lors des embarquements dans les avions pour les sauts d'opérations. *(Collection Gérard Silvain)*

Les paras, courbés en deux, se reforment en groupes de combat. Ils ont ouvert les gaines métalliques et récupéré rapidement leurs fusils et leurs mitrailleuses. Von Brandis essaye de comprendre où se sont retranchés les adversaires. Enfin, il distingue deux fortins, au ras du sol. Il va falloir les enlever d'assaut. Les Norvégiens sont décidés à se défendre. Les Allemands trouvent en face d'eux des adversaires courageux, bien retranchés et qui ne semblent pas près de manquer de munitions.

— *Vorwärts !* hurle von Brandis.

En avant ! Bien sûr. Mais ça tire de plus en plus.

Un premier para, le chasseur Seppel, tombe, mortellement frappé et succombe presque aussitôt dans les bras de ses camarades qui l'on traîné à l'abri. Les assaillants bondissent de couvert en couvert et cherchent à utiliser le terrain. Ils se dissimulent derrière les maigres buissons qui poussent sur les pistes de l'aéroport de Sola et tentent de repérer des cheminements. Ils rampent, bondissent, encerclent les fortins. Tout cela a été répété des dizaines de fois sur le champ de manœuvre. Mais aujourd'hui, leurs adversaires leur tirent dessus à balles réelles. Les chasseurs de la 3ᵉ compagnie ont pourtant réussi à atteindre leurs objectifs. Leur chef les voit se redresser, tirer le cordon de leurs grenades, les lancer par les embrasures.

Le caporal-chef Theo Krupp trouve un angle mort et s'avance en rampant, mètre par mètre. Il parvient à placer une charge explosive contre la porte du fortin. Après la mise à feu, l'attente lui semble interminable. Au moment où il croit que la mèche ne va pas fonctionner, une fantastique déflagration retentit, assourdissant le chef du groupe d'assaut et ses camarades. Mais la porte, arrachée de ses gonds, s'ouvre béante. Theo Krupp bondit dans l'ouverture, suivi de quelques-uns de ses hommes. Ils ne sont armés que de pistolets et de grenades. Mais les soldats norvégiens, complètement « sonnés » par l'explosion, se tiennent contre le mur du fond, incapables désormais d'opposer la moindre résistance. Les Allemands leur donnent l'ordre de sortir de leur retranchement, en portant les blessés les plus gravement atteints. Le caporal-chef rassemble les prisonniers. Ils semblent hagards et regardent d'un air furieux leurs vainqueurs.

Pour les paras, la bataille est loin d'être finie. Les chasseurs parachutistes de la 3ᵉ compagnie doivent se regrouper pour poursuivre leur attaque.

— Maintenant, le « vrai travail » va commencer ! lance Theo Krupp aux hommes de son groupe d'assaut.

Les batteries antiaériennes ne sont pas encore réduites au silence et continuent à interdire l'atterrissage des avions allemands sur l'aéroport de Sola.

Le lieutenant von Brandis décide de les neutraliser sans tarder davantage, et lance ses ordres aux chefs de section. Les paras vont s'en prendre aux pièces qui leur ont réservé, au moment du saut, une si chaleureuse réception. Alors, ils se lancent à l'attaque comme s'ils avaient un compte personnel à régler avec les artilleurs norvégiens. Bientôt ceux-ci, pris sous une grêle de grenades à main se trouvent en mauvaise posture. Mais ils tiennent bon. Il faut s'emparer des pièces l'une après l'autre, sans pitié. Une fois encore, les Norvégiens, renforcés par la garnison de l'aérodrome, se battent bien et ne se rendent qu'une fois submergés.

Tandis que des patrouilles partent occuper le village de Sola, des paras balisent les pistes pour signaler à la deuxième vague d'appareils que l'aérodrome se trouve désormais aux mains des troupes du Reich. Ils étendent sur l'herbe rase des drapeaux à croix gammée et allument des pots fumigènes pour indiquer aux pilotes la direction du vent.

On entend un grondement dans le lointain. Puis les avions apparaissent. Points noirs qui grossissent rapidement. Les gros Junkers 52 prennent l'axe de la piste et se posent l'un après l'autre. Des flancs des appareils descendent rapidement les hommes des troupes aéroportées, tandis que quelques éléments de la compagnie du lieutenant von Brandis commencent à escalader la montagne pour couvrir l'aéroport du feu de leurs armes automatiques. Il est près de midi et, malgré un beau soleil de printemps, il fait toujours très froid. Les parachutistes, dans leur tenue de drap et leur « sac à os », grelottent, sur des positions installées en hâte dans les champs de neige, au pied des rochers.

Le caporal-chef Theo Krupp a installé sa mitrailleuse sur le toit d'un hangar d'où il a assisté aux derniers moments de la résistance sur l'aéroport. Les paras se lancent maintenant à l'assaut du village de Sola d'où ils délogent les Norvégiens de l'armée royale. Quelques-uns sont capturés et les autres parviennent à se replier vers Stavanger. Les Allemands arrêtent tous les hommes, civils comme soldats, et les conduisent dans un des bâtiments de l'aéroport où le lieutenant von Brandis prend la décision de renvoyer les villageois chez eux, après les avoir fait fouiller par ses paras. Quant aux militaires, ils sont placés sous bonne garde. Des patrouilles fouillent chaque bâtiment et empêchent tout sabotage des installations.

Dans un hangar, un peu à l'écart, on rassemble les premiers chasseurs tombés tout à l'heure au combat lors de l'attaque des fortins et des batteries antiaériennes. Ils reposent dans leur parachute. Dans un autre hangar, le médecin de la compagnie von Brandis a installé un poste de secours et soigne les paras allemands et surtout des blessés norvégiens qui arrivent en grand nombre. Les combats ont été rapides mais très brutaux et les pertes sont sévères parmi les défenseurs de Sola.

A bord de véhicules réquisitionnés, fantassins aéroportés et chasseurs parachutistes roulent à toute allure vers Stavanger.

Dans les faubourgs de la ville, les paras du lieutenant von Brandis se heurtent à une nouvelle résistance. Depuis l'escarmouche qui a suivi leur arrivée au sol, ils se sont habitués au feu et ont totalement repris confiance. Les sous-officiers les lancent à l'assaut des résistances. En quelques minutes, les Norvégiens sont délogés au pistolet-mitrailleur et à la grenade.

Rapidement, la ville de Stavanger est occupée tandis que se poursuit le va-et-vient incessant des appareils sur l'aérodrome de Sola, le seul utilisable aux gros porteurs sur toute la côte occidentale de la Norvège.

Dans l'après-midi, les postes de radio peuvent capter les informations allemandes. Rassemblés par petits groupes, les paras écoutent le communiqué. Ils entendent :

— Stavanger se trouve entre les mains des troupes du Reich.

Les hommes manifestent leur joie, mais leur chef n'est pas content :

— On pourrait quand même dire que c'est grâce aux paras ! lance d'un air furieux le lieutenant von Brandis.

L'officier ignore que la propagande officielle ne veut pas trop révéler ce que fut au Danemark et en Norvège l'intervention des hommes du général Student. L'arme parachutiste doit rester encore une arme semi-clandestine.

Maintenant, les radios de sa compagnie captent un autre poste et appellent leur chef :

— Herr Oberleutnant, ce sont les informations anglaises.

Von Brandis s'approche et traduit à son officier adjoint la version des Alliés :

— La ville de Stavanger, prise par les Allemands, doit être reprise par les Norvégiens dans la nuit.

Sur la piste de Sola, se posent les Stukas qui viennent refaire le plein d'essence avant de redécoller pour attaquer les navires de guerre britanniques rameutés au large des côtes norvégiennes. Les Alliés se préparent à contre-attaquer. La guerre se poursuit en Norvège, implacable.

Pour le lieutenant von Brandis, l'opération est un succès. Les pertes subies par la 3ᵉ compagnie du bataillon Walther sont relativement légères. L'officier ordonne à ses hommes de s'installer en défensive avant la tombée de la nuit. Le froid augmente de plus en plus. Les paras découvrent la dureté du climat norvégien. Le lieutenant von Brandis installe son poste de commandement dans un des hangars de l'aéroport. Pour lui, la bataille de Stavanger est finie. Ce n'est pas cette fois qu'il devait rencontrer son destin. La mort ne l'attend que dans un mois, jour pour jour, en Hollande.

⁂

Le commandeur du Ier bataillon du 1er régiment de chasseurs parachutistes, le capitaine Erich Walther, a pris en personne la tête de la 1re et de la 2e compagnie. Il doit sauter avec elles sur l'aérodrome de Fornebu, près d'Oslo. La prise de ce terrain, situé à onze kilomètres de la capitale norvégienne, est d'une importance vitale pour tout le déroulement de l'opération. La première vague comprend des unités de parachutistes, qui seront suivies en seconde vague par les troupes aéroportées. Cette attaque lui paraît si importante que le capitaine Walther veut la conduire lui-même.

En ce matin du 9 avril 1940 rien ne pourrait arrêter les troupes d'assaut du Reich. Rien, sauf la météo. Dès le Kattegat, la brume devient brouillard puis le brouillard « purée de pois ». En ce premier jour de guerre la capitale norvégienne imite le ciel de la capitale britannique. Fornebu semble plus impossible encore à trouver que Croydon par un soir de novembre ! Les pilotes des Junkers 52 ont l'impression de se trouver « quelque part au-dessus d'Oslo ». Mais la ville est située dans une région impossible. De chaque côté du fjord qui s'enfonce loin dans les terres s'élèvent de hautes montagnes couvertes de neige. La moindre erreur de navigation et c'est la catastrophe.

Furieux, le capitaine Walther, son nez pointu collé au hublot de mica, essaye de repérer le moindre indice. Mais ce ne sont qu'écharpes de brume, nuages gris et bancs de pluie. Impossible d'apercevoir un coin de ciel bleu, de mer verte ou de terre blanche. C'est le gris, le gris profond, à couper au couteau et que brassent mélancoliquement les hélices des avions.

Erich Walther gagne la cabine de pilotage.

— Alors ? interroge-t-il en hurlant.

— Rien à faire, Herr Hauptmann ! hurle le pilote. Pas question de vous larguer dans cette merde.

— Et se poser ?

— Impossible... Pas une chance sur mille de s'en sortir.

— Alors ?

— On va essayer de rejoindre Aalborg, Herr Hauptmann.

— Au Danemark !

L'aviateur hausse les épaules et amorce son virage. Par radio le chef d'escadrille donne l'ordre à tous les pilotes des avions de transport et des chasseurs d'escorte de mettre le cap au sud et de gagner le Jutland. L'opération sur Oslo est démontée et tous les hommes qui devaient attaquer la capitale norvégienne doivent accepter de faire demi-tour, la rage au cœur.

Encore faudrait-il que Rodslet, l'aéroport d'Aalborg, se trouve entre les mains des troupes allemandes. Sinon, les paras devront sauter pour s'en emparer. Cette opération les consolera de leur échec sur Oslo...

Mais le saut n'aura pas lieu. Tout est déjà terminé depuis une heure sans combat. Le commandement des forces armées du Reich a estimé que l'intervention des chasseurs parachutistes n'était pas nécessaire et qu'on pouvait mener l'affaire, par surprise, uniquement avec des fantassins aéroportés. Aussi, à sept heures du matin, ce 9 avril, des Junkers 52 ont tranquillement atterri sur les pistes de l'aérodrome de Rodslet, situé à cinq kilomètres à l'ouest de la ville d'Aalborg, sur la rive septentrionale du Limfjord, à l'extrême nord de la presqu'île jutlandaise.

Sans demander la moindre autorisation à la tour de contrôle, les Junkers se sont posés sur les pistes de cet aéroport, véritable plaque tournante du trafic aérien entre le Danemark, la Norvège et la Suède.

Tandis que les chasseurs parachutistes de la 1re et de la 2e compagnie du bataillon Walther tournaient sans succès au-dessus d'Oslo, les fantassins aéroportés de la Wehrmacht se posaient près d'Aalborg.

Le premier soldat allemand saute... d'une hauteur d'à peine un mètre. Ses camarades le suivent un à un. Un premier groupe de combat se rassemble. Puis un autre. Très rapidement ils sont des dizaines et des dizaines d'hommes qui bondissent vers les hangars et les installations de l'aérodrome de Rodslet. Des mitrailleuses sont mises en batterie pour battre tous les abords et prévenir la moindre réaction hostile. Mais les soldats danois restent totalement invisibles. Le personnel civil de l'aérodrome ne peut que se rendre à la merci des vainqueurs.

Le premier souci des envahisseurs est de réquisitionner des moyens de transport. Ils font la chasse aux voitures pour se rendre vers le pont qui traverse le Limfjord et s'emparer de la ville d'Aalborg située sur la rive méridionale du bras de mer. La prise de cette agglomération de cent mille habitants, capitale du Jutland du Nord, marquera l'emprise définitive des Allemands sur cette région du Danemark, d'une importance stratégique essentielle.

A peine sortis des carlingues où ils ont voyagé terriblement serrés les uns contre les autres, les fantassins aéroportés s'entassent par cinq ou six dans des voitures de tourisme qui prennent aussitôt la route dans un nuage de poussière. Tout s'est passé très vite depuis le décollage, à l'aube, d'un aérodrome allemand. Maintenant, le paysage danois défile à toute allure. Les champs, les villages, le pont lui-même, long de plus de six cents mètres où les groupes d'assaut s'installent sans avoir tiré un coup de feu.

Quelques minutes plus tard, les fantassins de la Wehrmacht déferlent dans la ville, se regroupent sur la Gammeltorv, la vieille place, et hissent le pavillon de guerre du Reich sur le Raadhus, l'hôtel de ville, un superbe bâtiment du milieu du XVIIIe siècle, dont les escaliers et les couloirs retentissent bientôt du bruit des bottes de l'occupant.

Tandis que les premiers drapeaux à croix gammée flottent au-dessus de la ville d'Aalborg, les appareils ramenant les parachutistes du bataillon Walther arrivent au-dessus du Jutland septentrional. Ils survolent la presqu'île de Skagen et la grande île de Vendsyssel. Les pilotes aperçoivent maintenant, droit devant eux, l'énorme bras de mer du Limfjord et la ville d'Aalborg bien ancrée sur ses berges. Sachant par radio l'aérodrome aux mains de leurs compatriotes depuis quelques dizaines de minutes, ils se dirigent vers les pistes de Rodslet.

A huit heures du matin, les Junkers 52, après leur demi-tour sur Oslo, s'apprêtent à se poser au Danemark, avec leur chargement de parachutistes furieux de ce raid manqué. Alors que les Allemands devraient contrôler totalement la région, les appareils du Reich sont pourtant accueillis par quelques coups de feu. Des soldats danois obstinés ne semblent pas avoir été touchés par l'ordre de reddition de l'armée royale.

Huit Messerschmitts 110 surgissent à temps pour balayer le terrain du feu de leurs mitrailleuses. Les défenseurs de l'aérodrome n'insistent pas et les avions transportant les deux compagnies de paras vont pouvoir se poser. Les hommes se déséquipent de leur parachute dans les appareils, pour sauter à terre, dès que les avions seront arrêtés, et prendre leurs dispositions de combat. Le raid parachutiste se transforme en assaut aéroporté. Mais les Junkers 52 ne sont même pas immobilisés que les Danois cessent le combat. Tout est terminé.

Les paras descendent des appareils avec un air furieux. Les voici désormais cloués au sol par le mauvais temps. Le capitaine Walther ne décolère pas et les chefs de la 1re et de la 2e compagnie, le lieutenant Schmidt et le capitaine Gröschke, évitent de se trouver sur son passage. Le commandeur du Ier bataillon harcèle les hommes de la radio et de la météo installés par la Luftwaffe dans la tour de contrôle. Mais ils ne peuvent rien faire d'autre que de subir l'orage en faisant le gros dos.

⁂

Sur Oslo, le brouillard finit par se lever. Après quelques escarmouches, des fantassins allemands débarqués par avion s'emparent avec un certain retard de l'aéroport de Fornebu et se dirigent vers le centre de la ville.

Quelques coups de feu et de brèves rafales éclatent. C'est une compagnie de la garde royale norvégienne qui essaye de barrer la route de la capitale aux envahisseurs. Mais l'élan des aéroportés emporte le barrage en quelques minutes. Les Norvégiens se retrouvent dans le fossé en train de ramasser leurs blessés. Oslo doit tomber.

Adolf Hitler rêve de faire le roi de Norvège prisonnier et espère qu'il restera dans son château comme le souverain du Danemark. Mais Haakon VII est un vieux renard qui a vu le vent venir et qui a eu le temps de changer de terrier. Le brouillard lui a donné quelques heures de répit. Il gagne le vieux refuge des Norvégiens qui veulent rester libres quand des hommes d'armes étrangers s'avancent sur le sol sacré de la patrie des Vikings : la montagne.

Le roi quitte la capitale avec son état-major, tandis que l'ancien ministre de la Guerre, devenu l'animateur d'un parti fascisant, Vidkun Quisling, tente de prendre le pouvoir « pour éviter le pire ». Mais son roi le désavoue et ses alliés allemands l'abandonnent.

La bataille de Norvège, en cet après-midi du 9 avril 1940, se développe. La résistance ne s'écroule pas comme au Danemark, où le roi a ordonné à son armée de mettre bas les armes. Ici, au contraire, le souverain, réfugié dans la montagne, ordonne à ses troupes de résister jusqu'au bout de leurs forces. Dans ce pays montagneux, coupé de fjords profonds et dont les villes sont mal reliées par des routes impossibles, accrochées entre des précipices insondables et des sommets vertigineux, commence une très dure campagne.

Les parachutistes du Reich vont se heurter à des soldats décidés à se battre et soutenus par les troupes alliées qui ne vont pas tarder à débarquer à leur tour dans les ports de Norvège épargnés par l'attaque allemande.

V

LES RAIDS DE LA COMPAGNIE DES AUTOBUS D'AKERSHUS

Les chasseurs parachutistes de la 1re compagnie du lieutenant Schmidt et de la 2e compagnie du capitaine Gröschke cachent mal leur impatience et s'embêtent ferme sur l'aéroport de Rodslet, près d'Aalborg. Se trouver coincés au Danemark, vite redevenu paisible, alors que la guerre fait rage en Norvège !

Finalement, le brouillard se dissipe et, vers midi le 9 avril 1940, une unité du bataillon Walther reçoit l'ordre de rembarquer dans ses Junkers 52. Ancienneté oblige, la première à partir sera la 2e compagnie du capitaine Kurt Gröschke, qui ne cherche pas à dissimuler sa joie de reprendre l'air pour Oslo. Son chef de bataillon, le capitaine Walther, l'accompagne.

Il fait maintenant un temps superbe. Le visage collé aux hublots de mica des appareils, les parachutistes aperçoivent, au-delà des eaux du Skagerrak, l'ouverture du fjord d'Oslo, énorme bras de mer qui s'enfonce, plein nord, pour conduire à la capitale norvégienne, tapie au fond de son repaire comme la citadelle d'un vieux roi de mer des âges tumultueux.

En survolant la ville, les paras aperçoivent quelques passants dans les rues. D'autres civils, installés sur le devant de leurs portes ou à leurs fenêtres, regardent les appareils allemands sans manifester d'autre sentiment que la surprise et la curiosité en découvrant les croix noires sous les ailes et sur les fuselages.

— Nous ne sautons pas, annoncent les largueurs. Ce sera un atterrissage normal sur la piste.

Les paras de la 2e compagnie sont un peu déçus. Et puis,

habitués aux sauts d'entraînement, beaucoup n'aiment guère cette prise de contact parfois brutale des roues avec le sol. Il faut l'avouer ; certains éprouvent même une sorte de vague inquiétude. Mais tout se passe bien, même si Fornebu, n'est qu'un minuscule terrain, coincé entre des montagnes couvertes de sapins.

Dès l'arrivée au sol, les paras gagnent les bâtiments de l'aéroport. Ils ne sont pas les premiers soldats allemands en Norvège et la Luftwaffe a déjà organisé une Kommandantur et un dépôt ravitaillé par des vols incessants avec les aérodromes du Reich. Les hommes du capitaine Gröschke perçoivent leur complément d'armement et de munitions. Ils abandonnent une partie de leur paquetage, à commencer par les tenues de sortie, et se rassemblent par groupes et sections de combat.

Le capitaine Walther donne aussitôt ses ordres au chef de la 2e compagnie :

— Gröschke, vous allez pousser une reconnaissance offensive vers Hamar, à cent trente kilomètres au nord d'Oslo, sur la route de Trondheim. A Hamar vous bifurquerez vers l'est, en direction d'Elverum.

Le capitaine Gröschke repère les localités sur sa carte, qui n'est qu'un dépliant touristique.

— Mais c'est la route de la frontière suédoise, Herr Hauptmann.

— Exactement. Selon nos renseignements, il est possible que le roi Haakon et son gouvernement se soient réfugiés dans cette bourgade de trois mille habitants. Vous réussirez peut-être à les capturer.

— Pourquoi pas ?

— Si vous y arriviez, il faudrait montrer beaucoup d'égards pour le souverain. Nous ne sommes pas « vraiment » en guerre avec les Norvégiens...

Pourtant, les soldats de l'armée royale ne l'entendent pas ainsi et, à la différence des Danois, se défendent farouchement contre l'agresseur, persuadés que les Britanniques et les Français ne tarderont à venir à leur secours.

Pour accomplir leur mission, les paras vont s'enfoncer à l'intérieur du pays, vers le Nord, dans des autobus réquisitionnés. Ce sont des véhicules confortables et spacieux, qu'ils découvrent à l'arrêt des transports municipaux, au pied de la vieille citadelle d'Akershus, qui domine de ses remparts la partie orientale du port d'Oslo, situé en pleine ville.

L'arrivée sur la capitale norvégienne ressemble à un de ces voyages touristiques organisés avant la guerre en Norvège par l'association de loisirs du Reich « la force par la joie ». En ces premiers jours de campagne, les paras pourraient se croire en vacances. Il est à peine deux heures de l'après-midi. En ce jour du 9 avril, il fait beau mais encore frais. Les hommes chargent les armes et les paquetages de combat dans les véhicules. Les sous-officiers pressent le mouvement. Les paras se laissent tomber avec de grands rires sur les sièges de moleskine usée par les voyageurs de banlieue.

— En voiture pour Oslo ! crie joyeusement un adjudant.

— Ce qu'on est bien, fait remarquer un caporal chef de pièce au tireur de sa mitrailleuse qui tient l'arme serrée entre les genoux.

— Oui, on n'est pas mal, grogne le sergent Rolf Tietjen. Mais si on est attaqué, ce sera une sacrée pagaille pour gicler tous par la portière.

— Ne vous en faites donc pas, conclut l'adjudant. Les portières, ça nous connaît. Et celle-là, à côté du chauffeur, est sacrément plus grande que celle de notre vieux « Ju ».

Rapidement, les autocars s'éloignent de la capitale pour prendre la route du nord-est vers Lilleström.

Le voyage vers Hamar se déroule d'abord très bien. Les chauffeurs roulent prudemment. Mais c'est le paysage qui impose d'ouvrir l'œil plus que l'ennemi : la route serpente, étroite et sinueuse avec de brusques virages. Les paras bavardent et chantent tour à tour. Quelques-uns dorment, les bras croisés sur leur sac, brinquebalant dans chaque virage. On pourrait croire une colonie d'écoliers en promenade scolaire.

Après avoir traversé Eidsvold, à une soixantaine de kilomètres de la capitale norvégienne, le convoi arrive au pont de Minnesund. La voie, très étroite, les retarde un peu. Mais l'ennemi ne se manifeste toujours pas.

La promenade militaire se poursuit le long du lac Mjøsa, le long de sa rive orientale.

— Venez voir, c'est splendide ! lance le sergent Tietjen.

Quelques-uns de ses camarades se lèvent de leur place pour aller admirer le paysage du lac, immense, qui étend ses eaux calmes à l'ouest de la route, dans un cirque de montagnes sauvages. Cette vallée du Hedmark semble déjà résumer toute la Norvège touristique. Quelques chasseurs baissent les vitres des autobus pour prendre des photos. Soudain, claquent des coups de feu. Pour ceux de la 2e compagnie du bataillon Walther, ce sont les premiers de la guerre.

La campagne de Norvège commence !

***

Par les portières des autobus, les paras giclent sur la route leur arme au poing, avant même que les véhicules soient arrêtés.

Quelques-uns roulent sur la chaussée et boulent dans le fossé où se mettent tout de suite en place les mitrailleuses légères sur leur bipied. Les pourvoyeurs ouvrent les caissettes métalliques et les chargeurs enclenchent la première bande.

Aux rafales allemandes répondent quelques coups de fusil. Les adversaires des paras ne semblent pas bien nombreux. Les jeunes recrues se planquent dans les fossés, tandis que les mitrailleurs dégagent la voie. Les Norvégiens ne tardent pas à décrocher. Maintenant, les paras semblent assez déçus de cette retraite de l'ennemi.

— Ne vous en faites pas, lance l'adjudant de compagnie. Vous en trouverez d'autres avant longtemps !

Peu après, la colonne d'autobus réguisitionnés débouche dans les rues de Hamar. Il doit y avoir une dizaine de milliers d'habitants. Mais tous les civils se sont claquemurés chez eux à l'arrivée des Allemands et les paras ne voient personne dans les rues. Beaucoup de volets de bois sont fermés. La ville semble silencieuse et hostile.

Le capitaine Gröschke décide de laisser une garnison dans cette petite capitale de la province de Hedmark. Ses hommes occupent le bureau de poste et contrôlent télégraphe et téléphone. Au cours de la nuit, ils réussiront même à arrêter quelques gradés et hommes de troupe norvégiens qui revenaient aux nouvelles en croyant que les envahisseurs avaient tous décroché.

Le reste de la 2ᵉ compagnie poursuit son chemin, roulant cette fois vers l'est. La nuit tarde à tomber en ce début d'avril, mais il fait assez sombre. On entend parfois des coups de feu, aucun des autobus pourtant n'est atteint. Epuisés de fatigue, la plupart des hommes se sont endormis dans les véhicules, serrés les uns contre les autres, et se laissent aller au rythme de la route.

Soudain, des coups de frein brutaux les lancent contre le siège devant eux.

— *Sakrament !* jure le capitaine Gröschke.

Dans la nuit, une trentaine de voitures amoncelées sur la route et sur les bas-côtés, totalement enchevêtrées en un barrage infranchissable, viennent d'arrêter son convoi.

Les autobus des paras, bloqués devant l'obstacle sont aussitôt pris à partie par des tirs de mitrailleuses. Les soldats de l'armée royale norvégienne viennent de monter une superbe embuscade.

— *Raus ! Schnell !*

Les chasseurs sautent à toute allure par les portières. Cette fois, cela devient sérieux. Il fait maintenant nuit noire et il règne un froid vif. Les bas-côtés de la route sont couverts de neige. Les hommes de la 2ᵉ compagnie ont l'impression qu'ils sont pris à partie de partout. Des gerbes de balles traçantes fusent dans les ténèbres. Les Allemands doivent se planquer dans les fossés pleins d'eau glacée. Le voyage touristique se termine mal.

Le capitaine Gröschke essaye de se rendre compte de la situation. Le barrage de camions semble infranchissable à ses véhicules. Et sa compagnie a devant lui au moins cinq mitrailleuses ennemies, bien camouflées.

— Il faut les réduire très vite, ordonne l'officier.

Il organise aussitôt deux groupes de choc, qui partent rapidement à l'assaut dans les ténèbres.

— Essayez de les liquider à la grenade ! ordonne leur chef.

Quelques sourdes déflagrations ne tardent pas à retentir. De grands éclairs illuminent la nuit. Les chasseurs parachutistes, rampant dans la neige fraîche, ont réussi à s'approcher à bonne portée des positions norvégiennes. Maintenant, règne un étrange silence. Les soldats de l'armée royale ont décroché pour gagner l'abri des bois de sapins. Les Allemands avancent doucement sur les positions conquises de haute lutte, l'arme au poing.

— Ici, Herr Hauptmann ! Il y a un blessé.

Quelques paras viennent de découvrir un Norvégien et appellent leur chef. Gröschke s'approche. L'homme, rapidement interrogé, donne facilement des renseignements. Ils sont certes de nature à impressionner la centaine d'hommes de la compagnie des autobus.

— Nous sommes plus d'un millier dans Elverum, affirme le blessé. Moi, je n'avais pas tellement envie de me battre contre les soldats allemands. Mais ce n'est pas le cas de mes camarades. Ils disent que le roi nous ordonne de résister à l'invasion.

Le capitaine Gröschke réfléchit rapidement. Il a l'ordre du capitaine Walther de pousser une reconnaissance, pas de s'emparer de la bourgade sur la route de la frontière suédoise, ou ses paras risquent d'éprouver, en pleine nuit, dans ce terrain montagneux, des pertes terribles. Et puis il n'a pas un guide pour lui montrer le chemin. Une attaque dans ces conditions serait du suicide.

— On rentre à Oslo, décide le chef de la 2e compagnie.

Les autobus font demi-tour dans les ténèbres, faisant ronfler les moteurs. Les pneus patinent sur des plaques de verglas. Il fait de plus en plus froid. Après bien des manœuvres laborieuses, tout le convoi reprend la route du Sud.

En traversant Hamar, le capitaine reprend liaison avec le petit groupe qu'il a installé dans le bureau de poste.

— Je vous laisse en couverture. Nous reprendrons la route demain à quatre heures.

Sauf les sentinelles qui veillent aux portières et aux fenêtres des autobus, tous les paras dorment à poings fermés quand le convoi redescend vers la capitale norvégienne, secouant rudement à chaque virage toute sa cargaison humaine. Le capitaine Gröschke, lui, ne peut dormir. Il se demande s'il n'a pas manqué la plus belle occasion de sa vie.

⁂

Le lendemain, alors qu'il fait encore nuit, les chasseurs parachutistes de la 2ᵉ compagnie sont réveillés brusquement par leurs chefs.

— Debout ! On repart !

Le capitaine Gröschke a obtenu le renfort de quelques unités d'infanterie de la Wehrmacht pour reprendre sa reconnaissance offensive au nord-est de la capitale norvégienne.

Le convoi des autobus réquisitionnés fait déjà tourner ses moteurs dans la nuit froide. Le sergent Rolf Tietjen retrouve sa place et s'installe pour la seconde étape de cette étrange visite au pays des fjords. Le convoi quitte rapidement les faubourgs de la capitale et commence par rouler à vive allure, avant d'aborder la route de montagne aux virages brutaux. Les autobus vont peiner pendant des heures. Les paras commencent à trouver cette promenade bien monotone. On entend dans le lointain des tirs. Sans doute quelques canons. Mais impossible de localiser les pièces. D'ailleurs, ce ne sont pas leurs véhicules qui sont pris à partie. Alors, ce n'est pas l'affaire des paras, qui reprennent entre eux les conversations de la veille.

— *Halt !*

Le convoi s'arrête. Les hommes se penchent aux fenêtres et demandent à l'adjudant de compagnie, descendu sur la route :

— Qu'est-ce qui se passe ? Une attaque ?

— Pas du tout. On fait le plein.

— On peut se dégourdir les jambes ?

Le sous-officier autorise ses hommes à faire quelques pas, à condition de ne pas s'éloigner. Il a placé quelques paras en couverture, à l'entrée du pont qui traverse le Norma Sund. Ces hommes aperçoivent soudain des soldats norvégiens qui sortent d'une tranchée et se mettent à courir. Les Allemands leur tirent dessus sans les atteindre. Au même moment retentit une gigantesque déflagration. Le pont saute !

Le convoi des autobus du capitaine Gröschke ne peut plus remplir sa mission et doit chercher un autre passage. L'officier enrage. Il reste encore deux ponts permettant de franchir l'obstacle. Les hommes de la 2ᵉ compagnie remontent à toute allure dans les véhicules qui démarrent en trombe. Les paras sont en route quand ils entendent une nouvelle explosion. C'est le second pont qui saute.

Gröschke jure tout ce qu'il sait. Cette fois, il n'a plus qu'une seule chance. Voici enfin le dernier pont. Ses véhicules sont accueillis à coups de fusil.

— Tout le monde en bas ! On attaque !

Une troupe d'assaut, rapidement formée, bondit déjà à l'assaut. Les premiers paras arrivés à l'ouvrage qui enjambe le Sund, sous le feu des Norvégiens, se lancent à la recherche des charges explosives. Ils ne tardent pas à les découvrir et arrachent les fils électriques.

— Passage libre, Herr Hauptmann, annonce un agent de liaison à son chef, tandis que ses camarades réduisent rapidement les dernières défenses norvégiennes du secteur.

— On a perdu une heure, remarque Gröschke d'un air furieux.

Le convoi de la 2e compagnie, que suivent toujours quelques éléments de la Wehrmacht, arrive dans un village. Les habitants ne s'attendaient certes pas à voir surgir les Allemands et croyaient les ponts détruits ou solidement tenus par leurs compatriotes de l'armée royale. Ils sortent des maisons et regardent les nouveaux venus avec des yeux pleins de haine.

— On ne semble pas tellement les bienvenus, fait remarquer Rolf Tietjen au camarade qui est assis à côté de lui.

— Si vous étiez à leur place, sergent...

— Enfin, si nous n'étions pas venus, ils auraient été envahis par les Britanniques.

L'autre ne répond pas à cet argument de propagande énoncé par le sous-officier, et préfère se rendormir jusqu'à la prochaine étape, en se demandant si les Allemands pourront trouver du ravitaillement. Comme tous les soldats, il songe surtout à manger et à dormir. La politique...

En traversant une autre bourgade du nom de Bastuholen, un des motocyclistes qui roulent avec la colonne dérape et se trouve pris sous sa machine, assez sérieusement blessé.

Tandis que quelques paras le relèvent, le capitaine Gröschke demande en anglais à deux jeunes filles norvégiennes si elles ne connaissent pas un hôpital. Elles indiquent une direction avec de grands gestes des bras.

L'itinéraire recommandé aboutit en plein sur un barrage de rue : quelques véhicules sont stoppés en travers de la chaussée et l'obstacle se trouve battu par le feu d'une mitrailleuse.

Les Allemands, surpris, sautent une nouvelle fois à terre et donnent l'assaut avec une terrible brutalité. Déconcertés par la rapide réaction des paras, les soldats norvégiens se retirent dans les montagnes boisées des alentours de la bourgade. Certains partent même si vite qu'ils abandonnent leurs armes.

Le capitaine Gröschke, furieux, décide de faire ratisser la

forêt par ses hommes. Ils vont parvenir à découvrir quelques nouveaux soldats de l'armée royale, à demi dissimulés derrière le tronc des sapins ou dans des trous de neige. Le village de Bastuholen est minutieusement fouillé et les paras débusquent encore quelques-uns de leurs adversaires. Les Allemands sentent bien que tout le pays, d'abord surpris, est en train de se fermer devant l'invasion. Eux qui croyaient être accueillis comme des « frères nordiques »...

— On n'a pas fini d'en voir avec ces Vikings, remarque le sergent Tietjen, tandis que ses hommes sont en train de désarmer quelques géants blonds aux carrures de bûcherons, qui regardent de haut les paras, engoncés dans leur « sac à os » de toile verte.

Pourtant, certains prisonniers ne cachent pas leur amertume :

— On croyait bien que les Anglais allaient arriver avant vous. Ils nous ont laissé tomber.

Les Allemands renchérissent et offrent des cigarettes à leurs prisonniers. Beaucoup les refusent et s'enferment dans un silence hautain.

La nouvelle expédition du capitaine Gröschke est terminée. Cette fois, il reçoit l'ordre de retourner à Oslo avant la nuit. Le commandement de l'armée allemande en Norvège sent l'adversaire qui durcit sa résistance à l'appel du roi et craint de meurtrières embuscades sur ces routes de montagne.

Quelques autobus tombent en panne et doivent être abandonnées sur le bas-côté de la route. Il faut les quitter et s'entasser dans ceux qui restent. Il fait un froid épouvantable et les paras répugnent à quitter les sièges confortables où ils commençaient à nouveau à somnoler.

— Si on ne peut même plus roupiller, se plaint un tireur de mitrailleuse en traînant son arme avec une visible mauvaise humeur.

— Ne râle pas, lui lance le caporal chef de pièce. C'est quand même la guerre.

— Il fait tellement froid que je commençais à l'oublier.

Tout le paysage semble figé dans le gel quand les autobus regagnent, à la nuit tombante, le cantonnement d'Oslo. La capitale norvégienne est sombre, hostile, fermée. On entend juste le bruit des bottes des patrouilles. Heureusement, sur les bords du fjord, il ne neige pas. Les paras se demandent si la guerre va un jour vraiment commencer.

***

Le jour suivant, les parachutistes de la 2e compagnie du capitaine Gröschke reçoivent l'ordre de repartir en reconnaissance sur le même itinéraire, vers le nord-est de la capitale norvégienne. A une cinquantaine de kilomètres avant Hamar, l'autobus qui roule en tête du convoi, se trouve nez à nez, à la sortie d'un village de montagne, avec une automobile militaire, que suivent quelques autres voitures de l'armée royale norvégienne. Après un bref échange de coups de feu, les paras capturent l'équipage de la première automobile. Un colonel et trois capitaines sont sortis de leur véhicule sans grand ménagement sous la menace des pistolets de quelques paras.

Le capitaine Gröschke annonce que les autobus ne sont que l'avant-garde d'une importante colonne :

— Des dizaines de véhicules de la Wehrmacht nous suivent, affirme-t-il avec une telle autorité que les Norvégiens sont assez impressionnés.

S'ils savaient qu'ils n'ont devant eux qu'une centaine d'Allemands, pas tellement rassurés à voir maintenant déboucher sur la route, l'un après l'autre, vingt-six camions, bourrés de troupes ennemies.

— Dites à vos hommes de jeter leurs armes à terre, ordonne le chef de la 2e compagnie d'un ton sans réplique.

Le colonel norvégien veut discuter, mais l'officier parachutiste assortit son ordre d'un mouvement bref du poignet au bout duquel pointe le canon d'un pistolet P. 08.

Bientôt, les fusils jonchent la route.

— Vous ne faites pas mes soldats prisonniers ? demande, surpris, l'officier du roi Haakon.

— Non, nous vous gardons seulement avec vos officiers. Quant à vos hommes, ils peuvent rentrer chez eux après nous avoir remis leurs armes.

Gröschke ne va surtout pas avouer qu'il n'aurait pas assez de paras pour garder ces centaines d'hommes et décide de poursuivre sa route, sans plus s'occuper d'eux.

Près du pont de Minnesund, sur les bords du lac Mjøsa, où il s'était trouvé déjà lors de sa première reconnaissance vers Hamar, le capitaine parachutiste aperçoit soudain des nuages noirs dans le ciel et entend des explosions. C'est une batterie norvégienne de défense antiaérienne qui s'en prend à des appareils allemands qui doivent atterrir ou décoller de l'aéroport de Fornebu près d'Oslo. Une troupe de choc de paras va essayer de la faire tenir tranquille.

Vers onze heures du matin, la tête de la colonne Gröschke se trouve au sud du Minnesund et s'installe en position défensive. Selon ses renseignements, l'ennemi se trouve encore en nombre et s'y montre assez agressif.

Pourtant, le premier soldat norvégien que voient les Allemands dans ce secteur est un parlementaire. L'officier demande à être conduit auprès du chef de la troupe des assaillants.

— Je viens vous proposer de vous rendre, dit-il d'emblée au capitaine Gröschke, qui manque de s'en étrangler d'indignation.

— Vous êtes fou ! Nous sommes suivis par toute une colonne de la Wehrmacht avec de l'artillerie lourde.

Le capitaine parachutiste est bien décidé à continuer le bluff qui lui a si bien réussi lors de la capture du colonel norvégien et de tout son régiment :

— Je vous propose de vous rendre, au contraire. Cela évitera une effusion de sang inutile, propose l'officier allemand.

— Sinon ?

— Sinon, nos canons lourds ne vont pas tarder à entrer en action. Ils écraseront toute résistance, sans même que nous ayons à intervenir.

L'officier norvégien demande à retourner auprès de son chef. Peu après, ce parlementaire revient et annonce que trois régiments de l'armée royale sont prêts à faire leur soumission.

— Très bien, lui lance le capitaine Gröschke. Nous allons venir les chercher.

Quelques minutes plus tard, les paras avancent sur la route. Ils franchissent comme dans un rêve des positions occupées par des mitrailleuses lourdes, auprès desquelles les soldats ennemis restent immobiles, les mains dans les poches et l'air rogue.

Le sergent Rolf Tietjen commence à trouver qu'ils sont bien nombreux et se demande s'ils vont se rendre compte que les paras de la 2e compagnie ne sont guère plus d'une centaine.

Voici d'autres Norvégiens encore. Après les mitrailleurs, ce sont des fantassins, rassemblés sur le bord de la route. Ils ont posé leur fusil devant eux et lèvent les mains, en attendant l'arrivée de leurs ennemis.

Le capitaine Gröschke est bien ennuyé. Il n'a même pas assez d'hommes pour ramasser toutes les armes livrées par ses adversaires et doit organiser des navettes pour les entasser dans des dépôts improvisés où les paras déposent les fusils comme s'ils élevaient des tas de bois. Quand ils repartent, ils n'ont guère le temps d'admirer le paysage, assez extraordinaire, de cette vallée du Hedmark, et ils sont maintenant d'autant plus serrés dans les autobus que leur chef a récupéré un des véhicules pour y installer une soixantaine d'officiers norvégiens prisonniers.

Quelques paras ont pris le volant de véhicules civils et de camions militaires que leur capitaine a décidé de ramener à Oslo, après y avoir entassé les fusils remis par les soldats norvégiens. Le convoi, retardé par tous ces véhicules hétéroclites qui cheminent péniblement sur la route de montagne, ne regagnera que très tardivement la capitale norvégienne. Oslo vit dans l'attente et dans la crainte. Les autorités municipales ont ordonné une évacuation partielle de la ville, car le bruit court que les Britanniques doivent la bombarder. C'est pourtant dans le plus grand silence que les chasseurs parachutistes retrouvent leur cantonnement, tandis que leur chef va chercher les ordres pour une nouvelle mission. L'occupation s'organise et ses hommes, avec leurs autobus, restent encore une des unités allemandes les plus mobiles de toute la région.

***

Le 12 avril, quatre jours après l'attaque contre le Danemark et la Norvège, la guerre semble terminée à Oslo. Les habitants de la capitale norvégienne commencent de plus en plus à sortir de chez eux. Des bruits circulent et on parle de négociations pour un cessez-le-feu général.

Pourtant, réfugié à Elverum, le roi Haakon est bien décidé à appeler tout son peuple à la résistance et fait lancer des messages par radio.

Cela n'empêche pas le capitaine Walther, chef du Ier bataillon de chasseurs parachutistes, d'accorder un jour de repos à ses hommes. L'après-midi, les paras de la 2e compagnie visitent tranquillement la capitale norvégienne. Ils entrent dans l'hôtel de ville, dont les deux tours carrées de briques rouges dominent le port et le fjord qui s'ouvre largement vers le sud. Il fait toujours aussi beau. Quelques Norvégiens entourent les paras du Reich qui prennent des photos sur l'esplanade dominant les quais.

— Tiens, aujourd'hui, ils ont l'air plus aimables, fait remarquer le sergent Tietjen à un de ses camarades.

— C'est peut-être qu'ils nous prennent pour des Britanniques et pas pour des Allemands...

Les deux hommes se mettent à rire. Ils ont rebaptisé leur unité qui parcourt le pays dans ses autobus réquisitionnés : le régiment des dragons d'Akershus, du nom de la vieille forteresse qui surplombe la partie orientale du port et où se trouve l'arrêt des cars municipaux.

Tout irait bien si le temps ne se gâtait brusquement. Une pluie fine se met à tomber. Il fait de nouveau très froid. L'hiver tente une dernière offensive. Les parachutistes, un peu fatigués de faire les badauds, regagnent leur cantonnement de bonne heure. L'adjudant de compagnie leur apprend alors la nouvelle :

— Nous partons demain en opération.

Le soir, une brève conférence réunit les gradés autour du capitaine Gröschke :

— Messieurs, dit-il, le roi Haakon a décidé de continuer la

lutte. Il croit que les Anglais et les Français vont venir rapidement au secours des Norvégiens. Alors, tous les postes de radio diffusent des ordres de résistance. Ils ont un grand effet tant sur l'armée royale que sur la population civile.

Et le chef de la 2e compagnie conclut :

— Nous devons demain faire sauter une de ces stations émettrices. Elle est située à Porsgrund, à deux cents kilomètres au sud d'Oslo, sur la rive occidentale du fjord.

Il fera très froid, le lendemain à l'aube quand les véhicules de la compagnie des autobus se mettront en route. Les paras sont transis. Surtout ceux qui ont pris place dans des voitures découvertes réquisitionnées, sur lesquelles ils ont installé des mitrailleuses, le bipied posé sur le capot.

A toute allure, le convoi du capitaine Gröschke suit la route côtière jusqu'à Drammen, au sud-ouest de la capitale. Les champs, en bordure de la route, vers la montagne, sont encore recouverts de neige. La température est glaciale. Chaque fois qu'ils respirent, les paras voient devant leur bouche un nuage de buée. Les mitrailleurs ont l'impression qu'ils ont les doigts complètement gelés.

Après avoir traversé cette ville de trente mille habitants qui découvrent pour la première fois les envahisseurs de leur pays, les Allemands s'engagent sur une route de plus en plus étroite ; bordée d'une voie de chemin de fer, elle serpente accrochée aux parois presque verticales du fjord. Le capitaine Gröschke se demande s'il pourra remplir sa mission. Il suffirait d'un barrage renforcé de quelques armes automatiques pour que s'arrête là son aventure. Mais les soldats norvégiens ne se montrent toujours pas.

En arrivant au port marchand de Tönsberg, les paras de la 2e compagnie découvrent deux bâtiments de guerre, longs fuseaux gris sur l'eau calme du fjord, d'un bleu métallique. Sur cette vedette garde-côte et ce sous-marin, le pavillon de la marine de guerre norvégienne bat à la poupe.

Les premiers Allemands qui ont aperçu les navires appellent leurs camarades.

— Cette fois, on va se battre. Et contre les marins !

Les paras ne semblent même pas se soucier du canon et des mitrailleuses de leurs nouveaux adversaires.

Chez l'ennemi, des guetteurs viennent de signaler l'arrivée du convoi. Aussitôt des matelots grimpent sur le pont. Vont-ils se rassembler autour des armes du bord ? Dans leurs voitures découvertes, les mitrailleurs allemands tirent en arrière la culasse de leur arme et commencent à prendre les équipages dans l'œilleton de visée.

Mais les marins norvégiens sont encombrés de paquets et de

valises. Tandis que deux d'entre eux se rendent à la poupe pour amener le pavillon, les autres prennent l'échelle de coupée et s'engouffrent dans des camions, prêts au départ, sur le quai.

Voici les chasseurs parachutistes frustrés d'un combat. Décidément cette guerre, dans la région du fjord d'Oslo, ne ressemble en rien à ce qu'ils attendaient et à quoi ils se préparaient, pour certains, depuis des années.

La seule difficulté, finalement, c'est l'état des chemins. A partir de Larvik, à cent trente kilomètres d'Oslo, la route devient encore plus étroite et plus sinueuse. Vers l'ouest, la montagne domine à pic de plus de cinq cents mètres. Vers l'est, c'est un véritable précipice où l'on distingue à peine, en contrebas, les eaux du fjord d'Oslo.

Soudain, au milieu de la route, la voiture de tête du convoi des autobus freine brusquement. Le conducteur a manqué d'écraser deux soldats norvégiens qui surgissent, les mains en l'air. D'autres, installés à un balcon près d'une mitrailleuse en position derrière des sacs de sable, imitent le geste de reddition de leurs compatriotes.

Les quatre hommes sont faits prisonniers et aussitôt embarqués dans le véhicule du sergent Rolf Tietjen qui essaie vainement d'engager la conversation avec eux dans un anglais approximatif. Les Norvégiens veulent bien se rendre, mais ils ne veulent pas bavarder avec leurs vainqueurs. Tant pis.

Le convoi poursuit sa mission et quitte la route principale pour prendre la route secondaire qui mène à Porsgrund et à la station de radio. « On devrait plutôt dire une piste qu'une route », pense le capitaine Gröschke dont les véhicules s'engagent dans de véritables fondrières. Des arbres ont été abattus en travers du chemin, et des ruisseaux, transformés en torrents par la fonte des neiges, coupent brusquement la piste. Les paras doivent rapidement renoncer et regagnent la route côtière, l'air furieux.

Pourtant, l'émetteur n'est pas loin. De la route, on peut apercevoir ses antennes dressées vers le ciel. Le capitaine Gröschke fait débarquer tout son monde. Sous la protection des mitrailleuses, quelques chasseurs parachutistes, escortant des sapeurs du génie, commencent l'escalade.

Les Allemands finissent par arriver à la station. Ils s'attendaient à une résistance et ils ne trouvent personne. Les techniciens et les soldats de garde ont dû s'enfuir pour se réfugier dans une de ces maisons de bois, qui s'élèvent de place en place dans la montagne et qui servent souvent, à la belle saison, de villas de vacances pour les habitants d'Oslo.

Les hommes du capitaine Gröschke enfoncent la porte. Ils découvrent une salle d'émission avec une rangée de pupitres hérissés de cadrans. Partout des fils, des micros, des ampoules lumineuses qui clignotent. Une chaise renversée gît dans un coin. Tout indique un départ précipité.

Un des sous-officiers découvre dans un bureau une liasse de messages. Ce sont les appels à la résistance que le roi Haakon et son gouvernement font diffuser depuis leur retraite dans la montagne. Les Allemands s'emparent des documents qu'ils entassent en vrac dans un sac pour les ramener à la Kommandantur de la capitale. Puis les sapeurs se mettent à l'œuvre. Une première charge fera sauter la salle d'émission. Une seconde est destinée à la grande antenne. La station de radio de Porsgrund doit être détruite dans quelques minutes.

Pendant ce temps, au barrage établi par les paras sur la route côtière, les autobus et les voitures du convoi sont entourés de Norvégiens. Ce sont des civils, surtout des femmes et des enfants. Ils regardent, silencieusement, les armes et les uniformes des soldats du Reich. Pas une parole ne s'échange entre les soldats allemands et les nouveaux occupés. Un peu plus loin, un policier règle le peu de circulation qui continue, tournant le dos aux envahisseurs.

Soudain, une voiture veut franchir le barrage gardé par les mitrailleuses des paras. Le chauffeur explique en un mélange de norvégien, d'anglais et d'allemand :

— Nous devons nous rendre à l'émetteur de Porsgrund. Mission officielle.

Sans trop l'écouter deux paras conduisent son passager à leur chef. Le capitaine Gröschke l'interroge sans grande amabilité :

— Qui êtes-vous ?

— Le chef de la station émettrice, monsieur l'officier. Je ne dois pas être en retard.

— Eh bien, vous attendrez quand même, lui lance le capitaine avec un sourire glacial.

L'officier regarde sa montre :

— Vous n'aurez d'ailleurs probablement pas longtemps à attendre.

Soudain, une fantastique explosion retentit ; elle sera suivie d'une autre, peu après :

— Je crains que vous n'ayez plus de studio, conclut Gröschke. Et plus d'antenne.

Les déflagrations ont été telles que le sol de la montagne en a tremblé. Le directeur de la station de radio est d'une étrange pâleur et ses yeux brillent de colère.

Quand la fumée se dissipe sur la montagne, il ne reste de l'émetteur qu'un amas de blocs de béton, de poutrelles et de ferrailles tordues.

Peu après, le chef du commando de sabotage rejoint la route côtière.

— Mission accomplie, Herr Hauptmann, annonce-t-il au capitaine Gröschke.

— Merci, j'ai entendu.

Le chef de la 2ᵉ compagnie du Iᵉʳ bataillon de chasseurs parachutistes donne l'ordre de rejoindre Oslo où l'attend le capitaine Walther. Il regagnera la capitale norvégienne en pleine nuit. Dans les voitures découvertes, les conducteurs et les mitrailleurs sont complètement gelés. Le convoi de la compagnie des autobus d'Akershus roule depuis dix-huit heures ! Cette guerre sans victimes ressemble toujours à des vacances. Mais certainement pas à des vacances estivales...

Les paras qui tremblent de froid sur la route côtière à l'ouest du fjord d'Oslo ne se doutent pas que, dans quelques jours, ils partiront vers le Nord se battre à Narvik, à douze cents kilomètres à vol d'oiseau de la capitale norvégienne, bien au-delà du cercle polaire.

VI

LES SOLDATS PERDUS DE LA HAUTE VALLEE DE DOMBAS

Sur l'aéroport danois d'Aalborg, au Jutland, le lieutenant Herbert Schmidt croit qu'il va devenir fou. Quand il a vu s'envoler pour Oslo son camarade Kurt Gröschke, avec les paras de sa 2e compagnie et leur chef de bataillon, le capitaine Erich Walther, il a bien pensé que son tour suivrait dans l'après-midi. Pourtant, les jours se passent, interminables, et on ne semble pas avoir besoin des paras de la 1re compagnie dans la capitale norvégienne. Le lieutenant Schmidt passe ses journées près de la radio de la tour de contrôle et, malgré ses appels, se persuade qu'il est oublié — si ce n'est puni.

Pourtant la 1re compagnie se veut la meilleure du Ier bataillon du 1er régiment de chasseurs parachutistes et tous les cadres, très jeunes, sont des anciens du fameux régiment *General-Göring*.

A vingt-trois ans, Herbert Schmidt se sent l'âme d'un héros germanique. D'ailleurs n'a-t-il pas, jusqu'à la caricature, le physique d'un jeune Siegfried, mince et blond ? Alors pourquoi s'obstine-t-on à l'oublier ?

Cette inaction pèse d'autant plus au jeune officier que les nouvelles de la campagne de Norvège, après les succès foudroyants du premier jour, ne sont pas tellement bonnes. Certes, les villes d'Oslo et de Stavanger se trouvent entre les mains des Allemands qui occupent aussi Kristiansand, Bergen, Trondheim et Narvik. Mais le débarquement de renforts alliés semble imminent. Français et Britanniques ne pourront laisser leurs adversaires occuper le pays sans réagir.

Enfin, le 13 avril 1940, cinq jours après l'échec du saut sur

Oslo, le chef de la 1re compagnie reçoit l'ordre de prendre l'air et de gagner la capitale norvégienne, où l'attend son chef, le capitaine Walther. En ce samedi, pourtant, le temps se gâte rapidement sur la Scandinavie méridionale. Et d'après la météo, c'est encore pire dans le Nord. L'hiver s'accroche.

Une quinzaine de Junkers emmènent les parachutistes et les auxiliaires de la 1re compagnie. En moins de trois heures de vol, ils arrivent à Fornebu. L'aéroport d'Oslo est couvert d'avions allemands.

Les paras s'installent dans une école, tandis que le lieutenant Schmidt part aux nouvelles. Il n'arrive pas à joindre son chef, le capitaine Walther, et enrage de passer encore une nuit d'inaction. Ses hommes tirent les pupitres contre les murs et ne tardent pas à ronfler dans la paille.

Le dimanche matin, il fait mauvais. Pluie glaciale et neige fondue.

— Pas un temps pour sauter, dit seulement Schmidt qui songe à améliorer le cantonnement et à trouver du ravitaillement.

Un homme des transmissions apporte un message. Le texte en est fort bref : « 14 avril : repos. »

Il n'y a plus qu'à s'installer et attendre. Le seul problème est de réquisitionner un véhicule automobile. La petite guerre des services d'occupation commence. A midi, Schmidt se met à table quand arrive un ordre le convoquant auprès de l'état-major de l'armée de Terre. Le jeune lieutenant se précipite, l'estomac vide, se demandant bien ce que peuvent lui vouloir les grands stratèges par un temps pareil.

— Des troupes britanniques viennent de débarquer à Namsos, dans le Grand Nord, lui annonce-t-on d'emblée. Tout nous fait croire que d'autres vont être mises à terre près d'Andalsnes dans les jours qui viennent. Le port de Trondheim, que nous avons occupé dès le premier jour, se trouve menacé. La situation est sérieuse. Venez donc voir la carte.

Le lieutenant Schmidt s'approche d'un panneau où, sur une grande carte de Norvège, figurent les positions des Allemands, des Norvégiens et celles, encore incertaines, des Franco-Britanniques.

— Vous voyez cette route de montagne qui joint, à travers la montagne de la Gulbrandal, Oslo au nord-ouest du pays. Après Hamar et Lillehammer, voici Dombas, à plus de trois cent cinquante kilomètres de la capitale norvégienne. A cet endroit, la route et la voie de chemin de fer se divisent en deux. Une bretelle rejoint Andalsnes, au nord-ouest, et une autre Trondheim, au nord-est. Tenir Dombas est capital. Et seuls, maintenant, des paras peuvent y arriver.

Le capitaine Walther intervient :

— Vos camarades de la 2ᵉ compagnie, lors de leur reconnaissance, n'ont guère dépassé Hamar. Tout ce secteur est plein de troupes norvégiennes. Nous allons les attaquer en force, à partir d'Oslo. Mais il ne faut pas qu'elles puissent être renforcées par les contingents britanniques qui vont, tôt ou tard, débarquer à Andalsnes. Nous devons donc établir un « bouchon » du côté de Dombas.

— Avec une seule compagnie, Herr Hauptmann ?

— Vous aurez le terrain pour vous. La voie de chemin de fer et la route se trouvent dans une vallée très encaissée. Occuper une position au cœur du pays ennemi et s'y tenir, contre vents et marées, c'est exactement la mission des parachutistes.

— Vous pouvez compter sur moi, Herr Hauptmann, conclut Herbert Schmidt dans un claquement de talons impeccable.

La conférence n'a duré que quelques dizaines de minutes. Le lieutenant Schmidt réussit à obtenir des cartes de la région où il doit sauter. Dombas se trouve à plus de deux cents kilomètres des premières positions allemandes.

Voici le jeune officier de retour à l'école de Fornebu.

— Rassemblement des gradés immédiatement.

Le chef de la 1ʳᵉ compagnie annonce la mission et donne ses ordres. La perspective du premier saut opérationnel provoque l'enthousiasme. Un seul cri est poussé par les officiers et les sous-officiers :

— Enfin !

Sitôt prévenus, les hommes se laissent aussi emporter par la contagion. Pourtant, tous lèvent la tête vers le ciel bouché.

— Avec ce temps-là, Herr Oberleutnant, on ne sautera jamais.

— Allez toujours vous équiper en vitesse.

La compagnie, prête à embarquer dans les Junkers, reste en alerte. Il ne semble y avoir aucun espoir. Les nuages courent au ras du sol. D'après les messages de la météo, c'est encore pis dans la montagne. Les avions de reconnaissance ne peuvent même plus voler. Les rafales de neige fondue succèdent aux trombes de pluie glaciale. Tous les paras sont transis et furieux.

Les moteurs des avions tournent toujours, au ralenti. Une rapide conférence d'état-major s'improvise. L'armée de l'Air estime le saut impossible, mais l'armée de Terre désire une intervention le plus vite possible, tant la position de Dombas apparaît capitale pour la Wehrmacht.

— Même si nous pouvions vous larguer, assure un général de la Luftwaffe à Schmidt, je n'aurais sans doute pas la possibilité de vous ravitailler par la suite.

— On se débrouillera, Herr Generalmajor.

— Dans la neige ? Et avec les Norvégiens et les Anglais sur votre dos ?

— Même sur la glace, affirme Schmidt qui a l'optimisme des jeunes cadres.

Un colonel de l'armée de Terre prend la parole :

— Si l'aviation ne peut vous aider, nous viendrons vers vous à marche forcée. En quelques jours, nous vous aurons rejoints. Il faudra juste tenir un peu.

— Nous tiendrons, Herr Oberst !

Et Schmidt lance aussitôt :

— Alors ? Quelle décision ?

A ce moment, arrive son chef, le capitaine Walther, qui lance d'emblée :

— Pas de problème. Mes paras sautent. Mais il faut faire vite avant la tombée de la nuit. On n'a perdu que trop de temps.

Les hommes s'équipent en hâte et gagnent les avions. Ils embarquent rapidement. Sur tout l'aéroport, des dizaines et des dizaines de camarades de l'armée de Terre et de l'armée de l'Air les regardent partir. Tout le monde sait, à Fornebu, que c'est une mission de sacrifice. A cinq heures de l'après-midi, le dimanche 14 avril, les paras de la 1re compagnie décollent, sous des rafales de neige qui cinglent comme de la grêle les tôles ondulées des Junkers.

***

L'obscurité arrive vite. Il fait gris sombre. On se voit à peine d'un avion à l'autre. Les appareils montent et descendent dans les trous d'air comme des ascenseurs conduits par des liftiers ivres. Personne ne se fait d'illusion sur les difficultés de l'entreprise. Et le lieutenant Schmidt moins qu'un autre.

A trois mille mètres d'altitude, les pilotes trouvent enfin un peu de ciel bleu. Au bout d'une heure et demie de vol, dans des conditions épouvantables, les lampes rouges s'allument dans tous les Junkers. Les appareils perdent de l'altitude et naviguent à travers d'épais nuages, risquant à chaque seconde de se fracasser contre la montagne. Jamais les paras n'ont autant connu la peur. Non de sauter. Ou d'affronter l'ennemi. Mais celle de percuter contre une falaise. Schmidt cherche à se repérer. Dans la grisaille du crépuscule, il distingue enfin, à travers les nuages, la vallée de Dombas. Les pilotes des Junkers ont amené sa compagnie sur l'objectif.

L'escadrille, dans son élan et à cause du mauvais temps, a été trop loin. Les avions ont largement dépassé la ville et se trouvent au nord de l'agglomération. Il faut faire un large virage et reprendre l'approche. Les Junkers descendent de plus en plus bas. Schmidt veut attaquer à partir du sud de ce nœud ferroviaire. Des canons antiaériens et des mitrailleuses commencent à tirer. On aperçoit sur la route des convois militaires. La région semble pleine de troupes. Norvégiens ou Britanniques, ces soldats ne peuvent être qu'ennemis.

Toute une rafale d'obus de 20 traverse de part en part l'avion du chef de la 1re compagnie. Les ailes sont trouées comme des passoires. Des filets d'huile et d'essence ruissellent le long de la carlingue. Les réservoirs sont touchés.

Schmidt s'aperçoit que les montagnes sont couvertes de neige. Il doit sauter dans la vallée. Mais où ? Il cherche désespérément un terrain découvert. Enfin, voici une pente couverte de neige à environ huit kilomètres de Dombas.

— On y va !

La lumière verte succède à la lumière rouge. La sirène mugit. Le premier para passe la porte. Tous les autres suivent.

***

Pendant quelques secondes, c'est le grand silence de la descente. On n'entend plus de coups de feu. Le lieutenant Schmidt essaye de se repérer. Il distingue quelques huttes de rondins. Tout le paysage est recouvert de neige. Les premiers paras arrivent au sol. Une partie tombe dans les champs enneigés, l'autre dans un bois. La nuit arrive vite. Les gaines métalliques sont profondément enfouies dans la neige. Il est presque impossible de les dégager et surtout de les faire rouler sur leurs petites roues caoutchoutées. Il faut s'atteler à des sangles et les tirer péniblement.

Le lieutenant Schmidt met plus d'une heure à rétablir un peu d'ordre et à rassembler ses hommes. Il lui en manque beaucoup. Il donne l'ordre d'envoyer quelques fusées pour rameuter son monde autour de lui. Tous n'ont peut-être pas encore sauté ? Alors il faut profiter des dernières lueurs du crépuscule pour étendre sur le sol des panneaux de repérage. Mais le ciel reste désert et silencieux.

Le chef de la 1re compagnie comprend vite que la plupart de ses paras ont été largués plus au nord. Il se trouve surtout avec des hommes de la section de commandement, des radios, des agents de liaison, des infirmiers.

— Il faut retrouver les camarades, décide-t-il.

— Mais où sont-ils, Herr Oberleutnant ?

— Sans doute du côté de Dombas.

C'est se jeter dans la gueule du loup. D'autant qu'avec la

neige épaisse les champs et les bois s'avèrent impraticables et qu'il n'y a plus alors que la ressource de prendre la route.

Tous les civils norvégiens se sont claquemurés dans leurs maisons. Les Allemands coupent toutes les lignes téléphoniques et commencent leur marche vers Dombas. Soudain, de l'arrière, on crie :

— Herr Oberleutnant, une auto !

— Tout le monde dans le fossé !

Les paras se planquent, pistolet au poing et quelques grenades à portée de la main. Mais dans le véhicule il n'y a que deux civils, un homme et une femme, stupéfaits de tomber sur des soldats allemands à plus de deux cents kilomètres des lignes.

— Descendez en vitesse, ordonne Schmidt. Je réquisitionne votre camionnette.

Les paras de la section de commandement s'entassent dans le véhicule, sur les marchepieds, sur les ailes et même sur le toit. Le chauffeur improvisé ne fait que jurer. La route est complètement gelée et ne cesse de tourner en virages acrobatiques. Maintenant, la nuit tombe franchement.

— On ne voit rien, Herr Oberleutnant.

— Tais-toi. Continue. Mais va doucement.

L'officier et ses hommes écarquillent les yeux pour essayer d'apercevoir des parachutes qui indiqueraient la présence de leurs camarades. Seulement, à la nuit tombante, des voilures blanches sur la neige blanche...

Schmidt s'arrête de temps à autre. Ses jumelles ne lui servent à rien. Il distingue vaguement un grouillement devant lui. Camarades ou ennemis ? Un des paras lance le mot de passe. Personne ne répond :

— En avant ! Et attention !

Les Allemands font quelques pas, avant d'être cueillis au vol par des rafales d'armes automatiques.

— Tout le monde au sol ! crie Schmidt.

Conseil inutile. Pas un para qui ne soit tapi dans la neige.

— Gagnons les couverts !

L'officier indique la direction et bondit. Nouvelles rafales. Schmidt s'écroule, atteint au ventre et à la cuisse droite. Il entend encore une rafale, toute proche. Il se laisse glisser en arrière, persuadé d'être blessé à mort. Il est le premier touché de sa compagnie. Et salement.

Perdant son sang, qui laisse dans la neige une traînée sombre, le lieutenant Schmidt se redresse, avance sur les coudes, essaye de repérer l'ennemi. Il distingue enfin, à moins de cent mètres dans la pénombre, devant lui, une position de mitrailleuse, bien camouflée. Le blessé sort son pistolet P.08 et commence froidement à faire un carton sur les servants de la mitrailleuse —

comme au champ de tir. Il réussit à descendre un adversaire armé d'un fusil. Mais il se trouve en fâcheuse posture, tout le bas du corps immobilisé par cette balle qui semble avoir fait des dégâts sérieux.

La nuit approche. Ses hommes parviennent à tirer le blessé dans un fossé plein de neige fondue. Là du moins, ils seront tous un peu à l'abri. L'infirmier de la compagnie pose un pansement et deux chasseurs portent leur chef jusqu'à l'auto réquisitionnée, où il passera le reste de la nuit, grelottant de froid et de fièvre.

Les paras sont installés en plein milieu de la route, avec juste une mitrailleuse légère pour les couvrir.

Soudain des ombres arrivent sur la route. On entend des voix parler en allemand. Est-ce un piège ? Mot de passe ? Le bon ! Ce sont les camarades. Un sous-lieutenant arrive avec deux groupes de paras. Ils ont « marché au canon », dispersant l'adversaire au pistolet-mitrailleur et à la grenade.

— Les autres ont décroché, Herr Oberleutnant. Mais vous êtes blessé ?

— Ne vous occupez pas de cela. Voici mes ordres : essayez de trouver une position solide sur la route. Je veux y installer mon poste de combat.

Le nouveau venu découvre une sorte de blockhaus abandonné, à environ cinq kilomètres de Dombas. Schmidt s'y installe et donne l'ordre de couper la route et de faire sauter la voie de chemin de fer. C'est la première mission de sa compagnie.

L'ennemi a disparu, mais il fait de plus en plus froid. La neige tombe. Ce début d'avril est glacé. L'officier blessé s'est installé tant bien que mal. Ses hommes ont déniché une lampe à pétrole et amènent quelques civils qui erraient dans la nuit. Ils ne savent rien, n'ont rien vu et rien entendu. Schmidt les interroge, mais ils semblent ne pas comprendre l'allemand. Son ventre le fait souffrir de plus en plus. Il ne voudrait pas y penser. De toute façon, l'infirmier de compagnie ne peut pas grand-chose pour lui.

L'officier réfléchit. Il ne réunit autour de lui qu'une trentaine d'hommes. Où sont les autres ? Nul ne peut le savoir. Les avions les ont-ils même largués ?

Il n'y a rien d'autre à faire que de souffrir, d'attendre et d'écouter. Vers minuit, des explosions retentissent. Schmidt sourit. Les équipes de sabotage ont réussi à faire sauter les voies. Peu après, le sergent qui conduisait l'opération arrive au poste de commandement de son chef et annonce que tout va pour le mieux.

— Bravo, dit Schmidt. Mission accomplie.

La voie est détruite et ses mitrailleuses légères tiennent la route sous leur feu. A l'aube, des patrouilles partiront reconnaître le terrain.

Le jour, sale et gris, tarde à se lever. Les paras découvrent un paysage farouche, dominé par des montagnes déchiquetées, couvertes de neige.

Bientôt une bonne nouvelle. Un adjudant réussit à prendre la liaison avec les rescapés de la 1re compagnie. Il rejoint son chef, avec une trentaine d'hommes. Voici l'effectif doublé...

Seulement, en face, plusieurs bataillons norvégiens tiennent Dombas et les hauteurs. Et d'autres, vers le sud, se trouvent entre les paras et le gros des forces allemandes qui doivent essayer de progresser à partir d'Oslo par cette route impossible.

Si mauvaise que soit pour lui et ses paras la situation, le lieutenant Schmidt a réussi sa mission : ses hommes ont coupé les fils téléphoniques et les câbles d'électricité. Après toute une série de sabotages, la voie ferrée n'existe plus. Et le « bouchon » s'accroche à la route, une partie des paras face au nord et l'autre face au sud. Il faut aussi surveiller les montagnes, de part et d'autre de la vallée.

— Enfin, annonce Schmidt au cours d'une brève réunion avec le sous-lieutenant et l'adjudant, notre mission est remplie. Il n'y a plus qu'à attendre et à tenir.

— Et votre blessure, Herr Oberleutnant ?

— Je vous ai dit de ne pas m'ennuyer avec ça.

Pourtant, pour le lieutenant Schmidt, on ne peut vraiment pas dire que la semaine commence bien. Grièvement blessé d'une balle dans le ventre, il n'a plus sous ses ordres qu'un officier et une soixantaine de paras, tout ce qu'il a réussi à regrouper de la 1re compagnie du bataillon Walther. Sa position, à quelques kilomètres du nœud ferroviaire et routier de Dombas, est attaquée à la fois du nord et du sud. Aux Norvégiens, bien décidés à résister à l'agression allemande, vont se joindre d'une heure à l'autre des Britanniques débarqués à Andalsnes.

Pourtant, Schmidt se sent étrangement calme et même presque joyeux. Effet de la fièvre dont il brûle après une fin de nuit glaciale dans cette espèce de blockhaus où il a trouvé refuge ? Ou plutôt certitude d'avoir, tant bien que mal, accompli sa mission ? Ses paras sont parvenus à totalement bloquer la route de montagne du Guldbrandal qui va d'Oslo à Andalsnes et Trondheim.

— Certes, explique-t-il au sous-lieutenant qui se trouve avec lui, il n'est plus question d'attaquer la ville de Dombas. Mais, ici, nous ne sommes pas inutiles.

— Si seulement nos camarades pouvaient nous rejoindre, soupire l'adjoint de Schmidt.

Ils sont plus d'une centaine de paras dispersés dans la montagne. Certains sont déjà morts. Dans le crépuscule et le brouillard, les avions les ont largués si bas, au milieu de ce terrain montagneux, que leur parachute n'a pas eu le temps de s'ouvrir. Ils se sont écrasés sur les rochers et les champs couverts de neige. D'autres ont réussi à se poser, mais, comme on le saura plus tard, leur regroupement n'a pu se faire. Ils errent par petits groupes, dans la campagne glaciale, pourchassés par les soldats norvégiens que renseignent les paysans des fermes isolées. Parfois, ils parviennent à lancer quelques attaques rapides sur une patrouille, puis ils essayent de se fondre dans le paysage. La plupart des gaines métalliques ont été dispersées et perdues. Sans armes lourdes, sans vivres, sans munitions, les rescapés du saut seront faits prisonniers après avoir brûlé leurs dernières cartouches. Ce largage à la nuit tombante, dans une région montagneuse, coupée de profondes crevasses enneigées, a été catastrophique.

Le lieutenant Schmidt n'a pas de temps à perdre à se poser des questions et il veut encore espérer que les pertes ne sont pas trop lourdes parmi les isolés. Maintenant, avec le jour qui se lève, il donne ses ordres pour améliorer la position :

— Barricadez la route avec des troncs d'arbres et des véhicules. Tenez tous les abords sous le feu des mitrailleuses. Et n'oubliez pas les panneaux pour nous signaler à la Luftwaffe.

Dépourvu de moyens de liaison radio, Schmidt demande à ses paras d'inscrire en immenses lettres dans la neige à l'intention des aviateurs :

Verpflegung ! Munitionen ! Wir halten [1].

— Les munitions risquent de manquer, Herr Oberleutnant, annonce l'adjudant qui vient de faire la tournée des positions tenues par les paras.

— Alors que chaque cartouche atteigne son but, ordonne Schmidt. Laissez-les approcher avant d'ouvrir le feu.

***

Il est près de midi quand débouche la première attaque. Les Norvégiens arrivent du nord. Avec un calme stupéfiant, ils s'approchent des positions tenues par les paras allemands. Immobiles et silencieux, les mitrailleurs du lieutenant Schmidt attendent l'ordre. Ils laissent leurs adversaires arriver tranquillement à quelques dizaines de mètres.

— *Feuer !* hurle l'adjudant.

Les tireurs ouvrent le feu en une fraction de seconde. Ils

1. « Ravitaillement ! Munitions ! Nous tenons ! »

balayent la route de petites rafales, sèches, implacables. Les assaillants se retirent en désordre. Le premier combat leur coûte très cher.

Le chef de la 1re compagnie craint qu'une autre attaque arrive aussi du sud. Il donne l'ordre de renforcer encore les défenses. Deux heures plus tard, une colonne de camions débouche brusquement. Les véhicules, lancés à toute allure, cherchent à enfoncer le barrage des paras. Pour les Norvégiens il devient vital de faire sauter ce verrou. Il n'y a vraiment qu'un seul passage. Et il se trouve depuis la veille aux mains des hommes tombés du ciel.

Les chasseurs parachutistes de la 1re compagnie bloquent l'assaut des camions et se lancent aussitôt à la contre-attaque. En face d'eux, se trouve une unité de mitrailleuses lourdes de l'armée royale. Surpris, les Norvégiens sont surclassés en quelques minutes. Les Allemands s'emparent de trois mitrailleuses et font une trentaine de prisonniers. Parmi les tués, devant leurs positions, se trouvent plusieurs officiers. Les survivants sont terriblement choqués et beaucoup ont été blessés dans l'accrochage.

Schmidt décide de mettre en position les armes automatiques dont il vient de s'emparer et de renforcer encore les barrages. Dans l'après-midi, une patrouille parvient à réaliser encore une autre coupure sur la voie ferrée.

La journée passe lentement. Peu avant la tombée de la nuit, les Norvégiens attaquent à nouveau. Cette fois, ils viennent du nord et semblent lancer tout un bataillon dans la bataille. Les paras vont se battre à un contre dix, au moins. Seulement, ils ont eu le temps d'aménager une redoutable position défensive.

Un jeune chasseur, qui n'a que dix-neuf ans, s'apprête à tirer sur un des adversaires qui vient de se découvrir quand il reçoit une balle dans la main droite ; elle lui déchiquette plusieurs doigts, avant de faire éclater la crosse de son arme.

— Quelle tuile ! se plaint le jeune para. Juste au moment où j'allais descendre ce gars !

L'infirmier de la compagnie se précipite et veut le panser. Mais le blessé le repousse, épaule son fusil à la crosse éclatée, attend que le Norvégien montre à nouveau sa tête et tire de la main gauche. Puis il pose tranquillement les débris de son arme par terre et dit à l'infirmier :

— Maintenant, si tu peux quelque chose pour moi...

De sa main valide, il sort une pipe de la poche de son « sac à os », la bourre tant bien que mal et parvient à l'allumer tandis que son camarade le panse.

La journée du lundi s'achève sans que les paras aient cédé un mètre de terrain. La vallée est si étroite qu'ils ne peuvent être débordés ni sur leur droite ni sur leur gauche, où de hautes montagnes culminent à plus de mille mètres. Au crépuscule, la neige succède à la pluie. Il va faire à nouveau très froid. Les paras vont devoir passer une seconde nuit.

Dans l'obscurité, les Allemands changent certains postes de mitrailleuses qu'ils craignent repérés. Le lieutenant Schmidt établit de nouveaux plans de feu. Malgré sa balle dans le ventre, il n'est pas décidé à quitter son poste de combat. Un de ses chasseurs vient le prévenir.

— Herr Oberleutnant, c'est un parlementaire.

— Qu'est-ce qu'il veut ?

— Il se dit médecin.

— Amène-le-moi.

Les Norvégiens ont envoyé un médecin civil pour soigner les blessés des deux camps. Les yeux bandés, il est conduit à travers la position de la 1re compagnie. Il va soigner de son mieux les Allemands aussi bien que les Norvégiens.

— Je voudrais emmener les blessés graves, dit-il à Schmidt.

— Entièrement d'accord. Ici, on ne peut pas faire grand-chose pour eux.

Quelques prisonniers norvégiens sont libérés pour emmener les blessés dans leurs lignes.

— Et vous, lieutenant ? demande le médecin à Schmidt.

— Pas question d'être évacué. Mais si vous voulez m'examiner, j'accepte volontiers, docteur.

Au bout de quelques minutes, le médecin rassure l'officier para :

— La balle n'a fait que traverser le ventre sans faire de graves lésions. Vous avez de la chance. Mais les dégâts sont plus sérieux à la hanche et au fémur. Il faudra quand même vous faire soigner rapidement.

— Comprenez que cela m'est impossible.

Le Norvégien ne répond pas et retourne rapidement chez ses compatriotes, après avoir laissé à la compagnie Schmidt des pansements et des médicaments.

— Une bonne nouvelle, Herr Oberleutnant, s'exclame l'infirmier. Le médecin vous permet de boire et de manger.

Schmidt n'arrive pas à avaler un simple morceau de pain, mais il boit avec avidité plusieurs verres d'eau.

Maintenant, l'armistice est fini. Les rafales de mitrailleuses se succèdent. Les Norvégiens tentent de lancer des attaques nocturnes. Rudement accueillis, ils n'insistent pas.

Le chef de la 1re compagnie décide alors d'envoyer une patrouille en reconnaissance profonde. Un sergent se porte volontaire avec quelques camarades pour accomplir cette mission.

— Profitez de l'obscurité pour couper la voie ferrée au nord de Dombas, lui ordonne son chef. Vous reviendrez la nuit prochaine. Bonne chance.

Peu avant minuit, le détachement revient. Le sous-officier a l'air absolument désolé :

— Je n'ai pas pu passer, Herr Oberleutnant. Les Norvégiens se sont installés très haut sur les pentes. Je n'ai pas pu trouver de passage et nous n'étions pas assez nombreux pour attaquer.

Schmidt décide alors de lancer deux fortes reconnaissances pour essayer de briser l'encerclement. Les hommes s'éloignent dans la nuit. Plus tard, on entendra des coups de feu et le bruit de rudes escarmouches. Mais tous les paras de ces deux patrouilles seront abattus ou faits prisonniers.

De plus en plus, dans cette nuit glaciale, le lieutenant Schmidt se sent pris au piège avec les quelques hommes qui lui restent.

***

Au matin du second jour de siège, rien ne se passe devant les lignes allemandes. Les paras s'attendaient à un assaut dès l'aube. Une patrouille réussit à faire un prisonnier. Le Norvégien annonce que ses compatriotes préparent quelque chose « pour très bientôt »...

Les véhicules qui surgissent tout d'un coup n'ont pourtant rien à voir avec cette attaque. Aussi surprenant que cela paraisse, il s'agit de camions militaires norvégiens qui ont pris la route sans se douter de rien et que personne n'a songé à stopper. Ils se sont jetés dans la gueule du loup. Schmidt fait de nouveaux prisonniers et surtout il récupère des munitions et du ravitaillement. Car la faim commence depuis le saut de l'avant-veille à sérieusement tenailler ses paras.

S'ils manquent de vivres, les hommes de Schmidt ne manquent pas... d'argent. La 1re compagnie vient de réaliser une prise de guerre colossale. Dans la nuit une voiture civile a tenté de franchir un des barrages. Accueillie à coups de mitrailleuse, elle a fini dans le fossé. Dans l'épave, on découvre un gros paquet gris dans lequel se trouvent deux millions de couronnes en billets de banque ! Le lieutenant Schmidt découvre avec stupéfaction un tel trésor qui semble tomber du ciel. Décidément on circule encore beaucoup sur la route d'Oslo à Dombas...

L'officier n'a pas le temps de songer longtemps à l'origine de cette mystérieuse fortune : la grande attaque annoncée se produit vers midi. Les Norvégiens prennent les paras à partie avec des armes lourdes. Ils ont réussi à mettre en batterie des canons et des mortiers. Les premiers obus explosent en plein sur les positions tenues par les Allemands. Dans cette vallée étroite, le tir s'avère vite terriblement efficace. Chaque coup est un peu mieux réglé que le précédent. La 1re compagnie ne dispose d'aucun moyen pour riposter. Les paras ne peuvent que faire le gros dos et encaisser. Le bombardement matraque systématiquement tout le terrain occupé par Schmidt et ses hommes. Mais les paras se sont bien enterrés et la neige amortit les éclats. Ils s'en tirent à moindre mal.

Les artilleurs norvégiens ont à peine fini leur besogne, que les fantassins attaquent à leur tour. Confiants dans le travail de leurs camarades des canons et des mortiers, ils s'attendent à trouver les positions allemandes totalement dévastées. Les assaillants semblent très surpris d'être encore accueillis par un feu nourri de mitrailleuses.

Ce feu, d'ailleurs, inquiète Schmidt. Le lieutenant vit dans la hantise de manquer de munitions. Il faut absolument économiser chaque cartouche et essayer de gagner du temps. Les paras commencent à attendre avec impatience l'arrivée de leurs camarades qui doivent quand même progresser à partir d'Oslo et viendront tôt ou tard au secours des encerclés de Dombas.

— Même si nos adversaires bénéficient du terrain accidenté, affirme Schmidt, nos chasseurs de montagne finiront bien par les bousculer. Et c'est nous qui les prendrons entre deux feux.

Le lieutenant de paras décide alors d'envoyer un parlementaire à Dombas. Il se paye d'audace et d'insolence et rédige à la hâte une note sur une feuille de message arrachée d'un carnet : « Au commandant norvégien de Dombas. Je vous propose de vous rendre pour éviter des pertes inutiles. Vous savez bien que vous ne pouvez plus compter sur le secours des Britanniques. Moi, par contre, j'attends des renforts. »

Un prisonnier norvégien doit se charger du message et il est libéré avec l'ordre de transmettre la proposition de Schmidt à ses chefs.

Dans la nuit, l'homme revient. Il n'est pas seul. Un adjudant allemand fait prisonnier peu auparavant l'accompagne. Lui aussi apporte un message.

« Au commandant allemand. Les Britanniques nous aident. Ce sont vos renforts qui n'arriveront pas. Nous sommes les plus forts. C'est moi qui vous propose de vous rendre pour éviter des pertes inutiles. Sinon, je fais fusiller les parachutistes allemands prisonniers. »

— Vous croyez qu'il osera ? demande Schmidt à l'adjudant.

— Certainement pas, Herr Oberleutnant. Ce n'est vraiment pas le genre des Norvégiens. Ils ont été très corrects avec nous. Par contre, vous ne pouvez pas imaginer combien ils sont nombreux. Et ils ont beaucoup de matériel. Surtout de l'artillerie.

— Je vais leur répondre, conclut Schmidt.

Son message sera bref :

« Pas question de me rendre. Je reste sur mes positions. Chaque parachutiste allemand fusillé sera vengé. »

Le message est à peine parvenu à l'adversaire que le bombardement reprend. C'est la seule réponse que va recevoir Schmidt. Il n'en attend d'ailleurs plus d'autre. Les obus ne cessent de pleuvoir. Les maisons où se sont installés les paras sont démolies l'une après l'autre. Mais, depuis deux jours, ses hommes n'ont cessé de creuser et d'aménager leurs positions. Ils se sentent bien protégés. Les camions égarés leur ont apporté un ravitaillement inespéré. Alors, placidement, sans crainte de se voir repérés par la fumée, car tous leurs adversaires savent depuis bien longtemps où ils se trouvent, ils font chauffer la soupe du soir.

La blessure de Schmidt le fait moins souffrir. Depuis qu'il sait que le ventre n'est que traversé sans dommage irréparable, il reprend courage d'heure en heure. Il décide d'intimider ses adversaires.

— Tirez quelques brèves rafales de mitrailleuse, ordonne-t-il. Ils croiront ainsi que nous avons des munitions à gaspiller.

Le chef de la 1re compagnie attend avec impatience la tombée de la nuit. Il se sait repéré et il a décidé de changer de position à la faveur de l'obscurité. C'est une manœuvre difficile dans ce pays inconnu, par ces chemins verglacés et ces champs couverts d'une épaisse couche de neige. Mais les Norvégiens ont lancé trop d'attaques pour ne pas bien connaître ces emplacements de tir et doivent se préparer à les noyer sous un déluge d'obus.

— S'ils croient nous surprendre, dit Schmidt à son adjoint, ce sont eux qui seront surpris.

La position doit être tenue jusqu'au dernier moment. Les trois mitrailleuses capturées dans les camions norvégiens sont mises en batterie. Ces pièces n'ont d'ailleurs presque plus de munitions. Après avoir tiré leurs ultimes rafales pour couvrir le mouvement, elles seront détruites au dernier moment.

Le chef de la 1re compagnie organise le décrochage :

— En tête, une troupe de choc va ouvrir le chemin au pistolet-mitrailleur et à la grenade. Puis les porteurs de matériel lourd. Après viendront les blessés et les prisonniers. Tout le reste en arrière-garde. Un sergent reste en arrière avec un groupe pour tromper l'ennemi jusqu'au bout.

Avant cette aventureuse marche de nuit, le chef de la 1re compagnie fait enterrer les paras allemands et les soldats norvégiens tués au cours des combats des deux jours précédents.

— Et maintenant, en route !

Le lieutenant Schmidt a décidé de descendre la route vers le sud. Les blessés seront emmenés sur quelques véhicules de récupération. Lui-même, avec son ventre troué et sa jambe cassée, grimpe dans une voiture. S'il faut marcher, il trouvera toujours quelques-uns de ses hommes pour le porter.

Très rapidement, on entend des coups de feu. Un agent de liaison arrive près de l'officier, venant du groupe de choc de l'avant-garde :

— Herr Oberleutnant, on est au contact. Il y a une dure résistance. Quels sont les ordres ?

— Un seul ordre, lui lance Schmidt. L'ordre d'attaquer !

Le para repart en courant prévenir ses camarades. Au cours d'un rapide combat de nuit, les Allemands enlèvent les positions que tenaient les défenseurs d'un pont. Toute une compagnie norvégienne est bousculée dans les ténèbres. Elle s'est pourtant bien battue et tous ses officiers ont été tués dans l'accrochage. Schmidt ordonne de continuer. Il sait que la nuit sera sa meilleure alliée.

Après avoir enlevé ce petit poste qui leur barrait la route du sud, les paras ont meilleur moral. Ils ont l'impression qu'ils vont pouvoir s'en tirer et qu'ils s'avancent maintenant à la rencontre des camarades partis d'Oslo.

Un nouveau poste ennemi. Les Norvégiens, voyant arriver cette troupe dans la nuit, sont persuadés qu'il s'agit des Britanniques débarqués à Andalsnes. Ils accueillent les Allemands en leur criant :

— Chamberlain ? Chamberlain ?

Les paras leur répondent en leur envoyant une pluie de grenades :

— Ouvrez-les donc vos Chamberlains !

Leurs adversaires décrochent. Pas assez vite pourtant pour quelques-uns qui sont faits prisonniers.

Les rescapés de la 1re compagnie arrivent alors dans la bourgade de Dovre, à une dizaine de kilomètres au sud de Dombas. On entend un grondement, la route croise un torrent de montagne.

— On s'arrête, décide Schmidt. Installez des barrages pour la nuit. Et ouvrez l'œil.

A l'aube, l'officier a l'intention de s'établir sur une solide position défensive, formant un nouveau « bouchon », tant sur la voie de chemin de fer que sur la route d'Oslo.

L'aube lui révèle que la vallée est plus large qu'il ne le pensait. Il n'a plus avec lui, après deux jours de combat, qu'une quarantaine de paras. Impossible de rester dans le fond de la vallée sans risquer d'être rapidement encerclés. Il faut choisir une position dans la montagne, d'où l'on pourra dominer la situation.

L'officier distingue une ferme isolée. Elle se trouve à environ six cents mètres d'altitude et se trouve abritée vers l'est par une énorme falaise. Ce sera une position relativement facile à défendre. Et la route comme le chemin de fer resteront sous le feu des mitrailleuses allemandes.

Les paras grimpent rapidement. Un nouvel accrochage provoque des pertes. Un caporal est tué et un chasseur grièvement touché à la tête. Tandis que ses camarades fortifient les bâtiments de la ferme, l'infirmier de la compagnie essaye de le panser. Le blessé va hurler de douleur pendant plusieurs heures.

Il ne faut pas moins de six hommes pour porter sur le sentier de montagne le lieutenant Schmidt. L'officier est étendu sur une porte et ne peut plus guère bouger. Paras allemands et prisonniers norvégiens se relaient pour cette épuisante besogne.

Les paysans de la montagne sont effrayés en voyant surgir les nouveaux venus. Ils montrent des visages inquiets et même hostiles. Ce sont surtout des femmes et des enfants. Les rares hommes ne sont que des vieillards ou des malades. Schmidt ordonne de les rassembler et leur adresse la parole, grâce à un prisonnier qui sert d'interprète :

— Vous n'avez rien à craindre. Continuez à vous occuper de vos bêtes. Mais tenez-vous tranquilles. J'ai aussi besoin de vous pour soigner les blessés.

Le chef de la 1re compagnie installe son poste de commandement dans la ferme qui se trouve au centre des bâtiments. Ses hommes s'affairent. Avec des arbres et des pierres, ils aménagent des positions de tir et des abris, ils obstruent les ouvertures avec des sacs de terre et commencent à creuser des trous individuels en pestant contre la neige et le sol gelé.

Les soldats de l'armée norvégienne ne tardent pas à se manifester. Ceux qui se trouvent au sud, bousculés par le mouvement des Allemands, réagissent de plus en plus durement. Par contre, ceux qui les harcelaient au nord, du côté de Dombas, ne semblent pas s'être rendu compte que leurs adversaires ont décroché et ils bombardent vigoureusement leurs anciennes positions abandonnées dans la nuit.

En détruisant les lignes téléphoniques, les paras ont empêché leurs ennemis des deux groupes de communiquer entre eux. Et les soldats du Reich continuent à former un barrage infranchissable sur la route et la voie ferrée.

Une voiture arrive du sud et une patrouille parvient à la stopper. Le lieutenant Schmidt interroge le conducteur et son passager. Si ce dernier est un major de l'armée royale norvégienne qui est envoyé aussitôt rejoindre ses compatriotes captifs, celui qui conduit l'automobile, réquisitionnée peu auparavant à Lillehammer, affirme appartenir à un pays neutre : c'est un Américain de Chicago. L'officier para, après avoir bavardé avec lui, décide de le libérer et de le renvoyer vers le sud, avec la voiture.

Toute la journée, les chasseurs parachutistes s'installent dans les bâtiments de la ferme, dont ils renforcent sans cesse les défenses. Les paysans leur font de la soupe chaude. Ils apportent à l'officier un poste de radio qui permet d'écouter de la musique et surtout d'avoir des nouvelles. Mais on ne peut pas encore capter de poste allemand. Soudain, un des paras qui comprend l'anglais se met à crier :

— Taisez-vous ! On parle de nous !

Et il traduit l'information :

« Selon des sources norvégiennes des parachutistes allemands ont été lancés près de Dombas. Ils ont été immédiatement désarmés par nos troupes et transférés dans les camps de prisonniers. Un détachement d'environ cinquante hommes s'est installé au sud de Dombas. Dans peu de temps, il sera capturé à son tour. Vingt-cinq Allemands ont déjà été tués. »

Un adjudant blessé se met à crier, menaçant la voix anonyme :

— Tais-toi ! J'ai une balle dans le cul, mais je n'ai pas fini de me battre.

— Gardez confiance, répète le lieutenant Schmidt. Les troupes venues d'Oslo vont nous rejoindre.

Beaucoup de ses hommes connaissent pourtant les nouvelles données par la radio alliée : ce sont au contraire des troupes britanniques qui ont débarqué et risquent d'arriver d'une heure à l'autre sur Dombas.

La journée s'écoule, étrangement calme. Des paras se lavent. Certains changent de vêtements et enfilent des chaussettes et des chemises norvégiennes. La bonne humeur revient. L'homme affreusement blessé à la tête se tait désormais et ne laisse échapper qu'une faible plainte.

Des patrouilles envoyées dans la vallée reviennent au crépuscule. Les chefs font leur rapport à Schmidt :

— Herr Oberleutnant, les Norvégiens avancent sur la route. Ils sont en train de démanteler les barrages routiers.

— Ils occupent aussi la voie de chemin de fer et commencent à la réparer, Herr Oberleutnant.

— Laissez-les venir, ordonne Schmidt. Quand ils vont se trouver à portée de nos fusils et de nos mitrailleuses, ils s'arrêteront.

L'officier est de plus en plus inquiet du manque de munitions. Il faut que chaque coup porte.

Dès la tombée de la nuit, plusieurs compagnies norvégiennes viennent tâter les avant-postes allemands et sont repoussées.

Une nouvelle nuit commence où les paras ne vont pas encore dormir. Ils sont épuisés de froid et de fatigue. Mais grâce aux paysans, ils ont au moins une soupe chaude dans le ventre.

Toute la nuit, des patrouilles viennent rôder devant leurs positions. Mais la grande attaque attendue n'aura lieu qu'à l'aube. Elle est précédée d'une dure préparation d'artillerie. Les Norvégiens ne sont plus seuls désormais. Des Britanniques sont arrivés à Dombas. Leurs canons entrent en action. Des pièces de marine ont été démontées, débarquées et installées sur des wagons de chemin de fer. Ils commencent à ouvrir le feu dès les premières lueurs de l'aube.

Les fantassins qui succèdent aux artilleurs montrent moins de mordant quand il s'agit de grimper les pentes qui mènent à la ferme fortifiée. Les assauts se brisent sur cette citadelle improvisée en hâte dans la montagne.

Entre deux combats, il faut soigner les blessés, de plus en plus nombreux. Soudain, les Allemands entendent un bruit de moteur.

— C'est un « Ju » !

Un Junkers 52 solitaire arrive au-dessus de la vallée. Schmidt ordonne de tirer des fusées. Tandis que les mitrailleuses et les canons norvégiens et anglais se déchaînent contre l'appareil, les paras tirent des fusées et gesticulent pour attirer l'attention de l'équipage. Dès leur arrivée à la ferme, les hommes de Schmidt ont étendu sur la neige des panneaux d'identification. Pour préciser encore mieux leur position, ils mettent le feu à une meule de paille ! Enfin, le Junkers semble les apercevoir. De plus en plus vigoureusement pris à partie par les armes antiaériennes, il s'obstine quand même et survole enfin les positions occupées par les paras. C'est le premier avion qui réussit à établir la liaison après l'effroyable période de mauvais temps qui a paralysé toutes les sorties aériennes. Des fusées montent vers le ciel.

Soudain, les paras se mettent à hurler de joie : ils voient un gros objet noir passer par la porte. Puis des corolles s'épanouissent dans le ciel. Un container descend, suspendu à plusieurs parachutes.

— Ils pensent à nous !

C'est la course vers le champ où est tombé le ravitaillement qu'il faut aller récupérer sous le feu des mitrailleuses norvégiennes. Les paquets sont ouverts et leur contenu amené dans la ferme où se tient le chef de la 1re compagnie.

— Regardez, Herr Oberleutnant ! Des munitions, des vivres, des vêtements chauds, des médicaments !

Un message indique la fréquence sur laquelle le poste de radio des paras peut établir la liaison avec l'appareil de la Luftwaffe. Schmidt annonce aussitôt aux aviateurs :

— Ici une compagnie. Deux officiers et quarante hommes au combat.

— Les Panzers arrivent. Tenez bon.

— Pas d'armes lourdes. Pertes importantes. Avons besoin de renfort.

— Bien compris. Nous revenons demain. Même fréquence.

Le Junkers 52 effectue un virage et s'éloigne, salué par les mitrailleuses des Norvégiens.

Tous les paras sont enthousiasmés par cette liaison et ce parachutage de matériel. Mais le lieutenant Schmidt semble soucieux : les fusées ont permis à ses adversaires de repérer ses positions.

— Les artilleurs norvégiens et britanniques ne vont plus avoir de mal à régler leur tir, confie-t-il à son adjoint. Il faudrait vérifier que tous nos hommes se sont creusé des abris assez profonds.

En fin de journée, des fantassins attaquent. Les mitrailleuses allemandes se mettent à tirer, par très petites rafales, sèches et précises. Malgré le parachutage, on risque encore de manquer rapidement de munitions.

La nuit promet d'être très froide. Au crépuscule, en prévision de longues heures de veille et de combat, les paras enfilent l'un sur l'autre tous les vêtements qui ont été parachutés. Avec leurs barbes de plusieurs jours, ils ont une allure curieuse :

— On doit ressembler à des Eskimos ! lance un caporal berlinois.

Le lieutenant Schmidt réussit maintenant à capter des émissions de la radio allemande. Au programme, de la musique sentimentale. Une chanson mélancolique : *Der Gruss an die Mutter.*

— Le salut de loin à la maman ! Ça, c'est pour nous s'exclame un sergent. Si nos mères savaient qu'on est encerclé dans la neige et la glace à plus de mille kilomètres de la patrie !

L'évocation du *Heimat* provoque quelque mélancolie. Mais les gamelles se remplissent de goulasch parachuté en boîtes et les rires ne tardent pas à fuser dans la ferme-forteresse.

Sans arrêt, des agents de liaison vont et viennent entre le poste de commandement et les positions dispersées dans la montagne. Toutes les attaques sont repoussées mais on compte encore des blessés parmi les paras.

Juste avant la tombée de la nuit, un major norvégien arrive en parlementaire. Il apporte une lettre invitant les Allemands à se rendre. Le lieutenant Schmidt, maintenant très affaibli par sa blessure, ne peut ni bouger ni écrire. Il dicte une réponse.

« Je vous renouvelle ma proposition. C'est à vous de cesser le combat. Les Stukas et les Panzers vont arriver. Votre situation est sans espoir. »

— Vous y allez quand même un peu fort, Herr Oberleutnant ! lui lance son adjoint quand les deux officiers se retrouvent seuls.

Le major norvégien, en attendant la réponse, reçoit l'autorisation de bavarder avec ses compatriotes prisonniers. Ils sont une cinquantaine et autant de civils se trouvent avec eux, surtout des femmes et des enfants. Ils sont aussi exposés que les Allemands aux coups de l'artillerie et cela semble le préoccuper. Alors, on installe des draps blancs sur les bâtiments de la ferme occupés par les prisonniers, les civils et les blessés des deux camps. Cette mesure ne va pas changer grand-chose. L'artillerie continue à harceler les positions allemandes jusqu'à la nuit noire. Bien enterrés, les paras supportent le choc. Leur seule inquiétude, grandissante, reste le manque de munitions. Le lieutenant Schmidt décide de resserrer le périmètre de défense, pour mieux tenir tout son monde sous la main. Toute la nuit, ses chasseurs parachutistes vont être harcelés par des canons, des mortiers et des armes automatiques. Les Norvégiens profitent des ténèbres pour s'infiltrer par la montagne afin de surplomber les positions de leurs adversaires. Les paras se voient obligés de décrocher.

Quand se lève le jour, la 1re compagnie se trouve pressée de toutes parts. Des skieurs norvégiens progressent dans la montagne pour les tourner et dominent maintenant leur refuge avec des mitrailleuses qui vont rendre la place intenable.

Il n'est bientôt plus possible de circuler sans se faire aussitôt canarder. Pourtant, le lieutenant Schmidt repousse une nouvelle proposition de se rendre. Il espère encore tenir jusqu'à l'arrivée des troupes allemandes qui vont quand même bien finir par parcourir les deux centaines de kilomètres qui séparent Oslo de Dombas et de la ferme-forteresse. Toutes les maisons de bois ont été incendiées l'une après l'autre. Les paras se battent dans des trous en plein air et dans les caves, sous les ruines fumantes des bâtiments agricoles. La pièce où se trouvait le poste de commandement a été volatilisée par un obus. Même les blessés, allemands comme norvégiens, ne sont pas épargnés et doivent chercher un précaire refuge dans une étable aux gros murs de pierre. Parmi les prisonniers, on compte des blessés et des morts, tombés sous les obus de leurs compatriotes. Ils gardent pourtant un moral intact, eux aussi, et partagent avec les paras ennemis leurs derniers morceaux de pain. Après le froid et le manque de sommeil, c'est la faim qui va tenailler les hommes de la 1re compagnie. Un nouvel obus démolit l'étable, où Schmidt s'était fait porter, pour y installer son ultime poste de combat. Et puis un autre. Il arrive juste sur le seuil de la porte, mais se fiche en terre sans exploser.

— Un vrai miracle, Herr Oberleutnant !

Schmidt rassemble ses dernières forces pour recevoir un nouveau parlementaire, jeune lieutenant de l'armée royale. Les deux officiers ont le même âge, le même grade, la même allure septentrionale avec leurs cheveux blonds et leurs yeux clairs.

— Rendez-vous, dit le Norvégien. Vous savez bien que votre situation est désespérée. Vous vous êtes bien battus.

— Allez-vous-en ! Je n'ai rien à vous dire.

— Mais, enfin...

— *Raus !*

Pendant que le parlementaire discute avec Schmidt, ses compatriotes ont réussi à mettre à pied d'œuvre, encore plus près des assiégés, des mitrailleuses lourdes. Elles entrent très vite en action. Toutes les positions sont balayées. Les paras rescapés se replient peu à peu sur l'étable où leur chef se tient, allongé sur la porte qui lui sert de civière.

— Ouvrez des meurtrières dans le mur, ordonne Schmidt.

Les paras du dernier carré se trouvent entassés avec les blessés allemands et norvégiens que l'on a installés dans le coin le moins exposé, avec une vingtaine de vaches, une dizaine de chevaux, des moutons et des chèvres... Le bétail braille et tire sur ses chaînes.

Economisant leurs dernières cartouches, les paras tirent — à coup sûr — sur leurs adversaires qui s'approchent et cernent l'étable. Soudain, ils entendent un ronflement de moteurs dans le ciel.

— C'est le « Ju » ! Le voilà ! Enfin !

Mais il est trop tard. L'ennemi arrive devant la porte. Les munitions manquent. Les caissettes métalliques des bandes de mitrailleuses sont vides. Il ne reste plus une seule grenade. Plus rien.

Toutes les munitions parachutées tomberont entre les mains des Norvégiens, qui resserrent encore leur cercle autour des bâtiments de la ferme en ruine.

Schmidt expédie, sur la fréquence de liaison avec l'avion, un dernier message radio :

— Ne rien envoyer. Récupération des envois impossible. Sommes totalement bouclés.

L'avion tourne et finit par s'éloigner, suivi par les nuages blancs marquant l'explosion des projectiles des pièces antiaériennes.

Un dernier message parvient aux paras :

— Au revoir. A bientôt au pays.

Le chef de la 1re compagnie ordonne de détruire les armes et le matériel. Un des prisonniers norvégiens, officier de l'armée royale, accepte de sortir avec un drapeau blanc, pour discuter avec ses compatriotes. Mais il est blessé dès qu'il apparaît au-dehors.

Le feu continue. Les paras ne peuvent plus répondre. Les derniers camarades sont touchés. Puis tout se calme. Encore quelques coups de feu isolés des assaillants. Et plus rien.

***

Les derniers survivants de la 1re compagnie du 1er régiment de chasseurs parachutistes sont faits prisonniers. Ils se sont battus jusqu'à leur dernière cartouche et leur dernière grenade.

Ils vont connaître la tristesse des vaincus, tandis que des centaines de soldats norvégiens envahissent les ruines fumantes de ce qui fut jadis une grande ferme de la Guldbransdal. Transportés à Dombas, prisonniers et blessés vont découvrir les premiers soldats britanniques qui ont réussi à rejoindre cette ville bien avant l'arrivée des renforts allemands.

Les paras rescapés de ces quatre jours de combat sont conduits à Andalsnes, puis à Alesund où ils devront s'embarquer à bord de bâtiments de guerre anglais pour être internés en Grande-Bretagne. Dans le désordre des derniers combats, certains ne quitteront pas la Norvège, surtout les blessés.

Soigné dans l'hôpital d'Alesund, le lieutenant Schmidt voit ses gardes britanniques remplacés par des policiers norvégiens. Puis il reçoit la visite du consul d'Allemagne :

— La guerre de Norvège est finie ! Nous avons gagné et vous êtes libre.

— Où sont mes parachutistes ?

Il ne reste que quelques rescapés de la bataille de Dombas à avoir échappé au transfert vers l'Angleterre. Ils se regroupent à Oslo, puis gagnent Berlin. Tous les survivants de cette aventure sont décorés de la croix de Fer de 2e classe et pour certains de 1re classe.

Le lieutenant Herbert Schmidt reçoit la croix de chevalier. Il profitera de sa convalescence pour écrire le récit de ses combats et sera fêté en Allemagne comme un héros national [1].

Pendant qu'il était en prison puis à l'hôpital, la guerre a suivi son cours. Tandis que les combats se poursuivent en Norvège

1. Le lieutenant Herbert Schmidt ne quittera pas les troupes parachutistes. Remis de sa blessure de Dombas, il participera à plusieurs campagnes et sera nommé major. Il tombera le 16 juin 1944, en Bretagne, lors d'un combat contre les maquisards encadrés par les parachutistes **SAS de la France Libre.**

dans les régions de Namsos et de Narvik, l'Allemagne a frappé à l'Ouest, le 10 mai 1940. Dans l'attaque éclair contre la Belgique et la Hollande, les parachutistes, cette fois, ont tous été lancés dans la bataille. Pour plus de deux mille d'entre eux, ce seront des heures glorieuses mais terribles.

VII

SUR LES AILES SILENCIEUSES DE L'AURORE

Le Führer sait que tôt ou tard il devra se battre à l'Ouest, puisque les Britanniques et les Français sont entrés en guerre après l'agression allemande contre la Pologne. Adolf Hitler n'a pas de trop de tout l'hiver pour laisser s'endormir l'adversaire et se préparer à frapper à la belle saison.

Pour tourner les Alliés et éviter les fortifications de la ligne Maginot, il ne voit qu'une seule solution : violer la neutralité de la Belgique. Et pour que le plan prenne toute son ampleur, le Führer décide aussi d'attaquer la Hollande. La première partie de la *Blitzkrieg*, la guerre éclair, sera donc une course à la mer sur Rotterdam et sur Anvers. Rapidité et brutalité iront de pair. Les colonnes motorisées et blindées de la Wehrmacht ne pourront progresser qu'en franchissant à toute allure les premières défenses frontalières. Les envahisseurs seront alors étroitement tributaires des ponts, très nombreux dans un plat pays aux nombreuses voies d'eau.

Une grande partie du succès de l'offensive se jouera dans la région de Maastricht-Liège. Là, le territoire hollandais forme une sorte d'étroit appendice méridional entre l'Allemagne et la Belgique. Il faudra franchir cette zone à toute vitesse et traverser la Meuse pour déboucher sur les routes d'Anvers au nord-ouest et de Namur au sud-ouest. Seulement, les Belges ont considérablement fortifié leur frontière, en se souvenant de la tragique expérience de 1914. Les assaillants devront franchir le canal Albert et la zone fortifiée de Liège. Ils se heurteront alors à un obstacle plus que difficile et fort bien défendu.

Le plus puissant bastion de la défense belge dans ce secteur est le fort d'Eben-Emael, au nord de Liège. Il couvre de ses canons les ponts du canal Albert, en territoire belge, et même ceux de la Meuse, en territoire hollandais. Les neutraliser sera d'une importance vitale pour la réussite de l'offensive allemande à l'Ouest.

L'ennui pour les assaillants, c'est que ce fort, construit en 1935, est tout simplement « imprenable ». A la première menace, les Belges feront sauter les ponts. Il faudra franchir, dans des conditions épouvantables, le canal, en plein sous le feu de l'ennemi, puis s'emparer du fort, dont les glacis risquent de devenir le tombeau de la nouvelle Wehrmacht. Tous les généraux qui étudient les plans d'attaque dans ce secteur ne sont même pas pessimistes, ils sont désespérés.

— C'est impossible, annoncent-ils, unanimes, au Führer.

Pour Adolf Hitler, le mot impossible n'appartient pas au vocabulaire du parti national-socialiste. Le nouveau régime, qui a mis l'imagination au pouvoir, a toujours fait de la surprise son arme favorite. Ce qu'une armée classique ne peut accomplir, une armée révolutionnaire y parviendra. La capture et la neutralisation d'Eben-Emael, c'est exactement la mission qui convient aux paras du Reich. Mais Hitler, passionné des problèmes techniques, connaît mieux que personne les inconvénients du largage des parachutistes. C'est lui qui aura l'idée d'employer des aéroportés, mis au sol par planeurs juste sur leurs objectifs.

Et l'ancien caporal de la Grande Guerre ne manquera pas de se moquer de tous ces messieurs du grand état-major :

— Les généraux sont trop conformistes, ils s'enracinent dans les idées reçues et pas une astuce ne leur vient à l'esprit. Ils feraient mieux de lire Karl May !

Employer des planeurs lui semble bien une ruse d'Indiens, digne d'un roman du célèbre écrivain populaire allemand.

Adolf Hitler a trouvé une solution pour la première partie de l'opération : arriver à pied d'œuvre sans se faire repérer par les défenseurs.

Mais il restera encore le plus dur à faire : venir à bout des casemates blindées. A la main ! Houspillés par un Führer toujours séduit par les bricolages scientifiques les plus révolutionnaires, les ingénieurs allemands se sont mis fébrilement au travail. Le résultat de leur effort : une nouvelle arme qui va recevoir le nom de « charge creuse ». D'une forme conique, elle utilise le principe du miroir parabolique et concentre toute sa puissance sur un seul point. C'est là une de ces inventions diaboliques dont le IIIe Reich semble avoir le secret. Les premières expérimentations vont révéler l'incroyable puissance de leur pénétration et aucun blindage ne pourra résister à des sapeurs équipés de tels engins.

Le bataillon d'assaut Koch a été formé spécialement pour cette mission capitale.

***

Le capitaine Walter Koch n'a pas trente ans et en paraît à peine vingt. Pourtant, il commande, depuis le mois de novembre 1939, la plus redoutable peut-être de toutes les unités parachutistes du IIIe Reich : le bataillon d'assaut de la 7e division aéroportée. Sous ses ordres, dix officiers et quatre cent vingt-sept sous-officiers, caporaux et chasseurs d'élite, prêts à suivre fanatiquement jusqu'au bout du monde, et même jusqu'au fond de l'enfer, ce jeune chef à la carrure de géant et au visage d'adolescent, qui a naguère commandé la 5e compagnie du régiment *General-Göring*.

Sous le commandement du capitaine Koch se trouvent rassemblées désormais une compagnie d'infanterie, provenant du 1er régiment de chasseurs parachutistes, et une section du génie aéroporté. Pour les nécessités opérationnelles, le chef du bataillon d'assaut aura aussi autorité sur la compagnie de planeurs et l'escadrille d'avions remorqueurs qui transporteront ses hommes au combat, ainsi que sur une section de projecteurs et une compagnie de service.

Les paras de cette formation de choc ne comprennent pas très bien pourquoi, après la campagne de Pologne, ils ont été dirigés sur la fameuse ligne Siegfried, où le commandement les a cantonnés dans un rôle sans gloire de garde-frontières, face à un ennemi immobile et silencieux. Avec la fin de l'année 1939, pourtant, la « drôle de guerre » se termine pour les hommes du bataillon d'assaut Koch. Ils sont envoyés à Hagenow dans le Mecklembourg, puis à Hildesheim en Basse-Saxe. Commence alors un entraînement ultra-secret. Les paras savent qu'ils sont destinés à frapper un grand coup. Ils vont apprendre « comment », bien avant de savoir « où » et « quand ».

Dès le 3 novembre 1939, leur chef a reçu son ordre d'opération ultra-secret. Il a l'ordre de préparer ses hommes et ses cadres à leur tâche, sans jamais révéler les lieux où ils auront à se battre. Quant à la date de l'assaut, Walter Koch n'en a aucune idée. Même s'il pense que rien ne pourra se faire avant le printemps.

Le capitaine qui commande le demi-millier de paras réunis à Hildesheim est donc le seul, en ce début d'année 1940, à avoir lu cet ordre ultra-secret, qu'il connaît désormais par cœur et où se trouve résumée, en quelques lignes, la mission la plus difficile jamais reçue par un officier allemand :

« 1°) S'emparer par surprise des ponts sur le canal Albert, à Vroenhoven, Veldwezelt et Canne. Les garder intacts et en conserver le contrôle jusqu'à l'arrivée de nos propres avant-gardes.

« 2°) Neutraliser le fort d'Eben-Emael en faisant sauter ses installations d'artillerie et ses moyens de combat. »

⁂

Toute la préparation de l'attaque ultra-secrète sur les ponts du canal Albert et sur le fort d'Eben-Emael commence d'une manière pour le moins singulière. Le capitaine Koch, un immense gaillard au nez retroussé et au visage rieur, commence par mettre ses officiers en garde contre... les opérations parachutistes.

Il a réuni les dix officiers du bataillon d'assaut dans la salle de conférence des gradés, tout auprès de son bureau. Lieutenants et sous-lieutenants arrivent rapidement et prennent place sans un mot.

Leur chef garde un moment le silence et observe ses officiers, l'un après l'autre, avant de les inviter à s'asseoir derrière les tables de bois blanc de la salle de conférence. Puis, après un nouveau silence, qui accentue encore la gravité de la réunion, le capitaine Koch prend la parole. Il surprend d'emblée les dix officiers qui l'écoutent en évoquant tous les handicaps qui pèsent sur l'emploi des parachutistes en temps de guerre :

— Messieurs, je connais votre enthousiasme. Mais je vous demande de réfléchir avec moi sur les inconvénients d'une opération aéroportée...

Les officiers ont quelque peine à cacher leur surprise en écoutant le capitaine Koch reprendre les propos pessimistes rabâchés par les vieux militaires de tradition qui refusent de prendre au sérieux les paras :

— Il faut au moins sept secondes à un groupe d'hommes pour évacuer l'avion. Et la descente, même à l'extrême limite de sécurité de cent mètres, dure encore facilement entre quinze et vingt secondes. Nous sommes, à ce moment, totalement désarmés et réduits à l'état de cibles vivantes. Arrivés au sol, si tout se passe sans trop de casse, nous perdons encore bien des secondes pour nous débarrasser de notre harnais. Il faut ensuite nous regrouper, prendre la formation de combat et passer enfin à l'attaque. Combien de secondes avons-nous encore perdues ? Et nous n'avons toujours que nos pistolets ou pistolets-mitrailleurs et quelques grenades. Pour récupérer, dans leurs gaines métalliques, les fusils, les mitrailleuses et les mortiers, il ne faut plus compter en secondes mais en minutes.

Cela, tous les officiers du bataillon d'assaut le savent. Pourquoi leur chef tient-il à le répéter ? Sur un adversaire surpris, ce « temps mort » des paras reste un inconvénient sérieux ; sur un ennemi averti, il peut tourner à la catastrophe totale. Mais qu'y faire ? C'est la rançon inévitable que doivent s'apprêter à payer les combattants du ciel. Tous se demandent où le capitaine Koch veut en venir. Pour rappeler ces vérités désagréables, leur chef reste cependant tout sourire, comme s'il détenait une solution miracle.

— N'oubliez pas, messieurs, que le grondement des avions nous précède et emplit le ciel. Il faudrait que nos adversaires soient fous pour ne pas bondir sur leurs armes au premier bruit des moteurs. Et alors, nous serons accueillis par un feu d'enfer. Notre style, c'est la surprise. Et il ne peut y avoir de surprise sans silence. Alors ?

Dans la salle de réunion, tous les officiers semblent de plus en plus interloqués. Leur chef poursuit alors sa démonstration, impeccable, comme si tout cela allait de soi.

— Notre premier ennemi, c'est le bruit du moteur. Il faut donc le supprimer. Ne plus arriver en avions, mais en planeurs. Telle est la meilleure solution. Et même la seule.

Dans un pays où le vol à voile est devenu un des sports les plus populaires et que pratiquent pour leur plaisir la plupart des officiers de la nouvelle Luftwaffe, une telle idée ne peut que ranimer l'enthousiasme.

— Le parachute n'est pour nous qu'un moyen de transport sur le champ de bataille, affirme Walter Koch. L'essentiel, pour un para, c'est de se battre, ce n'est pas de sauter. Alors, messieurs, pourquoi pas le planeur ?

Le chef du bataillon d'assaut annonce alors :

— Nous allons nous entraîner sur des planeurs DFS 230. Ils peuvent emporter neuf à dix hommes ou une tonne de matériel. Nous serons remorqués par nos bons vieux « Ju », qui nous lâcheront à une vingtaine de kilomètres avant l'objectif. Nous serons alors totalement silencieux. Avec de bons pilotes, il est possible d'atteindre une précision d'atterrissage remarquable. En profitant de la pénombre, nous pouvons ainsi fondre sur l'ennemi sans être le moins du monde repérés. Chaque groupe de combat sera aussitôt rassemblé, prêt à bondir aussitôt, avec le soutien immédiat des armes lourdes mises à terre en même temps.

Tous les yeux brillent d'enthousiasme. Voici enfin trouvé le moyen de transport idéal pour le bataillon d'assaut. Le capitaine Koch n'a plus qu'à conclure :

— Les planeurs vont arriver d'un jour à l'autre à Hildesheim et l'entraînement commencera aussitôt.

***

Les meilleurs aviateurs de tout le Reich sont rapidement affectés à l'extraordinaire escadrille du bataillon d'assaut Koch. Pilotes de planeurs DFS 230 et équipages des Junkers 52 apprennent à travailler ensemble.

Les appareils remorqueurs s'entraînent d'abord à voler isolés, avec leur « cargo » au bout d'un câble de soixante-dix mètres. Puis ils abordent le vol en formation, toujours dangereux en raison des risques d'accrochage. Le lieutenant Kiess, chef des pilotes, se montre impitoyable. A chaque décollage, il devient plus exigeant :

— Je veux que les planeurs atterrissent « dans un mouchoir ».

Peu à peu, sans trop « casser de bois », les pilotes y parviennent. Libérés à deux mille mètres d'altitude, ils perdent lentement de la hauteur et viennent se poser sur leurs objectifs une vingtaine de kilomètres plus loin. La précision s'améliore de jour en jour. Mais le lieutenant Kiess exige encore davantage :

— Ce n'est pas trop mal, annonce-t-il à ses hommes. Maintenant, on va pouvoir essayer le vol de nuit.

Avions et planeurs commencent par se familiariser avec la pénombre et multiplient les heures d'entraînement avant l'aurore. Et puis certains exercices de décollage ont lieu dans les ténèbres. La lune et les étoiles voient glisser les longs oiseaux silencieux, qui ne font pas plus de bruit qu'une lame déchirant la soie. Peu à peu, les pilotes s'habituent à la nuit. Ils se dirigent à la lueur fugitive d'une lampe de poche pour vérifier leur carte. Et c'est le plongeon dans le trou noir !

Finalement, le commandement de la Luftwaffe décide de ne pas tenter le diable et de fixer l'heure de l'attaque à moins d'une demi-heure avant le lever du soleil : la pénombre sera alors suffisante pour camoufler l'atterrissage et des pilotes bien entraînés seront cependant capables de retrouver sans erreur leur objectif.

Chasseurs et sapeurs du bataillon d'assaut s'exercent à embarquer dans les planeurs. Ils doivent s'installer à cheval sur la poutre centrale, étroitement serrés l'un derrière l'autre. Chaque semaine, ils participent à un vol d'entraînement. Chaque jour, ils répètent leur sortie par une porte latérale. Les paras doivent jaillir du fuselage de toile légère comme des diables d'une boîte et bondir vers leurs objectifs en traînant leur matériel. Plus encore que les armes, fusils ou pistolets-mitrailleurs, comptent pour cette mission les grenades, les pétards, les explosifs, en charge d'un à cinquante kilos ou « en chapelet » sur des planches et dans des tuyaux, les lance-flammes. Il faudra, en quelques minutes, réduire au silence des fortins de béton cuirassés d'acier.

Le groupe de combat de six à sept hommes, commandé par un sous-officier, sergent ou adjudant, s'embarque toujours ensemble dans le même planeur et formera une équipe de plus en plus soudée au fur et à mesure que vont couler les semaines d'attente précédant la mystérieuse opération que doit mener le bataillon d'assaut Koch. Le succès dépend de la précision de l'atterrissage tout autant que de l'entraînement des chasseurs et des sapeurs des équipes d'assaut.

***

Les aviateurs seront prévenus avant les parachutistes et vont découvrir les objectifs — qu'ils ne sont d'ailleurs pas encore capables de situer sur une carte d'Europe. Les voici tous réunis dans une pièce aux fenêtres closes de volets et de rideaux. La lumière s'éteint. Un projecteur de vues fixes ronronne et seul le faisceau lumineux éclaire les visages tendus vers l'écran, d'une blancheur brutale. Une première image apparaît. C'est une rivière, ou plutôt un canal, entre deux berges abruptes.

Le capitaine Koch se charge du commentaire :

— Voici notre objectif. Je ne peux encore vous dire où il se trouve et ceux qui croient le reconnaître sont priés de se taire. Peu nous importe. Ce qui compte, c'est le but. Et le but se trouve à gauche de l'écran. On devine, en haut d'une muraille abrupte, une sorte de plateau. Là se trouve un fort. Vue suivante...

Le projectionniste fait glisser de nouvelles photos. On aperçoit un pont. Et puis un autre. Et puis un troisième. On distingue des fortifications près des culées.

— Ces trois ponts se trouvent sur le canal que vous avez vu tout à l'heure, explique Koch. Ils sont tous en aval. Nous devons nous en rendre maîtres.

Quand la lumière revient, le chef du bataillon d'assaut explique :

— C'est en quelques minutes qu'il nous faut frapper et vaincre. Le seul moyen d'approche est donc le planeur. Il faudra atterrir sur la fortification elle-même ou dans les champs juste à côté des ponts. Toute l'opération est une question de mètres et de secondes. Au travail.

⁂

Les pilotes commencent à étudier les photos aériennes de leurs objectifs, dont ils ne tardent pas à tout connaître... sauf le nom. Ils ne doivent se soucier que de la précision de l'atterrissage. Le lieutenant Kiess leur ordonne de se poser à proximité immédiate des fortins :

— L'idéal, leur dit-il, ce serait encore de tomber sur le sommet même des casemates ennemies.

Le capitaine Koch, rassuré sur la précision de l'atterrissage, doit maintenant se préoccuper de l'essentiel de sa mission : l'occupation des ponts et la neutralisation de la forteresse. Il réunit une nouvelle fois les dix officiers de son bataillon d'assaut. Désormais, les paras vont connaître quelques détails de cette tâche ultra-secrète qui leur est réservée.

Le capitaine Koch annonce d'emblée :

— Je pense qu'il est inutile de vous recommander le secret absolu. Vos pilotes savent déjà où ils doivent vous déposer et s'entraînent à une précision parfaite de l'atterrissage, juste sur vos objectifs.

Le chef du bataillon d'assaut attend quelques secondes, comme s'il voulait laisser ses officiers juges du travail de leurs camarades de la Luftwaffe :

— La précision prévue est de l'ordre de vingt mètres !

Et Koch poursuit aussitôt.

— Ce qui nous intéresse maintenant, c'est ce qui va se passer à terre. Vous verrez tout à l'heure en projection des photographies, que connaissent déjà vos camarades aviateurs. Nous avons à prendre trois ponts et un fort. Les ponts sont à tenir jusqu'à la relève par des unités motorisées de la Wehrmacht. Le fort, qui est hérissé de fortins, de casemates et de coupoles, est à neutraliser en moins d'un quart d'heure. Nous serons divisés en quatre groupes, forts chacun d'une centaine d'hommes. Les chasseurs parachutistes se chargeront des ponts et les sapeurs de la forteresse.

Ainsi, le capitaine Walter Koch va scinder son unité de paras en quatre et il désigne le chef de chacun de ces groupes d'assaut auquel il donne un nom de code :

— Pour « Acier », le lieutenant Gustav Altmann. Pour « Béton », le sous-lieutenant Gerhard Schacht. Pour « Fer », le sous-lieutenant Martin Schächter. Pour « Granit », le lieutenant Rudolf Witzig. Désormais, chacun d'entre vous connaît sa mission que nous allons pouvoir étudier en détail.

Les groupes d'assaut « Acier », « Béton » et « Fer » doivent se charger des ponts. C'est une mission classique pour des chasseurs parachutistes. Par contre, le travail demandé au groupe « Granit » apparaît tout à fait particulier. Les sapeurs du lieutenant Witzig vont devoir s'attaquer à des ouvrages fortifiés qui passent pour imprenables.

La section du génie parachutiste a été formée depuis deux ans déjà, et quand le capitaine Koch demande au lieutenant Witzig s'il est content de ses hommes, le jeune officier répond avec un grand sourire :

— Content, Herr Hauptmann ? Plus encore que tout ce qu'on peut espérer. Leur cohésion est devenue aussi parfaite que celle du goudron et du soufre !

Il faut dire que les sapeurs ont subi un entraînement extraordinaire qui fait d'eux de redoutables destructeurs de tout ce qui est fortification. La section Witzig quitte même Hildesheim pour gagner la région des Sudètes, où elle doit s'entraîner sur les ouvrages tchèques de la région des Alter Gebirge. Cet ensemble fortifié, dont le rôle a été réduit à néant par les accords de Munich survenus un an auparavant, constituait la ligne de résistance sans doute la plus parfaite d'Europe. Les sapeurs de Witzig s'en donnent à cœur joie et font sauter fortins et canons en balançant leurs charges creuses dans les embrasures, contre les portes d'accès ou par les manches d'aération.

Puis la section Witzig reçoit l'ordre de répéter « en vrai » l'opération projetée et elle est déposée par ses planeurs sur l'ancien fort polonais de Gleiwitz. Il est désormais possible de calculer, à la seconde près, le temps écoulé entre l'atterrissage et les premières explosions. Les équipes d'assaut sont de plus en plus soudées et le lieutenant Witzig éprouve chacun des sous-officiers auxquels il a confié le commandement d'une de ces petites unités d'une demi-douzaine d'hommes, destinées à combattre très isolées les unes des autres.

Le jeune officier du génie parachutiste estime que pour savoir comment détruire les fortifications, le mieux est de savoir aussi comment elles sont construites. Aussi, avant de rejoindre Hildesheim, il organise un stage à l'école allemande du Génie de Karlsruhe. Là, des instructeurs spécialistes donnent aux sapeurs paras des cours sur les points forts et les points faibles des fortifications d'un « certain pays », dont le nom n'est pas prononcé et qui se trouve bien entendu être la Belgique.

La section Witzig, en plus des armes individuelles et des lance-flammes, devra surtout utiliser des charges creuses. Les plus grosses pèsent 50 kilos et se transportent en deux fardeaux de forme semi-sphérique ; elles peuvent percer des blindages de 25 centimètres d'épaisseur. Quant aux « petites » charges de 12,5 kilos, elles permettent de s'attaquer à des cuirasses de

15 centimètres. Le retard des détonateurs est uniformément fixé à dix secondes.

Quand les sapeurs regagnent Hildesheim, ils sont devenus les rois de la charge creuse... Ils retrouvent les chasseurs et leur passent quelques recettes pour venir à bout des différents ouvrages fortifiés que les paras d'Altmann, de Schacht et de Schächter vont devoir museler près des trois ponts dont ils doivent s'emparer.

***

Le bataillon d'assaut Koch ne va pas tarder à déménager. Il n'est plus question de rester à Hildesheim, trop loin des frontières occidentales du Reich, mais de rejoindre, dès maintenant, l'aérodrome de départ. Aussi chasseurs et sapeurs, pilotes et mécaniciens, « volants » et « rampants », tous gagnent la région de Cologne.

Dès le mois de janvier 1940, les planeurs sont démontés. Ils seront transportés clandestinement dans des camions de déménagement, censés appartenir à des entreprises civiles. Par surcroît de précaution, ces véhicules rouleront de nuit, sur des autoroutes désertes et gardées par la police militaire. Partout, des barrages éloignent les curieux et les véhicules transportant le bataillon d'assaut roulent sans rencontrer âme qui vive. Même le commandant de l'aéroport de Cologne-Ostheim ignore quelle unité il doit héberger.

Le cantonnement s'organise dans le plus grand secret. Réseaux de barbelés, miradors, murs de paille tressée, tout cela protège les volontaires de l'unité Koch, mieux gardés que des prisonniers. Des patrouilles, fournies par la Luftwaffe, ne cessent de monter la garde à l'extérieur de cet enclos, où il se passe des choses tellement mystérieuses que certains les croient terribles. Le bruit court qu'il s'agit d'une sorte de camp de concentration pour militaires punis. Des sentinelles assurent qu'elles ont vu des hommes courir pendant des heures en tenant une brique dans chaque main... Comment imaginer que ces étranges « bagnards » sont des paras qui s'entraînent à progresser en portant les fameuses charges creuses ?

Le capitaine Koch sait que tout le succès de l'opération mystérieuse qu'il doit mener repose sur la surprise. Ses parachutistes et les pilotes de planeurs se trouvent désormais totalement coupés du monde extérieur. Aucune permission, bien entendu ; l'usage du téléphone est interdit et le courrier plus censuré que jamais depuis le début de la guerre. Tous les hommes du bataillon d'assaut ont même été obligés de quitter leur tenue de para aux écussons jaunes et leur combinaison de saut pour une simple vareuse grise de service qui ne porte que les écussons des « rampants » de la Luftwaffe. Le bataillon d'assaut est même rebaptisé dans les documents officiels — puisque rien ni personne ne peut, dans aucune armée du monde, supprimer la paperasserie. Il se nomme désormais : « Compagnie de pionniers ». Ce n'est certes pas le moment de s'exhiber avec un insigne de para sur la poitrine. D'ailleurs Koch ne laisse pas à ses hommes le temps de souffler.

Chasseurs et sapeurs du bataillon d'assaut ne doivent même pas, en dehors du service, parler de la mission qu'ils préparent. Ils prennent leurs repas, séparés de tous, à la cantine du terrain d'aviation de Cologne. Quand ils croisent les aviateurs, ils ont l'ordre de ne pas échanger une seule parole, même sur les sujets les plus anodins. Si on les questionne, ils ont l'ordre de répondre de manière évasive. Quand ils se déplacent en rangs, ils doivent chanter, certes, comme toutes les autres formations de l'armée allemande, mais la marche des parachutistes, *Rot scheint die Sonne,* se trouve, elle, strictement interdite. En fredonner le refrain est une faute grave. Pour le moindre bavardage, c'est la prison, le conseil de guerre, le poteau...

***

Personne dans le bataillon d'assaut Koch ne sait où aura lieu l'attaque. Mais les objectifs se précisent de plus en plus. Chacun des quatre groupes, « Acier », « Béton », « Fer » et « Granit », travaille sur des photos aériennes et sur des maquettes en réduction dans des caisses à sable. Le terrain d'exercice de Stolberg, près d'Aix-la-Chapelle, offre une certaine ressemblance avec les lieux où doit se dérouler le raid des paras du capitaine Koch. Chasseurs et sapeurs y seront emmenés clandestinement pour s'entraîner « en vraie grandeur » [1].

Leur chef connaît depuis le début du mois de novembre la mission exacte impartie à son unité et le lieu où elle doit se dérouler. Mais il attend, comme tout le monde, que soit fixée la date de l'opération.

Le capitaine Walter Koch et ses hommes vont ainsi devoir patienter pendant sept mois, entre Hildesheim et Cologne. Leur désir de se battre sera encore durement avivé quand ils appren-

1. Contrairement à ce qui a été écrit à tort après la guerre, les Allemands n'ont jamais reconstitué en vraie grandeur le fort d'Eben-Emael. Ils ont seulement travaillé sur une maquette très précise : un modèle construit par une section cartographique et comportant des cartes au 25 000e collées sur des plaques de verre et découpées selon les courbes de niveau, vrai chef-d'œuvre donnant la représentation parfaite du relief.

dront que plusieurs de leurs camarades parachutistes participent aux campagnes de Danemark et de Norvège. Pourtant, sur le terrain d'aviation où ils sont en alerte constante, les paras d'assaut ne doivent rien laisser paraître de leur impatience. Ces hommes, qui forment le fer de lance de l'armée allemande, ont l'ordre d'avoir l'air de soldats comme les autres. Il semblerait même régner dans le camp une sorte de laisser-aller, tant sont abolies bien des marques extérieures de la discipline « à la prussienne ». Ce n'est pas pour déplaire aux paras qui savent que l'efficacité n'a pas grand-chose à voir avec le caporalisme. Les cadres cherchent, tout naturellement, à développer l'individualisme, l'esprit d'initiative, la décontraction. Tous sont volontaires et les hommes du bataillon Koch cultivent, plus encore que leurs camarades, ce style très libre que le général Student a réussi à inculquer à tous les parachutistes allemands.

⁂

Dans quelques jours — ou dans quelques heures — les paras du IIIe Reich, à bord de leurs silencieux planeurs gris, vont attaquer une terrible forteresse. Juste avant la guerre, le romancier wallon Charles d'Ydewalle écrivait : « Comme le baron féodal se barricadait dans son château, la Belgique a tassé une barricade, avec une douve, et cette douve est le canal Albert. »

Aux chasseurs et aux sapeurs du bataillon d'assaut Koch, désormais, de porter les premiers coups qui vont démanteler le plus orgueilleux des châteaux forts du très neutre royaume de Belgique.

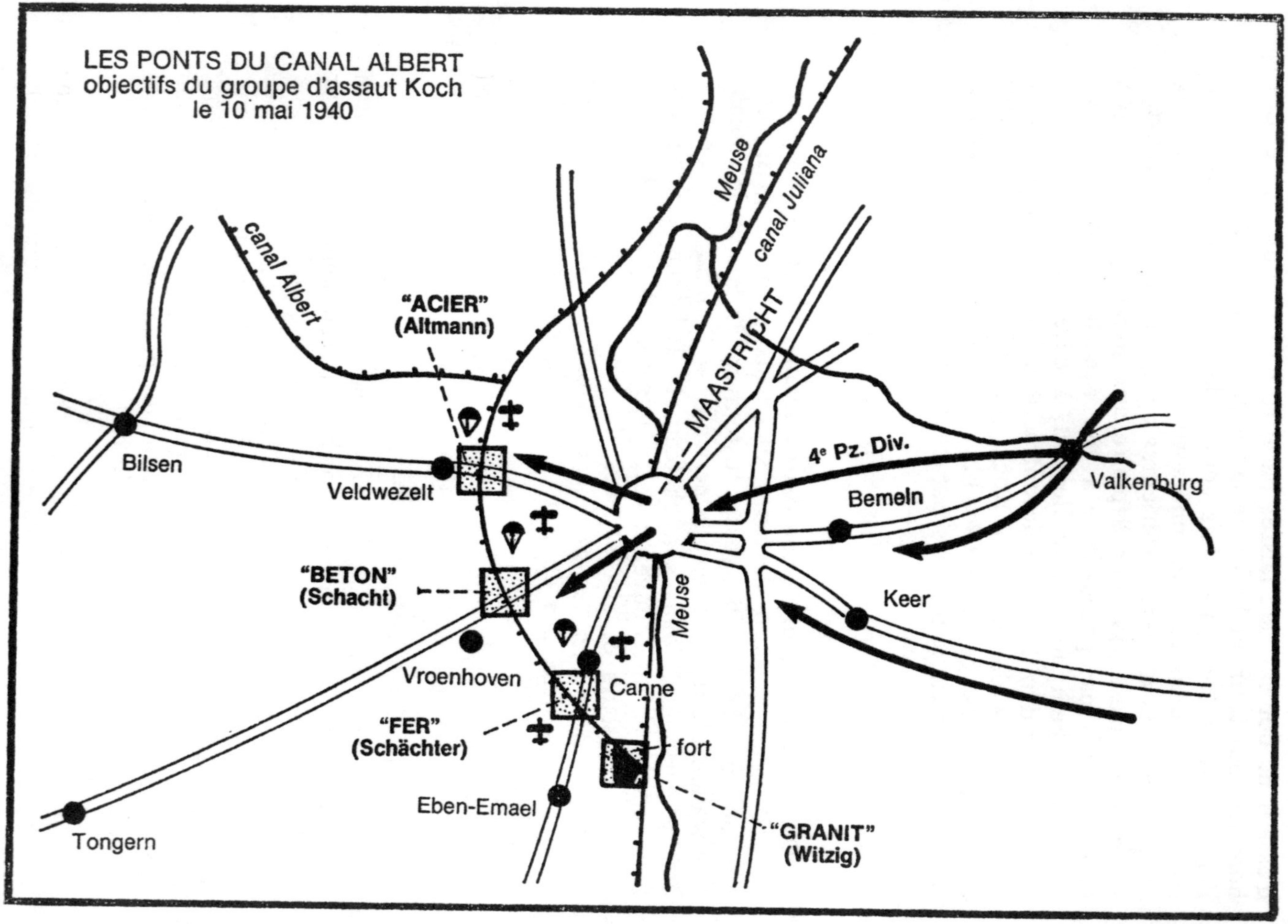
LES PONTS DU CANAL ALBERT
objectifs du groupe d'assaut Koch
le 10 mai 1940
canal Albert
"ACIER"
(Altmann)
Meuse
canal Juliana
MAASTRICHT
4e Pz. Div.
Valkenburg
Bemeln
Keer
Bilsen
Veldwezelt
"BETON"
(Schacht)
Meuse
Vroenhoven
Canne
"FER"
(Schächter)
fort
Eben-Emael
"GRANIT"
(Witzig)
Tongern

VIII

TROIS PETITS PONTS SUR LE CANAL ALBERT

Il est huit heures et demie du soir, le 9 mai 1940, et il fait encore très clair. La journée d'exercice se termine et les parachutistes du bataillon d'assaut Koch se préparent à regagner leur cantonnement pour une brève nuit de repos avant le clairon de l'aube. Tous se doutent que la fameuse opération ne saurait trop tarder maintenant, mais rien n'a encore filtré sur la date. Peut-être demain ? Ou dans une semaine ? En attendant, il faut aller dormir après l'appel du soir.

Il va se dérouler curieusement, cet appel. Quatre paras, pourtant punis de cachot, ont quitté leur prison et rejoignent leurs camarades, sans aucune explication. Puis les sous-officiers donnent un ordre insolite :

— Sortez les tenues de combat des paquetages !

En quelques minutes, chasseurs et sapeurs redeviennent enfin des paras avec leur vareuse gris-bleu à écussons jaunes, leur combinaison de toile caractéristique qu'ils nomment « sac à os » et leur casque rond recouvert d'une peinture grumeleuse de camouflage. D'un coup, ils n'ont plus du tout envie de dormir. Peu avant dix heures du soir, les hommes d'une cuisine roulante apportent de la soupe chaude et du café fort. Plus question d'aller au lit. Des phares illuminent les pistes de l'aéroport. Un grondement fantastique emplit le ciel.

— Ce sont les « Ju » !

Une cinquantaine d'appareils tournent au-dessus de Cologne et atterrissent, l'un après l'autre, dans un ordre impeccable.

Derrière chacun, un homme de corvée se poste avec une pancarte. Sur celle-ci, on distingue un numéro : c'est celui que porte le planeur qui doit s'y accrocher. Les armes et les explosifs sont déjà à bord quand s'ouvrent les portes des hangars. Les quarante et un planeurs sont tirés vers la piste d'envol et les gradés contrôlent les câbles de remorque.

A dix heures et demie, les chasseurs et les sapeurs du bataillon Koch sont rassemblés et chaque équipe va reconnaître où se trouve son planeur de transport. Soudain, tous les projecteurs s'éteignent. Seules vont briller désormais les lueurs fugitives des lampes de poche. Les paras repèrent leur appareil, vérifient qu'y sont bien arrimés les explosifs et les armes, puis ils gagnent le grand hangar où se trouvaient auparavant les planeurs. Ils sont là moins d'un demi-millier d'hommes et dix officiers quand arrive leur chef. Le capitaine Koch, dans sa combinaison de para, semble plus grand que d'ordinaire. Il se plante au centre du carré que forment les quatre groupes d'assaut « Acier », « Béton », « Fer » et « Granit », et annonce ce que tous attendaient :

— L'opération à laquelle nous nous sommes préparés depuis plus de six mois aura lieu demain matin avant le lever du jour. L'heure H est fixée à 5 h 25. Je peux maintenant vous dévoiler notre objectif. Les trois ponts que nous devons prendre et tenir se trouvent sur le canal Albert à la frontière belge. Nous aurons aussi à museler le plus important des forts de Liège. Nous tiendrons jusqu'à l'arrivée des éléments de la Wehrmacht venant de Maastricht en Hollande. Dès que nous serons maîtres du terrain, nous devons recevoir en renfort des camarades parachutistes. De ce combat dépend le sort de la bataille décisive qui s'engage demain sur tout le front de l'Ouest.

***

Le capitaine Koch sait qu'il n'a pas besoin de faire appel aux grands sentiments. Ce n'est pas le genre des paras qui affectent toujours une sorte de distance souriante vis-à-vis des mots ronflants de la propagande. Cette nuit, le chef du bataillon d'assaut ne parlera ni de la patrie ni de son chef. Koch conclut :

— Maintenant, il faut encore attendre un peu. Personne ne doit s'éloigner du hangar et de ses abords. Cela dit, vous êtes libres. Rompez les rangs !

Les sections se dispersent. Chacun va tuer ce qui lui reste de nuit. Les uns dorment, d'autres mangent ou fument, quelques-uns jouent aux cartes. La plupart vont reprendre un coup de café avant d'aller placidement uriner sur le bord de la piste. Il fait assez bon, un peu frais même, par cette belle nuit de printemps.

Le temps va s'écouler très lentement, une fois les montres réglées, peu après minuit. Les paras restent étrangement taciturnes. Sans même que la consigne en ait été donnée, toutes les conversations se déroulent à voix basse. Les cartes s'abattent silencieusement sur les caisses qui servent de tables de jeu. On entend le moindre bruit : craquement d'allumette ou tic-tac des montres.

A trois heures du matin, au cours d'un ultime rassemblement, tous les hommes perçoivent des petites pilules blanches de « pervitine » qui doivent les aider à lutter contre la fatigue et le sommeil. Ce n'est certes pas le moment de dormir ! Le temps continue à couler. Trop lentement.

Enfin, peu après quatre heures du matin, retentit l'ordre tant attendu :

— En avant vers les appareils !

Tout de suite, en arrivant aux planeurs, les chefs de groupe rendent compte :

— Effectif complet !

— Embarquez !

Tandis que les hommes s'installent dans les DFS 230, les moteurs des Junkers 52 démarrent les uns après les autres. Bientôt, c'est un grondement infernal. Les machines chauffent. Parfois, des gerbes d'éclairs s'échappent des moteurs comme une pluie d'étoiles filantes dans la nuit. Les planeurs secoués par le vent des hélices tanguent et roulent comme des bateaux ivres.

Tout se déroule dans une atmosphère un peu irréelle, d'une précision presque trop parfaite pour être crédible. Plus d'une demi-année de travail acharné aboutit à ce rassemblement sur l'aéroport de Cologne-Ostheim. Cette atmosphère nocturne évoque les grandes parades du régime national-socialiste. Mais cette fois, il n'y a plus ni drapeaux, ni torches, ni discours. Seulement le grondement des moteurs et la lueur fugitive des lampes de poche.

Les hommes sont tassés les uns contre les autres dans les planeurs. Il se produit alors une de ces manifestations spontanées qui laissent à jamais une impression inoubliable aux survivants. Dans un des planeurs du groupe d'assaut « Granit », un sapeur se met à chanter la marche des paras, qui n'est plus interdite, maintenant que les dés sont lancés :

Wer weiss, ob sie morgen für uns auch noch lacht ! [1]
Kamerad, da gibt es kein Zurück !

---

1. *Camarade, il n'y aura pas de retour !*
Qui sait s'il sourira encore pour nous demain ?

Du planeur voisin, quelques voix répondent. Puis d'autres. Et de proche en proche, tous les hommes vont reprendre ce chant qui était jusqu'à cette nuit un chant de parade et dont, dans quelques heures, ils vont faire un chant de guerre :

Werft an die Motoren ; Schiebt Vollgas hinein,
Startet los, flieget an, heute geht es zum Feind !
In die Maschinen, in die Maschinen ![1]

Finalement, ils sont près d'un demi-millier d'hommes à lancer à pleine voix dans la nuit le refrain de la marche des paras :

Kamerad, da gibt es kein Zurück !
Fern in Westen stehen dunkle Wolken,
Komm mit, und zage nicht, komm mit ![2]

***

C'est parti ! Une trentaine de planeurs doivent décoller de Cologne-Ostheim et une dizaine de Cologne-Butzweilerhof. Les Ju 52 prennent l'air toutes les quarante-cinq secondes, entraînant leur planeur au bout du câble de soixante-dix mètres, qui brusquement se tend et arrache du sol, à chaque fois, huit ou neuf volontaires du bataillon d'assaut Koch. Maintenant, les hommes ne chantent plus. Ils se tiennent serrés les uns contre les autres, avec ce terrible creux dans l'estomac qui accompagne le décollage. Cette fois ça y est. Ils ne reviendront pas atterrir sur un terrain accueillant de la mère patrie. C'est désormais chez l'ennemi que vont se poser les grands oiseaux silencieux aux ailes grises.

En vingt-cinq minutes, les quatre escadrilles d'avions remorqueurs ont pris l'air et maintenant elles empruntent leur formation de vol pour se diriger vers l'ouest, en deux groupes de deux escadrilles. Au sol, de Cologne à Aix-la-Chapelle, des projecteurs tracent la route à suivre qui conduit à la bataille. Ils scintillent régulièrement comme s'ils scandaient un au revoir : trente secondes de lumière, dix secondes d'obscurité et la suite. C'est la terre allemande tout entière qui semble souhaiter bonne chance à ses soldats du ciel qui vont frapper les premiers à l'Ouest.

---

1. *Lancez les moteurs ! Mettez pleins gaz !*
Démarrez, prenez votre vol, aujourd'hui on part pour l'ennemi !
Aux machines, aux machines !
2. *Camarade, là il n'y aura pas de retour !*
Loin à l'Est, il y a de sombres nuages,
Viens avec nous, ne renonce pas, viens avec nous !

⁂

Moins de soixante-quinze kilomètres après le décollage, les escadrilles qui emmènent les hommes du bataillon d'assaut Koch se trouvent au-dessus de la colline de Vetschauer. Les pilotes volent à 2 600 mètres d'altitude et repèrent le terrain. C'est là où les Junkers 52 doivent abandonner les DFS 230, après une petite demi-heure de vol. Les pilotes des planeurs libèrent les remorques et commence la grande descente silencieuse vers les objectifs. Il reste, selon les groupes d'assaut, entre vingt-cinq et trente kilomètres de vol plané, avant d'atterrir et de se battre.

Dans les fuselages de toile, serrés les uns contre les autres, les paras entendent s'éloigner et se perdre dans la nuit le bruit des moteurs d'avions. Il n'y a plus bientôt que le grand sifflement du vent. Les gradés consultent leur montre. Dans moins d'un quart d'heure, ils seront à terre. Et tout ne sera plus alors qu'une question de minutes et même de secondes. La victoire ou l'échec. La vie ou la mort. Les mâchoires serrées par la jugulaire du casque, tous les paras du capitaine Koch écoutent les battements de leur cœur qui semblent soudain s'accélérer quand les pilotes entament leur descente planée à plus de cent vingt kilomètres à l'heure.

Tandis que les DFS 230 continuent leur vol silencieux vers la frontière belge, les avions tracteurs poursuivent eux aussi leur route vers l'ouest. Il leur reste une étrange mission à accomplir au lever du jour : ils vont larguer au-dessus de la Belgique deux cents mannequins habillés en parachutistes et qui descendront lentement sous leurs coupoles blanches, semant une pagaille qui par endroits se transformera en panique. Cette diversion est aussi une de ces fameuses « ruses d'Indiens » comme les aurait aimé le romancier Karl May.

⁂

Personne n'a remarqué deux sérieux incidents qui se sont produits l'un peu après le décollage et l'autre pendant le vol d'approche. Un des avions, pour éviter une collision avec un autre Junkers de la même formation, a été obligé de brusquement piquer vers le sol. Sous l'effort, le câble de remorquage s'est rompu et le planeur, abandonné, n'a eu que la ressource d'aller se poser quelque part en territoire allemand. Ce contretemps ne serait pas trop grave si ne se trouvait à bord, avec l'équipe 11 de sa section de sapeurs, le propre chef de l'opération « Granit », le lieutenant Witzig. Fou de rage, le jeune officier a vu ses hommes poursuivre sans lui leur vol vers l'ennemi.

Peu après, un second incident se produit. Cette fois, c'est l'équipage d'un Junkers qui commet une erreur de repérage au sol et donne le signal de larguer le câble. Le pilote du planeur n'en croit pas ses yeux. Mais un ordre est un ordre et, sans chercher à comprendre davantage ce qui arrive, il libère la remorque. L'appareil doit se poser dans un champ près de Düren. Là, les paras comprennent rapidement l'erreur de largage et maudissent les aviateurs. Il s'agit de l'équipe 2, elle aussi affectée à l'opération « Granit ». Leur chef, le sergent Maier, est furieux et se demande comment il va pouvoir rejoindre au plus vite ses camarades qui doivent se trouver déjà au-dessus de la Belgique.

Ainsi, sur les onze équipes qui doivent attaquer le fort d'Eben-Emael, deux vont manquer, tout à l'heure, le rendez-vous avec le destin. Et leur chef, le lieutenant Witzig, ne sera pas à la tête de ses sapeurs aux premières minutes du combat décisif.

Voici venues les dernières minutes du vol d'approche.

Dans tous les appareils règne un silence presque oppressant. Les pilotes se repèrent, tandis qu'éclatent les premiers obus des canons antiaériens hollandais de la région de Maastricht, dont les servants viennent d'être réveillés par le puissant grondement de moteur des Junkers volant vers la Belgique. Sans se soucier de rien d'autre que de leur route, les pilotes de planeurs essaient de se repérer dans la lumière incertaine qui précède l'aube. Voici enfin le ruban plus clair de la Meuse avec sa couleur d'argent terni. Puis, un peu plus loin vers l'ouest, la ligne rectiligne du canal Albert. Chaque chef d'équipe peut alors annoncer de la même voix calme :

— Nous y sommes !

Il est cinq heures et quart du matin, en ce 10 mai 1940.

*
* *

Le premier planeur d'assaut du bataillon Koch se pose à 5 h 15 précises près du pont de Vroenhoven, qui enjambe le canal Albert et sur lequel passe la route qui va de Maastricht en Hollande à Tongres en Belgique. Le cours d'eau artificiel est large d'une trentaine de mètres.

C'est le sous-lieutenant Gerhard Schacht qui commande cette opération à la tête du groupe d'assaut « Béton ». Sous ses ordres, une dizaine d'équipes de chasseurs parachutistes : quatre-vingt-seize hommes. En face, quelques centaines de lignards belges, des cyclistes garde-frontières et deux gendarmes qui font les cent pas sur le pont. Depuis minuit, les forces armées royales du secteur sont en alerte. Mais cela fait au moins la dixième depuis le début de l'année et personne n'y croit. Les Belges ont bien entendu les canons antiaériens hollandais là-bas vers l'est. Mais ils pensent que leurs voisins prennent à partie quelques appareils allemands isolés. D'ailleurs, on n'entend aucun bruit de moteur.

Le jour va bientôt se lever. Le ciel est déjà gris, mais il semble y avoir pas mal de brouillard.

Soudain, les sentinelles aperçoivent de grands oiseaux gris qui tournoient au-dessus du village de Vroenhoven. Aucun bruit de moteur.

— Ce sont des avions en détresse, estime un sergent belge que vient de prévenir un de ses hommes, de garde sur le pont en compagnie d'un gendarme.

Presque en même temps, les planeurs se posent dans les champs. On en compte sept sur la rive ouest du canal Albert, trois sur la rive est et un onzième un peu isolé, sur l'arrière des positions occupées par les lignards. Les Belges croient tellement qu'il s'agit d'avions en détresse et non pas de planeurs d'assaut qu'un maréchal-des-logis de gendarmerie se précipite vers un appareil tombé à moins de cinquante mètres de lui. Il est bloqué net dans son élan par une rafale de pistolet-mitrailleur qui le fauche aux jambes.

Les paras du sous-lieutenant Schacht ouvrent les portes latérales des planeurs et bondissent, l'arme au poing. Ils voient des Belges qui essaient de s'engouffrer dans un abri. Alors les assaillants leur crient :

— *Halt ! Kamerad !*

Et ils se mettent aussitôt à tirer.

Au même moment, quatre bombardiers allemands attaquent la caserne de Lanaeken. Là se trouve le commandant belge Giddeloo, qui doit donner l'ordre de faire sauter les ponts en cas d'attaque. L'officier est tué avec une vingtaine d'hommes. Le corps de garde et le central téléphonique sont détruits. Aucun message ne parvient aux défenseurs du pont de Vroenhoven qui ne comprennent rien à ce qui leur arrive. Un sergent belge prend pourtant l'initiative d'allumer la mèche qui doit faire sauter l'ouvrage. Mais le caporal para Stenzel a vu la flamme de son briquet. Il a compris aussitôt et bondit vers la porte de l'abri encore entrouverte, lance une grenade, puis arrache la mèche et se laisse tomber à terre. Ses camarades arrivent en courant et balancent des charges creuses dans l'abri, par la porte et les embrasures. On entend aussitôt des bruits d'explosions. Des flammes jaillissent. Une épaisse fumée envahit la casemate. Plusieurs soldats belges sont tués. Leurs camarades, commotionnés, brûlés, asphyxiés, ne peuvent réagir. Ils gisent abasourdis aux côtés de neuf cadavres, au milieu des éclats d'acier et des blocs de béton de l'abri disloqué, tandis que commencent à exploser leurs munitions.

Les chasseurs parachutistes, jaillis des planeurs, après avoir neutralisé l'équipe chargée de faire sauter le pont, attaquent maintenant les îlots de résistance qu'ils prennent à revers. Le sous-lieutenant Schacht dirige l'assaut de ses équipes. En un quart d'heure, un premier peloton de lignards belges est surclassé. Les malheureux étaient armés de fusils juste bons à s'enrayer et de grenades auxquelles manquaient... les bouchons-allumeurs. Ils les lancent comme des pierres sur les Allemands, qui tirent de brèves rafales de pistolet-mitrailleur et accablent leurs adversaires sous un déluge de grenades à manche.

Les planeurs se sont parfois posés sur les abris eux-mêmes. Les paras de Schacht attachent alors des charges creuses à des cordes et les balancent dans les embrasures. Les fortins tombent les uns après les autres, tandis que les explosifs font voler en éclats les portes blindées. Enfumés et brûlés, les occupants des abris sont rapidement capturés. Quelques officiers rassemblent pourtant dans le village une poignée d'hommes désorientés et essaient de monter une contre-attaque. Elle n'aura aucun succès, malgré le sacrifice d'un sous-lieutenant chef de peloton qui fonce, tout seul, vers les paras allemands, en tirant les dernières cartouches d'un vieux fusil-mitrailleur.

Le chef du bataillon d'assaut a décidé qu'il établirait son poste de commandement à Vroenhoven. Avec son état-major, le capitaine Koch a pris place dans un des planeurs du groupe « Béton ». Il a pu constater que les chasseurs du sous-lieutenant Schacht menaient leur affaire selon le plan prévu : chacun connaissait par cœur son rôle, à une seconde et à une maison près.

Les paras de Vroenhoven se conduisent dans le village comme en pays de connaissance. Déjà une équipe, avec Schacht lui-même, se précipite vers l'ouest, sur la route de Tongres, où elle doit s'établir en avant-garde à plus d'un kilomètre du pont. Sur les dix hommes qui la composent, on comptera dans quelques heures quatre morts et six blessés graves...

Les Allemands ont fait prisonniers trois cents soldats belges, qui sont aussitôt occupés à dégager les obstacles antichars du pont et de la route. Moins d'une demi-heure après l'attaque, un officier peut venir annoncer au chef du bataillon d'assaut :

— La voie est libre, Herr Hauptmann.

— Parfait.

Le capitaine Koch n'a pas récupéré sans mal l'équipe radio de son poste de commandement : le planeur qui la transportait s'est posé à un demi-kilomètre des autres et s'est trouvé sous le feu d'une mitrailleuse. Un opérateur a été tué et il a fallu envoyer une équipe de choc pour dégager ses camarades. Enfin, maintenant, les liaisons fonctionnent. Walter Koch établit le contact avec ses autres groupes d'assaut : « Acier » à Veldwezelt, « Fer » à Canne et « Granit » à Eben-Emael. Tout semble bien se passer.

On a donné de l'air à la tête de pont vers l'ouest. Une autre équipe est envoyée vers l'est pour bloquer toute tentative des Hollandais. D'autres paras s'installent en défensive le long du canal Albert, en amont et en aval.

Il est six heures et quart quand un grondement se fait entendre. Les chasseurs aéroportés lèvent la tête. Ce sont leurs camarades parachutistes qui arrivent en renfort. Ils sautent aussitôt. Un d'entre eux tombe dans le canal et meurt noyé, un autre se tue à l'atterrissage. Mais les autres foncent déjà vers leurs positions de combat, après avoir récupéré les mitrailleuses dans leurs gaines métalliques, tandis qu'une seconde vague de Junkers 52 parachute ravitaillement en vivres et en munitions.

Le capitaine Koch a quitté son casque de para pour coiffer sa casquette grise de la Luftwaffe. Comme la belle saison est arrivée, il la porte avec sa coiffe blanche et se tient ainsi, au milieu du pont que ses hommes viennent de conquérir, aussi élégant qu'un jour de parade.

Dans la soirée, les fantassins du 111e régiment d'infanterie de la Wehrmacht viendront relever aéroportés et parachutistes, qui prendront alors la route de Maastricht, mission terminée, après avoir perdu sept tués et vingt-quatre blessés dans cette opération du pont de Vroenhoven[1].

***

Cinq minutes exactement après leurs camarades du groupe d'assaut « Béton » de Vroenhoven, les quatre-vingt-douze chasseurs parachutistes du groupe « Acier », commandés par le lieutenant Gustav Altmann, vont se poser, quelques kilomètres plus au nord, près du pont de Veldwezelt, sur la route de Maastricht à Hasselt. Il est exactement 5 h 20 quand leurs planeurs atterrissent.

Le pont et le village sont tenus par des carabiniers belges. Comme tous leurs camarades, ils sont en alerte et les civils ont reçu dans la nuit l'ordre de s'éloigner de plus de trois cents

1. Après sa blessure du 10 mai 1940, le lieutenant Gerhard Schacht sera attaché à l'état-major des troupes parachutistes comme officier d'ordonnance du général Student.

mètres du pont, dont la destruction est prévue en cas d'attaque. Les cyclistes qui doivent assurer la mise à feu des explosifs aperçoivent les grands planeurs silencieux quelques secondes seulement avant l'atterrissage. Le major belge qui commande la compagnie de garde effectue justement une ronde. Il n'a que le temps de lancer de grands coups de sifflet et de crier à ses hommes :

— Ouvrez le feu !

Des neuf planeurs, les équipes du groupe d'assaut « Acier » bondissent déjà vers leurs objectifs. Là encore, tout a été minutieusement réglé, au mètre près. Trois planeurs se sont posés au nord de la route, cinq au sud et un autre un peu plus à l'écart vers l'ouest. Les soldats belges tirent quelques coups de fusil, puis se réfugient dans l'abri qui commande le pont. Ils dégringolent à l'étage inférieur de l'ouvrage sans même allumer la mèche qui commande la mise à feu des explosifs. Un carabinier courageux s'installe pourtant derrière un fusil-mitrailleur et commence à prendre les assaillants à partie. Mais le caporal para Ellersiek entraîne ses hommes qui attaquent au lance-flammes les embrasures du fortin. Une déflagration retentit. Les Belges voudraient se rendre mais les Allemands continuent à envoyer grenades à manche et charges creuses. Tout s'embrase. Il n'y aura pas un seul survivant et même les crosses en bois des fusils seront carbonisées.

Dans tout le village de Veldwezelt retentissent des explosions qui font trembler le sol et éclairent de longues flammes rouges la grisaille de l'aube. Un estaminet s'écroule, suivi dans sa chute par les maisons voisines. Une épaisse poussière s'élève du tas de briques.

Dès l'atterrissage une équipe de chasseurs s'est précipitée vers l'abri installé dans la culée du pont où se trouvent quatre mitrailleuses. Les carabiniers, en apercevant les Allemands, s'engouffrent en désordre dans le fortin. Une course de vitesse s'engage. Les Belges disparaissent à l'intérieur, mais les paras les suivent. Ils se trouvent alors arrêtés par une porte blindée.

— Vite, les explosifs ! ordonne le chef d'équipe tandis que ses hommes tirent des rafales dans une autre ouverture.

Rapidement, la porte est enfoncée et les assaillants balancent des charges incendiaires. Tout l'abri se remplit de fumée et plusieurs carabiniers sont sérieusement brûlés. Les voici pris au piège : il n'y a qu'une issue et la porte, disjointe, apparaît complètement bloquée. D'ailleurs, les agresseurs sont derrière, prêts à tirer. Un des Belges essaie de parlementer. Les Allemands lui répondent et proposent des pansements pour les blessés.

— Ne bougez pas, disent-ils. On viendra vous chercher plus tard.

Les emmurés passeront encore dans le fortin enfumé une journée, une nuit et une matinée avant d'être délivrés et faits aussitôt prisonniers. Ils devront sortir les bras en l'air, tandis qu'un cinéaste d'une compagnie de propagande filmera la scène pour les actualités allemandes.

Dans les rues du village de Veldwezelt les paras du groupe « Acier » se trouvent aux prises avec les carabiniers. Le lieutenant Altmann n'a pas besoin de lancer ses hommes à l'assaut. Chacun de ses chasseurs sait exactement ce qu'il doit faire. Dès l'atterrissage, ils ont attaqué à la grenade et au pistolet-mitrailleur. En face d'eux, les Belges sont vite désemparés. La plupart de leurs armes, mal entretenues, sont hors d'état de tirer. Les fusils s'enrayent presque tous. Quant aux grenades, il ne manque là encore, que les bouchons-allumeurs : ils se trouvent dans des caisses que personne n'arrive à découvrir ! Certains pelotons n'ont même pas de cartouches, car elles sont stockées dans les voiturettes du train de combat, on ne sait où !

Au moment où quelques officiers belges tentent de mener une improbable contre-attaque, avec les quelques carabiniers rescapés du massacre, les Junkers arrivent et larguent en renfort une section de parachutistes sous les ordres du sous-lieutenant Helmuth Ringler. Ils ne sont que deux douzaines, mais leur arrivée achève de semer la panique.

En moins de dix minutes, le pont de Veldwezelt est tombé aux mains des paras du Reich. L'atterrissage des planeurs a été plus difficile qu'à Vroenhoven et les pilotes ont « cassé du bois ». Certains chasseurs aéroportés se sont même trouvés hors de combat dès l'arrivée au sol et des armes lourdes ont été perdues dans la boue. Pourtant, malgré les barbelés et quelques tirs de mitrailleuse, la mission a été accomplie rapidement.

Quand les troupes de la Wehrmacht arrivent de Maastricht au début de l'après-midi du 10 mai, le lieutenant Gustav Altmann a la situation bien en main, même s'il compte dans le groupe « Acier » huit morts et trente blessés dont quatorze grièvement [1].

***

Le sous-lieutenant Martin Schächter, chef des quatre-vingt-douze hommes du groupe d'assaut « Fer », a reçu l'ordre d'attaquer le pont de Canne, qui se trouve sur le canal Albert, juste au nord du fort d'Eben-Emael. Ses dix planeurs atterrissent à 5 h 34 très exactement. Ce seront les derniers appareils

1. Le lieutenant Gustav Altmann, promu capitaine, commandera en Crète, la 2e compagnie du régiment d'assaut parachutiste. Envoyé en mission spéciale avec son unité transportée par planeurs à l'est de La Canée, il sera porté disparu dès le début de la bataille.

du bataillon Koch à se poser et ils doivent affronter un terrain très difficile. Le pont dont les paras ont mission de s'emparer se trouve à quatre mètres au-dessus du niveau du canal et la rive ouest escarpée est impraticable à l'atterrissage.

Tout commence assez mal. Un planeur se détache trop tôt et va se perdre dans la campagne belge. Au sol, les défenseurs sont sur leurs gardes, puisque les premiers coups de feu ont retenti à Vroenhoven depuis près de vingt minutes. Le major belge Jottrand, qui commande le fort d'Eben-Emael et dont dépend le pont de Canne, a eu cette fois le temps de prévenir les grenadiers qui gardent l'ouvrage et il a donné l'ordre à la petite équipe de destruction de faire sauter le pont.

Les planeurs du sous-lieutenant Schächter se posent en désordre, accueillis par des gerbes de balles traçantes. Un des appareils s'enflamme en plein vol et le pilote réussit à le poser en catastrophe, alors qu'explosent déjà les munitions. Le terrain est si accidenté et si glissant que plusieurs planeurs ne peuvent s'arrêter. Certains dévalent la colline et vont se fracasser contre les clôtures de fil de fer barbelé. Jamais un atterrissage n'aura été si acrobatique. Rudement secoués, les paras se sortent assez péniblement des carcasses tordues, dont ils tirent leurs camarades atteints par les rafales des mitrailleuses antiaériennes. Le groupe « Fer » compte déjà dans ses rangs des morts et des blessés avant même que commence vraiment le combat.

Le sous-lieutenant Schächter pousse un cri de rage. Au moment précis où ses chasseurs parachutistes arrivent près du village de Canne, sur la rive orientale du canal Albert, le pont saute dans une énorme déflagration qui projette vers le ciel des débris d'acier et des traverses volant comme fétus de paille. Il faudra traverser sur des débris de poutrelles.

L'officier allemand essaie de récupérer ses hommes. Mais, cette fois, la dispersion des planeurs a été importante. L'un des appareils s'est même posé juste sur le poste de commandement des carabiniers belges. Les paras sont accueillis à coups de revolver par les officiers de l'état-major, tandis que des grenadiers surgissent de toute part pour porter secours à leurs chefs. Le coin est malsain et il faut déguerpir.

Très rapidement, les défenseurs du pont de Canne désormais détruit parviennent à monter de petites contre-attaques locales. Un point d'appui enlevé par les paras est repris. Puis un second. On se bat sur la colline d'Opcanne, sur la rive occidentale où des petits groupes de Belges et d'Allemands se fusillent à bout portant dans la plus grande confusion. Les assaillants vont être repoussés, malgré leurs assauts de plus en plus désespérés. Les grenadiers font la chasse aux aéroportés et les débusquent des positions qu'ils essaient d'improviser.

Le chef du groupe « Fer » juge vite la situation très grave. Le pont vient de lui sauter sous le nez et c'est son unité qui risque maintenant d'être encerclée et débordée. Alors, le sous-lieutenant Schächter lance un ordre bref :

— Grimpez sur la crête et tenez bon !

Les paras escaladent les pentes en direction d'Opcanne, bousculant au passage les positions retranchées tenues par les grenadiers belges. Le terrain est mouvementé, coupé de carrières et de ravins. Il faut enlever les retranchements ennemis à la grenade. Dans ce pays inconnu, gênés par le brouillard grisâtre de l'aube, les paras ont quelque mal à s'orienter. Mais ils suivent leur chef qui veut occuper le sommet de la colline. Martin Schächter se lance à l'assaut d'une tranchée quand il s'écroule grièvement blessé aux jambes. Il veut se traîner vers un repli de terrain quand il est à nouveau touché d'une balle à la tête [1]. Son camarade Joachim Meissner le remplace à la tête du groupe « Fer ». Il se sent, lui aussi, pris au piège et veut obtenir au plus vite la liaison radio avec son chef, le capitaine Koch, qui doit se trouver un plus au sud, à Vroenhoven.

— Où sont les gars de la radio ?

— L'un a été tué avant l'atterrissage et l'autre vient d'être blessé, Herr Leutnant.

— Débrouillez-vous pour récupérer les postes et obtenir la liaison avec le bataillon.

Pour le sous-lieutenant Meissner et ses hommes, l'arrivée des renforts devient urgente. Il est 6 h 10 et ils se battent depuis une demi-heure quand ils entendent enfin le grondement des Ju 52.

— Voilà les paras !

Deux douzaines d'hommes doivent sauter sur Canne pour venir renforcer le groupe « Fer ». Mais le terrain est si difficile que les pilotes se repèrent mal et larguent les parachutistes un demi-kilomètre trop à l'ouest. Dès qu'ils passent la portière de l'avion, les Allemands sont accueillis par un feu d'enfer. Au sol, les grenadiers belges peuvent les mitrailler à loisir. Sur les vingt-cinq hommes largués en renfort, quatorze seront tués et huit blessés avant même de toucher le sol. Il n'y aura que trois survivants pour parvenir à se glisser entre les lignes et rejoindre les aéroportés. Un des blessés, fait prisonnier par les Belges et livré aux Anglais, ne sera récupéré par la Wehrmacht que lorsque les colonnes blindées allemandes auront fini de liquider la poche de Dunkerque plus d'un mois plus tard...

Les paras regroupés autour du sous-lieutenant Meissner occu-

---

1. Après sa blessure, le sous-lieutenant Martin Schächter rejoindra le régiment d'assaut parachutiste comme officier d'ordonnance du général Meindl. Il sera à nouveau grièvement blessé en Crète lors de l'atterrissage de son planeur, dès le premier jour de la bataille, le 20 mai 1941.

pent une petite tête de pont à l'ouest du canal Albert. Ils voient à leurs pieds l'objectif qu'ils devaient prendre, ce pont de Canne qui n'est plus que débris informes. Ils doivent tenir, sans avoir même la joie d'avoir réussi la mission confiée au groupe d'assaut « Fer ». Ce matin, les paras sont amers. D'autant plus que les avions allemands qui viennent les appuyer, dès le lever du jour, se trompent d'objectifs et attaquent les tranchées que les paras ont eu tant de mal à prendre après leur atterrissage mouvementé.

Le canal et les ruines du pont se trouvent sous le feu des Belges. Leurs mitrailleuses et leurs canons empêchent toute tentative de franchissement. Les paras ne pourront être dégagés qu'à la nuit, par des éléments de la Wehrmacht qui parviennent à franchir l'obstacle sur des canots pneumatiques.

Le sous-lieutenant Meissner rend compte de sa mission[1]. Le pont qu'il devait capturer est désormais inutilisable. Le groupe d'assaut « Fer » a échoué, même si le village de Canne se trouve depuis midi aux mains des troupes allemandes. Sur une centaine d'hommes, les paras de cette unité comptent vingt-deux tués et vingt-six blessés, dont leur chef paraît un des plus grièvement atteints. Prévenu par radio, le capitaine Koch fera mélancoliquement les comptes : plus de la moitié de l'effectif du groupe « Fer » hors de combat. Et pour aboutir à un échec.

Heureusement, il reste au chef du bataillon d'assaut une consolation de prix : l'incroyable victoire d'Eben-Emael.

---

1. Le sous-lieutenant Joachim Meissner sera tué au combat en Normandie, le 24 juillet 1944, alors qu'il commandait un bataillon de chasseurs parachutistes.

IX

ATTERRISSAGE ENTRE LES COUPOLES D'EBEN-EMAEL

— Voilà le fort !

Pour les pilotes des neuf planeurs restant du groupe d'assaut « Granit », l'objectif apparaît distinctement dans la clarté laiteuse de cette aube du 10 mai 1940. On dirait une tête de flèche, la pointe vers le nord. La partie Ouest est couverte par un bois touffu et la partie Est domine le canal Albert du haut d'un mur vertical. Partout des coupoles et des fortins.

Dans dix minutes, cet ouvrage, au milieu du fracas assourdissant des explosions des grenades à main et des charges creuses, va entrer dans l'histoire des paras du IIIe Reich. Les sapeurs qui, tels des corsaires, vont le prendre « à l'abordage » ne connaissent pourtant même pas son nom, Eben-Emael. Ils ont découvert voici quelques minutes seulement que cet énorme ouvrage fortifié se trouve à la frontière hollandaise devant Maastricht, au-delà de la Meuse.

Eben-Emael, c'est la plus grande fierté des ingénieurs en fortifications du royaume de Belgique. Construit de 1932 à 1935, cet ouvrage se veut une sorte de « concentré » de la fameuse ligne Maginot, à l'abri de laquelle les voisins français se croient invulnérables.

Les grands oiseaux silencieux à croix noire vont se poser sur le fort lui-même. Long de neuf cents mètres du nord au sud et large de sept cents mètres à sa base, le grand ouvrage triangulaire, en dehors de la partie boisée, présente plusieurs espaces largement découverts. Les soldats belges ont même l'habitude de venir tous les jours jouer au football sur ce qui sera dans quelques secondes la piste d'atterrissage des planeurs du groupe d'assaut « Granit ».

Chacun des hommes du lieutenant Rudolf Witzig a reçu une

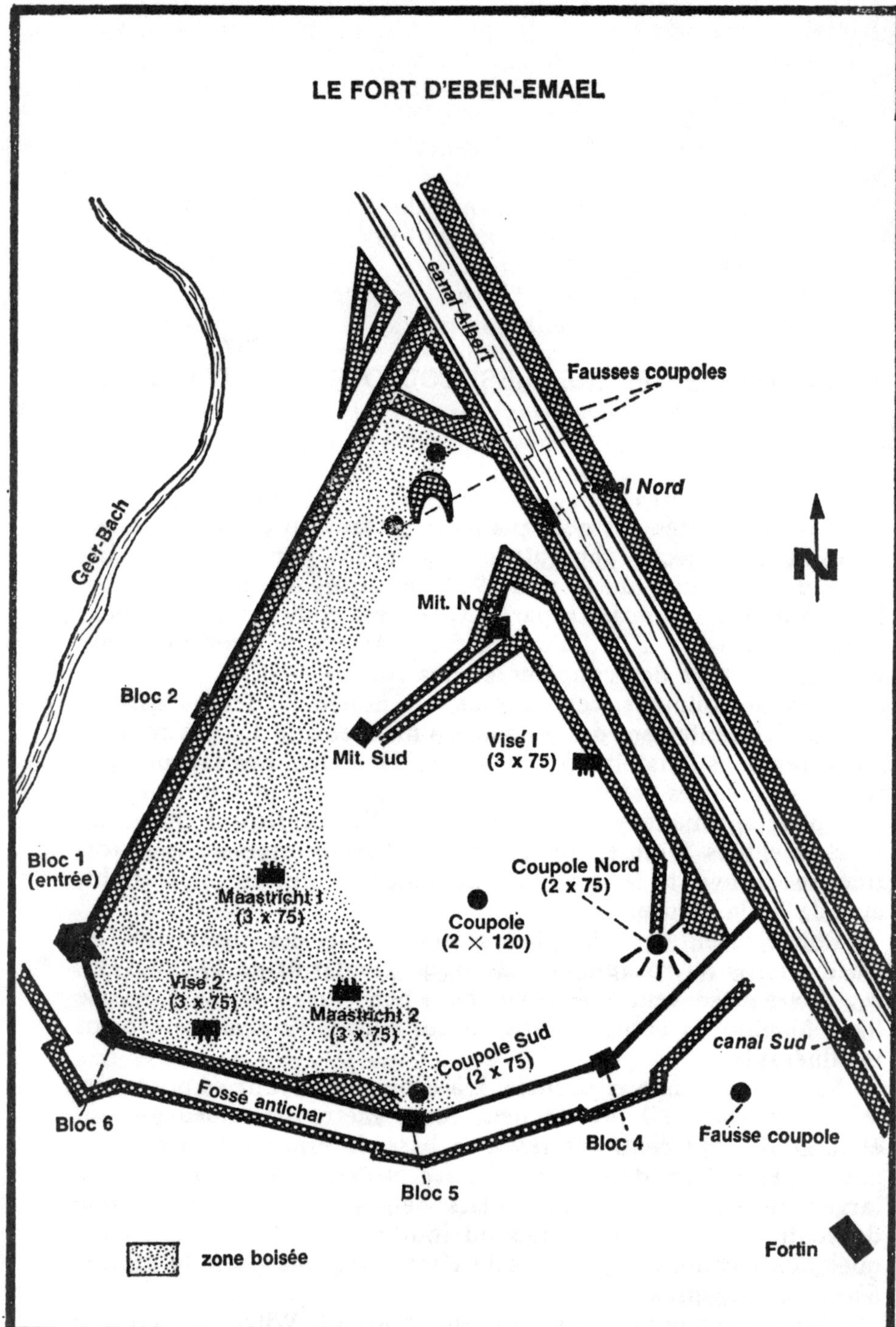
LE FORT D'EBEN-EMAEL
Geer-Bach
canal Albert
Fausses coupoles
canal Nord
N
Mit. Nord
Bloc 2
Mit. Sud
Visé I
(3 x 75)
Bloc 1
(entrée)
Maastricht 1
(3 x 75)
Coupole Nord
(2 x 75)
Coupole
(2 × 120)
Visé 2
(3 x 75)
Maastricht 2
(3 x 75)
Coupole Sud
(2 x 75)
canal Sud
Fossé antichar
Bloc 6
Bloc 4
Fausse coupole
Bloc 5
zone boisée
Fortin

carte postale, établie à l'aide de photographies aériennes, sur laquelle figurent tous les ouvrages d'Eben-Emael, qui constitue un redoutable ensemble défensif avec une vingtaine de points forts. Chaque équipe de sapeurs doit donc s'attaquer successivement à deux ouvrages. Le chef de l'opération « Granit » leur a donné l'ordre de priorité et le leur a rappelé, une fois encore, avant l'envol :

— Nous devons d'abord nous débarrasser des armes qui défendent le fort lui-même et peuvent nous empêcher de remplir notre mission. C'est-à-dire, en premier lieu, les mitrailleuses et les canons à tir rapide. Il doit y en avoir deux douzaines en tout, mais certains ne nous gêneront pas au début. Puis nous nous occuperons des pièces d'artillerie qui constituent l'essentiel de l'armement du fort. Il ne faudra pas mettre plus d'un quart d'heure. Après, les Belges risquent de réagir durement. Il faudra donc essayer de faire sauter les issues des galeries et bloquer toute sortie. Jusqu'à notre relève, qui aura lieu sans doute vers midi, nous ne pourrons compter que sur nous-mêmes. La section devra s'installer en défensive sur les positions conquises dès l'atterrissage. Toute idée de retraite est exclue.

***

Chacun des sapeurs de la section Witzig connaît par cœur la carte postale de la forteresse d'Eben-Emael où le seul renseignement manquant est le nom de l'ouvrage... Les deux flancs du triangle forment des obstacles naturels à peu près infranchissables à toute attaque classique. Au sud-est, vers la Hollande, le fort d'Eben-Emael domine le canal Albert large d'une trentaine de mètres, du haut de ses quarante mètres et la muraille, absolument verticale, se trouve battue par le poste de Canal Nord, qui interdit certes toute attaque terrestre, mais ne peut rien contre des assaillants tombés du ciel. Au nord-ouest, le fort, dont le mur d'enceinte, haut de quatre mètres, domine un fossé rempli d'eau, se trouve aussi protégé par un ruisseau, le Geer, qui rejoint le canal et qui peut inonder tout le secteur septentrional d'Eben-Emael, formant un marais infranchissable. Cette zone est d'ailleurs battue par deux autres casemates, en caponnière, les Blocs 1 et 2, armés de mitrailleuses ou de canons à tir rapide 60, mais qui peuvent, comme les Blocs 4, 5 et 6, situés à la base méridionale du triangle, interdire l'accès à des assaillants venus de l'extérieur du fort. Il n'existe qu'une seule entrée, située dans l'angle sud-ouest ; elle conduit à l'intérieur de l'ouvrage par tout un système de galeries souterraines, serpentant sur des kilomètres et que les défenseurs doivent parcourir à pied sur des trajets durant dix à vingt minutes. La garnison, forte de douze cents hommes à effectif complet, appartient au régiment de forteresse de Liège, le RFL, et bénéficie, dans ses installations situées entre quarante et soixante mètres sous la surface du sol, de toute la protection possible et même de tout le confort souhaitable. On trouve à Eben-Emael des casernements, un hôpital avec une salle d'opérations, des cuisines, des ateliers, des magasins, une salle des machines pour fabriquer le courant électrique et renouveler l'air arrivant par des prises extérieures camouflées et munies de ventilateurs et de filtres puissants.

Le commandant du fort, dans son poste de combat situé au cœur du dispositif, bénéficie d'un excellent réseau par radio et par fil, tant avec l'extérieur qu'avec les différents points forts de l'ouvrage.

A l'étage intermédiaire, en dessous des casemates et des coupoles, auxquelles on accède par des puits, avec escaliers et monte-charge, se dressent les postes de direction de tir et les soutes à munitions, à une profondeur d'une bonne vingtaine de mètres.

A la surface du sol, dans le périmètre triangulaire, entouré du mur d'enceinte sur lequel se trouve la demi-douzaine de blocs défensifs contre tout assaillant venu de l'extérieur, la forteresse d'Eben-Emael comporte les ouvrages suivants :

Au centre, deux emplacements de mitrailleuses sous casemates, dénommés Mi-Nord et Mi-Sud.

Au sud-est, un ensemble de quatre mitrailleuses antiaériennes à l'air libre se trouvant entre deux coupoles mobiles dites Coupole Nord et Coupole Sud, à éclipse, armées chacune de deux canons de 75.

Au centre, deux batteries, sous casemates, de trois canons de 75, dites l'une Visé 1 et l'autre Maastricht 1, du nom des secteurs qu'elles sont destinées à battre, et qui ont une portée d'une douzaine de kilomètres.

Au sud-ouest, deux autres batteries analogues, qui portent les noms de Maastricht 2 et Visé 2, et ont la même portée.

A l'extrême nord, dans la pointe de la flèche, les photographies aériennes permettent de déceler deux coupoles de six mètres de diamètre qui abritent sans doute des canons d'assez fort calibre.

Enfin, au centre même du fort d'Eben-Emael, se trouve la partie la plus puissante de tout l'ouvrage : une batterie sous coupole de deux canons de 120, le plus fort calibre qui existe sur cette position frontalière et dont la portée atteint seize kilomètres.

Pour l'offensive allemande qui commencera sur le front de Hollande et de Belgique dix minutes exactement après l'atterrissage des planeurs du groupe « Granit » du bataillon d'assaut Koch sur Eben-Emael, le fort qui domine le canal Albert constitue un danger redoutable. Que les paras échouent et c'en est fait aujourd'hui de l'attaque allemande à la charnière même de la grande attaque à l'Ouest.

⁂

L'offensive des forces du Reich ne sera pourtant pas une surprise. Depuis minuit, le major Jottrand qui commande le fort d'Eben-Emael a reçu de Liège un ordre d'alerte. Mais c'est le troisième depuis un mois et il ne s'en soucie pas trop. Il quitte cependant sa villa et gagne dans la nuit son poste de commandement souterrain. Les hommes qui se trouvent cantonnés à l'extérieur de l'ouvrage ont l'ordre de le rejoindre tandis que leurs camarades de garde se dirigent vers leurs emplacements de combat, sans trop croire cependant à la réalité d'une attaque imminente. Pour prévenir toutes les troupes du secteur et inviter les civils belges à s'éloigner des points menacés, une des batteries du fort a tiré, vers trois heures du matin, vingt coups de canon à blanc, à trente secondes d'intervalle chacun.

Tout cela se déroule dans une atmosphère de routine et de négligence. Beaucoup d'hommes du régiment de forteresse de Liège sont en permission et il manque à certains postes le quart ou même la moitié des effectifs. Les soldats belges présents vont prendre leur service d'alerte comme une ennuyeuse corvée.

⁂

Si les pilotes aperçoivent maintenant le grand triangle du fort d'Eben-Emael, les sapeurs de chacune des neufs équipes de choc, à califourchon sur la poutre médiane de leur planeur, ne voient pas grand-chose. Ils ont entendu tout à l'heure éclater les obus des canons antiaériens hollandais. Puis ils sentent l'appareil effectuer un ultime virage sur l'aile et descendre de plus en plus, telle une gigantesque chauve-souris nocturne. Un instant, par les minuscules fenêtres de plexiglas, les hommes du groupe d'assaut « Granit » distinguent quelques arbres, une clairière, des casemates et des coupoles à demi mangées par le brouillard. La course silencieuse semble encore s'accélérer. Soudain, se produit un choc très brutal.

Les planeurs glissent sur quelques mètres, puis s'inclinent sur une aile et s'arrêtent aussitôt. Les paras sont jetés les uns contre les autres, ils roulent dans le fuselage, enchevêtrés avec leurs armes, leurs échelles, leurs explosifs, tout ce fourniment de sapeur d'assaut qu'ils se sont habitués depuis près d'une demi-année à charger dans les planeurs et à débarquer à toute vitesse. Dans le choc de l'atterrissage, la section Witzig compte quelques blessés. Mais déjà leurs camarades arrachent les portes latérales des appareils et bondissent vers leurs objectifs.

Les mèches sont aussitôt sorties des poches des combinaisons de combat. Les premières charges creuses éclatent. La fumée se mêle au brouillard. On ne voit pas grand-chose, tandis que les paras courent en tous sens sur le grand plateau triangulaire de la forteresse.

Quelques mitrailleuses belges ripostent. Les premiers coups de canon de la défense marquent le début de la bataille. Mais les sapeurs semblent se faufiler comme des lutins entre les balles, semant derrière eux les explosions qui ne cessent de tonner. Des morceaux de béton et des éclats d'acier volent en zigzag comme des oiseaux avant l'orage. Les sapeurs du lieutenant Witzig rampent, bondissent, déposent leurs charges dans les embrasures et contre les portails, allument les mèches, se laissent retomber dans l'herbe rase, puis repartent en courant, courbés en deux sous la mitraille, en direction d'autres objectifs. Leur étrange ballet de mort est ponctué de gerbes de pierres et de terre. Parfois jaillit, au ras du sol, la longue lueur aveuglante d'un lance-flammes.

Quelques paras tombent, frappés par les armes de l'ennemi ou même par leurs propres explosifs, dont les déflagrations brutales semblent se répondre d'un objectif à l'autre.

Chaque équipe de sapeurs parachutistes doit faire face à sa mission et entame une prodigieuse lutte contre le temps et la mort.

Le lieutenant Rudolf Witzig a divisé sa section du génie en onze équipes, chacune commandée par un sous-officier qui a sous ses ordres cinq ou six hommes, auxquels doit se joindre, après l'atterrissage, le pilote du planeur. Chaque équipe est armée d'une mitrailleuse légère ou d'un lance-flammes et transporte cinq sacs de grenades à main et surtout des charges creuses de 50, 12,5 et 3 kilos [1].

Tout le succès de l'action repose sur les chefs d'équipe qui ont été minutieusement sélectionnés et sont habitués à travailler isolément tout comme à prendre des initiatives au hasard des événements.

Ce sont tous de « vieux » paras formés à la rude école du génie aéroporté. Leur chef, le lieutenant Witzig, les a désignés

1. Voir en annexe l'organigramme complet du groupe d'assaut « Granit » et son armement.

après des mois et même, pour certains, des années d'entraînement et de vie commune. Ce sont l'adjudant Niedermeier à l'équipe 1, le sergent Maier à la 2, le sergent Arendt à la 3, l'adjudant-chef Wenzel à la 4, l'adjudant Haug à la 5, le sergent Harlos à la 6, le sergent Heinemann à la 7, le sergent Unger à la 8, le sergent Neuhaus à la 9, le sergent Hübel à la 10 et le sergent Schwarz à la 11. Ni l'équipe de ce dernier ni celle de son camarade Maier n'arriveront à temps sur Eben-Emael ; le combat commencera donc sans les équipes 2 et 11. Il manquera aussi le chef même de l'opération, le lieutenant Witzig. Pourtant, chaque équipe connaît si bien sa mission et l'a répétée tant de fois que l'absence de l'officier passera totalement inaperçue pendant les premières — et décisives — minutes du combat[1]

***

Avant même l'atterrissage des planeurs, les Belges ont réussi à prendre les assaillants à partie avec les quatre mitrailleuses de défense antiaérienne qui se trouvent dans la partie méridionale du fort. Tandis que les balles traçantes déchirent le brouillard, le pilote de l'équipe 5, le sergent aviateur Lange, un casse-cou notoire, décide de piquer exactement sur les pièces qui ont pris pour cibles les planeurs d'assaut du bataillon Koch. L'appareil, mené de main d'artiste, atterrit à cinq mètres d'une mitrailleuse et fauche avec son aile le support d'une autre qui est projetée à plusieurs mètres. Déjà, le chef de groupe, l'adjudant Haug, saute à terre et commence à tirer au pistolet-mitrailleur sur les soldats belges. D'autres paras attaquent leurs adversaires en leur lançant des grenades. Les servants qui ne sont pas tués ou blessés se rendent. L'adjudant dirige alors son adjoint Grechza et ses cinq sapeurs à l'assaut d'une espèce de hangar d'où partent maintenant d'autres coups de feu. Le pilote Lange, une fois réussi son atterrissage acrobatique, se bat comme les autres, l'arme au poing, et couvre de son tir les sapeurs qui se précipitent leurs explosifs à la main.

— En avant ! Vers le hangar ! hurle l'adjudant Haug.

Mais il est fauché par une rafale d'arme automatique et tombe, grièvement atteint. Ses sapeurs, aidés par leurs camarades de l'équipe 8 parviennent pourtant peu après à déloger les Belges du hangar et à faire taire les armes automatiques qui les avaient pris à partie. On compte une trentaine de prisonniers, presque tous servants des mitrailleuses antiaériennes.

---

1. Il est indispensable, pour comprendre l'action des sapeurs parachutistes sur Eben-Emael, de se reporter au plan du fort.

— Je me charge de les garder et de les conduire à notre poste de commandement, décide le sergent-pilote Lange.

Les sapeurs de l'équipe 5 doivent maintenant s'attaquer à leur second objectif. C'est la Coupole Sud, avec ses deux canons de 75. Privés de leur chef l'adjudant Haug, tombé lors de l'attaque du hangar, les paras parviennent cependant à placer une charge creuse de 50 kilos, mais il s'agit d'une tourelle à éclipse et elle se trouve rentrée dans le sol d'un demi-mètre quand se produit l'explosion. La redoutable charge creuse fera plus de bruit que de mal aux artilleurs belges qui, après le départ des Allemands, parviendront à remettre leurs deux pièces en batterie et ne cesseront guère de harceler les assaillants pendant tout le reste de la journée. Autant l'équipe 5 a réussi à neutraliser les mitrailleuses antiaériennes en un temps record, autant, privée de son chef, elle vient d'échouer totalement sur son second objectif.

L'autre batterie de deux 75 jumelés sous cloche à éclipse, la Coupole Nord, devait être attaquée par l'équipe 8 que commande le sergent Unger. Dès l'atterrissage, mené de main de maître par le sergent-pilote Distelmeier, à moins de trente mètres de l'objectif, les paras se trouvent pris sous un tir nourri d'armes automatiques. Il provient sans doute du hangar où se trouvent les mitrailleurs belges, rescapés des pièces antiaériennes et qui ont aussi pris sous leur feu les hommes de l'équipe 5 de l'adjudant Haug. Dès les premières minutes, la lutte devient très chaude dans ce secteur et le sergent Unger se demande s'il parviendra jusqu'à la Coupole Nord qui semble le narguer, à quelques dizaines de mètres. Ses sapeurs sont cloués au sol. Comment franchir le mur de feu ?

— Couvrez-nous ! hurle le sous-officier au sapeur Weinert, le tireur de la mitrailleuse de l'équipe 8, et à son chargeur.

Les premières rafales partent aussitôt, brèves, sèches et précises. Les adversaires installés dans le hangar sont réduits au silence pour quelques minutes. Le sergent Unger bondit vers la Coupole Nord. Il est suivi de deux sapeurs, Hooge et Hierländer, qui portent chacun la moitié d'une charge de 50 kilos. Enfin voici les trois paras sur l'ouvrage. Ils réunissent les deux parties de la plus grosse charge et la fixent sur la coupole à éclipse. Puis ils expédient une autre charge de 12,5 kilos contre la porte d'acier de l'ouvrage.

Pendant ce temps, deux autres paras de l'équipe 8, le caporal Else et le sapeur Plitz, attaquent le hangar, où ils balancent des charges de 3 kilos dans la porte et aident leurs camarades de l'équipe 5 à réduire l'ouvrage dont les défenseurs survivants ne vont pas tarder à se rendre.

La Coupole Nord se trouve donc neutralisée au bout des premières minutes du combat. Mais les paras ont travaillé sous le feu et on compte dans leurs rangs les premiers tués de l'opération « Granit ». Le sergent Unger est tombé à la tête de ses hommes de l'équipe 8, frappé mortellement par un éclat d'acier venant sans doute de la Coupole Nord que ses sapeurs ont quand même réussi à faire sauter. Le caporal Else le remplace aussitôt.

Il y a aussi un tué dans l'équipe 5, le sapeur Bögle, qui est tombé entre le nid de mitrailleuses antiaériennes et le hangar, où s'étaient réfugiés les Belges survivants avec une ou deux armes automatiques. Son chef d'équipe, l'adjudant Haug, se trouve au nombre des huit paras grièvement blessés, qui vont être transportés vers le poste de commandement de l'opération « Granit », dans la partie centrale des superstructures d'Eben-Emael.

Les parachutistes des deux équipes qui sont dans la partie méridionale de l'ouvrage et qui viennent d'attaquer la Coupole Nord et la Coupole Sud, s'en prennent maintenant au Bloc 4, situé le long du mur d'enceinte de la forteresse. Le caporal Else mène l'assaut avec les rescapés des équipes 8 et 5, désormais privés de leur chef, et qui veulent le venger avec une sombre détermination.

En face des sapeurs d'Unger et de Haug se dressent deux canons à tir rapide de 60 et deux mitrailleuses lourdes. Mais rien ne semble pouvoir arrêter les Allemands, fous de vengeance. En quelques minutes, des charges creuses bien envoyées musellent les pièces et blessent deux des servants belges. La coupole d'observation est détruite, mais la garnison réussit à se réfugier à l'étage inférieur. Elle prendra un peu plus tard les assaillants sous ses feux et les obligera à refluer dans la partie centrale de l'ouvrage, où s'installe d'ailleurs le poste de commandement de l'opération « Granit ».

***

Si les canons dirigés sur Maastricht et Visé constituent un grave danger pour les troupes allemandes en marche depuis la frontière et qui s'apprêtent à franchir la Meuse, puis le canal Albert, pour déferler sur la Belgique, ce sont les postes de mitrailleuses qui causent d'abord le plus de soucis aux sapeurs parachutistes de la section Witzig.

Les deux casemates portant les noms de Mi-Nord et Mi-Sud se trouvent dans la partie centrale du fort. Leur armement, redoutable pour l'infanterie comprend, pour chacune, deux mitrailleuses lourdes et une mitrailleuse légère, et chaque casemate est sommée d'une cloche d'observation d'où l'on découvre l'ensemble du plateau. Réduire ces deux positions au silence devient une mission primordiale pour les paras.

L'équipe 4, commandée par l'adjudant-chef Wenzel doit s'occuper de Mi-Nord. Quand son planeur, piloté par le sergent Bräntigam, se pose à une centaine de mètres du fortin, les mitrailleurs belges, malgré l'ordre d'alerte, n'ont pas encore ouvert les embrasures de tir. Les servants de ces pièces ne sont d'ailleurs que quelques-uns car la plupart d'entre eux sont alors employés à des déménagements, sans aucune utilité réelle, depuis le début de l'alerte. Il s'agit de mettre à l'abri quelques meubles de bureau et surtout les friteuses installées dans les baraquements à usage de cuisine près de la porte d'entrée.

Un para s'approche du fortin et il est alors aperçu par un sous-officier belge qui donne l'ordre aux mitrailleurs de gagner leur poste de combat. Mais l'adjudant-chef Wenzel surgit et réussit à expédier une charge d'un kilo dans l'ouverture du périscope de la tourelle d'observation. Puis c'est toute la coupole qui saute sous la déflagration d'une charge de 50 kilos.

L'adjudant-chef Wenzel est décidé à pénétrer à l'intérieur même de la casemate des mitrailleuses. Il ordonne à ses sapeurs de placer une autre charge de 50 kilos dans une embrasure. Une fantastique déflagration retentit et les paras peuvent se faufiler à travers la brèche ouverte dans le béton et l'acier. Les Allemands aperçoivent dans la fumée quelques cadavres de soldats belges complètement disloqués par les deux explosions des charges creuses du plus fort calibre. Le chef de l'équipe 4 distingue alors, accroché au mur, le poste téléphonique de la chambre de tir de Mi-Nord.

Wenzel décroche le combiné et entend un grésillement. Puis une voix demande :

— Qu'est-ce qui se passe ?

L'adjudant-chef ne parle pas français. Et c'est en anglais qu'il lance d'un air terrible :

— *Here are Germans* (c'est les Allemands) !

— Oh, mon Dieu ! lance son interlocuteur d'une voix terrifiée.

Les sapeurs de l'équipe 4 ont réussi à s'emparer de Mi-Nord uniquement avec leurs explosifs et sans tirer une seule cartouche. L'adjudant-chef Wenzel installe alors le poste de commandement de la section de sapeurs paras dans cet ouvrage, assez central, et y attend que le lieutenant Witzig, chef du groupe d'assaut « Granit », le rejoigne, comme prévu, d'une minute à l'autre.

La seconde casemate de mitrailleuses, Mi-Sud, doit être attaquée par l'équipe 9 du sergent Neuhaus. Le planeur qui la transportait a été fortement secoué par les explosions des canons hollandais et des mitrailleuses belges et on relèvera de nombreux impacts dans la toile du fuselage. Mais le pilote, le sergent Schulz, réussit cependant à se poser sans trop de dommages. Les sapeurs se trouvent quand même à plusieurs dizaines de mètres de Mi-Sud et doivent franchir un épais réseau de barbelés. Rapidement, ils s'attaquent à l'obstacle avec des cisailles. Le sergent Neuhaus s'attend à ce que les mitrailleuses belges ouvrent d'une seconde à l'autre le feu sur ces hommes qui progressent très péniblement. Enfin une brèche est ouverte :

— Par ici, Schlosser ! Vite !

C'est le sapeur qui porte le lance-flammes. Le voici à bonne portée et une énorme gerbe de feu fuse vers les embrasures. Puis un autre para surgit et réussit à balancer une charge de 12,5 kilos sur une embrasure.

— A la porte, maintenant ! ordonne le sergent Neuhaus.

Deux sapeurs réunissent les deux moitiés d'une charge de 50 kilos et parviennent à la poser contre la porte d'acier. Dix secondes. Puis une gigantesque déflagration. Arrachée de ses gonds, la porte n'est plus un obstacle. Les paras de l'équipe 9 se précipitent à l'assaut. Aucune réaction des défenseurs du poste de mitrailleuses. Enfin voici les sapeurs dans la chambre de tir où ils s'attendent à trouver les cadavres des occupants. Mais ils ne voient rien dans la casemate dévastée, tandis que se dissipe lentement la fumée.

— Ce n'est pas possible, murmure le sergent Neuhaus... Il n'y avait personne !

Aucun servant des mitrailleuses de Mi-Sud n'a gagné son poste. Transformés en déménageurs de friteuses, quelques soldats belges ont ainsi échappé à une mort affreuse. Les Allemands sont désormais maîtres d'un nouvel ouvrage, où ils ont découvert trois mitrailleuses intactes, dont s'emparent les sapeurs de l'équipe 9 du sergent Neuhaus.

***

Les batteries les plus redoutables pour l'armée allemande en pleine offensive restent Maastricht 1 et 2 ainsi que Visé 1 et 2, qui totalisent à elles quatre, douze canons de 75.

Maastricht 1 est attaquée dès l'atterrissage par l'équipe 3 que commande le sergent Arendt. Après deux tours au-dessus du fort, le pilote, le sergent Supper, parvient à poser son planeur à moins de trente mètres de l'ouvrage, où ne se trouvent qu'un sous-officier et une demi-douzaine d'artilleurs. Une première explosion tue un des servants, détruit l'embrasure d'une pièce et provoque une large brèche dans le béton. Les soldats belges ont à peine le temps de réaliser ce qui se passe que deux explosions détruisent les deux autres canons de 75. Les survivants n'ont que le temps de descendre dans les étages inférieurs, en emmenant leurs blessés, tandis que les Allemands les poursuivent.

Accompagné des sapeurs Kupsch et Stopp, le chef de l'équipe 3 descend plus de cent marches — cent dix-huit, selon un de ses hommes qui les a toutes comptées — avant de tomber sur une porte blindée qu'il renonce à faire sauter. Arendt remonte vers la surface, puis ordonne à ses hommes de faire tomber une charge creuse de 50 kilos qui va exploser à quarante mètres sous terre et sera entendue dans une bonne partie des installations de repos d'Eben-Emael.

Les sapeurs du sergent Arendt ont détruit ainsi la batterie Maastricht 1, moins de dix minutes après leur atterrissage. Quant à ceux de l'adjudant Niedermeier, qui commande l'équipe 1, ils s'en prennent à Maastricht 2, elle aussi armée de trois canons de 75. Piloté par l'adjudant Raschke, leur planeur a bien failli manquer l'atterrissage... L'appareil effleure un des fossés plein d'eau, frôle le mur méridional de l'enceinte et s'écrase, en brisant une de ses ailes, à quelques mètres seulement de la casemate que les paras doivent attaquer.

— A terre !

L'ordre de Niedermeier arrive trop tard pour le sous-lieutenant Delica. Cet officier de la Luftwaffe, chargé de coordonner depuis le sol l'appui aérien que doivent recevoir les paras, a été déjà brutalement éjecté et gît dans les broussailles du fort, complètement « sonné ». Il va peu à peu récupérer ses esprits, tandis que l'adjudant escalade la casemate en portant la moitié d'une charge creuse de 50 kilos. Le sapeur Drucks le suit avec l'autre moitié. Les deux fardeaux sont réunis. Niedermeier fixe l'explosif à la coupole d'observation, allume la mèche et se laisse rouler à terre. Pas assez vite pour ne pas être fortement commotionné par la déflagration. Mais il se reprend et donne ses ordres pour la poursuite de l'assaut.

Les sapeurs Krämer et Graef expédient alors une charge de 12,5 kilos dans l'embrasure d'une porte d'acier et font pleuvoir des grenades à manche par les tuyaux d'aération. Les artilleurs belges se trouvent soudain dans l'obscurité et sont pris à la gorge par une fumée épaisse qui suit les explosions. Les dégâts sont effroyables. On compte déjà à Maastricht 2, plongée dans le noir, quatre tués, sept blessés, deux gazés et huit brûlés. Il ne reste que trois servants à peu près indemnes, mais ils ne pensent qu'à rejoindre le puits et à s'enfuir loin de cet enfer.

Les paras de l'adjudant Niedermeier pénètrent alors dans l'ouvrage totalement détruit par trois nouvelles explosions et achèvent un mourant d'une rafale de pistolet-mitrailleur. Tandis que le sous-lieutenant Delica émerge du brouillard, le chef de l'équipe 1 expédie le sapeur Drucks vers le poste de commandement de l'opération « Granit » pour signaler le plein succès de sa mission. Placidement, l'adjudant aviateur Raschke étale un drapeau à croix gammée sur la casemate démantelée pour signaler à la Luftwaffe que Maastricht 2 se trouve comme Maastricht 1 aux mains des paras.

***

Sur les onze équipes qui devaient attaquer Eben-Emael, il était prévu une équipe de réserve. C'est la 10, que commande le sergent Hübel et que le pilote Kraft réussit à poser sans dommages malgré de nombreux impacts de mitrailleuse dans sa voilure. Dès l'arrivée au sol, le sous-officier ordonne à son agent de liaison :

— Jürgensen, fonce au poste de commandement dire au lieutenant Witzig que nous avons bien atterri et que nous attendons les ordres.

Le sapeur revient peu après :

— Je n'ai trouvé que l'adjudant-chef Wenzel. Le lieutenant Witzig n'est pas arrivé. Il manque l'équipe 11 de Schwarz qui était avec lui. Et aussi la 2 de Maier !

— On est là pour faire le travail à leur place, constate flegmatiquement le sergent Hübel. Quels sont les ordres ?

— L'adjudant-chef a dit que nous devions attaquer la casemate Visé 1, puisqu'il n'y a plus personne pour le faire.

— Alors, on y va tout de suite.

Le sergent Hübel s'est entraîné depuis des semaines à remplacer avec ses hommes n'importe quelle équipe défaillante. Il se précipite vers la partie occidentale du fort et, cinq minutes plus tard très exactement, il réussit à faire sauter la coupole d'observation. Les trois canons de 75, après quelques explosions, sont muselés.

Il ne sera certes pas aussi commode de faire cesser le feu sur Visé 2, qui finalement restera intacte jusqu'au lendemain après-midi.

***

De toutes les batteries du fort d'Eben-Emael que les paras doivent museler d'urgence, la plus puissante est la coupole de deux canons de 120 jumelés, de six mètres de long, qui se trouve entre Visé 1 et Maastricht 2. Elle devait être détruite dès le début de l'opération « Granit » par l'équipe 2 du sergent Maier. C'est une des deux qui manquent à l'appel et personne n'est disponible dans les premières minutes du combat pour attaquer cette redoutable batterie.

Tandis que les sapeurs de la section Witzig, privés de leur chef, se précipitent sur leurs autres objectifs, les deux canons de 120 sont donc capables de tirer. Ou plutôt, ils le seraient s'ils ne se trouvaient hors d'usage par suite de plusieurs incidents mécaniques du monte-charge de munitions et du circuit électrique. On parlera plus tard de sabotage. Il s'agit plus probablement de négligence. Les défenseurs belges en seront donc réduits à se battre à coups de carabine et tiraillent au hasard sur les silhouettes, qu'ils découvrent de temps à autre sur les superstructures du fort.

Le sergent-pilote Lange, qui a posé l'équipe 5 de l'adjudant Haug, se dirige vers le poste de commandement de Mi-Nord, avec une trentaine de soldats belges désarmés faits prisonniers près du poste des mitrailleuses antiaériennes ou dans le hangar. Il aperçoit les deux canons qui tournent lentement vers lui et pense qu'il va se trouver pulvérisé par les premiers coups de 120. Mais la batterie jumelée reste muette. Lange ne comprend pas pourquoi les artilleurs belges ne tirent pas. Il n'a guère le temps de se poser longtemps des questions, car il est pris sous le feu de la seule batterie qui pour le moment ouvre le feu, celle de la Coupole Sud, avec ses deux 75, qui se trouve, comme Visé 2, dans la partie sud-ouest du fort où l'attaque des paras a échoué. Lange, sans très bien comprendre ce qui lui arrive, est atteint à huit endroits par des éclats. Le sergent aviateur ordonne à ses prisonniers :

— Couchez-vous ! Vous allez vous faire tuer par vos fichus copains !

Puis il se traîne tant bien que mal vers son planeur qui s'est posé près des mitrailleuses antiaériennes qu'il a fauchées à l'atterrissage. Le blessé sait qu'il va y trouver les deux parties d'une charge creuse de 50 kilos. Il s'en empare et revient avec elles vers la fameuse batterie de 120 jumelés. Il assemble la charge et la pose contre la coupole d'acier. Puis il allume la mèche. Mais c'est un aviateur et non un sapeur. Lange oublie de se boucher les oreilles et le souffle est tel que le sergent en restera définitivement sourd jusqu'à la fin de ses jours ! Et la charge ne semble pas avoir causé tellement de dommages. Pourtant, les deux canons ne tirent toujours pas. Le pilote de l'équipe 5 ne comprend vraiment pas grand-chose à ce qui se passe et tout ce qu'il voit désormais lui semble se dérouler dans un rêve silencieux.

Tandis qu'il essaie de se mettre à l'abri avec ses prisonniers belges très apeurés, le sergent Lange voit arriver un des hommes de l'équipe 5, celle de son planeur. C'est le sapeur Grechza. Hier soir, à Cologne, au lieu de mettre, comme tous ses camarades, de l'eau dans son bidon, il l'a rempli de rhum et il est plus qu'éméché. Inconscient sous les éclats qui sifflent de temps à autre, le sapeur grimpe sur la tourelle et s'installe à califourchon sur la volée d'une des pièces de 120 !

A ce moment surgit l'adjudant-chef Wenzel qui aperçoit la scène et commence par engueuler l'ivrogne de belle manière, en lui ordonnant de descendre de cette position aussi ridicule que dangereuse. Grechza obéit comme à contrecœur. Le grand souci de Wenzel semble désormais de museler ces canons silencieux, mais qui peuvent sans doute entrer en action d'un moment à l'autre. La coupole semble invulnérable aux charges creuses. Soudain, l'adjudant-chef trouve une solution. Elle est d'une simplicité enfantine. Il balance dans chacun des tubes une petite charge d'un kilo. En arrivant dans la culasse, elle doit exploser et causer des dommages irréparables. On entend, très assourdies, dix secondes plus tard, deux explosions. Voici les deux pièces de 120 hors d'usage et plusieurs de leurs servants blessés.

Ces canons ne pourront jamais être réparés, malgré toutes les tentatives des artilleurs belges et pas un seul obus ne sera finalement tiré par cette batterie de 120 jumelés, la plus redoutable de tout le fort d'Eben-Emael.

⁂

Pendant ce temps, les sapeurs de l'équipe 7, sous les ordres du sergent Heinemann, s'attaquaient à une coupole située dans la partie septentrionale du fort d'Eben-Emael, tout à fait dans la pointe de la flèche.

Une charge creuse fait voler d'autant plus facilement cet ouvrage en éclats qu'il s'agit d'une fortification factice ! Les hommes qui la font sauter voient partir vers le ciel deux ou trois morceaux de ferraille. En dessous, il n'y a rien. Que de l'herbe rase et brûlée. Les Belges se sont moqués d'eux et ont réussi à tromper les services de renseignement allemands qui ont interprété de travers les photos aériennes !

— Nous avons de la chance, conclut le sergent Heinemann.

Le sous-officier sait en effet qu'il n'aurait pu mener à bien une mission difficile, car son planeur, piloté par le sergent Scheithauer, s'est complètement disloqué à l'atterrissage. On compte, dans l'équipe 7 d'une demi-douzaine d'hommes, plusieurs blessés, dont le pilote qui semble le plus sérieusement atteint. Les rescapés seront envoyés en renfort vers les camarades des équipes 4 et 9 qui devaient s'attaquer aux deux positions de mitrailleuses et ne savaient pas encore combien cette besogne tant redoutée devait être facile.

C'est aussi sur un ouvrage factice que devait tomber l'équipe 6 du sergent Harlos, également dans la partie septentrionale du fort d'Eben-Emael. Les sapeurs font sauter une fausse coupole, dont la tôle ne fait pas plus de 2 millimètres d'épaisseur, mais dont l'apparence extérieure a réussi à tromper tous les observateurs de l'état-major allemand chargé de monter l'opération « Granit ».

Aussi, les paras sont-ils maintenant trop nombreux dans la partie septentrionale du fort — la pointe de la flèche — et pas assez dans la partie méridionale où Visé 2 et la Coupole Sud tiennent toujours, avec leurs cinq canons de 75 qui commencent maintenant à prendre sérieusement sous leur feu les assaillants.

⁂

Le groupe d'assaut « Granit » peut considérer sa mission comme accomplie. Une soixantaine de sous-officiers et de sapeurs du génie parachutiste ont réussi *en moins de dix minutes* à aveugler et à museler cette « imprenable » forteresse d'Eben-Emael. En face d'eux — ou plus exactement *sous eux* — un millier de combattants des troupes de forteresse belges sont réduits à l'impuissance et céderont bientôt à la panique.

X

UNE SOIXANTAINE DE PARAS CONTRE UN MILLIER DE BELGES

Chacune des neuf équipes du groupe d'assaut « Granit » s'est attaquée aux objectifs désignés depuis des semaines et des semaines. En cas de besoin, on a prêté la main aux camarades en difficulté, mais le combat d'Eben-Emael s'est fractionné en une série d'actions ponctuelles qu'il n'était pas besoin, dans les premières minutes, de coordonner. Aussi l'absence du lieutenant Rudolf Witzig n'a même pas été remarquée par la plupart de ses paras.

Maintenant que le plus dur de l'action est terminé, en moins d'un quart d'heure, il est temps de faire le point. Au poste de mitrailleuses Mi-Nord, s'est installé l'adjudant-chef Helmuth Wenzel, le plus ancien sous-officier de la section des sapeurs d'assaut. Légèrement blessé à la tête par un éclat, il a remplacé son casque par un pansement et une sorte de turban blanc qui le fait repérer à cent mètres. Mais il ne s'en inquiète pas et son seul souci est de savoir ce qu'est devenu son chef. Wenzel doit rapidement se rendre à l'évidence : le planeur de Witzig n'est pas arrivé sur Eben-Emael. Il manque à la section l'équipe 11 du sergent Schwarz et aussi l'équipe 2 du sergent Maier. Certes, la plupart des objectifs ont été atteints, mais comment ne pas déplorer la disparition du responsable de toute cette opération « Granit » ?

Il y a bien un autre officier sur le fort. Mais le sous-lieutenant Delica n'est là que comme agent de liaison avec la Luftwaffe et n'a aucune expérience ni du combat de l'infanterie ni de l'emploi du génie, même s'il a participé à l'action, l'arme à la main. en compagnie des sapeurs de l'équipe 1 de l'adjudant Niedermeier. Aussi n'est-ce pas à lui de diriger la section Witzig.

— Je prends le commandement, décide sans hésiter l'adjudant-chef Wenzel.

Voici donc un simple sous-officier à la tête de la soixantaine de paras rescapés des premiers combats et qui occupent presque toutes les superstructures d'Eben-Emael, mais risquent de devoir faire face, d'un instant à l'autre, aux contre-attaques du millier de combattants belges réfugiés dans les profondeurs et solidement barricadés derrière des barrages de poutrelles et de sacs de sable.

Le premier souci de Wenzel est d'obtenir la liaison radio avec le chef de toute l'opération du canal Albert, le capitaine Koch. Les opérateurs radio Gilz et Kultz s'affairent autour de leur appareil. Dix-sept minutes très exactement après l'atterrissage des neuf planeurs, l'adjudant-chef Wenzel peut expédier le message suivant :

« Eben-Emael : objectif atteint. Tout est en ordre. »

Puis le chef du groupe « Granit » forme des patrouilles pour prendre la liaison avec les différentes équipes et s'assurer que toutes les destructions prévues ont été opérées. Les nouvelles sont plutôt rassurantes. Partout les paras découvrent des fortins éventrés, des coupoles arrachées, des portes de casemates brisées et sorties de leurs gonds.

Quelques minutes avant six heures du matin, rassuré sur le succès quasi-total de l'opération « Granit », l'adjudant-chef Wenzel expédie un nouveau message au capitaine Koch :

« Eben-Emael, 4 h 55. Fort se trouve entre nos mains. Ouvrages jusqu'aux fortins extérieurs hors de combat. A l'ouest, mouvements ennemis. Contre-attaque possible. Demandons soutien des Stukas. »

⁂

Sur Eben-Emael, l'adjudant-chef Wenzel peut penser qu'il a désormais la situation parfaitement en main. Il installe ses paras en défensive et commence alors la longue attente.

Soudain, un des guetteurs appelle son chef et lui montre un point dans le ciel, assez loin vers l'est.

— On dirait un planeur.

Peu à peu, le grand oiseau gris grossit. C'est bien un DFS 230. Il passe au-dessus du fort, vire lentement, descend encore. Les paras aperçoivent très nettement la petite croix gammée sur l'empennage. Le planeur se pose près du poste de commandement, s'immobilise et, aussi calme que s'il venait prendre son service matinal dans la caserne, le lieutenant Witzig apparaît accompagné des hommes de l'équipe 11 du sergent Schwarz, et du sapeur Braun, son opérateur radio.

L'adjudant-chef Wenzel s'approche de son chef et lui rend compte de la situation. Après avoir donné de nouveaux ordres et demandé au sous-lieutenant Egon Delica d'assurer la liaison avec la Luftwaffe qui doit soutenir la section de sapeurs paras, Rudolf Witzig raconte son incroyable aventure à son camarade :

— Quand le câble de remorque s'est rompu, presque au-dessus de Cologne, juste après le départ, j'ai bien cru que c'en était fini pour moi de l'opération « Granit ». Mais les autres planeurs poursuivaient leur vol. J'avais confiance en chacun de mes sapeurs et je savais bien qu'avec ou sans moi la mission serait accomplie.

— Tu devais quand même avoir le cœur serré, Rudolf ?

— Plus que tu peux le croire, Egon. Mais qu'y faire ? Notre pilote, le sergent Pilz, n'avait pas d'autre ressource que de se poser dans une prairie. Tout s'est bien passé, c'est un as. Mais nous étions tous les sept furieux de nous retrouver en terre allemande. Ce n'est certes pas comme ça que nous espérions retrouver la mère patrie...

— Sitôt à terre, tu as sauté dans une voiture ?

— Même pas ! Je n'ai découvert qu'un vélo dans une ferme. La voiture, je l'ai trouvée ensuite un peu plus loin. Je l'ai réquisitionnée aussitôt, peut-être pas dans les formes officielles. Mais, enfin, l'essentiel, pour moi, c'était de pouvoir retourner au plus vite à l'aéroport de Cologne-Ostheim.

Le sous-lieutenant Delica ne peut s'empêcher de sourire :

— J'imagine la tête de mes camarades de la Luftwaffe quand ils t'ont vu !

— Je ne leur ai pas laissé le temps de se poser des questions. Un coup de téléphone et un Junkers de réserve arrivait. Le sergent Krutsch qui le pilotait s'est montré sensationnel. Il a retrouvé tout de suite le champ où avait atterri notre planeur et a réussi à se poser près de lui. Il faut dire que nos sapeurs n'avaient pas perdu de temps pendant mon absence et avaient abattu des clôtures pour aménager une espèce de piste. Krutsch était d'accord pour tout tenter afin de nous arracher de là. Mais le terrain était si court qu'il a fallu raccourcir le câble tracteur que j'avais pris à Cologne.

— Et le train de roues du planeur que vous aviez largué au décollage ?

— J'en avais aussi apporté un autre avec le Junkers 52. Ce n'était pas le moment d'oublier quelque chose. Nous voilà donc sur la piste, entourés par quelques paysans qui n'en avaient jamais tant vu. Tu imagines le spectacle : le Ju qui commence à faire gronder ses moteurs, le DFS qui tremble au bout de sa remorque, les paras et les « rampants » de la Luftwaffe qui s'activent. Et moi qui pestais en pensant que mes hommes se battaient depuis déjà un bon bout de temps sur Eben-Emael.

— Pourtant, tu avais confiance, Rudolf ?

— Confiance ? A cent pour cent. En eux comme en moi. Avec des pilotes comme Krutsch ou Pilz on se risquerait dans le ciel sur un vieux balai avec des ailes de plumes... Des as, je te dis, Egon.

— La suite ?

— Sans histoire. Le Junkers nous a menés jusqu'à deux mille mètres, au-dessus d'Aix-la-Chapelle. Là, nous avons libéré la remorque juste au moment où nous passions la frontière. Nous ne pensions tous qu'à rattraper le temps perdu.

Le sous-lieutenant Delica éclate de rire :

— C'est presque fait, Rudolf. Mais les deux heures qui te manquent, je te jure bien que tu les regretteras toute ta vie !

— L'essentiel, c'est que le travail soit fait. Et puis, rien n'est fini. Il faut tenir et je crains des contre-attaques. Ce n'est pas possible que les Belges restent sans réagir. Nous ne sommes qu'une soixantaine. C'est un combat à un contre vingt.

***

Le lieutenant Rudolf Witzig, s'il estime les effectifs ennemis du fort d'Eben-Emael à douze cents hommes, ignore que des milliers d'autres soldats de l'armée royale, appartenant à un régiment de grenadiers se trouvent, sous les couverts, à l'extérieur du fort et devraient pouvoir, avec un peu de mordant, mener des contre-attaques redoutables pour les assaillants.

Encore faudrait-il que les Belges retrouvent le cœur de se battre contre ces « diables tombés du ciel ».

A la fin de la matinée du 10 mai, les sapeurs de la section Witzig devraient être relevés par leurs camarades du 51e bataillon de génie de la Wehrmacht. Mais ils ne voient rien venir et pour les paras la longue attente se prolonge.

Si le haut commandement a prévu les équipements, les armes, les explosifs et jusqu'aux échelles, avec un soin minutieux, l'organisation allemande se trouve en défaut sur un point : personne n'a songé qu'il ne se trouve aucun poste d'eau sur les superstructures d'Eben-Emael et que les assaillants pourraient souffrir de la soif. Certes, chaque sapeur aéroporté est parti en campagne avec sa gourde pleine. Mais les durs combats de l'aurore et la chaleur qui monte avec cette matinée de printemps, une fois le brouillard dissipé, ont terriblement assoiffé les hommes. Boire une seule gorgée d'eau devient vite une hantise pour les paras de Witzig qui s'installent en défensive et commencent à trouver le temps long, maintenant que le plus dur est fait. Eux, ils ont accompli leur mission. Aux autres de respecter l'horaire et de venir les dégager. Mais les sapeurs de la Wehrmacht restent invisibles et il faut attendre, la gorge sèche. Les tablettes de « pervitine » empêchent de sombrer dans le sommeil, mais n'effacent guère la fatigue. Tous ressentent une étrange excitation et l'énervement grandit dans les différentes équipes. Soudain, après leur incroyable victoire, les paras d'Eben-Emael se sentent un peu abandonnés.

Imperturbable, Rudolf Witzig, entouré de Delica et de Wenzel, maintient la liaison radio avec le poste de commandement du capitaine Koch à Vroenhoven. Il demande à être ravitaillé d'urgence.

Quelques Junkers apparaissent, volant en rase-mottes, et larguent sur le fort des bidons d'eau.

***

Depuis huit heures du matin environ, le lieutenant Witzig a repris le commandement de sa section sur les superstructures d'Eben-Emael. Ses sapeurs comptent dans leurs rangs deux morts et huit blessés graves. Il reste donc soixante-huit combattants, y compris les pilotes de planeurs, la demi-douzaine de blessés légers et, bien entendu, le sous-lieutenant Delica qui pour être officier de liaison avec la Luftwaffe n'en est pas moins capable de tenir une arme.

En face, les troupes belges d'Eben-Emael, prises au piège, sont commandées par le major Jottrand qui a quand même réussi à faire sauter le pont de Canne avant l'arrivée des paras du groupe d'assaut « Fer » et essaie maintenant de reprendre ses hommes en main. Les explosions ont causé des pertes sérieuses dans la garnison du fort. On compte déjà une vingtaine de morts et une cinquantaine de blessés et de brûlés. Cela ne fait même pas le dixième des effectifs et ne justifie pas le mouvement de panique et surtout la mauvaise volonté des assiégés d'Eben-Emael. La plupart des gradés, quand ils essaient de réagir, ne parviennent pas à se faire obéir. Les hommes, rescapés des fortins et des tourelles, se sont réfugiés dans les étages inférieurs où ils se tiennent à l'abri de barrages de poutrelles et de sacs de sable. Ils ne veulent pas remonter et le major Jottrand, tout comme son adjoint Vander Auwera, auront le plus grand mal à lancer des patrouilles de reconnaissance. Le moral de la garnison, mal préparée au combat par des mois d'inertie et de négligence, se trouve au plus bas. Malgré le sacrifice de quelques gradés qui se sont fait tuer à leur poste, les Belges font déjà figure de vaincus.

La plupart des escaliers et des couloirs de communication sont plongés dans le noir et la fumée. Dans cet ouvrage ultra-moderne, il faut circuler avec des lampes de poche et des masques à gaz. Ceux qui parviennent jusqu'aux ouvrages démantelés redescendent affolés en disant qu'ils ont entendu parler allemand et que les superstructures du fort se trouvent totalement aux mains des assaillants. L'attaque des paras a frappé comme l'éclair, et la garnison belge se trouve littéralement « foudroyée » dans ses cantonnements souterrains. Il ne reste, pour monter la garde derrière les barrages de poutrelles et de sacs de sable, que quelques hommes apeurés, munis de carabines ou de pistolets, et qui s'attendent à chaque instant à être exterminés par les terribles charges explosives que les assaillants balancent par les orifices. Déchiquetés par les éclats, ensevelis sous les décombres, enfumés comme des rats, telle est la seule perspective qui semble s'ouvrir aux hommes du régiment de forteresse de Liège pris au piège d'Eben-Emael. L'ultime issue pour échapper à la mort semble, à beaucoup, non la contre-attaque mais la reddition pure et simple. Dans les galeries, les propos défaitistes se multiplient que les gradés ne peuvent pas ne pas entendre.

Il ne reste plus finalement qu'une seule batterie en état de tirer, la Coupole Sud, qui expédie un peu au hasard des obus shrapnells, que les Belges nomment « boîtes à balles », sur les assaillants.

A la fin de la matinée de ce 10 mai, le major Jottrand a réussi à faire sortir une douzaine d'hommes qui ont quitté le fort par la poterne d'entrée sous les ordres d'un simple sous-officier et ont patrouillé à l'abri du talus extérieur de l'ouvrage. Ils ont aperçu quelques Allemands sur une coupole, vers sept heures du matin, et sont rentrés à toute allure rendre compte que l'ennemi était partout.

Une heure plus tard, un sous-lieutenant conduira une dizaine d'hommes sur le même itinéraire, mais rebroussera chemin au même endroit. L'officier belge a rencontré en route un capitaine, qui arrive avec un peloton de grenadiers depuis le secteur occidental à l'extérieur du fort, et lui annonce qu'il a reçu l'ordre de contre-attaquer sur les superstructures et de nettoyer le terrain en chassant l'ennemi du massif. Ils sont une quarantaine d'hommes, que vont guider deux sous-lieutenants de la garnison. La contre-attaque s'ébranle enfin, vers onze heures et demie du matin, sans aucun mordant, tandis qu'un renfort de deux cents hommes rejoignant l'ouvrage souterrain se trouve dispersé par les Stukas. Cette colonne aura égaré la moitié de ses effectifs avant même d'arriver. Epuisés et affamés, ces soldats venant de l'extérieur contribueront encore à briser le moral de la garnison.

Quant aux grenadiers de contre-attaque, ils vont errer toute la journée sur le massif, sans parvenir à inquiéter sérieusement les Allemands et perdant en route plusieurs des leurs hors de combat. Leur capitaine ne pourra finalement que regagner ses positions à l'extérieur du fort, à la nuit tombante, après avoir totalement échoué dans sa mission de déloger les paras des superstructures.

Le commandant adjoint du fort d'Eben-Emael, le major Vander Auwera, ne sera pas plus heureux en sortant au début de l'après-midi avec une vingtaine d'hommes. Il ne lui en restera plus que quatre, après quelques accrochages avec les paras, tous les autres patrouilleurs ayant préféré s'évanouir dans la nature. Au bilan de cette brève sortie : un pistolet-mitrailleur, une sacoche d'explosifs et une carte postale, représentant le fort avec les objectifs prévus, que l'officier belge a trouvée sur le cadavre d'un des sapeurs de la section Witzig.

***

Tout autour de l'ouvrage d'Eben-Emael, appuyés sur le mur d'enceinte, une demi-douzaine de fortins, dénommés Blocs et numérotés de 1 à 6, représentent une sérieuse menace pour les assaillants, surtout s'ils viennent de l'extérieur. Un des plus redoutables est celui qui porte le numéro 3 et se trouve au-dessus du canal Albert, dans le nord-est du dispositif de défense. Cette redoutable casemate, presque impossible à atteindre des superstructures du fort, tient toujours sous ses feux le canal et empêche toute tentative de traversée de vive force. Pour le lieutenant Witzig, réduire cet ouvrage, que l'on connaît aussi sous le nom de Canal Nord, est une nécessité urgente. Mais comment ?

Le chef de la section de sapeurs fait appeler le sergent Harlos qui a commencé la journée, avec son équipe 6, en faisant sauter une coupole factice dans le secteur septentrional du fort.

— Cette fois, Harlos, c'est un objectif plus intéressant. Mais pas commode. Pas commode du tout même.

L'officier montre au chef d'équipe la position du Bloc 3 sur sa carte.

— Comment l'atteindre ? demande le sergent. C'est impossible par la rive. On se trouverait sous le feu de leurs pièces.

— Alors, essayez donc par le sommet du fort !

C'est un véritable travail d'acrobate, qui conviendrait certes mieux à des chasseurs de montagne qu'à des sapeurs, fussent-ils parachutistes. Mais le lieutenant Witzig a donné l'ordre et le sergent Harlos n'a qu'à l'exécuter.

L'équipe 6 commence par faire descendre des charges creuses au bout de câbles et à les balancer devant les embrasures. Mais le fortin se trouve trop en retrait sous le surplomb de l'enceinte et les explosions semblent ne lui causer aucun dommage.

— J'y vais ! propose le sapeur Bläser.

— Comment veux-tu faire ? demande son chef d'équipe.

— Vous m'attachez avec une corde, sergent. Et vous me descendez devant le fortin. Après, je me débrouille. Mais allez-y doucement.

Bientôt, le para pend au bout de son câble. Il arrive à la hauteur du sommet de l'ouvrage et veut placer une charge creuse, mais il ne peut la fixer nulle part. Il crie à ses camarades :

— Rien à faire. C'est partout rond comme une bille !

— On te remonte ?

— Attendez ! Non. J'ai une idée. Descendez-moi un peu. J'arrive devant une meurtrière, j'essaie de balancer la charge et vous me remontez en vitesse avant que les autres aient le temps de réagir.

C'est une idée de casse-cou. Mais Bläser veut absolument essayer cette manœuvre de la dernière chance. Il est assez furieux depuis ce matin où il n'a encore réussi qu'à faire sauter les quelques tôles d'une coupole factice. Ses camarades donnent du mou au câble. Le sapeur arrive devant la meurtrière. Pas moyen de lancer la charge à l'intérieur. Mais il parvient à la fixer dans l'embrasure. Placidement, suspendu au bout de sa corde, Bläser allume la mèche. Il doit être remonté avant dix secondes, s'il ne veut pas sauter avec la charge.

— Eh ! Là-haut ! Tirez-moi vite de là !

Le para rejoint ses camarades au moment où la charge explose. Elle ne causera guère de dommages. Dans le Bloc 3, le canon belge continue de tirer et poursuit un duel avec une pièce antichar de la compagnie du génie de la Wehrmacht qui doit venir relever les paras et ne parvient toujours pas à traverser le canal sous le feu. Pendant toute la soirée, les tentatives vont échouer et il faudra attendre la nuit noire pour se risquer sur les eaux sombres du canal Albert.

***

Dans l'après-midi, tandis que les sapeurs de l'équipe 6 essaient vainement de museler le Bloc du Canal Nord, le lieutenant Witzig appelle l'adjudant-chef Wenzel.

— Comment va cette tête ?

— Ce n'est rien, Herr Oberleutnant, juste une estafilade. Mais vous savez ce que c'est, ça saigne toujours ce genre d'égratignure. Si vous avez une mission pour moi, cela me donnera l'occasion de me dégourdir les jambes.

L'officier constate le superbe moral du sous-officier et lui ordonne alors :

— Avec quelques sapeurs, il faudrait patrouiller dans les bois aux abords des Blocs 1 et 2, le long du mur d'enceinte occidental. S'il y a une contre-attaque, elle viendra de ce côté.

— Je prends quelles équipes ?

— Celles qui ont le moins donné aujourd'hui. La 7 du sergent Heinemann, qui n'a eu que le mal de faire sauter une des fausses coupoles, et la 11 du sergent Schwarz, qui est arrivée avec moi et a manqué la bataille de ce matin.

Une douzaine de sapeurs partent aussitôt avec l'adjudant-chef. On entend peu après des coups de feu. Les patrouilleurs se heurtent sans doute aux grenadiers belges et rejoignent leurs positions avec quelques blessés légers.

Un peu plus tard, un autre accrochage oppose une patrouille de paras venue reconnaître les abords de la poterne d'entrée et d'invisibles défenseurs du fort qui leur causent quelques pertes. Un sous-officier et deux sapeurs sont mis hors de combat.

Le lieutenant Witzig sent qu'il doit être prudent et qu'une contre-attaque sérieuse risque de le balayer.

— Et ces sapeurs de la Wehrmacht qui n'arrivent pas ! murmure-t-il à son camarade Delica. Je commence à être inquiet. Si les Belges savaient que nous ne sommes qu'une soixantaine...

— Je vais aller faire une ronde et je resterai avec un des postes de guet, Rudolf. Tu peux compter sur moi.

— Je le sais bien. Pour un aviateur, tu as fait du sacré travail de fantassin depuis ce matin, Egon !

Peu après, le sous-lieutenant Delica et ses hommes se heurteront à une forte patrouille belge. Il s'agit sans doute des hommes sortis à grand-peine des souterrains du fort et que commande le major Vander Auwera. Ce bref accrochage sera le dernier combat de la journée. Mais il n'oppose qu'une dizaine d'hommes de chaque côté. Dans la bataille d'Eben-Emael, ce n'est qu'une escarmouche qui marque un des derniers sursauts de la défense belge.

La nuit va quand même finir par tomber. Les paras occupent toutes les superstructures du fort, à l'exception de l'angle sud-ouest, où la batterie Visé 2 continue à les tenir sous ses feux. Les hommes de Witzig se contentent de surveiller le terrain devant eux et d'interdire avec leurs mitrailleuses toute contre-attaque venant de ce secteur de l'ouvrage.

Delica revient auprès de son camarade Witzig :

— Tout va bien. On sera peut-être tranquille cette nuit.

— Je n'en suis pas si certain que toi. Si les Belges savaient...

— Mais ils ne savent pas, Rudolf. Et les sapeurs du 51ᵉ ? Ils devraient pourtant être ici depuis midi.

— J'ai le contact par radio. Ce n'est pas très encourageant. Ils ont été retardés à Maastricht où ils ont trouvé les ponts sautés. Je ne sais rien d'autre.

— Que dit la radio, Rudolf ?

— « Patience ».

⁂

Tout comme l'équipe 11 du sergent Schwarz, l'équipe 2 du sergent Maier ne s'était pas trouvée au fort lors de l'attaque de 5 h 25. Leur pilote, le sergent aviateur Brandenbeck, avait reçu l'ordre de larguer la remorque beaucoup trop tôt et avait dû se poser à Düren. Le sergent Maier décida alors de réquisitionner un véhicule, de s'y entasser avec sa demi-douzaine de sapeurs et de foncer à pleins gaz vers l'ouest.

Maier et l'équipe 2 arrivent ainsi au village de Canne, au moment où leurs camarades du groupe d'assaut « Fer » s'y battent encore sur la hauteur d'Opcanne. Les paras prennent les Belges à revers et font cent vingt prisonniers à eux sept. Mais ils ont subi des pertes et le sergent Maier a été tué, alors qu'il chargeait les défenses belges à la tête de ses sapeurs de l'équipe 2. Un de ses hommes, du nom de Meier, décide alors de poursuivre sa route tout seul, pour essayer d'établir la liaison avec ses camarades de la section Witzig qui doivent normalement se trouver sur les superstructures du fort d'Eben-Emael.

Il est près de midi quand Meier arrive à la corne nord du fort, exactement à la pointe de la flèche. Mais, pour rejoindre les superstructures, il faudrait traverser un fossé plein d'eau, qui se trouve sous le feu des Belges du Bloc 2. Le sapeur n'insiste pas, s'enfonce dans les bois pour contourner l'obstacle et va voir ce qui se passe du côté de la poterne d'entrée. Il lance quelques coups d'œil à partir des couverts. Meier ne voit que des baraques incendiées et personne en vue. Alors, il se dirige tranquillement vers le tableau de service, près de la porte du fort, arrache une feuille qui y était punaisée, la met dans la poche de son « sac à os » et rebrousse placidement son chemin, pour aller rejoindre les sapeurs de la Wehrmacht à qui il veut montrer la route.

⁂

Le lieutenant-colonel Mikosch commande le « Kampfgruppe [1] » qui doit venir relever les paras d'Eben-Emael. C'est une unité

1. *Kampfgruppe* : littéralement « Groupe de combat ». Il s'agit d'une unité formée pour une circonstance opérationnelle donnée et comportant en général des hommes appartenant à plusieurs armes : infanterie, blindés, artillerie, génie, etc. Les Américains nommeront ce genre de

de choc, dont le fer de lance est formé par les sapeurs du 51e bataillon du génie. Avec eux des fantassins du 151e régiment d'infanterie et quelques artilleurs antiaériens avec leurs pièces de FLAK, lourdes et légères. De quoi rendre le fort imprenable à toute contre-attaque et écarter l'aviation alliée. Seulement, un tel groupement d'unités disparates n'avance pas aussi vite que le prévoyaient les officiers de l'état-major.

Les ponts de Maastricht détruits, les Allemands doivent construire une passerelle avec des radeaux. Il reste encore à réduire la résistance belge du village de Canne et à faire la jonction avec les paras du groupe d'assaut « Fer », en assez mauvaise posture. Ce n'est qu'en fin de journée du 10 mai que les avant-gardes du Kampfgruppe Mikosch arrivent près du pont détruit et essaient de passer le canal. Mais les Allemands sont accueillis par une fusillade violente. Les grenadiers belges tiennent encore la rive occidentale. C'est vers minuit seulement que les sapeurs de la Wehrmacht pourront traverser le canal Albert sur des radeaux pneumatiques. Les voici dans une zone inondée, non loin de la corne septentrionale du fort d'Eben-Emael. Ils s'y verront peu à peu renforcés par d'autres éléments du Kampfgruppe Mikosch, qui ne vont cesser de traverser les uns après les autres, tout au long de cette nuit du 10 au 11 mai. Les canons allemands prennent alors sous leur feu la poterne d'entrée. L'étau se resserre sur les assiégés.

Si la situation des Belges devient de plus en plus critique, celle des paras d'Eben-Emael n'est pas tellement meilleure. Ils ne sont toujours que quelques dizaines d'hommes, totalement isolés sur les superstructures du fort. Avec la tombée de la nuit, ils ont perdu tout appui aérien. Et c'est le cœur un peu serré que les sapeurs du lieutenant Witzig ont vu disparaître les Stukas qui ont regagné leur base à l'approche des ténèbres.

Le chef du groupe d'assaut « Granit » est un peu inquiet, même s'il n'en laisse rien paraître. Il demande soudain au sous-lieutenant Delica :

— Tu crois à d'autres contre-attaques, Egon ?

— Je ne sais pas. Mais ceux à qui je me suis frotté aujourd'hui ne m'ont pas paru très combatifs. Qu'est-ce que tu comptes faire, Rudolf ?

— Avec des gars décidés en face de nous, je regrouperais nos paras vers la corne septentrionale du fort, prêts à se replier vers le nord et à abandonner l'ouvrage, maintenant que notre mission

---

formation *Combat Team* et les Français « Groupement tactique ». En général le *Kampfgruppe* porte le nom de l'officier qui le commande. Ses effectifs sont très variables et se situent en général entre mille et trois ou quatre mille hommes.

est accomplie. Mais j'ai envie de risquer le coup et de ne pas bouger de nos positions. Qu'en penses-tu, Egon ?

— On a pris le fort, on y reste !

— Exactement. Il sera toujours temps de se replier en cas de besoin. De toute façon, on reste en liaison avec le 51ᵉ bataillon du génie.

Le sous-lieutenant Delica se contente de faire remarquer à son camarade Witzig :

— Cela fait douze heures que tu es en contact avec eux, Rudolf. Ils n'ont pas l'air de se dépêcher.

Un des messages radio de Witzig, envoyé en clair, a été capté par l'adversaire qui, tout au long de la nuit, va bombarder la corne nord du fort. Mais les paras, bien abrités, laissent passer l'orage.

***

A six heures du matin, le 11 mai 1940, une patrouille d'une cinquantaine de sapeurs de la Wehrmacht, appartenant au 51ᵉ bataillon du génie, parvient à franchir les inondations du Geer et le fossé plein d'eau qui entoure le fort. Commandé par l'adjudant-chef Portsteffen, ce groupe de choc profite du brouillard matinal pour franchir tous les obstacles et arrive enfin dans la corne nord de l'ouvrage.

Un des guetteurs de la section Witzig voit des ombres émerger peu à peu du brouillard. Mais il reconnaît vite le casque caractéristique de la Wehrmacht. Il ne peut s'empêcher de crier :

— Hurrah ! Ce sont les nôtres !

Les sapeurs sont accueillis avec des cris de joie par les paras. L'adjudant-chef Portsteffen se présente aussitôt au lieutenant Witzig et se met à sa disposition.

— Aidez-nous à détruire le Bloc 2 qui commande toute la face occidentale du fort et empêche notre relève, demande le chef du groupe d'assaut « Granit ».

L'ouvrage est aussitôt attaqué avec des charges creuses et des lance-flammes. Puis, durant toute la matinée, les sapeurs de Portsteffen et ceux de Witzig parcourent les superstructures et font descendre des charges explosives par les puits qui mènent aux entrailles du fort.

Le seul ouvrage vraiment inquiétant pour les Allemands reste le Bloc 3, celui que les Belges nomment Canal Nord et qui n'a toujours pas été réduit. Des sapeurs de l'équipe 7 du sergent Heinemann renouvellent l'opération menée la veille par l'équipe 6. Sous la protection de fumigènes, les paras essaient de descendre avec des cordes jusque sur le fortin. Mais ils ne parviennent pas à placer les charges explosives. Et puis, malgré la fumée, ils sont pris à partie par une arme automatique, qui tire depuis le Bloc de Canal Sud. Il faudra finalement l'intervention d'une batterie de trois pièces d'artillerie allemande, en batterie dans la région de Canne, pour museler l'ouvrage et obliger ses défenseurs à l'évacuer.

Les autres Blocs de l'enceinte sont désormais neutralisés ou inutiles.

De toute façon, le moral des défenseurs ne cesse de baisser et, depuis le milieu de la nuit, le major Jottrand brûle ses documents secrets, tandis que le fracas des explosions retentit dans toutes les galeries du fort. Son adjoint Vander Auwera vient d'être violemment commotionné par la déflagration d'une charge creuse, tombée près d'un barrage, et se trouve hors de combat. Le poste de commandement ressemble de plus en plus à la passerelle d'un navire qui sombre. Il n'y a plus d'électricité. A dix heures du matin, le commandant du fort demande à ses chefs s'il peut rendre à l'ennemi l'ouvrage dont il a le commandement et qui se trouve désormais submergé. L'état-major belge ne fera qu'une réponse ambiguë : « Seul le commandant du fort peut juger s'il doit cesser la lutte. » Jottrand réunit le conseil de défense. Presque tous ses officiers sont d'avis de se rendre. Le major décide alors d'envoyer un parlementaire aux Allemands, pour discuter des conditions d'un cessez-le-feu. Il voudrait obtenir les honneurs militaires pour la garnison d'Eben-Emael.

A midi et quart, le 11 mai, un officier apparaît à la poterne et s'avance entre deux soldats. L'un brandit un drapeau blanc et l'autre sonne au clairon le cessez-le-feu. Aussitôt, les Allemands arrêtent de tirer. Le capitaine belge remet son pistolet à un sapeur ennemi et annonce à un officier parlant français qu'il est venu discuter des conditions de la reddition d'Eben-Emael. Deux soldats allemands l'encadrent et vont le conduire au lieutenant-colonel Mikosch dont le poste de commandement doit se trouver non loin de là, dans la région du Geer.

Mais toute discussion est inutile. Avant de quitter le fort, le parlementaire belge se retourne et il aperçoit alors des centaines d'hommes qui déferlent par la poterne. Ils sont sans armes et ils lèvent les bras : la garnison n'a même pas attendu les ordres de ses chefs pour se rendre.

Les Allemands pénètrent, sans rencontrer aucune résistance, dans les souterrains du fort.

La bataille d'Eben-Emael est terminée.

***

Le lieutenant Rudolf Witzig et les sapeurs du groupe d'assaut « Granit » vont quitter l'ouvrage conquis depuis la veille, pour rejoindre à Cologne leurs camarades des groupes « Acier », « Béton » et « Fer». Les vainqueurs d'Eben-Emael comptent dans leurs rangs six morts et une vingtaine de blessés, dont plusieurs gravement atteints [1].

***

Quelques jours après la bataille du canal Albert, les principaux officiers parachutistes ou pilotes de planeurs qui ont mené au combat les groupes d'assaut « Acier », « Béton », « Fer » et « Granit » reçoivent l'ordre de se présenter au quartier général. Ils s'y rendent en tenue de combat, avec leur casque rond et leur combinaison de saut, le pistolet au côté dans son lourd étui de cuir noir. Adolf Hitler lui-même les accueille. Le Führer n'a jamais été de si joyeuse humeur. Tous les officiers présents sont décorés de la croix de chevalier de la croix de Fer et posent pour une photo souvenir autour du maître de la nouvelle Allemagne. Ils sont neuf : le capitaine Koch, chef du bataillon d'assaut, les lieutenants Witzig, Zierach, Kiess, Altmann, les sous-lieutenants Ringler, Meissner et Delica, le médecin-lieutenant Jäger. Aviateurs ou aéroportés, ils ont tous joué un rôle capital dans cette première bataille de la guerre sur le front de l'Ouest.

Pour le beau succès remporté par les paras de son bataillon, le capitaine Walter Koch est promu major [2]. Quant au lieutenant Rudolf Witzig, il est nommé capitaine. Il n'a pas encore vingt-six ans [3].

---

1. Il paraît, si l'on en croit Jean-Louis Lhoest, dans son livre *les Paras allemands au canal Albert*, Presses de la Cité, 1964, que c'est seulement à cet instant vers 14 heures, le 11 mai, que les sapeurs du groupe « Granit » auraient appris le nom de l'ouvrage qu'ils avaient attaqué...

2. Le major Koch commandera le Ier bataillon du régiment d'assaut parachutiste en Crète et sera grièvement blessé à la tête dès le premier jour de la bataille, dans le secteur de Malémé, en donnant l'assaut à la cote 107. Il rejoint ensuite le front de l'Est, puis la Tunisie, où il commande le 5e régiment de chasseurs parachutistes. Célébré comme un héros par la propagande, il trouve la mort dans un accident d'automobile en octobre 1943. En pleine nuit, sa voiture roulant à toute allure sur une autoroute percute une remorque porte-char mal éclairée. Le lieutenant-colonel Koch sera décapité dans la collision.

3. Le capitaine Rudolf Witzig deviendra chef de compagnie au régiment d'assaut parachutiste et combattra en Crète dans le secteur de Malémé. Il rejoint ensuite la Tunisie dans le cadre de la brigade parachutiste Ramcke. Muté sur le front de l'Est, son unité du génie se bat dans les secteurs de Kovno en Lituanie et de Vilna en Pologne. En octobre 1944, promu colonel et décoré des feuilles de chêne, Rudolf Witzig commande le 18e régiment de chasseurs parachutistes. Il se bat en Hollande, dans la région du Rhin, jusqu'en avril 1945. Aujourd'hui, Rudolf Witzig est président de l'Association des anciens parachutistes allemands.

XI

ORDRE DE CAPTURER LA REINE ET SON GOUVERNEMENT

Si les missions spéciales sur le canal Albert et le fort d'Eben-Emael ont été menées à bien par le seul bataillon d'assaut Koch, les opérations de Hollande, déclenchées elles aussi à l'aube du 10 mai 1940, exigent l'emploi de toutes les autres forces d'infanterie de l'air dont dispose alors le IIIe Reich. Elles ne sont pas considérables : à peine deux mille chasseurs parachutistes et dix mille fantassins aéroportés.

L'état-major du général Student travaille depuis des semaines, sous les ordres du major Trettner, pour mettre au point les détails d'une opération comme aucune armée en guerre n'en a encore jamais réalisée dans l'Histoire.

La situation se complique du fait que les troupes entraînées et disponibles sont peu nombreuses, que les appareils de transport sont en nombre très limité — moins de six cents Junkers 52 — et surtout que la mission des soldats tombés du ciel est double : la prise des ponts de la « forteresse Hollande » au sud de Rotterdam, d'une part, et la capture du gouvernement et même de la famille royale, de l'autre. Adolf Hitler voudrait renouveler ce qu'il a réussi au Danemark et éviter ce qu'il a manqué en Norvège. Il l'explique lui-même, lors d'un entretien, le 2 mai, avec les généraux Student et von Sponeck, qui commandent l'un la 7e division aérienne (parachutiste) et l'autre la 22e division d'infanterie (aéroportée).

— La reine Wilhelmine se trouve dans son château de La Haye ou dans la résidence royale à Huis ten Bosch. Il faut

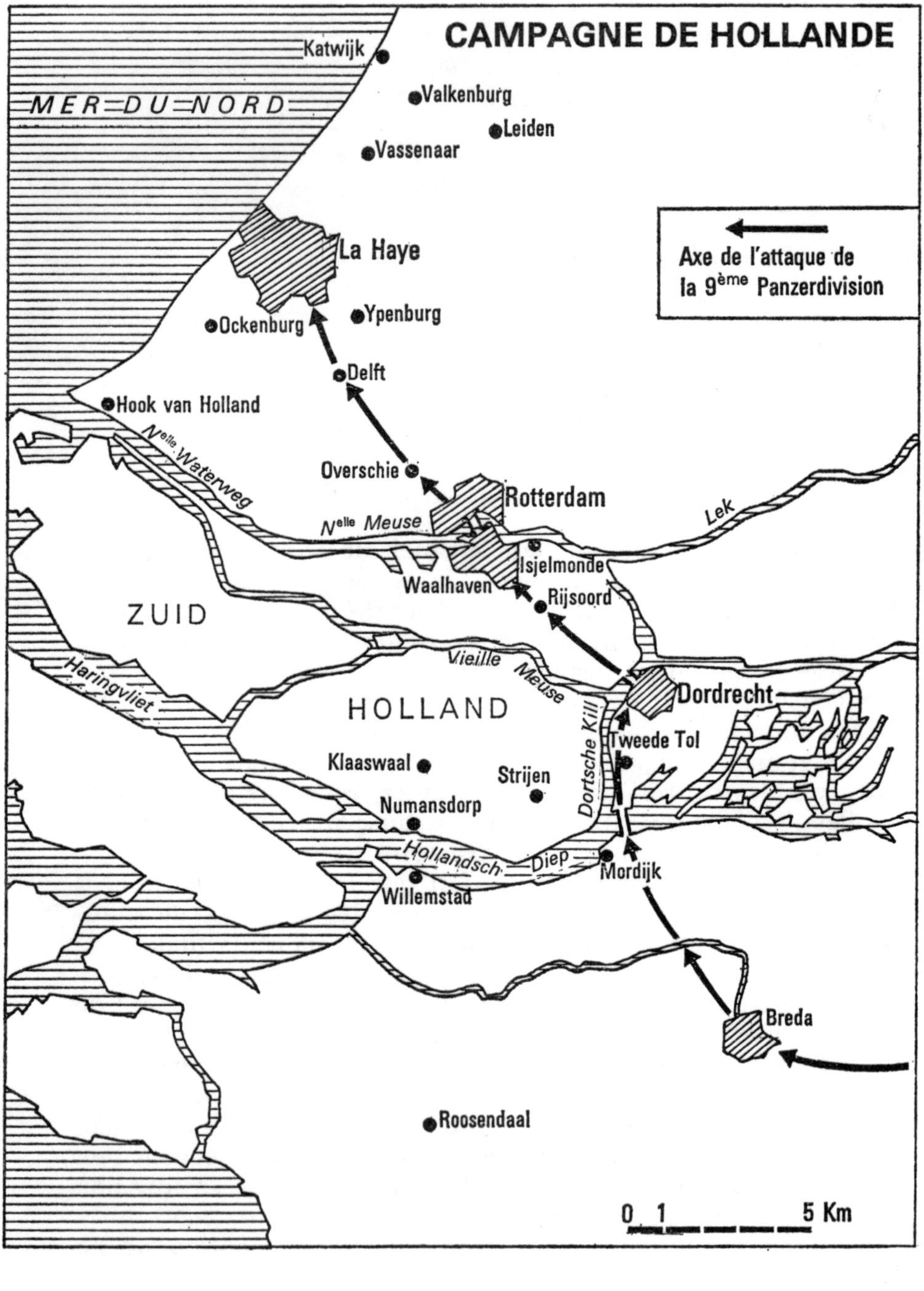
CAMPAGNE DE HOLLANDE
Axe de l'attaque de
la 9ème Panzerdivision
MER DU NORD
Katwijk
Valkenburg
Leiden
Vassenaar
La Haye
Ockenburg
Ypenburg
Delft
Hook van Holland
Nelle Waterweg
Overschie
Rotterdam
Lek
Nelle Meuse
Isjelmonde
Waalhaven
Rijsoord
ZUID
Haringvliet
Vieille Meuse
HOLLAND
Dordrecht
Dortsche Kill
Tweede Tol
Klaaswaal
Strijen
Numansdorp
Hollandsch Diep
Mordijk
Willemstad
Breda
Roosendaal
0 1 5 Km

nous assurer de sa personne. Ce qui n'empêchera pas de la traiter avec le plus grand respect. Vous en serez personnellement responsables. Elle est très aimée de son peuple et respectée à travers le monde. Alors ni elle ni personne de sa famille ne devra souffrir le moindre outrage au cours de cette opération.

Student et von Sponeck comprennent qu'ils n'ont pas une tâche facile avec cette partie « politique » de l'opération Hollande. Les deux généraux se sentent plus à l'aise avec la partie « militaire » qui doit se dérouler simultanément.

Le coin par où il est possible à un envahisseur venu de l'Est d'enfoncer la défense hollandaise se situe sur la position de Peel, dans une boucle de la Meuse au sud de Gennep. Ce sera le travail d'une division blindée de la Wehrmacht, la 9e Panzer. Elle devra ensuite foncer de toute la puissance de ses moteurs sur Rotterdam puis sur La Haye. Elle aura besoin de trouver les ponts intacts. Ce sera le rôle des paras de les prendre et de les tenir.

Les principaux ponts dans l'axe de l'attaque se situent à Moerdijk, à Dordrecht et à Rotterdam. Le premier, sur le Hollandsch Diep, est un fantastique ouvrage d'art de plus de huit kilomètres de long. Le second enjambe la Vieille Meuse, et le troisième la Nouvelle Meuse au sud de la grande agglomération hollandaise.

Les parachutistes, dans cette région de Rotterdam, devront également s'emparer d'un aéroport pour permettre l'atterrissage des aéroportés, qui les suivront le plus rapidement possible. Le terrain choisi est celui de Waalhaven, au sud-ouest de la ville, près du port.

Il reste à répartir les forces dont disposent Student et von Sponeck, essentiellement constituées par deux divisions : la 7e parachutiste et la 22e aéroportée. Très rapidement, les deux états-majors s'aperçoivent qu'ils est nécessaire de « panacher » ces deux unités, qui comprendront donc, l'une comme l'autre, des chasseurs parachutistes et des fantassins aéroportés. Le général von Sponeck commandera à La Haye et le général Student à Rotterdam.

***

Le Generalmajor von Sponeck dispose de deux régiments d'infanterie, le 47e et le 65e, à trois bataillons chacun, et de différentes unités divisionnaires, qui ont été allégées pour être transportées par avion. Ainsi les obusiers du régiment d'artillerie sont traînés par des poneys et les véhicules de reconnaissance sont remplacés par des bicyclettes. Les bataillons du génie, des transmissions, de PAK et de FLAK sont également réduits, ainsi que l'unité médicale de la division.

La division von Sponeck ne pourrait rien si elle ne se trouvait renforcée par des éléments qui proviennent du 2e régiment de chasseurs parachutistes. Ils sont d'ailleurs peu nombreux et ne comprennent que le Ier bataillon du capitaine Noster et la 6e compagnie du lieutenant Schirmer.

L'état-major a établi un minutieux plan de mise au sol de la division. Il est assez compliqué et peut-être trop parfait pour être réalisé dans le feu de l'action.

Les Allemands de la division von Sponeck doivent utiliser trois aéroports situés non loin de La Haye : Valkenburg au nord-est, Ypenburg au sud-est et Ockenburg au sud-ouest. Les cinq compagnies de parachutistes doivent sauter d'une soixantaine d'appareils dès cinq heures du matin. Deux bataillons d'infanterie, l'un du 47e et l'autre du 65e, à bord d'une centaine d'avions, les rejoindront une demi-heure plus tard sur les aéroports conquis. A peine une heure après le début de l'opération, le général von Sponeck et son état-major atterriront à leur tour avec la compagnie de reconnaissance divisionnaire et ses bicyclettes. Puis le reste de la division suivra au rythme d'une cinquantaine d'avions toutes les deux heures.

⁂

A cinq heures du matin, le 10 mai 1940, le comte von Zech-Burkersroda, ambassadeur d'Allemagne à La Haye, présente un ultimatum au gouvernement royal néerlandais. Depuis une heure, la Luftwaffe a mouillé des mines magnétiques en mer du Nord à l'entrée des chenaux et a bombardé certains aérodromes.

Au moment même où le diplomate remet officiellement son message, la lampe verte s'allume dans les soixante-cinq Junkers qui transportent les cinq compagnies du 2e régiment de chasseurs parachutistes qui doivent sauter à quelques kilomètres de la capitale du royaume des Pays-Bas.

Cette fois, les appareils de la Luftwaffe sont attendus. Ce n'est plus la torpeur comme chez les Danois ou la surprise comme pour les Norvégiens. C'est, tout de suite, chez les Hollandais, la riposte.

Pendant quelques instants, les avions, annoncés par un grondement de moteurs qui emplit tout le ciel, constituent une cible parfaite, même si des bombardiers les accompagnent et prennent à partie les défenses terrestres.

Plusieurs appareils allemands s'écrasent, laissant derrière eux, dans le ciel gris de ce matin de mai, d'énormes panaches de fumée. Les Junkers explosent au sol, dans une gerbe de flammes. Equipages et parachutistes périssent brûlés vifs en plein vol ou déchiquetés dans les épaves écrasées à terre. Les mitrailleuses hollandaises s'acharnent sur les hommes qui tombent du ciel, se balançant à leur coupole blanche. Dans quelques instants, ces cibles humaines, paralysées dans leurs harnais et qui semblent clouées dans le ciel, vont reprendre vie en arrivant au sol et se transformer en adversaires sans pitié. Il faut les tuer alors qu'il en est encore temps. Les balles cinglent le ciel, comme les lanières d'un fouet terrifiant. Frappés en pleine descente, bien des paras, joyeux quelques secondes auparavant dans la carlingue de leur Junkers, ne sont plus que des cadavres qui oscillent au bout de leurs suspentes comme des pantins grotesques. Quand ils se posent à terre, sous leur corolle subitement refermée telle une fleur vénéneuse, ils ne se relèvent pas. Mais leurs camarades arrivent sans arrêt, battant des bras et des jambes pour s'orienter. Les voici à terre ; un roulé, et ils sont sur pied, harnais dégrafé et pistolet au poing. Ils se précipitent vers les gaines métalliques pour récupérer leurs fusils, leurs mitrailleuses et leurs mortiers. En quelques minutes, les officiers rassemblent les chasseurs rescapés de ce saut sous le feu des Hollandais. Les groupes de combat se forment, les chefs de section s'orientent, les compagnies se dirigent vers leurs premiers objectifs.

Tout de suite, aux abords des terrains de largage, les combats deviennent très violents. Mitrailleuses et canons à tir rapide de l'armée royale néerlandaise provoquent de lourdes pertes parmi les envahisseurs tombés du ciel. Souvent, le hasard joue un rôle et départage les combattants. Ainsi, un para allemand arrive sur le toit d'un hangar. Il s'oriente rapidement et aperçoit, juste à ses pieds, un nid de mitrailleuses. Il sort une grenade de la poche de son « sac à os », tire le cordon allumeur et l'expédie dans le retranchement ennemi, qui explose avec une terrible déflagration.

Tandis que se déroulent de violents combats près des aéroports d'Ypenburg et d'Ockenburg, où les Hollandais parviennent à conserver de nombreux points d'appui et à battre les pistes de leurs feux, d'autres parachutistes allemands ont été largués, un peu au hasard, en dehors des points prévus, notamment dans la région de Valkenburg au nord-est de La Haye.

La violence de feu des pièces antiaériennes de l'armée royale néerlandaise a surpris les équipages des Junkers. Malgré l'escorte des chasseurs et l'appui des bombardiers, certains ont dû se dérouter. Plusieurs appareils feront ainsi sauter les groupes de combat qu'ils transportent dans la région côtière, non loin de la ville de Hoek van Holland, beaucoup trop loin au sud-ouest de La Haye.

⁂

Le lieutenant Gansewig n'a guère eu le temps de se repérer qu'il est déjà au sol. Il a simplement aperçu tout à l'heure la mer, d'un gris plus clair, qui vient ronger un rivage rectiligne, d'un vert cru. Sa compagnie est tombée dans un herbage. Le sol, spongieux, gorgé d'eau, amortit la chute. Quelques paras sont entraînés par leur voilure vers des clôtures de fil de fer barbelé. Partout, de profonds fossés, remplis à ras bord. L'ennemi ne se manifeste pas. Pas un bruit. Pas un coup de feu. Mais un silence étrange, un peu oppressant. Les hommes se débarrassent de leur harnais, courent vers les gaines métalliques, déchargent les fusils et les mitrailleuses.

Un peu à l'écart de ses camarades, un parachutiste de la compagnie Gansewig atterrit dans un champ de tulipes. Il se relève, après un magnifique roulé au milieu des fleurs, quand surgit le propriétaire du champ. Il a l'air furieux. Quel est cet homme tombé du ciel qui vient saccager ses tulipes ? Le Hollandais se répand en injures jusqu'au moment où le chasseur parachutiste dégaine son pistolet et lui intime d'un geste énergique l'ordre de se taire et de regagner sa ferme.

Les paras de la compagnie Gansewig doivent se diriger vers la lisière d'une forêt. Il leur faut franchir sans cesse des fossés pleins d'eau où ils enfoncent jusqu'à la taille. Il ne font pas cinquante mètres sans devoir barboter et s'entraider pour transporter sur l'autre berge armes et munitions. L'officier décide de gagner une route. Maintenant ses hommes, un peu plus au sec, longent des maisons et des vergers. On n'aperçoit toujours aucun soldat hollandais. Les paras marchent rapidement, se dirigeant vers une grande chaussée en surplomb, d'où ils dominent tout le plat pays au bord de la mer. Quelques habitants sortent des maisons en voyant passer les envahisseurs. Mais ils ne semblent pas du tout hostiles ni même inquiets. Ils s'approchent des paras du 2e régiment et commencent à leur parler aimablement... en anglais.

— Ce n'est pas possible ! lance le lieutenant à son adjoint qui marche non loin de lui. Ils nous prennent pour des soldats britanniques.

La combinaison de saut verte et le casque rond des nouveaux venus n'évoquent guère la classique tenue feldgrau de l'armée allemande.

— Il n'y a qu'à nous taire et continuer, ordonne Gansewig à voix basse à ceux qui l'entourent.

Aux civils se joignent maintenant des soldats hollandais, qui débarquent d'une voiture et s'approchent, l'arme à la bretelle.

Ils font des signes amicaux, eux aussi. En tête de la colonne, un chasseur parachutiste ne comprend pas grand-chose à ce qui se passe et n'aurait jamais cru les Hollandais aussi germanophiles. On lui lance en anglais :

— *Welcome !*

Le para pense qu'on lui parle en néerlandais et réplique par un *Heil Hitler !* tonitruant. Surprise des Hollandais. Les premiers chasseurs de la colonne expliquent alors posément :

— Nous sommes des soldats allemands.

— *Duitsche !* (des Allemands) !

Cette fois, c'en est trop pour les sujets de Sa Majesté la reine Wilhelmine. Les civils disparaissent dans les maisons et les soldats se jettent dans les fossés. Mais les paras sont plus rapides et braquent leurs pistolets-mitrailleurs et leurs fusils sur les militaires de l'armée royale néerlandaise qui ne peuvent faire autrement que de se rendre.

La marche se poursuit. On entend des coups de canon. Les artilleurs hollandais bombardent la zone où ont été largués les paras. Mais il y a longtemps que les hommes du lieutenant Gansewig ne s'y trouvent plus. Maintenant, ils progressent sur une route, l'arme au poing, se dirigeant vers l'objectif prévu. Tout va bien. Les paras plaisantent et rient.

Le chef de la colonne allemande a non seulement capturé quelques soldats hollandais, mais aussi réquisitionné la voiture qui les transportait. Dans le véhicule militaire se trouve un appareil de radio. Un des transmetteurs de la section de commandement manipule les boutons et parvient à obtenir un poste allemand. Surprise : les paras du Reich entendent alors la voix célèbre du ministre de la Propagande. Le Dr Göbbels évoque l'attaque contre la Belgique et la Hollande et essaye de justifier la violence faite à ces deux nations neutres. Ses compatriotes se pressent autour du poste. A les voir, on imaginerait que la guerre est déjà finie. Le tribun multiplie les éclats de voix et les sonorités ronflantes. Soudain, des coups de feu retentissent. Le pare-brise de la voiture vole en éclats. Une arme automatique hollandaise vient de se réveiller. Les paras bondissent dans les fossés. Ils voient les rafales cingler la carrosserie. Des balles ricochent sur l'asphalte de la route. Mais, imperturbable, dans le poste de radio, le ministre de la Propagande du Reich poursuit son discours. Les chasseurs du lieutenant Gansewig cherchent l'ennemi des yeux. Mais de toutes leurs oreilles, ils écoutent ce que dit le Dr Göbbels, dont la voix leur semble si proche. En tête de la colonne, les paras de l'avant-garde sont aux prises avec des mitrailleurs hollandais. On entend des rafales d'arme automatique allemande. Puis des éclatements de grenades. La mitrailleuse tire encore quelques cartouches.

Maintenant, le discours du Dr Göbbels est terminé. Lui succède aussitôt une musique martiale. Le poste diffuse une marche militaire.

— Il ne nous manquait vraiment plus que ça ! lance un Berlinois.

Mais rien ne peut arrêter la radio. De nouvelles rafales de mitrailleuse déchirent l'air. La voiture frémit sous les impacts qui frappent la carrosserie. Mais le poste n'est toujours pas touché. Les flonflons continuent avec le roulement des tambours plats et le sifflement aigu des fifres. Nouvelle rafale.

— Les Hollandais n'aiment peut-être pas notre musique militaire ? lance un Hanovrien.

— Il faudra qu'ils s'y habituent, rétorque le lieutenant Gansewig, qui ordonne de reprendre la marche une fois la mitrailleuse ennemie enfin muselée [1].

***

Les chasseurs de la compagnie du lieutenant Gansewig ont eu la chance d'être parachutés en dehors de la zone où se déroulent les combats les plus violents. Aux abords des trois aérodromes de la région de La Haye, la situation devient très vite dramatique pour les Allemands.

Tout au nord-est, à Valkenburg, non loin de la ville de Leyde, les paras n'ont pas sauté sur le terrain, mais sur un bois de pins. Beaucoup d'hommes se sont blessés à l'atterrissage. Les soldats hollandais réagissent très vigoureusement : ils cernent le bois, y mettent le feu afin d'obliger les Allemands à en sortir et les attendent sur les lisières pour les tirer comme du gibier.

Le lieutenant Gerhard Schirmer, qui commande la 6e compagnie du 2e régiment, parvient à rassembler tous ceux qui n'ont pas été grièvement blessés en tombant dans les arbres et décide de faire une sortie en force. Il n'a pas oublié sa mission essentielle :

— Objectif : l'aérodrome !

Au milieu des flammes et de la fumée, les paras surgissent brusquement et se livrent un passage à coups de pistolets-mitrailleurs. Dans leur « sac à os », ils ressemblent à des diables charbonneux et beaucoup de ces combattants portent des pansements sanguinolents. Ceux qui se sont cassé le bras droit à l'atterrissage lancent des grenades de la main gauche et les plus éclopés marchent derrière leurs camarades, en se servant

---

1. Le lieutenant Herbert Gansewig sera tué en Crète alors qu'il commandait la 12e compagnie du régiment d'assaut parachutiste.

de leur fusil comme d'une béquille. Mais le lieutenant Schirmer ne cesse d'entraîner les rescapés vers leur but. Ses hommes occupent une partie du terrain d'aviation et s'y installent en défensive, bloquant net les contre-attaques hollandaises qui essayent de les déloger.

Les chasseurs de la 6e compagnie ont sauté depuis déjà deux heures et ils n'ont pas cessé de se battre depuis leur parachutage quand apparaît, vers sept heures du matin, la seconde vague d'appareils, celle qui amène les fantassins aéroportés du 47e régiment d'infanterie. Les pilotes des Junkers se demandent comment ils vont se poser, tant ils sont accueillis par un feu nourri. Les paras tiennent presque tout le terrain désormais, mais leurs adversaires occupent les lisières d'où ils tirent frénétiquement sur les avions. Quelques aviateurs tentent le tout pour le tout et se posent dans la fournaise, leurs appareils criblés d'éclats. Beaucoup ne pourront même plus repartir tout à l'heure. Déjà plusieurs Junkers sont en feu.

Parmi les premiers à sauter à terre se trouve le colonel Heyser qui commande le 47e régiment d'infanterie aéroportée. Il n'a avec lui que son état-major et trois compagnies de son unité. Un officier parachutiste se précipite vers lui et se présente :

— Lieutenant Schirmer, commandant la 6e compagnie du 2e régiment de chasseurs parachutistes. A vos ordres, Herr Oberst.

— Merci de votre accueil, Schirmer. Vous n'avez pas dû avoir la partie belle. Maintenant, nous allons dégager ce maudit terrain.

Aéroportés et parachutistes lancent aussitôt de durs assauts pour repousser les Hollandais. Bientôt, ils sont totalement maîtres du terrain. Mais celui-ci, encombré de carcasses d'avions, apparaît à peu près inutilisable.

Le colonel Heyser et le lieutenant Schirmer n'ont même pas avec eux un demi-millier d'hommes. Ils décident pourtant de prendre le village de Valkenburg et de s'y fortifier.

Très rapidement, le chef du 47e régiment d'infanterie aéroportée est blessé en entraînant ses hommes à l'assaut du village. Mais les survivants de la compagnie parachutiste de Schirmer se battent avec fureur et parviennent à enlever Valkenburg, maison après maison. Le colonel Heyser s'y traîne tant bien que mal et installe son poste de commandement Il annonce aussitôt au lieutenant para :

— Nous allons bientôt être rejoints par le IIe bataillon de mon régiment. Il arrive sans doute à midi, avec quatre compagnies fraîches.

— Nous en aurons bien besoin, Herr Oberst.

Mais jamais les fantassins ne rejoindront leur chef. La piste de Valkenburg leur apparaît tellement encombrée d'épaves que les pilotes des Junkers renoncent à s'y poser. Ils décident alors d'atterrir sur le rivage même de la mer du Nord, non loin de là. Les appareils perdent de la hauteur, touchent rudement le sable où ils tracent de profonds sillons, puis s'immobilisent enfin, après quelques soubresauts. Des fantassins sautent aussitôt sur la plage, l'arme au poing, et se précipitent vers les dunes.

Tout le IIe bataillon n'a pu être posé et il ne se trouve à terre que les fantassins de la 5e et de la 6e compagnie, moins d'un demi-millier d'hommes. Ils sont très rapidement pris à partie par les mitrailleurs hollandais et ne pourront rejoindre ni l'aérodrome ni le village de Valkenburg, où les attend leur chef, le colonel Heyser. Alors, les aéroportés creusent des trous dans le sable des dunes et vont résister ainsi, pendant quatre jours, à toutes les contre-attaques, totalement isolés au bord de cette mer grise qui ne cesse de briser de grosses vagues sur une immense plage déserte où le cri aigu des oiseaux de mer répond aux coups de feu.

***

A Ypenburg, entre La Haye et Delft, la situation est pire. Les parachutistes ont aussi été lâchés trop loin du terrain d'aviation dont ils devaient s'emparer. Certains tombent au milieu des positions hollandaises qui défendent l'aéroport et sont abattus sans avoir même touché le sol. Les rescapés se regroupent et tiennent une partie des pistes. Mais ils ne peuvent neutraliser les mitrailleuses et les canons à tir rapide de leurs adversaires. Quand arrivent, vers sept heures du matin, les Junkers transportant les fantassins d'une compagnie du 65e régiment d'infanterie aéroportée, le désordre est à son comble. Les pilotes, comme à Valkenburg, tentent pourtant le tout pour le tout et atterrissent en catastrophe sous les balles et les éclats. Ils sont treize Junkers à se risquer sur la piste d'atterrissage. Onze seront détruits en quelques minutes. Les fantassins allemands sont aussitôt cernés et beaucoup ne parviennent même pas à établir la liaison avec les parachutistes. Au soir du 10 mai, les quelques survivants seront obligés de se rendre, après une journée de dur combat.

Les avions qui surgissent pour amener une nouvelle unité de fantassins aéroportés n'insistent pas et vont essayer de trouver un autre aérodrome où la situation serait plus claire... peut-être du côté de Rotterdam.

Dans le sud-ouest, non loin d'Ockenburg, les paras qui devaient prendre l'aérodrome sont tombés trop loin vers le sud. Les Junkers se posent sans aucune protection et les fantassins doivent se battre dès qu'ils mettent pied à terre, soutenus par les mitrailleuses des avions de transport. Quelques pilotes ont renoncé à un atterrissage aussi acrobatique dans un terrain découvert et vont se poser, sur le ventre, dans les dunes au bord de la mer du Nord ou dans des prairies gorgées d'eau où plusieurs appareils capotent ou s'empalent sur des poteaux.

***

Les trois aéroports de Valkenburg, d'Yperburg et d'Ockenburg sont encombrés de carcasses d'appareils détruits et beaucoup d'autres se sont écrasés en pleine campagne ou sur le bord de la mer. La Luftwaffe, au soir de ce premier jour de la lutte contre les Pays-Bas, compte de très lourdes pertes. A la fin de cette longue et dure journée du 10 mai 1940, une centaine d'appareils allemands ne regagneront pas leurs bases.

Dans les débris de l'un des Junkers abattus par la défense antiaérienne néerlandaise, des soldats hollandais découvrent, accrochées à des cintres, dans le fuselage à demi calciné de l'avion, les vareuses chamarrées d'argent des superbes tenues de parade que les officiers de l'état-major de la 22e division aéroportée comptaient arborer pour arrêter, avec les honneurs militaires, la reine Wilhelmine et les membres de son gouvernement... Dans un autre appareil, se trouvait même le cheval de selle qui aurait dû permettre au général comte von Sponeck de faire une mémorable entrée équestre à La Haye !

Le général, lui, après un atterrissage de fortune, a juste réussi à gagner l'abri d'un petit bois, avec quelques-uns de ses officiers et une partie de la section de renseignements divisionnaire. Il commence par rassembler tous les fantassins allemands qu'il peut trouver et organise, à tout hasard, un barrage sur la route de La Haye à Monster non loin de la côte.

Le chef de la 22e division est alors rejoint par quelques parachutistes de la 3e compagnie du 2e régiment, sous les ordres du lieutenant Arnold von Roon, qui se présente tout aussi impeccablement que son camarade Schirmer.

— A vos ordres, Herr Generalmajor.

Quels ordres pourrait encore donner von Sponeck ? Il n'a aucune liaison, ni avec les autres unités de sa division, ni avec son chef direct le général Student, ni avec l'état-major chargé de coordonner, depuis le territoire du Reich, l'opération aéroportée contre la Hollande.

— Que vos paras m'aident à nous organiser en « hérisson »

défensif. Nous n'avons qu'à attendre et à essayer de ne pas nous faire prendre.

Ce sera seulement vers le soir qu'une précaire liaison radio sera établie. Le général von Sponeck recevra alors l'ordre de renoncer à l'opération sur La Haye pour tenter de rejoindre Rotterdam.

Aéroportés et parachutistes se mettent en marche dans la nuit.

Soudain, les éclaireurs tombent sur des guetteurs. Des voix crient dans le noir :

— *Wer da* (Qui va là) ?

Ce ne sont pas des Hollandais, mais des Allemands. Ils sont environ deux cents, complètement isolés dans une région boisée au nord d'Overschie. A leur tête, le médecin-capitaine Wischusen qui s'est transformé en chef de guerre pour l'occasion. Il paraît très content de retrouver son général et les quelques chasseurs parachutistes et fantassins aéroportés qui l'accompagnent. Le lieutenant von Roon réorganise la petite troupe, qui parviendra à établir une sorte de front au nord-ouest de Rotterdam et attendra avec impatience l'évolution des combats sur le port et dans la ville.

D'autres groupes de quelques dizaines de soldats allemands continuent à errer dans la campagne hollandaise. On en signale un près de Katwijk et un autre dans les environs de Hoek van Holland. Leur grand souci n'est plus de combattre mais de ne pas se faire prendre.

***

Certains officiers ont eu plus de chance que leur général. Ainsi le lieutenant de Boer, qui commande la batterie d'artillerie aéroportée de la 22e division, devait atterrir à Ypenburg. Le pilote du Junkers 52 qui transporte l'officier et quelques-uns de ses canons de 37 et de ses poneys de trait se demande comment il va réussir à se poser sur un terrain encombré par des épaves d'appareils allemands appartenant à la première vague de l'opération. Pourtant, il descend encore, espérant atterrir en acrobate et freiner son appareil en zigzaguant entre les obstacles. Au moment où il va réduire les gaz, il aperçoit des soldats sur la piste. Ce ne sont pas des Allemands mais des Hollandais ! L'aéroport d'Ypenburg n'a pas été pris !

Alors, l'aviateur relance ses moteurs et reprend de la hauteur. Les artilleurs qu'il transporte l'ont échappé belle. Mais où pourra-t-il les poser désormais ? Le terrain le plus propice lui semble celui de Waalhaven qui devrait être depuis l'aube aux mains des chasseurs parachutistes du 1er régiment, si tout s'est passé selon le plan de l'état-major. Voici la piste et les hangars. Sur les toits des bâtiments, l'équipage du Junkers distingue des drapeaux rouges avec la croix gammée.

Le lieutenant de Boer et ses artilleurs seront à terre dans quelques minutes. A peine en retard sur l'horaire. Seulement, ils ne se battront pas à La Haye mais à Rotterdam.

***

Dans la région de La Haye, quelques chasseurs parachutistes et quelques fantassins aéroportés, sous les ordres du premier chef venu, officier, sous-officier ou même simple caporal, décident, malgré tout, de poursuivre les opérations à leur façon et de se livrer à des opérations de guérilla. Les plus audacieux, obstinément fidèles à la mission reçue, se dirigent même vers la capitale hollandaise, se jetant véritablement dans la gueule du loup. Ils s'infiltrent par très petits groupes de quelques hommes dans la banlieue de La Haye, utilisant au mieux le terrain : des rues bordées de pavillons résidentiels.

Une guerre de patrouilles et d'embuscades commence ainsi, dès la fin de la matinée du 10 mai, dans un riant décor de villas où les adversaires se fusillent, à quelques mètres, du coin d'un mur ou d'une haie de jardin. Les Hollandais, s'ils ont vivement réagi lors du largage et des premières attaques des paras, commencent à céder à une étrange panique. Ils n'arrivent plus à localiser les assaillants et imaginent que les paras sont partout et sous les déguisements les plus divers. En cette journée du 10 mai, premier jour de la guerre à l'Ouest, le « mythe » des paras est en train de se transformer en psychose collective.

Les chasseurs parachutistes du 2e régiment ne sont que quelques centaines d'hommes et les fantassins aéroportés des 47e et 65e régiments d'infanterie quelques milliers. Pourtant, civils et soldats néerlandais croient les Allemands beaucoup plus nombreux.

La chasse s'organise tant bien que mal. Les paras essayent de se terrer jusqu'à la tombée de la nuit et beaucoup, dispersés depuis l'atterrissage, n'ont plus aucun contact avec leurs camarades. La situation reste très confuse, mais plutôt au désavantage des assaillants. Un succès local comme la prise de Valkenburg par le colonel Heyser ne saurait faire oublier l'échec de l'opération sur La Haye. Jamais la reine Wilhelmine, ni aucun membre de sa famille, ni aucun responsable de son gouvernement ne tomberont, comme prévu, entre les mains des agresseurs. Les Allemands possédaient les plans des demeures de tous les gens qu'ils voulaient capturer ou abattre. Ils n'ont pas eu l'occasion de s'en servir...

Le cœur administratif des Pays-Bas ne cesse de battre. L'appareil d'Etat néerlandais maintient les communications avec les provinces du pays comme avec les unités militaires.

L'échec allemand à La Haye est si évident que le colonel Fichte, au poste de commandement de la 22e division d'infanterie aéroportée, établi sur un terrain d'aviation allemand non loin de la frontière néerlandaise, décide de suspendre l'envoi des renforts dans ce secteur. Il n'y aura pas de troisième vague d'appareils vers la côte de la mer du Nord. Sur les sept mille hommes de la 22e division aéroportée, guère plus de deux mille ont pu être mis au sol.

Les Allemands des deux premières vagues, chasseurs parachutistes et fantassins aéroportés, vont devoir désormais se débrouiller seuls, soumis à des contre-attaques incessantes, traqués de refuge en refuge. Ils vont durement se battre et souffrir jusqu'à la capitulation de l'armée royale néerlandaise, cinq jours plus tard. Quarante pour cent des officiers et trente pour cent des hommes de troupe seront alors hors de combat, tués, blessés ou disparus.

XII

PREMIER JOUR AU CŒUR DE LA FORTERESSE HOLLANDE

Au cuisant échec subi par la 22e division d'infanterie aéroportée sur La Haye, correspond le beau succès obtenu par la 7e division aérienne parachutiste de Rotterdam à Moerdijk en passant par Dordrecht. En ce 10 mai 1940, l'audace lucide du général Student va éclipser le courage malheureux du général von Sponeck.

Le créateur de l'arme parachutiste allemande commande en personne la 7e division. Sous ses ordres directs se trouvent les trois bataillons du 1er régiment de chasseurs parachutistes du colonel Bruno Bräuer et les trois bataillons du 16e régiment d'infanterie aéroporté, détaché de la 22e division et que commande le lieutenant-colonel von Choltitz[1].

A ces six bataillons s'ajoutent tous les services de la 7e division : une batterie d'artillerie légère, une section de reconnaissance, une batterie FLAK (antiaérienne) et une batterie PAK (antichars), des éléments de transport et de transmission, une section motocycliste, un groupe médical. Tous les hommes sont brevetés parachutistes, supérieurement entraînés et commandés par des cadres fanatiques et audacieux. La plupart des officiers ont fait leurs premières armes au régiment *General-Göring* et passent pour des nationaux-socialistes convaincus tout autant qu'ils se veulent les soldats d'élite de la Grande Allemagne.

1. Il s'agit du futur commandant du Gross Paris qui fera sa reddition au général Leclerc le 25 août 1944, après les ultimes combats pour la libération de la capitale.

Au Generalleutnant Student de prouver désormais ce dont ses paras sont capables.

Tout commence peu avant cinq heures du matin par un furieux bombardement de la Luftwaffe sur le terrain d'aviation de Waalhaven et sur la région d'Ijsselmonde. Les Stukas piquent sur leurs objectifs aux premières lueurs de l'aube, faisant hurler leurs sirènes auxquelles répondent les premières déflagrations des bombes explosives. De lourds panaches de poussière grise et de fumée noire marquent le passage des terribles oiseaux de fer aux croix noires.

L'opération sur Rotterdam doit commencer par un fantastique coup d'audace : la prise de l'île de Noorder-Eiland, qui se trouve au sud de la ville, entre deux bras de la Nouvelle Meuse.

La 11ᵉ compagnie du 16ᵉ régiment d'infanterie aéroportée a pris place dans douze hydravions Heinkels 59, sous les ordres du lieutenant Schrader. A peine le bombardement des Stukas terminé, ces appareils surgissent, escortés de quelques chasseurs. Dans de grandes gerbes d'écume, ils amerrissent à proximité immédiate des ponts. Des fantassins vêtus de feldgrau bondissent hors des carlingues, gagnent un quai et se ruent sur l'ouvrage. Les Hollandais sont tellement surpris qu'ils ne songent même pas à résister.

Voici d'ailleurs du renfort. Une section de paras a sauté sur un terrain vague sur la rive septentrionale du fleuve et ses chasseurs se précipitent pour renforcer leurs camarades arrivés par hydravions. Des chasseurs, pour arriver plus vite, vont même réquisitionner... un tramway, qu'ils conduisent à tombeau ouvert.

En quelques minutes, les deux troupes se rejoignent et occupent chaque extrémité du pont, avant de se replier dans l'île de Noorder-Eiland et de s'y fortifier, en attendant les renforts venus de l'aérodrome de Waalhaven, objectif du IIIᵉ bataillon du 1ᵉʳ régiment de chasseurs parachutistes.

⁂

Par les hublots des Junkers qui les emmènent vers leur objectif, l'aérodrome de Rotterdam, situé à Waalhaven sur la rive méridionale de la Nouvelle Meuse, les chasseurs parachutistes du IIIᵉ bataillon, que commande le capitaine Karl-Lothar Schulz, aperçoivent, dès qu'ils ont franchi la frontière des Pays-Bas, des nuages de fumée noire au-dessus des nombreux ponts qu'ils survolent. Les Hollandais, sans perdre un instant, sont en train de faire sauter tous les ouvrages d'art, si nombreux dans leur pays de fleuves et de canaux.

Escortés par les Heinkels et les Messerschmitts, les avions de transport poursuivent leur vol vers l'ouest. Les équipages ne semblent pas se soucier des quelques projectiles de la défense antiaérienne qui saluent leurs escadrilles, quand elles approchent de l'aéroport qui paraît bien défendu par l'artillerie hollandaise. Les paras, qui bavardaient et riaient encore quelques minutes auparavant, se taisent soudain. Cela devient sérieux.

Le capitaine Schulz se tient à la portière du Junkers. Il veut sauter le premier. Il se retourne et crie :

— Encore une minute !

Et il répète une dernière fois, comme si tous ne connaissaient pas les consignes par cœur :

— Dès l'atterrissage, filez tout droit sur les points de regroupement.

Des projectiles éclatent de plus en plus nombreux. Les avions frémissent sous les impacts. Les paras ne rient plus du tout. Dans quelques dizaines de secondes, le signal de sauter sera une délivrance. Les moteurs ralentissent enfin. Ça y est. Lampe verte. On y va !

Personne ne se fait prier pour quitter l'avion qui tangue dans un ciel hostile.

Avec son volumineux paquetage, le capitaine qui a sauté le premier de tous se sent emporté dans un tourbillon. L'air lui paraît aussi dense qu'une planche. Puis il ressent la dure secousse du choc à l'ouverture. L'officier relève la tête. La grande coupole blanche siffle comme une voile dans le vent. Les paras ont l'impression que le sol monte vers eux. Hostile. Pendant quelques secondes, ils se sentent totalement désarmés. Si leurs adversaires les prenaient pour cibles, ils seraient massacrés sans pouvoir se défendre. Partout dans le ciel, des coupoles. Tout un bataillon se trouve largué avec son chef. Dans la pâle lueur de l'aube, chaque para est quand même bien repérable et semble très vulnérable. Schulz cherche à s'orienter. Il reconnaît la courbe de la Vieille Meuse. Au-dessus du port et de la ville, d'épais nuages de fumée attestent que l'aviation allemande a déjà frappé. Arrivé plus près du sol, le capitaine Schulz, comme tous ses hommes, entend le sifflement des balles qui arrivent en rafales. Les Hollandais semblent tenir les lisières du champ d'aviation.

En quelques secondes c'est l'arrivée à terre. Brutale. Les chasseurs se protègent le visage avec leurs mains gantées de cuir, serrent les chevilles et roulent sur eux-mêmes dès l'arrivée. Ils se débarrassent à toute allure de leur harnais. Un groupe de paras arrive au beau milieu d'un troupeau de vaches errantes et quelques-uns tombent sur leur dos. Les bêtes affolées se prennent dans les voilures et les suspentes. Mais déjà, les hommes du bataillon Schulz récupèrent leurs armes et bondissent vers les lisières. Le chef du IIIe bataillon gagne le plus vite possible, avec son adjoint, le lieutenant Schmücker, une légère hauteur en bordure du terrain, d'où il espère un peu dominer la situation.

Le capitaine Schulz brandit son pistolet lance-fusées et tire un projectile pour indiquer sa position. Il voit des silhouettes se ruer à l'assaut vers les positions hollandaises et reconnaît les casques et les tenues de saut de ses hommes. Les premiers arrivés au sol attaquent aussitôt un petit fortin, armés seulement de leur pistolet et de quelques grenades, tandis que leurs camarades récupèrent rapidement les gaines métalliques pour y prendre fusils et mitrailleuses.

Au bout de quelques minutes de combat, leur chef est rassuré : tout son bataillon a sauté et la plupart des hommes sont bien arrivés au sol. Le regroupement s'opère à toute allure, sous le feu de l'ennemi, qui dispose, près du terrain de Waalhaven, de quatre emplacements de mitrailleuses quadruples et d'une batterie de canons de 75 Skoda.

Bientôt, le chef du IIIe bataillon entend des rafales d'armes automatiques. Ce sont des pièces allemandes qui tirent déjà, quelques dizaines de secondes seulement après l'arrivée au sol. Les premiers nids de résistance des défenseurs de l'aéroport sont vite submergés.

Trois camions ennemis surgissent soudain et se dirigent vers le rassemblement des parachutistes. Les Hollandais roulent à toute vitesse sur l'herbe rase du terrain d'aviation. Les mitrailleurs allemands les attendent et les accueillent de quelques brèves rafales. Un des camions parvient à faire demi-tour et s'enfuit. Les deux autres s'arrêtent sur place. Des soldats de l'armée royale néerlandaise sautent à terre et commencent courageusement à riposter aux assaillants tombés du ciel. Mais que peuvent quelques fusils contre les armes automatiques des paras qui semblent soudain tirer tous ensemble, dans une cacophonie assourdissante ?

Calmement, sur le petit monticule en bordure de la piste, le capitaine Schulz repère sur sa carte les emplacements de résistance des Hollandais. Puis il ordonne à ses agents de liaison d'aller chercher les quatre chefs de compagnie qui arrivent rapidement. Le capitaine Schulz donne aussitôt ses ordres :

— Le lieutenant Becker, avec la 10e compagnie, attaquera les positions antiaériennes au nord du terrain d'aviation. La 9e du lieutenant Gessner donnera pendant ce temps un peu d'air sur la lisière sud. Le lieutenant Kerfin, avec la 11e, va traverser la Nouvelle Meuse jusqu'à une île, où il s'installera en position défensive ; il doit trouver des fantassins aéroportés par hydravions dans le coin. Quant à moi, j'assure personnellement le contrôle de l'aérodrome avec la 12e compagnie lourde du lieutenant Schuller.

En quelques minutes, les trois compagnies d'assaut sont lancées vers leurs objectifs tandis que les mitrailleurs s'installent sur les lisières du terrain. Puis, tranquillement, le capitaine Schulz, suivi par quelques paras, se dirige vers la tour de contrôle. Il n'a pas fait vingt mètres que des coups de feu retentissent. Le chef du IIIe bataillon est pris sous un tir d'armes automatiques. Avec les hommes qui le suivent il s'arrête, plonge au sol et se met à l'abri dans un fossé.

Le chef du bataillon ne restera pas longtemps en si fâcheuse posture. Il entend d'autres rafales. Ce sont les mitrailleuses de la section Hillenbrandt qui ont réussi à prendre position et ripostent par un feu d'enfer qui cloue au sol les soldats hollandais. Sous le couvert de ces pièces, le capitaine Schulz et quelques-uns de ses paras font un bond vers le plus proche véhicule abandonné au milieu de la piste. Les Allemands s'entassent dedans et l'un des chasseurs parachutistes prend place derrière le volant. Son chef l'encourage :

— Vas-y ! Mets ce fichu moteur en marche !

Le démarreur tousse deux ou trois fois. Puis le moteur tourne. Sans hésiter, le conducteur improvisé fonce vers les bâtiments de l'aéroport. Il s'efforce de conduire en zigzag, comme un homme ivre. Mais c'est pour éviter le feu des Hollandais qui, de toutes parts, l'ont pris pour cible. On tire depuis les bâtiments, avec quelques armes individuelles. Et surtout des lisières de l'aérodrome où sont établis des mitrailleuses et des canons légers. Mais le chauffeur, sans se soucier des balles et des éclats, conduit à toute allure, l'accélérateur au plancher, et finit par se mettre à couvert des bâtiments, après une course folle de quelques dizaines de secondes. Il freine au pied de la tour de contrôle dans un terrible crissement de pneus et ses camarades bondissent à terre, le capitaine Schulz à leur tête. Le petit groupe escalade à toute allure l'escalier de la tour de contrôle. Au premier étage, l'officier avise une porte qui lui semble être celle de la pièce principale. Il l'ouvre brusquement et tombe au milieu d'un groupe d'officiers hollandais stupéfaits. Sous la menace des pistolets-mitrailleurs que les paras braquent sur eux, ils lèvent les bras, sans hésiter un instant.

— Messieurs, leur annonce Schulz, l'aéroport de Waalhaven se trouve aux mains des troupes allemandes. Vous êtes mes prisonniers.

— Vous venez d'envahir un pays neutre ! s'exclame un colonel de l'armée royale néerlandaise, qui doit être le commandant de l'aéroport.

Devant lui, sur la table, se trouve une plaque d'argent. Une couronne de laurier y entoure le chiffre 40.

— C'est pour vous ? demande le chef du IIIe bataillon.

— Oui. Je célèbre aujourd'hui mes quarante années de service.

— Félicitations ! lance Schulz sèchement.

Mais l'assaillant de Waalhaven a des préoccupations plus importantes. Il demande aux officiers s'il se trouve des champs de mines sur l'aérodrome ou dans le voisinage. L'adjoint du colonel lui assure qu'il n'y a aucune mine dans tout ce secteur.

— Très bien, conclut Schulz. Vous allez tous venir avec nous. Nous devons dégager les pistes d'atterrissage pour les avions qui vont amener le gros de nos forces.

Les paras réquisitionnent aussitôt quelques véhicules et partent inspecter les pistes. Tout ira bien, mais on entend des coups de feu dans la direction de l'île qui se trouve sur la Nouvelle Meuse. Les chasseurs de la 11e compagnie du lieutenant Horst Kerfin ne sont pas encore venus à bout de la résistance hollandaise dans ce secteur, où se trouvent encore des armes antiaériennes qui pourraient être dangereuses.

Pourtant, le plus gros de la besogne est désormais accompli et le capitaine Schulz considère sa mission comme remplie. Il décide d'envoyer maintenant un message par radio :

« Aérodrome entre nos mains. Batteries antiaériennes réduites. Atterrissage possible. »

Dix minutes plus tard, de nouveaux Junkers 52 apparaissent vers l'est. Ce sont les appareils qui amènent les premiers éléments du 16e régiment d'infanterie aéroportée.

***

Près de l'aéroport de Waalhaven, une batterie antiaérienne de canons de 75 Skoda continue à faire feu et risque de compromettre l'atterrissage des troupes aéroportées. Le chef du IIIe bataillon se précipite vers le pilote d'un chasseur allemand qui se trouve en bout de piste, après avoir escorté les Junkers des paras.

— Avez-vous assez d'essence pour un vol supplémentaire de quelques dizaines de minutes ? demande le capitaine Schulz.

— Ce qui reste dans les réservoirs pourra amplement suffire pour une bonne demi-heure, Herr Hauptmann.

— Alors vous allez intimider cette maudite batterie en piquant comme si vous alliez la bombarder en rase-mottes.

— Mais je n'ai pas de bombes !

— Vous, vous le savez. Mais les Hollandais ne le savent pas !

Alors fichez-leur une sacrée frousse et qu'ils se planquent pendant que mes paras attaquent.

Les cadres de la Luftwaffe, en ce matin du 10 mai 1940, sont prêts à toutes les folies. Le pilote du chasseur part en bout de piste, remet les gaz, s'envole et pique droit sur la position ennemie.

Les Hollandais abandonnent leurs pièces pour se jeter au sol. Les paras ne perdent pas une seconde et se précipitent à l'assaut, couverts par les armes automatiques de la compagnie lourde. Quelques rafales de pistolets-mitrailleurs, quelques jets de grenades, l'ordre énergique de lever les bras en l'air, et tout est terminé en quelques minutes.

Cette batterie n'est sans doute pas la seule dans les environs de l'aéroport de Rotterdam. Le capitaine Schulz décide d'expédier un des officiers prisonniers vers ses compatriotes, avec mission de leur donner le conseil de se rendre.

— Je vous donne ma parole d'honneur que je reviendrai vous rendre compte, affirme l'officier de l'armée royale néerlandaise.

Personne ne le reverra jamais sur l'aérodrome de Waalhaven. Mais Schulz ne veut pas croire à un manque de parole.

— Il sera tombé sous les balles de ses compatriotes qui l'auront pris pour un Allemand revêtu de l'uniforme hollandais, conclut-il.

Maintenant, les pistes d'atterrissage sont libres et les pièces antiaériennes les plus proches muselées. Le chef du IIIe bataillon regarde sa montre et s'aperçoit que l'opération lui a pris encore moins longtemps que prévu.

— On aura même le loisir de boire une tasse de café !

Le capitaine Schulz a la surprise de voir, dans les locaux de l'aérodrome, la table mise pour le petit déjeuner.

— Vous n'avez qu'à vous installer, Herr Hauptmann, lui disent ses hommes. Tout était prêt pour les officiers hollandais...

Le capitaine Schulz et son adjoint, le lieutenant Schmücker, ont à peine commencé à boire leur tasse de café qu'ils entendent un bruit de moteurs. Ce sont les avions de la première vague des troupes aéroportées. Schulz aperçoit derrière un des hublots le buste d'un homme à la silhouette massive : il reconnaît le lieutenant-colonel von Choltitz, qui, hier encore, lui disait, lors de la dernière réunion des cadres avant l'opération Waalhaven :

— Vos gars auront intérêt à se trouver là quand j'atterrirai !

Ils y sont.

*
**

Les Junkers continuent à tourner au-dessus du terrain d'aviation, avant de se poser, l'un après l'autre, pour débarquer les quatre compagnies du 16e régiment d'infanterie aéroportée. Le lieutenant-colonel von Choltitz, qui se trouvait dans le premier appareil, se précipite vers le capitaine Schulz :

— Ma parole, je suis rudement heureux de vous voir !

— En doutiez-vous, Herr Oberstleutnant ? demande le para en souriant.

Les deux officiers se réjouissent ensemble qu'il n'y ait plus de pièces antiaériennes dans le secteur. Mais ils ont parlé un peu vite. Dans le lointain, un canon hollandais à tir rapide semble soudain se réveiller et aboie furieusement. Un des avions de transport est touché en plein par un tir direct et s'enflamme. Schulz se précipite vers les camions réquisitionnés par ses hommes et appelle le chef de la 10e compagnie :

— Becker, les tirs semblent venir de cette bande de terre le long du fleuve. Allez-y et faites-les taire rapidement.

A ce moment, surgit le colonel hollandais fait prisonnier une demi-heure plus tôt dans les bâtiments de l'aéroport.

— Je vais partir avec vos hommes pour ordonner à mes compatriotes de se rendre, propose-t-il.

Il grimpe dans des camions bourrés de paras allemands. Le véhicule part à toute allure vers les batteries, qui continuent à tirer salve sur salve. A deux cents mètres, les paras sautent à terre et prennent position pour un rapide assaut. Mais le colonel hollandais les devance et court à toutes jambes vers les artilleurs en criant :

— Halte au feu ! Halte au feu !

Ou personne ne l'entend ou personne ne l'écoute, car les Hollandais tirent de plus belle. Les Allemands voient l'officier de l'armée royale trébucher et tomber, sans doute atteint par une balle perdue.

Les chasseurs parachutistes de la compagnie Becker donnent alors l'assaut. L'engagement sera rapide mais sanglant. La batterie antiaérienne se tait enfin. Les artilleurs survivants sont capturés.

Désormais, l'aéroport de Waalhaven est totalement aux mains des troupes allemandes et rien ne va plus entraver l'atterrissage des appareils qui continuent à se poser dans un vrombissement continu. Dans un des premiers Junkers à se poser se trouvent le général Student et son chef d'état-major, le major Trettner. Ils gagnent une petite hauteur, en bordure de l'aérodrome, d'où ils auront une vue générale des pistes et des abords de Waalhaven.

Les fantassins du IIIe bataillon du 16e régiment d'infanterie continuent à débarquer et à se rassembler. Les Junkers peuvent même déposer au sol quelques pièces d'artillerie. Ce sera désormais à d'autres de consolider le premier succès obtenu par les paras du capitaine Karl-Lothar Schulz, qui rend compte à son chef du plein succès de l'opération. Le créateur de l'arme parachutiste allemande semble particulièrement satisfait.

Encore quelques coups de canon. Les Hollandais ne sont pas disposés à se laisser envahir et ont réussi à faire venir une autre batterie. Mais le général Student ne semble guère se soucier des quelques obus qui tombent assez régulièrement sur le terrain et ses abords.

Vers midi, huit avions de chasse britanniques surgissent brusquement. Mais les Allemands réagissent avec des pièces antiaériennes capturées sur les Hollandais.

Un pilote saute d'un des avions touchés par le feu de la FLAK. Il ouvre son parachute, mais il n'est plus temps et il s'écrase au sol. Un autre appareil passe très bas au-dessus du terrain en laissant jaillir d'un de ses moteurs en feu un immense panache de fumée noire. Il va s'écraser, quelques secondes plus tard, sur l'autoroute qui mène vers le port de Waalhaven. Des huit chasseurs de la Royal Air Force assez audacieux pour s'attaquer à l'aérodrome, pas un seul ne reviendra.

Au sol, les parachutistes du bataillon Schulz continuent à améliorer leurs positions tandis qu'au milieu du terrain brûle un Junkers mis en feu par un chasseur anglais qui s'est écrasé sur lui.

Chasseurs parachutistes et fantassins aéroportés se hâtent maintenant vers le pont sur la Nouvelle Meuse qui n'a pas sauté et qui mène à la ville de Rotterdam. Les Hollandais réagissent de plus en plus vigoureusement. Le lieutenant-colonel von Choltitz mène l'attaque, installé sur le siège arrière d'une moto qui roule avec l'avant-garde des assaillants. Autour de lui tombent, blessés, plusieurs officiers de son état-major. Mais il donne l'ordre de poursuivre vers le centre de la ville.

Des marins hollandais arrivent par le fleuve et essaient de prendre les Allemands à revers. Mais parachutistes et aéroportés ont déjà placé des mitrailleuses lourdes pour couvrir la tête de pont.

D'heure en heure, les unités de l'armée royale néerlandaise durcissent leur résistance et s'accrochent au terrain. Ces soldats d'un pays neutre se battent courageusement et même efficacement. Les paras sont stoppés et doivent s'installer en défensive près des berges du fleuve. Déjà, des incendies s'allument et des flammes gigantesques illuminent le crépuscule.

La nuit tombe sur l'aérodrome de Waalhaven. Les derniers

avions de transport se posent dans la pénombre. Avant la fin de cette rude journée du 10 mai, les paras reçoivent un renfort bienvenu. C'est le lieutenant Timm qui atterrit à son tour avec sa batterie légère de FLAK, la seule unité antiaérienne aéroportée existant alors en Allemagne.

Ces canons vont considérablement renforcer la défense des pistes et des bâtiments de Waalhaven, qui n'étaient jusqu'ici protégés des contre-attaques aériennes alliées que par des pièces... hollandaises, tombées aux mains des hommes du capitaine Schulz.

Maintenant, l'aviation britannique réagit et essaie de chasser les paras de cet aérodrome qui leur ouvre la route de Rotterdam. On entend dans le lointain, venant de l'ouest, un puissant grondement de moteurs. Il s'amplifie et l'on devine les silhouettes sombres des appareils survolant Waalhaven. Les assaillants larguent des fusées éclairantes qui descendent lentement au bout de leur parachute. Tout le terrain s'illumine comme en plein jour. Et les premières bombes s'abattent sur les pistes, les hangars et les positions que tiennent depuis l'aube les paras du IIIe bataillon. Le fracas des explosions retentit et d'immenses lueurs s'allument brutalement. Le sol tremble.

Les pièces de FLAK du lieutenant Timm se mettent soudain à aboyer furieusement. Les mitrailleuses lourdes s'en mêlent et on distingue dans la nuit les sillages des balles traçantes. Mais les pilotes britanniques semblent décidés à prendre tous les risques. Ils volent à moins de cinquante mètres d'altitude. D'autres appareils surgissent après la première vague. Six paras sont blessés par des éclats de bombe. Une soute à munitions explose dans un véritable feu d'artifice. Obus et fusées vont sauter pendant plusieurs jours sans que l'on puisse enrayer les mises à feu en chaîne.

Vers le nord, de l'autre côté du fleuve, des incendies illuminent les quais de Rotterdam.

***

Tandis que les hommes de son IIIe bataillon, avec le capitaine Schulz, s'emparaient de l'aérodrome de Waalhaven, le colonel Bruno Bräuer saute avec son Ier bataillon, celui du capitaine Erich Walther, à Tweede Tol, entre la ville de Dordrecht, au nord, et le Hollandsch Diep, au sud. Cet énorme cours d'eau est franchi par les ponts venant de Moerdijk, dont la prise incombe au IIe bataillon du capitaine Fritz Prager.

Ce n'est pas sans mal que le capitaine Prager se trouve, en ce matin du 10 mai, à la tête de ses paras. Il est soigné depuis plusieurs mois pour un incurable cancer de l'intestin, mais il a réussi à persuader les médecins de lui donner quelques jours de permission, juste le temps de conduire au combat ses chasseurs parachutistes dont une compagnie doit sauter sur la rive septentrionale et les deux autres sur la rive méridionale du Hollandsch Diep, pour s'emparer du pont routier, long de 1 200 mètres, et du pont de chemin de fer, long de 1 500 mètres dont l'importance stratégique est capitale.

Le IIe bataillon doit donc se battre le plus au sud sur le grand axe routier qui mène à Rotterdam et à La Haye. Il lui faudra non seulement s'emparer des deux ponts, mais aussi les tenir et établir un solide bouchon défensif sur la route de Breda, vers le sud, d'où peuvent déboucher les contre-attaques menées non seulement par les Hollandais, mais aussi par les Français, dont les éléments motorisés doivent traverser la Belgique pour venir au secours de l'armée royale néerlandaise. Les hommes du capitaine Prager ont donc la mission la plus dure. Mais ils seront aussi les premiers à voir arriver les colonnes blindées de la Wehrmacht, venues de la frontière, qui doivent rejoindre les ponts tenus par les paras.

Dès leur sortie des Junkers 52, les chasseurs parachutistes du IIe bataillon ont pu facilement s'orienter sur le large cours d'eau du Hollandsch Diep, qui rejoint, à une soixantaine de kilomètres vers l'ouest, les eaux grises de la mer du Nord. Le saut, malgré quelques coups de canon et quelques rafales de mitrailleuses des Hollandais, s'est déroulé sans encombre. Fritz Prager, pris dans le feu de l'action, en oublie presque le mal implacable qui le ronge. Il arrive à terre, roule sur lui-même, se relève rapidement et lance ses premiers ordres, tandis que son fidèle adjoint, le lieutenant Haedrich, l'aide à se débarrasser du harnais de son parachute.

Certains des assaillants sont tombés dans des fossés pleins d'eau et leurs camarades doivent les aider à s'en sortir en leur lançant des voilures ou des suspentes pour qu'ils s'y accrochent et émergent, ruisselants et transis.

Dès qu'ils sont au sol, les paras semblent perdus dans l'immense plaine, où les pâturages et les champs de tulipes sont coupés de canaux rectilignes. Il leur serait difficile de s'orienter dans un pays aussi plat, s'ils n'avaient pour points de repère les silhouettes métalliques des deux ponts de Moerdijk, qui apparaissent assez haut au-dessus des eaux grises du large cours d'eau. Les paras n'ont qu'une seule consigne : les rejoindre au plus vite. Ils récupèrent leur armement et se mettent en route rapidement vers leurs objectifs. Heureusement pour eux, surgissent parfois des véhicules. Les Allemands, tapis dans les fossés, les laissent s'approcher, puis ouvrent le feu à bonne portée.

Après quelques rafales, il grimpent à l'abordage des voitures et des camions. Ils s'en emparent et roulent à fond de caisse vers les deux ponts.

Ceux qui n'ont pu réquisitionner ni camion ni voiture doivent suivre... à vélo.

Les vieilles machines noires à guidon recourbé vers le haut font la joie des paras qui pédalent comme des forcenés.

A chaque entrée des deux ouvrages, les Hollandais occupent des casemates bétonnées bien armées de mitrailleuses, et attendent leurs assaillants sans songer à fuir. Les premiers paras qui arrivent sont fauchés net dans leur élan et les survivants doivent se camoufler pour éviter les rafales qui claquent sèchement sur les pavés de la route. Le lieutenant Straehler-Pohl, chef de la 5e compagnie, monte à toute allure une attaque risquée pour tenter de neutraliser la défense hollandaise. Mais ses chasseurs parachutistes n'ont guère d'armes lourdes et sont juste soutenus par le tir des mitrailleuses récupérées dans les gaines cylindriques.

A ce moment surgit le sous-lieutenant Cord Tietjen, qui conduit sa section à l'assaut vers le pont routier. Deux ou trois soldats hollandais essaient de stopper les paras, mais ils sont ausitôt abattus de quelques rafales de pistolets-mitrailleurs. Le jeune officier entraîne ses hommes que rien ne semble capable d'arrêter dans leur ruée sauvage. A l'autre bout de l'ouvrage, les défenseurs, entassés dans une casemate, seront à leur tour submergés avant même d'avoir tout à fait compris ce qui leur arrivait.

Le pont est capturé intact ce qui vaudra au sous-lieutenant Tietjen la croix de chevalier de la croix de Fer.

Le capitaine Prager peut alors envoyer un message radio à son chef, le colonel Bräuer, qui, si tout s'est bien passé, devrait se trouver du côté de Tweede Tol, à quelques kilomètres plus au nord : « Ponts de Moerdijk capturés intacts. Pertes légères. Nous apprêtons à tenir sur place. Tout va bien. »

Alors seulement, la première partie de sa mission parfaitement remplie, le capitaine Fritz Prager réalise qu'il n'est plus qu'un mort en sursis. S'il ne tombe pas auparavant dans la bataille, il n'a plus, en toute connaissance de cause, avec ce cancer de l'intestin qui le ronge, que quelques mois à vivre [1].

---

1. Décoré de la croix de chevalier de la croix de Fer pour la prise des ponts de Moerdijk, Fritz Prager succombera le 3 décembre 1940.

*
**

Le message de Fritz Prager rassure le colonel Bruno Bräuer et son adjoint, le capitaine Rau, sur la situation à Moerdijk. Tout va bien au sud du dispositif et les paras du IIe bataillon semblent avoir atteint leurs objectifs aussi bien qu'au nord leurs camarades du IIIe à Waalhaven, avec Karl-Lothar Schulz. Non, ce qui inquiète « Bruno », en ces premières heures des combats du 10 mai 1940 en Hollande, c'est ce qui se passe au centre, à Dordrecht. Pour s'emparer des deux ponts sur la Vieille Meuse, celui de la route et celui du chemin de fer, le chef du 1er régiment de chasseurs parachutistes a estimé qu'une seule compagnie suffisait, la 3e, que commande le lieutenant von Brandis. «Bruno » a préféré garder avec lui, en réserve à Tweede Tol, à quatre kilomètres plus au sud, le reste du Ier bataillon d'Erich Walther. Ainsi, la 1re, la 2e et la 4e compagnies pourront intervenir en cas de besoin, soit vers le sud sur Moerdijk, soit vers le nord sur Dordrecht.

Et au nord, précisément, cela va assez mal.

Certes, l'opération sur Dordrecht a été, comme les autres, très soigneusement prévue : une section doit sauter sur la rive septentrionale et les deux autres sur la rive méridionale. Puis elles fonceront toutes les trois vers le fleuve et ses deux ponts dans une grande course de vitesse à qui arrivera la première pour s'emparer des passages routier et ferroviaire sur la Vieille Meuse.

Seulement, la précision de l'atterrissage n'est certes pas la même avec des avions qu'avec des planeurs. Les pilotes des Junkers ne vont pas réussir à larguer les paras de Dordrecht comme prévu. Tous les chasseurs de la compagnie von Brandis se retrouvent sur la même rive du fleuve. Au sud de la Vieille Meuse.

Pis encore, ils sont accueillis, dès leur arrivée au sol, par de très violents tirs d'armes automatiques. Le lieutenant von Brandis, cet officier qui un mois auparavant s'était emparé de l'aéroport de Sola, près de Stavanger, est tué dans les premiers. Privée de son chef, sa compagnie flotte un peu jusqu'à ce que son adjoint prenne le commandement et rassemble les rescapés pour les relancer à l'assaut. Mais ce lieutenant para doit le constater : la mission a échoué.

Les chasseurs parachutistes de la 3e compagnie ne peuvent s'emparer ni du pont-route ni du pont-fer. Par contre, les Hollandais, se croyant maîtres de la situation, ne se sont pas résolus à les faire sauter. Ils s'y sont installés et résistent aux Allemands qui poursuivent leurs attaques, soutenus par quelques mitrailleuses légères, hâtivement sorties des gaines métalliques dès l'arrivée au sol. L'adjoint du lieutenant von Brandis doit pourtant se rendre à l'évidence et ordonne à ses hommes de refluer vers la ville, pour s'abriter dans les maisons et mener un combat de rues. Un message radio demande de toute urgence à « Bruno » d'envoyer des renforts, car la situation devient plus mauvaise de minute en minute.

Partout, les Hollandais réagissent durement et commencent à faire la chasse aux Allemands, qui sont traqués de cour en jardin et essaient de s'échapper au hasard des rues et des terrains vagues. Seul, un petit groupe arrive à se maintenir devant les deux ponts et forme un îlot de résistance que rien ne pourra entamer. Leurs camarades sont abattus les uns après les autres ou faits prisonniers dans les quelques recoins de Dordrecht où ils ont essayé de trouver refuge.

A Tweede Tol, le colonel Bruno Bräuer ne reste pas inactif et décide de lancer au secours de la compagnie von Brandis une des unités qu'il tient en réserve. Pour cette mission difficile, il pense au capitaine Walter Gericke, qui commande la 4e compagnie du Ier bataillon et a déjà prouvé, lors de la prise du pont de Vordingborg, en Norvège, ce dont il était capable.

— Trouvez-moi quelques véhicules et foncez sur Dordrecht !

A bord de camions hollandais réquisitionnés, les chasseurs parachutistes de la compagnie Gericke roulent à toute allure vers les ponts que n'ont pu enlever d'assaut leurs camarades. Les armes lourdes, récupérées dans les gaines métalliques, ont été réparties entre les véhicules qui transportent aussi du ravitaillement en munitions. Assis sur les caisses de cartouches et d'obus de mortiers, les paras voient défiler les quelques kilomètres de terrain plat qui les séparent des camarades qu'ils doivent venir dégager.

Soudain, à un croisement, ils aperçoivent un barrage de fortune. Les Hollandais ont mis en travers de la route une voiture de déménagement et ils ont essayé d'élever une barricade avec des pavés. Les camions freinent brusquement, les paras sautent à terre et se lancent à l'attaque. Ils franchissent sans mal le barrage, mais tombent sur une position plus solide. C'est une sorte de caserne, fortement occupée. Les soldats néerlandais, postés aux fenêtres, derrière des sacs de sable et des matelas, accueillent les assaillants par un feu nourri de pièces automatiques.

— Mettez les armes lourdes en batterie ! ordonne le capitaine Gericke.

Presque aussitôt claquent les premières rafales des mitrailleuses. Puis on entend, très sec, le coup de départ des mortiers qui ne sont pas longs à régler leur tir. Les premiers projectiles éclatent dans la cour de la caserne et criblent d'éclats la façade. La position devient vite malsaine pour les Hollandais. On aperçoit un drapeau blanc. Un officier de l'armée royale néerlandaise se dirige vers les Allemands, les bras levés.

— Nous nous rendons, annonce-t-il.

Un adjudant para, qui commande la section d'assaut marchant en tête de la colonne, sort de son abri et s'avance vers l'adversaire. Puis tous deux se dirigent vers le bâtiment, brandissant toujours le drapeau blanc. Le Hollandais appelle ses compatriotes et leur ordonne de cesser le feu. Mais il n'est pas compris et un obstiné tire un coup de fusil qui frappe mortellement l'adjudant allemand. L'officier de l'armée royale néerlandaise plonge dans le fossé et disparaît. On n'aperçoit plus, au milieu de la route, que le cadavre du gradé para et, un peu plus loin, le drapeau blanc tombé à terre.

Le capitaine Gericke réagit vigoureusement et lance ses hommes à l'assaut.

— En avant !

Les chasseurs bondissent de couvert en couvert tandis que reprend un feu d'enfer. Les premiers assaillants arrivent sous la protection du mur de la caserne, puis se glissent jusqu'au portail d'entrée. La grille est verrouillée. Une grenade à main fait sauter la serrure. Les Allemands se précipitent dans la cour et commencent à envoyer des projectiles par tous les orifices. Les Hollandais se décident à sortir de leur retranchement, les mains en l'air. Un nouveau drapeau blanc apparaît à une des fenêtres de la caserne. Un ou deux paras désarment les prisonniers et les rassemblent. Leurs camarades se hâtent déjà vers le pont de Dordrecht fonçant droit vers un drapeau à croix gammée que quelques camarades, rescapés de la compagnie von Brandis, ont hissé sur une des maisons.

Quand les parachutistes arrivent près du pont, ils se heurtent à quatre casemates bétonnées qui semblent inexpugnables. Les chasseurs de la 4e compagnie doivent se glisser le long des digues et des fossés d'irrigation. Ils franchissent des clôtures, tombent dans des trous d'eau, repartent à l'assaut au milieu d'une campagne désespérément plate que fouettent les rafales d'armes automatiques.

A force de ramper dans l'herbe, trempés et épuisés, les paras arrivent enfin près des casemates. Ils bondissent à la recherche d'angles morts d'où ils pourront expédier des grenades à manche par les embrasures.

Ce n'est qu'à midi, le 10 mai, que les Allemands parviennent à s'emparer du pont routier de Dordrecht. Le pont de chemin de fer a été finalement détruit par les Hollandais et ses débris sont tombés dans la Vieille Meuse. Mais le pont routier est intact.

Les paras des compagnies von Brandis et Gericke tiennent le passage. Mais ils ne sont pas au bout de leurs peines. Dans la ville de Dordrecht, des Hollandais appartenant à une unité de pontonniers de l'armée royale continuent à résister. Les Allemands, pris sous un feu violent, ne peuvent guère s'infiltrer dans les rues. Ils bondissent d'arbre en arbre, puis doivent renoncer à pousser trop loin leurs assauts. Alors, ils se replient en défensive vers le pont routier. Leurs adversaires tiennent les passages situés sur les canaux intérieurs de la ville ; ils ont dressé des barricades dans les rues et occupent toujours une caserne.

Les combats vont durer tout l'après-midi, sans que les assaillants puissent progresser. Ils se trouvent partout bloqués par le feu des Hollandais, bien retranchés et décidés à se battre jusqu'au bout contre ces ennemis tombés du ciel.

***

Malgré la résistance des Hollandais retranchés dans les maisons de Dordrecht, la 7ᵉ division aérienne, au soir du 10 mai 1940, a totalement rempli sa mission et occupe les ponts de la route de Moerdijk à Rotterdam. Il reste à tenir ces ouvrages et à faire face à des contre-attaques éventuelles. Etirés sur deux douzaines de kilomètres, le long d'un axe routier unique, les chasseurs parachutistes des bataillons Walther, Prager et Schulz ne sont que quelques centaines, véritables enfants perdus des armées du Reich, isolés au cœur du dispositif ennemi, en plein centre de la « forteresse Hollande ».

Pourtant, quand tombe la nuit, à l'issue de cette première journée de combat, leur chef pense que la partie est pratiquement gagnée. Le colonel Bruno Bräuer, celui à qui le général Student a confié toute l'opération, est persuadé que ses paras peuvent tenir. Cependant, il ne faudrait pas que les Panzers tardent trop longtemps...

— Sans doute seront-ils là demain, confie « Bruno » à son officier adjoint, le capitaine Rau.

Cette fois, l'ancien sous-officier de la Première Guerre mondiale fait preuve d'un bel optimisme, cet optimisme qui a toujours été la règle d'or du régiment *General-Göring,* dont sortent comme lui la plupart de ses officiers et de ses parachutistes.

XIII

LA LONGUE ATTENTE DES BLINDÉS DE LA 9e PANZER

En cette journée du 11 mai 1940, les paras allemands, tout en attendant en vain les éléments motorisés de la Wehrmacht avec lesquels ils doivent faire leur jonction, arrivent à tenir sur les positions qu'ils ont conquises la veille.

Les nouvelles reçues par radio sont bonnes. La 18e armée allemande a réussi à percer la ligne de résistance principale des Hollandais dans la région Yssel-Meuse et déferle à travers la région marécageuse de Peelle. La 9e division blindée a pu traverser la Meuse près de Gennep sur le seul pont qui n'a pas été détruit ; elle vient de bousculer les unités françaises venues au secours des Pays-Bas dans la région de Breda et prend maintenant la route de Rotterdam. Le colonel Bräuer attend d'une heure à l'autre que ses avant-postes établis au sud de Moerdijk lui annoncent la jonction avec les Panzers.

Etablis par petits groupes tout le long de l'itinéraire routier qui mène à Rotterdam, les paras continuent à faire le coup de feu contre les soldats hollandais qui les harcellent et tentent encore de couper l'axe de progression des blindés ennemis vers Rotterdam, où la bataille fait rage, et vers La Haye, où les Allemands n'ont pas réussi à capturer le gouvernement néerlandais et la famille royale.

***

Rivières et canaux découpent la Hollande en une série de véritables îles. Celle où se trouve le colonel Braüer, à son poste de commandement de Tweede Tol, à quelques kilomètres au sud de Dordrecht où se déroulent toujours de durs combats, est limitée au nord par la Vieille Meuse et au sud par le Hollandsch Diep, à l'est par la Nouvelle Merwede et à l'ouest par le Dortsche Kill, un profond cours d'eau derrière lequel les Hollandais vont essayer de monter, tant bien que mal, dans la journée du 11 mai, une contre-attaque.

L'armée royale néerlandaise n'a regroupé dans ce secteur près de la petite ville de Klaaswaal qu'une demi-douzaine de bataillons d'infan à1'a'àpff' cmfhyp cmfhy cmfhyp cmfhynpnp rie. Mais, fantassins et artilleurs, n'ayant pas encore connu le feu, semblent plus décidés à se battre que leurs camarades des unités frontalières, terriblement surclassés par la puissance offensive des forces allemandes.

Ces soldats de l'armée royale néerlandaise, dès la journée du 10 mai, ont commencé par faire sauter tous les ponts sur la Vieille Meuse, empêchant ainsi les parachutistes et les aéroportés, maîtres de Waalhaven depuis les premières heures de la guerre à l'Ouest, de poursuivre leur pression vers le sud. Pendant toute la journée les défenseurs de la « forteresse Hollande » vont se contenter de bombarder à coups de canon les positions qu'ils estiment tenues par les chasseurs du bataillon Prager autour de Moerdijk. Cela ne gêne guère les paras bien enterrés auprès des ponts conquis dès l'aube.

Pendant que les artilleurs vident leurs caissons, les fantassins se déploient le long du Dortsche Kill, en espérant franchir ce cours d'eau pour lancer une contre-attaque aux premières heures de la journée du 11 mai.

A l'aube, un bataillon hollandais parvient à passer le Dortsche Kill et attaque vers l'est. Le but de la manœuvre est de repousser les paras et de couper les combattants de Dordrecht de leurs camarades groupés à Tweede Tol autour du colonel Bräuer, installé dans une maison réquisitionnée, avec son adjoint le capitaine Rau, et son officier d'ordonnance, le lieutenant comte von Schulenburg, un aristocrate longiligne, qui, jusqu'au matin du 10 mai, n'avait jamais sauté en parachute et n'a certes pas pris le temps de suivre le moindre entraînement.

« Bruno » n'est pas long à se rendre compte du danger. Quand il apprend que des éléments hollandais se sont infiltrés dans la bourgade de Wieldrecht, juste au sud de Dordrecht, il demande par radio des renforts, s'il s'en trouve de disponibles.

De l'aérodrome de Waalhaven, le général Student lui expédie quelques éléments du bataillon Schulz, menés par leur chef lui-même.

Le jour n'est pas encore levé, quand le capitaine Schulz, après une quinzaine de kilomètres de route à bord de véhicules réquisitionnés sur l'aérodrome de Waalhaven, rejoint son chef à Tweede Tol. Le commandeur du 1er régiment de chasseurs parachutistes garde le calme d'un ancien sous-officier qui en a vu d'autres pendant la Grande Guerre et accueille avec le sourire le chef de son IIIe bataillon. « Bruno » se fait raconter les détails de la prise de l'aérodrome et rit de bon cœur quand Schulz raconte l'anecdote des officiers hollandais réunis autour du gâteau d'anniversaire.

A quarante-sept ans, « Bruno » fait figure de « vieux » pour tous ces jeunes officiers parachutistes entrés au service lors de la constitution de la nouvelle Luftwaffe.

— Tout va bien, Schulz. On ne peut pas dire que nous nous trouvions véritablement attaqués. On voit à peine les Hollandais.

Le colonel laisse passer un instant, puis conclut :

— Il doit cependant y avoir quelques infiltrations sur notre axe routier à l'est du Dortsche Kill. Je pense pouvoir les nettoyer avec les deux compagnies qui me restent du bataillon Walther. Mais si cela devenait trop difficile, je ferais appel à vous.

Depuis le débarquement des troupes aéroportées à Waalhaven, les paras du bataillon Schulz, à l'exception de ceux de la 11e compagnie du lieutenant Horst Kerfin, engagés dans les combats de rues au sud de Rotterdam, sont un peu plus tranquilles que la veille.

Le chef du régiment ne retient pas très longtemps Karl-Lothar Schulz. D'ailleurs « Bruno » semble de très bonne humeur et assez peu inquiet des quelques infiltrations hollandaises dans la région de Wieldrecht. Il ne cache pas sa satisfaction après les succès remportés pendant la première journée de combat par les trois bataillons de Walther, de Prager et de Schulz. La seule chose qui semble quand même l'intriguer un peu, c'est le retard des colonnes blindées de la Wehrmacht. Autant l'infanterie aéroportée s'est posée sur l'aérodrome de Waalhaven en respectant scrupuleusement l'horaire et se trouve maintenant engagée dans le combat pour Rotterdam, autant l'infanterie motorisée, qui doit arriver par la route, précédée des Panzers, semble retardée. Le franchissement des fleuves et des canaux pose de très durs problèmes aux pontonniers allemands.

— Student avait vu juste, lance « Bruno ». Ce que les paras peuvent accomplir, personne d'autre ne pourrait le faire. Nous sommes l'avenir de la *Blitzkrieg*...

Le colonel Bräuer ordonne au capitaine Schulz de retourner à Waalhaven, mais d'y rester en alerte.

— Il est possible que nous subissions des contre-attaques avant l'arrivée de nos blindés. Je vous garde en réserve.

***

Le colonel Bruno Bräuer, du moment qu'il tient solidement le pont routier de Dordrecht, qui permet de franchir la Vieille Meuse, semble ne guère se soucier des combats qui se déroulent tout auprès, dans la ville même. Pourtant, ses parachutistes de la compagnie Gericke et leurs camarades rescapés de la compagnie von Brandis y ont affaire à très forte partie.

Les Hollandais continuent à tenir le centre de Dordrecht. Les combats se limitent encore, pour les paras, à des reconnaissances menées par des patrouilles de quelques hommes. Les escarmouches deviennent vite sanglantes et on compte de part et d'autre de nombreux blessés. Les plus légèrement atteints sont rassemblés dans une école. Pour les autres, Allemands et Hollandais confondus, il faudrait les évacuer d'urgence vers une salle d'opérations.

— Le mieux, estime le capitaine Gericke, c'est encore de les diriger sur un hôpital civil hollandais.

Ses paras réquisitionnent un camion, aménagent des litières de paille et entassent les blessés graves à l'intérieur, tandis que sont peintes à toute vitesse des croix rouges sur les flancs du véhicule. Près du chauffeur allemand se tient un soldat hollandais qui agite un drapeau blanc et servira d'interprète. Un autre infirmier parachutiste prend place à l'intérieur du camion, qui ne tarde pas à démarrer vers la partie de Dordrecht encore aux mains des troupes hollandaises.

Les deux premiers voyages vers l'hôpital se passent sans encombre. Le chef de la 4e compagnie semble rassuré :

— Jamais deux sans trois, dit-il à l'infirmier qui revient avec son camion vide. Vous repartez aussitôt.

— A vos ordres, Herr Hauptmann.

Mais, devant la gare, une dizaine de soldats hollandais feront stopper le véhicule et ils forceront à en descendre l'infirmier et un brancardier. Les deux Allemands sont rapidement interrogés et conduits... en prison.

Les deux paras commencent alors à se rebeller et évoquent la convention de Genève. Alors, ils rédigent l'un et l'autre une protestation, qui se termine par des menaces de représailles.

Après s'être chargés de la missive qu'ils promettent de faire suivre à leurs chefs, les gardiens hollandais semblent soudain s'amadouer. Ils donnent à manger et à boire à l'infirmier et au brancardier. Puis, finalement, le médecin en chef de l'hôpital dans lequel sont soignés les blessés graves des deux camps vient lui-même faire libérer les deux Allemands.

⁂

Le 11 mai dans la matinée, la situation à Dordrecht semble quand même assez critique pour les paras allemands. Les troupes hollandaises lancent quelques contre-attaques, appuyées par les avions britanniques qui ne tardent pas à se heurter à la chasse adverse. Les parachutistes du colonel Bruno Bräuer assistent, en spectateurs directement intéressés, à quelques beaux duels entre appareils de la Luftwaffe et de la RAF. Des avions s'écrasent en laissant derrière eux un énorme panache de fumée noire.

Les Allemands sont ravitaillés tant bien que mal en munitions. Le chef du 1er régiment de chasseurs parachutistes fait pousser vers ses compagnies, engagées dans de durs combats défensifs, des voitures civiles et même des triporteurs chargés de caisses de munitions et de grenades.

Parfois, des rafales bien ajustées, venues on ne sait d'où, cinglent les véhicules de ravitaillement. Les pare-brise volent en morceaux, les blessés s'écroulent sur leur siège dans la cabine, les chauffeurs essayent de se sortir de ce mauvais pas en accélérant rageusement. Les moteurs s'emballent et, dans la caisse, les paras, secoués comme des pruniers, roulent les uns sur les autres, tandis que des balles ennemies viennent fouetter la carrosserie.

Dans le ciel, désormais, les avions britanniques paraissent avoir disparu au-dessus de la portion de route entre Dordrecht et Moerdijk.

Par petits groupes, répartis sur l'itinéraire, des paras s'installent chez des civils hollandais et transforment villas et jardins en points d'appui pour la défense. Seul, dans le quartier occupé de Dordrecht, le boulanger reste à son poste. Mais il n'a plus de farine.

Le capitaine Gericke voit arriver un de ses agents de liaison, très excité :

— Herr Hauptmann, il y a dans la gare des marchandises tout un train chargé de ravitaillement.

— Tu en es certain ?

— Absolument. Mais il faut se dépêcher, car le bâtiment est en train de brûler.

Le chef de la 4e compagnie improvise un petit commando de

récupération. Aucune troupe de choc ne semble plus heureuse de partir au combat que ce groupe de quelques paras, ravis d'aller au ravitaillement, malgré le feu sporadique de quelques tireurs hollandais. Non seulement ils arriveront jusqu'à la gare et feront main basse sur les vivres, mais ils réussiront à établir une véritable navette entre les lignes tenues par leurs camarades et les wagons en feu qui se trouvent dans le no man's land.

⁂

Dans la nuit du 11 au 12 mai, les combats semblent reprendre à Dordrecht avec encore plus de violence. Les Hollandais ont même réussi à faire intervenir des pièces d'artillerie. Un coup de canon touche le poste de commandement des parachutistes. Le capitaine Gericke et ses agents de transmissions sont couverts de plâtras et de poussière.

— Eh bien, maintenant, nous n'avons plus à nous en faire, lance l'officier à ses hommes. Nous ne risquons plus rien.

— Pourquoi donc, Herr Hauptmann ? demande un jeune radio.

— Tu ne sais donc pas qu'un canon n'atteint jamais exactement deux fois la même cible. Les prochains coups ne seront pas pour nous.

La remarque de Walter Gericke n'est vraie que si l'on s'en tient au centimètre près. Mais au-delà... Le chef de la 4ᵉ compagnie vient à peine de terminer sa phrase qu'on entend une terrible explosion. L'obus est tombé cette fois de l'autre côté du mur du poste de commandement. Des briques et des tuiles volent dans tous les sens. Les parois de la pièce se lézardent et une partie du toit de plâtre tombe sur Gericke et ses paras, qui se retrouvent blancs comme des pierrots. La situation devient vraiment malsaine. Un pan de mur s'est abattu et on aperçoit la lueur des projecteurs que manœuvrent les Hollandais pour essayer de repérer leurs adversaires.

— On déménage, décide Gericke.

Le capitaine et les paras de sa section de commandement quittent la maison où ils s'étaient installés et vont chercher l'abri d'un fossé où ils seront du moins protégés des éclats.

Pourtant, leurs adversaires n'insistent pas. Le feu de l'artillerie se déplace vers le sud, puis s'apaise. On entend encore quelques rafales de mitrailleuses. Elles s'éloignent à leur tour. Dans la nuit, les Allemands peuvent suivre le sillage des balles traçantes. Mais tout cela sent l'improvisation et le désordre. L'armée royale néerlandaise semble totalement incapable de coordonner une contre-attaque, pour déloger les paras cramponnés sur les positions conquises l'avant-veille.

Pourtant, aux premières lueurs de l'aube, les hommes de la 4e compagnie, épuisés par deux jours et deux nuits de combat et de veille, voient soudain déboucher devant leurs positions des motocyclistes. Ce sont des Hollandais qui arrivent en renfort et vont essayer de dégager Dordrecht.

— Laissez-les s'approcher, ordonne le capitaine Gericke.

Ses hommes, terrés derrière leurs mitrailleuses restent cois dans les fossés et derrière les murs. La petite ville semble paisible malgré les murs détruits et les façades crevées. On entend seulement le bruit des moteurs des motos qui pétaradent dans la brume matinale. Il va faire très beau.

— Feu !

Les chasseurs parachutistes ont laissé leurs adversaires s'approcher à quelques dizaines de mètres. Et soudain, c'est l'enfer qui se déchaîne. Frappés en pleine course, les motards s'écroulent avec leurs machines. Beaucoup restent étendus au milieu de la chaussée, dans une mare de sang, morts. Quelques blessés se traînent, pour essayer de trouver l'abri des maisons. Les conducteurs des voitures de reconnaissance qui suivaient l'avant-garde motocycliste arrivent à se réfugier derrière une station d'essence, non sans abandonner les épaves, criblées d'éclats, des premiers véhicules.

Chaudement accueillis par les paras, les Hollandais ne cherchent pourtant pas à s'enfuir. Quelques hommes courageux trouvent un abri et y installent une mitrailleuse qui ne tarde pas à ouvrir le feu sur les Allemands. La pièce crache rafale sur rafale et ce sont les hommes du capitaine Gericke qui doivent à leur tour se terrer pour éviter l'averse mortelle.

Le chef de la 4e compagnie ne peut longtemps tolérer une telle situation et ordonne à quelques-uns de ses agents de liaison :

— Allez donc leur envoyer une bonne pluie de grenades. Et qu'ils nous fichent la paix !

Quelques explosions. La pièce est muselée et on ne l'entendra plus de la journée. Peu à peu, le silence revient sur Dordrecht. Le soleil paraît. On entend seulement, de temps à autre, un coup de feu isolé. Paras allemands et soldats hollandais se sont installés chacun dans leur secteur et ne cherchent plus à se déloger. Le front s'immobilise.

On va pourtant se battre encore près des ponts où des sapeurs de l'armée royale néerlandaise essayent de s'infiltrer. Ils voudraient les faire sauter et entraver l'avance des colonnes motorisées allemandes qui ont franchi l'avant-veille la frontière et cherchent toujours à gagner Rotterdam et La Haye. Mais les paras s'accrochent à ces ouvrages qu'ils savent vitaux pour la poursuite de l'offensive. Ils doivent les livrer intacts à la Wehrmacht. Ils sentent pourtant leurs forces s'épuiser. Combien d'heures pourront-ils encore tenir ? Pourtant, le capitaine Walter Gericke rassure par radio le colonel Bruno Bräuer :

— On tiendra le temps nécessaire. Comptez sur nous [1].

***

Le 12 mai, surlendemain de son parachutage, le capitaine Karl-Lothar Schulz reçoit un message à son poste de commandement de l'aéroport de Waalhaven :

« Soldats hollandais d'une unité du génie signalés sur pont-route entre Moerdijk et Dordrecht. Sans doute dans l'intention de faire sauter l'ouvrage. Intervention immédiate. »

Les Néerlandais, équipés de motocyclettes et de side-cars viennent de l'est de Dubbeldam où ne se trouvent pas encore les Allemands et ils ont réussi à bousculer les paras placés en couverture sur l'axe principal tenu par le régiment Bräuer.

Le capitaine Schulz se rend chez son chef. Le vainqueur de Waalhaven trouve le colonel beaucoup plus soucieux que la veille. Les avant-gardes de la Wehrmacht ne sont toujours pas arrivées et « Bruno » se demande si ses chasseurs parachutistes vont pouvoir faire face aux inévitables contre-attaques hollandaises. Il accueille le chef de son IIIe bataillon avec soulagement et lui montre la situation sur la carte. Puis il lui annonce :

— Il va falloir les déloger de ce pont, Schulz. Ce sera peut-être dur, mais il faut le faire. Vous prendrez deux compagnies et vous mènerez vous-même l'attaque.

Puis, brusquement, « Bruno » se ravise :

— Non, n'en prenez qu'une seule. Je veux garder le maximum de paras en réserve. Les Hollandais peuvent lancer d'autres contre-attaques. S'ils savaient que l'axe vital Moerdijk-Rotterdam n'est tenu que par de très petits postes...

— Je pense qu'une compagnie me suffira, Herr Oberst, déclare Schulz.

---

1. Le capitaine Walter Gerike commandera en Crète le IVe bataillon du régiment d'assaut parachutiste. Nommé major, il combattra dans les secteurs sud et nord du front de l'Est. Après un séjour en France et en Italie, il prend le commandement du 2e régiment de chasseurs parachutistes qui se bat dans la région d'Anzio-Nettuno. Promu général de brigade en janvier 1945, à moins de trente-huit ans, et décoré des feuilles de chêne, il commande une division réduite à un simple « Kampfgruppe » qui s'efforce, en vain, d'empêcher le passage du Rhin par les Alliés. Il termine la guerre dans la région d'Oldenburg.

— Je le crois aussi, conclut le colonel Bräuer qui termine le bref entretien avec le chef de son IIe bataillon d'un énergique :

— Et maintenant, allez-y, Schulz !

Le capitaine s'empare de quelques véhicules hollandais et y entasse les paras de la compagnie qu'il doit mener au feu. Il se dirige vers le pont qui enjambe le Hollandsch Diep et qui a été capturé, dès le début de l'opération, par le bataillon de son camarade Prager.

Au moment où le capitaine Schulz et ses hommes arrivent près de leur objectif, des coups de feu retentissent. Des soldats hollandais, placés à l'abri des quelques maisons du voisinage ou retranchés derrière les piliers d'acier de l'ouvrage, dominent la route par laquelle arrivent les paras. Ils sont bien décidés à bloquer sur place, dans les fossés et derrière les digues, les envahisseurs. Les Allemands risquent d'être surclassés. Mais le soleil vient à leur secours. Leurs adversaires l'ont en plein dans les yeux et voient assez mal ce que peuvent tramer les assaillants.

Le capitaine Schulz monte une rapide attaque :

— Les mitrailleuses vont nous couvrir. Et on va essayer de déloger les Hollandais. Nous avancerons par les fossés à droite et à gauche de la route.

Le chef du IIIe bataillon prend lui-même la tête de la compagnie de paras. Ses hommes bondissent d'une cinquantaine de mètres chaque fois que les armes automatiques de leur unité entrent en action et obligent leurs adversaires à se terrer pendant quelques dizaines de secondes. De bond en bond, les Allemands avancent irrésistiblement vers le pont. Ils ne sont plus qu'à cent mètres. Puis à cinquante. Mais les Hollandais sont résolus à résister. Ils doivent commencer maintenant à regretter de n'avoir pas fait sauter l'ouvrage. Mais il est trop tard.

Le tir des mitrailleuses allemandes reprend.

— En avant ! hurle Karl-Lothar Schulz. Cette fois, on y arrive.

Mais une balle frappe le capitaine à la main. Il a un doigt déchiqueté. La blessure s'avère très douloureuse, même si l'artère ne semble pas touchée. L'officier veut quand même conduire ses hommes à l'ultime assaut. Il crie à nouveau :

— En avant !

Les chasseurs parachutistes ont vu leur capitaine lever vers l'ennemi sa main ensanglantée. Ils bondissent de leurs abris et courent dans sa foulée. Mais Schulz trébuche et s'écroule. Il vient d'être atteint par une balle au pied. Cette fois, il ne peut plus courir et reste à terre. Mais l'élan est donné et ses paras ne sont plus qu'à vingt mètres du pont. Ils poursuivent leur élan sans s'arrêter et bondissent sur leurs adversaires. Les premières rafales de pistolets-mitrailleurs claquent. Et une véritable grêle de grenades à main s'abat sur les défenseurs du pont. Quelques

Hollandais, rescapés de cette rapide mêlée, se rendent, tandis que d'autres parviennent à prendre la fuite.

— Laissez-les courir, ordonne Schulz autour duquel s'empressent les infirmiers. Nous tenons à nouveau le pont et il est intact.

— Mais ces soldats hollandais, Herr Hauptmann, on les laisse vraiment filer ?

— Aucune importance. Ils seront peut-être pris par nos camarades qui tiennent le pont de Dordrecht. La guerre est finie pour eux.

Le chef du IIIe bataillon sera évacué par un des appareils allemands ayant réussi à se poser sur le terrain d'aviation pris par cette unité. Il apprendra à l'hôpital militaire qu'il est décoré de la croix de chevalier de la croix de Fer. Pour le vainqueur de Waalhaven, sa première campagne n'aura duré que trois jours. Mais il n'est pas près de les oublier [1]...

***

Au moment où le capitaine Schulz est blessé au combat, des autos blindées de reconnaissance de la Wehrmacht se dirigent, depuis Breda, vers le pont de Moerdijk. Les équipages aux uniformes noirs guettent attentivement le paysage pour y découvrir quelque signe de vie. La Hollande semble déserte, avec tout ce paysage plat, comme écrasé par le soleil de ce début de mai qui découpe le damier des digues et des canaux de sombres lignes droites se croisant à l'infini.

Soudain, l'équipage du véhicule de tête aperçoit dans les fossés des hommes avec des casques ronds.

— Les paras !

Ce sont les avant-postes du bataillon Prager. Les traits tirés par la fatigue et le manque de sommeil, sales et pas rasés, les fiers guerriers du ciel manquent certes d'allure. Mais ils ont ouvert la route de Rotterdam. Ils accueillent leurs camarades de la colonne blindée avec des cris de joie.

— Enfin, vous voilà !

Mais, après les premières effusions, tandis que les photographes d'une compagnie de propagande prennent quelques clichés, les hommes du colonel Bruno Bräuer laissent percer un peu de mépris :

---

1. Le capitaine Karl-Lothar Schulz commandera toujours le IIIe bataillon du 1er régiment de chasseurs parachutistes lors de la bataille de Crète aux portes d'Héraklion. Il se bat sur le front de l'Est dans les secteurs de Leningrad et d'Orel. Grièvement blessé, il rejoint l'Italie où il commande les parachutistes à Monte Cassino de mars à mai 1944. Promu général de brigade et décoré des feuilles de chêne et des glaives il termine la guerre en Italie du Nord à la tête d'une division parachutiste.

— Ce n'est pas trop tôt... Vous en avez mis du temps !

Aucun, certes, n'avouerait qu'il commençait à désespérer de cette relève. Un peu de ravitaillement en vivres et en munitions parachutés au compte-goutte n'était qu'un lien trop ténu avec le pays. Et, malgré les communiqués victorieux de la radio allemande qu'ils captaient sur leurs postes récepteurs, pourquoi ne pas avouer que chacun se sentait un peu abandonné, en plein pays inconnu et ennemi.

Alors que chasseurs parachutistes et équipages des Panzers viennent d'opérer leur première jonction, au sud de Moerdijk, les artilleurs hollandais, établis au nord-ouest du double pont qui enjambe le Hollandsch Diep, continuent à harceler les positions allemandes.

Les troupes de la Wehrmacht demandent à la Luftwaffe d'intervenir. Les Stukas arrivent en fin d'après-midi, salués par les cris de joie des fantassins et des tankistes.

De sept heures à huit heures du soir, pendant une terrible soixantaine de minutes, ils vont attaquer les batteries plus ou moins bien dissimulées dans la plate campagne hollandaise des environs de Numansdorp, de Klaaswaal ou de Strijen. Ils piquent en faisant hurler leurs sirènes, lâchent leurs bombes, amorcent leur ressource et reviennent à l'attaque, après une grande boucle qui leur permet de repérer à nouveau leurs objectifs. Toutes les positions d'artillerie et d'infanterie de l'armée royale néerlandaise de ce secteur sont très durement attaquées. Aussi, les colonnes motorisées et blindées de la Wehrmacht n'auront aucun mal à traverser le Hollandsch Diep, tandis que leurs adversaires feront retraite vers l'ouest, en direction de la mer du Nord.

Dès le lendemain, 13 mai, à l'aube, la colonne qui vient d'atteindre Moerdijk poursuivra sa route vers Dordrecht et Rotterdam, saluée au passage par tous les petits postes du régiment Bräuer, disséminés tout au long de l'itinéraire et dont certains ont eu à repousser parfois de très dures contre-attaques des Hollandais. « Bruno » a totalement réussi sa mission [1]

1. Le colonel Bruno Bräuer participera à la bataille de Crète comme commandeur du 1er régiment de chasseurs parachutistes dans le secteur d'Héraklion. Après un séjour en Russie, dans la région de la Néva, il reviendra en Crète comme gouverneur militaire de l'île. Il mènera alors une lutte très dure contre les partisans. Promu général de brigade, il prend la tête de la 9e division parachutiste chargée de défendre Berlin et Breslau. Son unité est anéantie sur l'Oder. Accusé de crimes de guerre lors de la lutte contre la résistance crétoise, il est fusillé à Athènes le 20 mai 1947, six ans jour pour jour après l'assaut contre la Crète.

*
**

Au matin de ce jour, sur l'aéroport de Waalhaven, le général Student accueille le lieutenant-colonel Triebel, un aviateur que lui expédie, en liaison, par la voie des airs, l'état-major du général Kesselring.

— Comment s'est passé votre voyage ? demande le créateur de l'arme parachutiste quand l'officier de la Luftwaffe descend d'un Henschel 126 d'observation.

— Ne m'en parlez pas, Herr Generalleutnant ! J'ai sans arrêt été pris en chasse par des chasseurs ennemis. Les Anglais semblent beaucoup se remuer dans le ciel hollandais...

L'officier d'état-major demande aussitôt un rapport sur les derniers développements de la situation à Rotterdam. Student lui explique les difficultés rencontrées par les chasseurs parachutistes et les fantassins aéroportés dans les faubourgs de la ville :

— Je préfère vous donner un rapport écrit pour le général Kesselring, ajoute-t-il. Ce ne sera pas bien long.

Rapidement, le chef de la 7ᵉ division aérienne couche sur une feuille de papier les résultats obtenus depuis la veille et indique en conclusion :

« Quand cette opération aéroportée sera terminée, on pourra sans nul doute dire qu'elle a été un grand succès. »

— Je vous remercie, Herr Generalleutnant, lui lance le lieutenant-colonel Triebel en empochant le message.

Ce rapport sera communiqué immédiatement à Berlin et le général Kesselring le fera parvenir aussitôt à Hermann Göring et à Adolf Hitler. Pourtant, en Hollande, rien n'est encore terminé et les paras du Reich vont se battre de plus en plus durement.

*
**

Le général Student, accompagné de son officier d'ordonnance, le lieutenant Hermann, et de son chef d'état-major, le major Trettner, décide de se rendre sur place pour voir comment la situation évolue à Dordrecht, dont ses paras ne semblent pas complètement maîtres.

De son poste de commandement de Waalhaven au pont routier sur la Vieille Meuse, il n'y a guère qu'une douzaine de kilomètres. Même après avoir franchi le fleuve, tout semble calme et les faubourgs sud-est de Dordrecht paraissent tranquilles. Presque trop.

— On va dans le centre de la ville, décide soudain le général Student.

Les trois officiers sont juste armés chacun d'un fusil. Si quelques irréductibles soldats néerlandais se manifestaient, ils pensent en venir facilement à bout. Le chef des paras et ses deux compagnons s'aventurent dans les rues désertes. Soudain, ils entendent un bruit de moteur et, avant même d'avoir trouvé un abri, voient surgir des véhicules couverts de poussière. Leur couleur grise les rassure. Et certains chauffeurs ont même étendu des drapeaux à croix gammée sur le capot, pour signaler la colonne aux observateurs de la Luftwaffe. Deux officiers des Panzers de la 9ᵉ division blindée se présentent et se mettent à la disposition de Student qui leur demande :

— Nettoyez Dordrecht. Les Hollandais y sont particulièrement coriaces.

Après quelques brefs engagements, un drapeau blanc apparaît sur le clocher de la cathédrale. Les Allemands sont enfin maîtres de la ville après plus de trois jours de très durs combats.

⁂

A 17 h 30 très exactement, le 13 mai 1940, un officier de la Wehrmacht, sanglé dans l'uniforme noir des frankistes, se présente au général Student, qui a regagné son poste de commandement de Waalhaven, au sud de Rotterdam, sur la rive méridionale de la Nouvelle Meuse. La liaison entre les Panzers et les paras se trouve désormais totalement réalisée aux portes mêmes de la grande ville hollandaise. Pour le créateur de l'arme parachutiste allemande, c'est un grand moment. Ses hommes ont atteint leurs objectifs et tenus intacts l'aéroport et presque tous les ponts, tant sur la Nouvelle et la Vieille Meuse que sur le Hollandsch Diep. La bataille n'en est pas terminée pour autant.

Pour mener l'assaut décisif sur Rotterdam, où semble se concentrer désormais la résistance hollandaise, le général Student peut compter sur ses parachutistes, sur les fantassins aéroportés du 16ᵉ régiment d'infanterie et aussi sur les premiers Panzers de la 9ᵉ division blindée.

Le chef de la 7ᵉ division aérienne s'installe sans tarder dans un quartier général improvisé à Rijsoord, au sud-est de la ville, entre les deux bras de la Vieille et de la Nouvelle Meuse. Il reste encore, sur ses arrières, des éléments ennemis, notamment du côté de Dordrecht, et des contre-attaques hollandaises restent toujours possibles, même si l'ennemi s'essouffle manifestement.

— Rien n'est encore gagné, confie le général Student au major Trettner.

Son chef d'état-major est en train de préparer, avec les capitaines Hans Kroh et Eduard Hübner, chargés du bureau des opérations de la 7e division aérienne, un plan d'attaque contre Rotterdam où de nombreux combats de rues menacent de coûter cher aux chasseurs parachutistes comme aux fantassins aéroportés.

— La guerre se finira à Rotterdam, Herr Generalleutnant, assure à son chef le major Trettner.

Tous les officiers présents l'approuvent. Notamment le major Schostag, chargé des transmissions, et le capitaine Lampertsdorfer, officier de renseignements qui essaye depuis trois jours de localiser les mouvements des troupes hollandaises.

Jusqu'à la tombée de la nuit, le créateur de l'arme parachutiste va étudier le plan de Rotterdam et de ses faubourgs. La prise de la ville devient son seul souci.

⁂

Le lendemain, 14 mai, le général Student accueille avec beaucoup de démonstrations de sympathie et de confiance le général Hubikki, chef de la 9e division blindée, puis, très peu de temps après, le général Schmidt, commandant du XXXIXe corps d'armée. Il leur remet une situation on ne peut plus favorable.

On entre dans le quatrième jour de guerre contre la Hollande et la résistance de l'armée royale néerlandaise donne des signes d'épuisement sous les coups de boutoir des Panzers et des Stukas. Le saut brutal de la 7e division, dans les premières minutes de l'agression, semble avoir paralysé l'adversaire qui a tendance à multiplier la présence et la valeur des unités paras, alors que deux mille hommes tout au plus sont tombés du ciel quatre jours auparavant.

Seule, désormais, la ville de Rotterdam semble encore décidée à résister. Pour briser le courage des Hollandais, leurs adversaires vont se résoudre à un bombardement épouvantable qui mettra les civils au premier rang des victimes.

Le général Schmidt, commandant le XXXIXe corps d'armée, auquel sont désormais rattachés les parachutistes et les aéroportés du général Student, expédie un émissaire vers le commandement militaire néerlandais de Rotterdam, en proposant une reddition des troupes hollandaises. La réponse se fait très longuement attendre. Schmidt et Student s'impatientent de plus en plus, car ils ne tiennent guère à engager leurs hommes dans des combats de rues qui seront sans doute très meurtriers. Enfin, un parlementaire arrive, sous la protection d'un drapeau blanc. Un cessez-le-feu provisoire semble décidé des deux côtés. Mais rien n'est résolu pour autant :

— Venez-vous discuter les termes de votre reddition ? demande Schmidt.

— Absolument pas, réplique l'officier néerlandais. La demande que vous nous avez envoyée ne portait aucune signature. Mon chef désire donc savoir qui représente ici l'armée allemande.

Schmidt ne répond pas tout de suite et entraîne Student un peu à l'écart :

— J'ai l'impression que les Hollandais cherchent à gagner du temps. Qu'en pensez-vous ?

— Il serait bon de leur donner le papier signé qu'ils demandent. Passons-leur ce qui n'est sans doute qu'une crise d'amour-propre. Il ne sera pas trop tard pour attaquer dans l'après-midi.

— Vous avez raison. Mais je vais demander à l'appui aérien de se tenir prêt à intervenir. Si les Hollandais s'obstinaient, il faudrait mettre toutes les chances de notre côté pour les réduire avant la tombée de la nuit.

Ainsi en est-il décidé et les deux généraux mettent au point un plan de soutien des troupes à terre par la Luftwaffe, tandis que le parlementaire de l'armée royale néerlandaise regagne Rotterdam.

— Bien entendu, conclut Schmidt, ce sera à nous seuls de donner le feu vert pour l'appui aérien.

— Bien entendu.

Les deux généraux allemands ne savent pas que le bombardement qu'ils évoquent seulement comme une éventualité est déjà décidé en haut lieu. Pis encore, les bombardiers ont maintenant pris l'air et volent de toute la vitesse de leurs moteurs vers Rotterdam.

***

Au début de l'après-midi du 14 mai, Schmidt et Student se sont rendus sur le pont, pour attendre le retour de l'émissaire hollandais qui doit rapporter la réponse de son chef. Partout, autour d'eux, des fantassins allemands et quelques Panzers attendent le signal de l'attaque, en cas de réponse négative.

Quand un énorme grondement de moteurs emplit tout le ciel, les deux généraux ne peuvent en croire leurs oreilles. Une des plus puissantes forces de bombardement vient d'apparaître, venant de l'est, et se dirige vers Rotterdam, sans même que les principaux intéressés aient donné leur accord pour ce redoutable appui aérien.

En voyant tous ces appareils qui s'apprêtent à bombarder l'immense cité, au moment où l'on attend, d'un instant à l'autre, la reddition de ses défenseurs, le général Schmidt ne peut s'empêcher de s'écrier :

— Mon Dieu ! Cela risque de devenir une catastrophe.

Le chef du XXXIXe corps d'armée de la Wehrmacht voudrait encore croire qu'il ne s'agit que d'un vol d'intimidation. Mais Hermann Göring, le grand maître de la Luftwaffe, veut prouver au monde entier de quoi sont capables ses aviateurs dont beaucoup se sont déjà entraînés à ce sanglant travail pendant la guerre d'Espagne.

Juste à côté de son chef, le général Student semble paralysé de surprise et de fureur. Lui qui a ordonné à ses paras d'être impitoyables dans le combat, il ne peut comprendre que ses camarades de la Luftwaffe se livrent de sang-froid à un massacre aussi inutile. Pour lui, le bombardement de Rotterdam, dans de telles conditions, n'est qu'un crime gratuit.

— Ce n'est pas possible, répète-t-il. Nous avions promis une trêve aux Hollandais.

— C'est terrible, ajoute Schmidt dans un souffle.

Sous leurs yeux, l'irréparable va s'accomplir. Tous deux, généraux de la vieille école chevaleresque, auront l'impression d'être trahis par leurs propres aviateurs.

— J'avais donné ma parole d'honneur, ne peut que répéter Schmidt.

Dans quelques secondes, ils vont voir des petits points noirs se détacher des avions. Les bombes ! Tout sera alors accompli : Rotterdam en grande partie détruite, avec des centaines de civils tués ! Y aurait-il une dernière chance d'arrêter ce massacre ?

— Vite, les fusées ! lance Student.

Presque aussitôt, sur son ordre, des officiers de l'état-major expédient vers le ciel des fusées rouges. Le code est bien connu de tous : Annulation d'appui aérien. Mais les pilotes semblent ne rien voir. Ou plutôt, ils font semblant de ne rien voir.

La première formation arrive à la verticale de son objectif. Son chef va-t-il donner l'ordre aux deux escadrilles qui le suivent de faire demi-tour ? Schmidt et Student se prennent à l'espérer. Il n'est pas possible de ne pas avoir vu leurs fusées ; chaque pilote vient sans doute de recevoir par radio la consigne de regagner sa base.

Mais il est trop tard désormais. Les dés de la mort sont lancés et roulent sur un tapis de bombes. Les premiers chapelets de torpilles tombent sur Rotterdam. La Luftwaffe n'a certes choisi que des objectifs militaires, mais certains se trouvent près du centre de la ville ; les erreurs de largage vont être fréquentes et meurtrières, car les équipages des bombardiers du

Reich effectuent ce jour-là leur première grande mission de guerre et n'ont aucune expérience.

La cité de Rotterdam sera durement touchée. Des décombres, on retirera huit cent cinquante cadavres de civils hollandais, « morts par erreur ». La résistance, au lieu de s'effondrer, va trouver une sorte de renouveau dans la haine, la terreur et la vengeance. Après quatre jours et demi d'une guerre qui respectait encore, plus ou moins, les lois internationales, un véritable crime se déroule sous les yeux des deux généraux allemands qui, atterrés, se taisent désormais.

Pourtant, après un ultime sursaut de courage et de fierté, le général Winkelman, commandant des forces néerlandaises de Rotterdam, se rend compte de l'inutilité de poursuivre la résistance. Pour lui, l'honneur est sauf. Le sien, du moins. Il ne reste plus qu'à déposer les armes. Il demande à rencontrer un général ennemi avec qui mener des négociations et envisager les modalités pratiques d'une reddition.

— Voici une mission qui vous revient de droit après les prouesses de vos paras ! lance Schmidt à Student.

Peu après, le chef de la 7e division aérienne, accompagné de son chef de bureau des opérations, le capitaine Hübner, se rend au poste de commandement des troupes hollandaises, au troisième étage d'un immeuble résidentiel, dans la partie nord-ouest de la ville. Là, les deux officiers parachutistes seront rejoints par le lieutenant-colonel von Choltitz, chef du 16e régiment d'infanterie, dont les fantassins aéroportés se sont durement battus dans les faubourgs de la ville.

En arrivant au quartier général des troupes hollandaises de Rotterdam, le général Student déclare d'emblée aux officiers néerlandais qui l'attendaient pour discuter des conditions d'une reddition :

— Chaque bataille se termine avec des vainqueurs et des vaincus. Cette fois, messieurs, vous êtes les vaincus, mais je dois reconnaître que vos troupes ont combattu avec un grand courage.

On entend alors encore des coups de feu dans la rue et le vacarme devient tel que le chef parachutiste n'arrive même plus à se faire entendre. Ses adversaires semblent tout aussi interloqués que lui. Student se dirige rapidement vers une des larges fenêtres du quartier général pour voir ce qui se passe à l'extérieur.

Il ressent alors un fantastique coup sur le front, comme si, le dira-t-il plus tard, quelqu'un venait de le frapper avec un marteau. Il entend ensuite un bruit effrayant à l'intérieur de sa tête et réalise qu'il vient d'être grièvement blessé. Il lui semble que les os de sa tête s'entrechoquent et que leur tremblement se communique à tout son squelette : une balle vient de lui arracher la peau sur une largeur de plus d'une main et de lui fracasser le crâne.

Pourtant, avec une balle dans la tête, Student n'en revient pas d'être encore vivant et totalement conscient. Mais il se croit frappé à mort et distingue autour de lui une sorte de ballet nonchalant et silencieux, où se mélangent, dans le brouillard, officiers allemands et officiers hollandais. Le général chancelle et essaye pourtant de se traîner jusqu'à la table où doit avoir lieu la négociation avec les représentants de l'armée royale néerlandaise. Mais, pour le chef des parachutistes du Reich, il est trop tard. Toute la salle se met à tourner, ses jambes refusent de le porter et il s'écroule sur le sol, tandis qu'un voile noir tombe lentement sur ses yeux.

Cependant, le plus terrible c'est que le général Student vient d'être frappé par une balle allemande. Dans la cour du quartier général se trouvaient des militaires hollandais qui s'apprêtaient à remettre leurs armes aux vainqueurs de la bataille. Soudain a surgi une colonne motorisée de la *Leibstandarte SS Adolf Hitler*, la garde du corps personnelle du Führer, qui forme sur le front un régiment de choc et vient d'arriver à Rotterdam à marche forcée.

Les soldats de la Waffen SS, en apercevant ce rassemblement de soldats néerlandais, ont pensé qu'il s'agissait de combattants, puisqu'ils avaient encore leurs armes. Ils ont tiré dans le tas. Puis ils ont mitraillé la façade du bâtiment. Qu'un homme en uniforme paraisse à une fenêtre, les SS n'ont pas pensé, un seul instant, qu'il puisse s'agir d'un de leurs compatriotes venu en parlementaire. Certes, Kurt Student portait son manteau à revers blanc de général. Mais dans le feu de l'action personne n'y a fait attention.

Il faudra que des officiers hollandais et allemands bondissent dans la cour avec des drapeaux blancs pour faire cesser le carnage. Dans quelques heures, à 21 h 30 exactement, en ce 14 mai 1940, l'ensemble des forces armées du royaume des Pays-Bas capitule. La guerre aura duré cinq jours et quatre nuits.

Tandis que partout retentissent les sonneries du cessez-le-feu, le général blessé est transporté, de toute urgence, dans... une clinique privée de Rotterdam. Un chirurgien civil hollandais réussit une première opération et sauve ainsi la vie de celui qui a été à la tête des hommes surgis du ciel pour violer, dans le sang et la poudre, la neutralité des Pays-Bas. Quelques jours plus tard, un chirurgien allemand, le Pr Tönnis, grand spécialiste des opérations du cerveau, arrive en avion de Berlin. Il fera l'impossible pour remettre Kurt Student sur pied. Dans neuf mois, le créateur de l'arme parachutiste allemande pourra reprendre la tête de ses hommes. En attendant, comme pour hâter sa guérison, il apprend qu'il est nommé chevalier de la croix de Fer et sera promu au grade de général de corps aérien pour la fin de l'année 1940.

Mais la plus grande satisfaction du grand blessé, il la tire de la réputation que viennent d'acquérir ses paras. Ils ont manqué leur entrée en scène lors de la campagne de Pologne et on connaît mal leurs exploits de Danemark et de Norvège, d'autant que la bataille de Narvik est encore loin d'être terminée. Seulement, depuis le saut d'avion en Hollande et le raid par planeurs sur la Belgique, les hommes de Student sont devenus brusquement célèbres dans toute l'Allemagne.

Désormais, les paras du IIIe Reich forment, aux yeux du monde, un corps d'élite.

Ce que le grand public ignore encore, c'est le prix de la victoire. Environ dix mille hommes des unités parachutistes et aéroportées ont été engagés dans la bataille de Hollande. Ils ont subi au combat trente pour cent de pertes et comptent dans leurs rangs un millier de tués. Quant aux avions de transport engagés dans cette opération, la moitié sont hors d'usage, la plupart définitivement.

Ce sont des chiffres terribles que le général Student peut méditer sur son lit d'hôpital, tandis que les journaux allemands célèbrent la gloire des paras du Reich et que quelques-uns d'entre eux, enfants perdus de la 7e division aérienne, se battent encore dans le Grand Nord, du côté de Narvik, au coude à coude avec les matelots et les chasseurs de montagne, lancés dans la dure bataille du Cercle polaire.

XIV

LA LONGUE ROUTE VERS LE PAYS DU SOLEIL DE MINUIT

A la mi-avril 1940, les forces franco-britanniques ont tenté deux opérations pour essayer de reprendre le port norvégien de Trondheim aux Allemands. Ils ont débarqué au sud à Andalsnes, poussant des avant-gardes jusqu'à Dombas, où se trouvaient encerclés les paras du lieutenant Schmidt, et au nord à Namsos. Dès les premiers jours du mois de mai, l'échec des deux tentatives apparaît évident et les contingents alliés doivent se rembarquer.

Les parachutistes du bataillon Walther ont alors quitté le front de Norvège pour se préparer à l'assaut du 10 mai contre la Hollande. Pourtant, les combats ne sont pas terminés dans le Grand Nord. Les Allemands sont partout vainqueurs, sauf à Narvik, au-delà du cercle polaire. Là, les chasseurs de montagne du général Dietl, débarqués un mois auparavant des bâtiments de la Kriegsmarine, livrent de durs combats dans la région du Rombaksfjord. Attaqués par les soldats norvégiens au nord, les chasseurs alpins et les légionnaires à l'ouest, les volontaires polonais au sud, ils se trouvent peu à peu repoussés à la frontière suédoise. Leur chef a installé son poste de commandement à Björnfjell, une station de montagne où passe la ligne amenant le minerai de fer suédois jusqu'au port de Narvik. Il sait qu'il ne pourra survivre bien longtemps, totalement isolé. La Royal Navy tient la mer et surclasse largement la Kriegsmarine. Le seul espoir des Allemands, en attendant d'être rejoints par les troupes débarquées à Hanneberget sur le Renenfjord, reste la Luftwaffe.

Le Bavarois Dietl n'a sous ses ordres qu'une demi-douzaine de bataillons, où les chasseurs carinthiens et tyroliens des troupes de montagne côtoient les matelots poméraniens ou holsténois rescapés des navires coulés dans le fjord par les Alliés et formés en compagnie de marche dans une atmosphère d'enthousiasme qui se change de jour en jour en inquiétude. Les Allemands du Cercle polaire se sentent pris au piège.

Le temps est épouvantable. La température chute toutes les nuits à — 30°. Les tempêtes se succèdent. Le ciel, couvert de nuages sombres, prend la couleur du plomb. Des jours entiers se passent sans que se lève un épais brouillard qui encapuchonne tout ce sauvage décor de rochers sombres et de pierraille, encore à moitié enseveli sous la neige. Dietl demande des parachutages de matériel. Les Junkers 52, partant de Trondheim, essayent d'établir un pont aérien avec Narvik, situé à près de sept cents kilomètres plus au nord, dans ce paysage grandiose et hostile de la Norvège arctique. Les aviateurs parviennent pourtant à parachuter des munitions et des vivres.

Le général Dietl espère aussi des renforts. Mais tandis qu'il se trouve de plus en plus menacé à Narvik, les combats font rage en Hollande, où les parachutistes sont désormais engagés dans la bataille pour la prise de Rotterdam. L'armée royale néerlandaise ne capitulera que le 15 mai. Alors que l'offensive allemande se poursuit vers la Belgique et la France, les parachutistes du bataillon Walther reçoivent l'ordre de retourner vers le Grand Nord. Déjà, on a réussi à faire sauter sur Narvik quelques-uns des hommes se trouvant dans les centres d'instruction et qui n'avaient pas pris part à l'assaut vers l'Ouest. Ainsi soixante-six chasseurs sont parachutés le 14 mai, vingt-deux le lendemain et soixante-seize le surlendemain. Rejoindre Narvik à tout prix devient une hantise.

Sitôt arrivé au sol, le 16 mai, le capitaine Walther se présente au général Dietl, un grand homme sec et maigre, avec un visage creusé de rides profondes par tous les vents des sommets alpins. Ancien soldat des corps francs, le chef du « Kampfgruppe » rassemblé dans la région de Narvik se flatte d'être sorti du rang et d'avoir été à la fois champion de ski et militant dès la première heure du parti national-socialiste. Montagnard bavarois et soldat dans l'âme, il ne semble dans son élément qu'en pleine bataille à plus de deux mille mètres d'altitude ! Dans le Grand Nord polaire, le voici comme chez lui.

— Heureux de vous voir, dit-il à Walther. J'ai grand besoin de votre bataillon.

L'unité surgie du ciel ne compte même pas encore deux cents hommes et mériterait plus le nom de compagnie que celui de bataillon. Ausi Dietl décide de renforcer les paras par des marins et même par quelques chasseurs de montagne qui serviront de guides sur les sommets qui culminent entre mille et quinze cents mètres au-dessus de la voie ferrée.

Le général explique rapidement la situation au capitaine Walther :

— Le front nord-est est tenu par le colonel Windisch, qui commande le 139e régiment de chasseurs de montagne. Il doit tenir bon contre les Norvégiens qui l'attaquent du nord et surtout contre les Français, des chasseurs alpins, qui ont débarqué dans la région de Bjervik le 13 mai et essaient de progresser d'ouest en est. Pour tenir le front sud, le major Haussels commande un régiment de marche, dont l'effectif est à peine celui corps expéditionnaire allié.
d'un bataillon. Lui doit affronter les volontaires polonais du

Le général Dietl montre au capitaine Walther la carte et souligne du doigt la presqu'île entre le Rombaksfjord et le Beisfjord, où se trouvent, à l'extrême ouest, la ville et le port de Narvik.

— Voilà la pointe avancée de notre dispositif. Tôt ou tard, les Alliés vont essayer de s'en emparer. Ils ont dans leurs rangs une redoutable troupe de choc constituée par deux bataillons de la Légion étrangère, des soldats de métier, tous volontaires et farouchement antifascistes. Ils sont encadrés par l'élite des officiers de l'armée française. Je crains qu'ils ne cherchent à débarquer et à couper mon poste de commandement de Björnfjell de la presqu'île de Narvik.

Le capitaine Walther comprend vite que c'est vers ce secteur essentiel que le chef du Kampfgruppe a l'intention de diriger les paras et les marins du bataillon de marche dont il va prendre le commandement.

— Vous allez vous installer sur les hauteurs, au-dessus de la voie de chemin de fer. A vous de contrôler la rive méridionale du Rombaksfjord et de garder ouverte la route sur Narvik.

Le général Dietl confie ainsi aux paras un secteur qui est encore calme, mais qui va devenir, en cas plus que probable d'un assaut des forces alliées, le centre névralgique de la bataille de la « route du fer ».

Sous le soleil de minuit, paras et marins gagnent les sommets d'où ils vont dominer les eaux tranquilles du fjord, tandis que des petits groupes de leurs camarades s'installent en défensive le long de la voie ferrée et du rivage. Dans la clarté grisâtre du jour et de la nuit, les guetteurs observent la rive septentrionale du Rombaksfjord d'où débouchera, dans les jours qui viennent, l'inéluctable attaque ennemie. La longue attente commence, par un froid glacial.

***

Le 23 mai, des Junkers 52 survolent la région de la frontière suédoise, à basse altitude. Les chasseurs de montagne voient des silhouettes apparaître à la portière et se lancer dans le vide. Presque aussitôt les parachutes s'ouvrent et les hommes envoyés en renfort aux troupes de Narvik descendent lentement vers le sol. Tous se précipitent pour aider les paras dès leur atterrissage. Le vent, encore assez violent, risque de les entraîner vers les rochers ou dans les torrents. Sitôt à terre, les soldats tombés du ciel se débarrassent de leur harnais et de leur combinaison de saut. Les chasseurs de montagne découvrent avec surprise que les nouveaux venus ne portent pas la tenue gris-bleu de l'armée de l'Air mais celle, gris-vert, de l'armée de Terre.

— Vous n'êtes pas des parachutistes ? demandent-ils à leurs camarades tombés du ciel.

— Pas du tout. Nous sommes des chasseurs de montagne, comme vous.

Presque tous les hommes envoyés en renfort sont des Autrichiens, originaires du Tyrol, de Carinthie, du Vorarlberg ou de Styrie. Ils sont soixante-cinq chasseurs, sous les ordres du lieutenant Erich Schwaiger, tous volontaires pour le saut. On ne déplore parmi eux qu'une cheville foulée et un nez cassé. Les jours suivants, les chasseurs de montagne de la compagnie du lieutenant Hermann Rieger rejoindront eux aussi leurs camarades par la voie des airs.

— Vous avez subi un entraînement spécial ? demandent leurs camarades.

— Pas vraiment. Une petite semaine à l'école des paras de Wittstock. Après les exercices au sol, on a sauté deux fois. Le plus dur, c'est encore l'arrivée. Mais ici, dans la neige, c'est de la rigolade.

— Quand même, intervient un chasseur d'Innsbrück, d'en haut, on ne voyait que de la rocaille. Et le terrain nous semblait petit, tout petit. Heureusement, les largueurs sont des as.

Les nouveaux venus ne vont pas traîner sur la zone de saut de Björnfjell et sont vite dirigés vers les positions de première ligne, où le général Dietl s'efforce de colmater les brèches.

Les paras montent vers les tranchées de montagne dans la clarté laiteuse du soleil de minuit. Depuis la mi-mai, le printemps est arrivé et la neige fond, même si les nuits restent très froides. Un ouragan semble avoir tout emporté et la région de Narvik est maintenant recouverte d'une épaisse couche de boue glaciale. Partout ruissellent des torrents. Les hommes pataugent dans la neige fondante et s'enfoncent parfois jusqu'à la taille dans des trous d'eau glacée. Les chasseurs de montagne sont vite couverts de boue. Tous les fonds de vallées ne sont plus que des marécages impraticables, tandis qu'un vent froid continue de hurler sur les sommets encapuchonnés de brouillard givrant.

En montant vers les lignes, plusieurs volontaires qui avaient échappé aux dangers du saut en parachute vont tomber sur des fondrières et s'y noyer sans que leurs camarades parviennent à les secourir. Le printemps, tant attendu, se montre plus terrible encore que l'hiver. Au terrain gelé, solide sous les chaussures de montagne, succède maintenant une sorte de vase presque liquide qui transforme toutes les pistes en torrents boueux. Dans ce paysage désolé, où la nature semble s'emporter dans une colère terrible, les Allemands vont brutalement se heurter aux plus coriaces des adversaires.

⁂

Evoquant la situation en Norvège septentrionale, les journaux allemands ne cherchent guère à cacher la vérité. Ils ont seulement tendance à la transfigurer sur le mode héroïque, exaltant le combat des marins et des chasseurs de montagne cernés par l'ennemi à deux mille kilomètres de la patrie, dans le Grand Nord polaire.

Les seuls renforts qui peuvent parvenir à Narvik sont désormais acheminés par la voie des airs, puisque les navires alliés sont maîtres de la mer. On distribue, en toute hâte, des chaussures de montagne et des anoraks aux hommes qui vont être parachutés en pleine bataille. Le général Student « racle les fonds de tiroirs » et n'a pas le temps de se soucier si l'entraînement au saut des jeunes recrues est terminé...

Des trains emmènent les hommes vers l'Allemagne du Nord. En pleine nuit ils débarqueront dans une gare perdue. Là, des camions les emportent pour les emmener vers un terrain d'aviation. Des Junkers les attendent.

Par-dessus leur équipement, les paras ont l'ordre d'enfiler des gilets de sauvetage : le convoi doit survoler la mer du Nord. Mais personne ne songe à une attaque et les plaisanteries fusent dans l'appareil, dont grondent régulièrement les trois moteurs.

Soudain, on aperçoit, dans le lointain, les côtes découpées du pays des fjords. Le soleil dessine les vallées par de grands traits d'ombre et de lumière. Le vol continue ensuite dans les nuages. Les appareils se posent sur un terrain militaire « quelque part en Norvège ». Sans doute à Trondheim. L'aéroport n'est qu'une sorte de pré, cerné de hauteurs abruptes couvertes de forêts. Pour se poser, les pilotes doivent être des acrobates, d'autant que les abords des pistes sont encombrés d'appareils : chasseurs, bombardiers, avions de reconnaissance ou de transport. Les paras, en débarquant de leurs Junkers, reconnaissent les fameux Stukas dont les attaques en piqué vont semer la terreur.

Les appareils de transport doivent faire le plein d'essence avant de repartir vers le Grand Nord. Les mécaniciens s'affairent autour des réservoirs tandis que les chasseurs parachutistes sont conduits à une baraque en planches, où ils pourront se reposer quelques heures sur de la paille.

— Nous décollons cette nuit, annonce l'adjudant-major Scheuring aux hommes de renfort.

Les heures s'écoulent lentement. Les Allemands qui viennent d'arriver du pays sont stupéfaits du changement de climat. A dix heures du soir, ils voient encore briller le soleil, assez haut dans le ciel.

— Quand fera-t-il nuit ? demandent-ils aux « rampants » de la Luftwaffe rencontrés sur le terrain entre deux corvées.

— A cette époque de l'année, le soleil ne se couche guère. Mais vous devriez quand même aller dormir.

Les paras ne parviennent pas à trouver le sommeil. Sans arrêt, ils entendent des appareils décoller ou atterrir. Le bruit devient infernal. Et puis ils pensent à la journée du lendemain et au saut sur Narvik. Ils ne savent rien de ce qui se passe là-bas, sinon que les combats sont terribles.

A deux heures du matin, ils gagnent les appareils. L'adjudant-major Scheuring s'assoit sur le sol de la carlingue, près de la porte, enfile ses gants fourrés et regarde cet étrange paysage à la lumière du soleil de minuit.

Le vol se déroule sans encombre ; pourtant, au-dessus de ce paysage montagneux, le Junkers tangue parfois brutalement. Les aviateurs sont obligés de prendre cette route insolite, car au-dessus de la mer, où les turbulences s'apaisent, la maîtrise de l'air appartient à leurs adversaires. Alors, les appareils allemands cherchent la protection des montagnes... Il faut se couler entre les sommets couverts de neige. Parfois, les paras ont l'impression que leur Junkers va accrocher un pic rocailleux avec une de ses ailes. Mais les hommes de la Luftwaffe se moquent d'eux :

— Ne vous en faites pas, dit le radio du bord à l'adjudant-major Scheuring, qui est venu s'asseoir à côté de lui, notre pilote est un as. Il conduit ce vieux « Ju » aussi tranquillement qu'une camionnette des postes sur une route de campagne.

— Vous le connaissez depuis longtemps ?

— Depuis dix ans. Nous étions ensemble dans la Lufthansa [1].

1. La grande compagnie aérienne d'aviation civile, où ont été formés clandestinement, avant la guerre, la plupart des cadres de la Luftwaffe au temps où l'Allemagne n'avait pas le droit de posséder une aviation militaire. A partir de 1935, de nombreux pilotes et radios de la Lufthansa sont passés à la Luftwaffe.

Le vol vers Narvik dure des heures et des heures. La plupart des paras somnolent, bercés par le ronronnement des moteurs. Sous les ailes, le paysage est devenu de plus en plus sauvage : plus une route, plus une maison, plus un arbre. Seulement, à perte de vue, des montagnes, des champs de neige, des rochers. D'immenses plaques de glace scintillent au soleil.

Le terrain de saut de Björnfjell n'est qu'une minuscule plaque de neige entourée de rochers. Tout auprès, on distingue les rails du chemin de fer à voie unique qui amène le minerai de fer de la frontière suédoise au port de Narvik, à quarante kilomètres vers l'ouest.

— *Fertig zum Absprung !*

L'adjudant-major Scheuring est le premier à la porte. Le pilote n'a pas encore réduit les gaz et l'appareil le secoue tellement que le sous-officier doit se cramponner pour ne pas être précipité au-dehors avant le signal.

— *Raus !*

Scheuring plonge, les bras en croix, dans un saut de l'ange digne des photos de propagande. Sitôt arrivé au sol, il rassemble ses hommes. L'équipe de renfort ne compte qu'un seul blessé. Au-dessus du terrain, tournent deux Messerschmitts qui ont protégé le parachutage contre toute intervention des appareils britanniques. Le porte-avions de Sa Majesté, *Furious,* ne se trouve qu'à quelques minutes de vol du terrain de Björnfjell situé tout auprès de la frontière suédoise.

— Vous pouvez vous installer dans les chalets en attendant de rejoindre le front, annonce un officier à Scheuring.

Le chef du détachement de renfort est un peu surpris de l'allure des hommes qu'il rencontre. Les combattants de Narvik ont des uniformes en loques, des barbes de plusieurs semaines, les traits tirés par la fatigue, les yeux brûlants de fièvre. Ils ressemblent à une horde de clochards farouches. Ils tiennent à venir serrer la main des paras qui viennent de sauter et les conduisent dans des baraques où ne tardent pas à chauffer des gamelles de soupe.

On entend un grondement de moteurs. Ce sont des appareils britanniques qui surgissent.

— Aux abris !

Les parachutistes se retrouvent couchés dans des tranchées avec les marins et les chasseurs de montagne qui viennent de si cordialement les accueillir. Quelques bombes explosent. Trop loin. Les nouveaux venus regagnent leur cantonnement et raniment le feu sous les gamelles.

Après une nuit de repos, les hommes de renfort reçoivent l'ordre de monter en ligne. Avec leurs armes et leur paquetage bourré de munitions, ils s'entassent dans un des wagons naguère destiné au transport du minerai de fer. Le convoi qui se traîne sur la ligne à voie unique longeant le Rombaksfjord, est tiré par une locomotive archaïque et poussive, conduite par un mécanicien de la Kriegsmarine échappé au naufrage de son destroyer. Le convoi roule très lentement dans de gros nuages de vapeur. Il traverse de nombreux tunnels. La fumée fait tousser et pleurer les paras. Mais quand le train resurgit à l'air libre, c'est un enchantement. Sous le pâle soleil de la fin mai, le paysage est grandiose. A droite, on aperçoit l'immense Rombaksfjord. Les rochers se reflètent dans l'eau.

— On dirait le Königsee ! lance un Bavarois de Berchtesgaden.

— Rien de comparable, grogne l'adjudant-major Scheuring.

Puis tous deux se taisent. Une montagne ne ressemble pas à une autre montagne, malgré la neige, les cascades, les amas de rochers. Et puis dans le ciel, soudain, un avion jaillit entre deux nuages.

— Encore un anglais !

Le mécanicien a vu le danger. Il force la vapeur et s'engouffre dans un tunnel où le convoi sera à l'abri. L'alerte terminée, le train qui emmène les paras s'arrête dans la petite gare de Hundalen.

— On ne va pas plus loin, annonce le matelot.

— La ligne est coupée ? demande Scheuring.

— Pas encore. Mais elle se trouve en vue des destroyers anglais qui croisent dans le fjord.

Les paras doivent continuer à pied, lourdement chargés. Ils ne risquent pas de se perdre car ils ont reçu une consigne bien simple : suivre la voie ferrée. Ils butent dans les traverses, se tordent les chevilles sur les cailloux du ballast, piétinent à l'aveuglette dans des tunnels qui leur paraissent interminables. La fatigue leur tombe dessus. Ils transpirent malgré le froid vif. Et tout le fourniment leur arrache les épaules. L'adjudant-major Scheuring, les dents serrées, peine à la tête de ses hommes. Il voit venir une troupe vers lui, sur la voie. Ce sont des soldats allemands qui descendent au repos.

— C'est encore loin ? demande-t-il.

— Encore assez, répondent seulement les rescapés de la bataille.

Les anciens de Narvik montrent aux nouveaux venus les destroyers britanniques qui croisent dans le Rombaksfjord. Mais leurs canons restent silencieux.

Les camarades s'éloignent vers Hundalen tandis que les paras poursuivent leur marche solitaire. Ils sont épuisés. Les kilomètres s'enchaînent. Ils ont franchi la rivière Orneelven et dépassé la bourgade de Sildvik. Et ils ne sont toujours pas arrivés. Voici maintenant un convoi de blessés qui arrive des lignes. Les plus gravement atteints sont portés sur des brancards. Les autres, la tête bandée ou le bras en écharpe, s'avancent lentement, les yeux perdus dans le vague. Ce soir, des hydravions vont amerrir au fond du fjord pour les évacuer vers Trondheim et l'Allemagne.

Avec le crépuscule, il commence à pleuvoir. L'adjudant-major Scheuring consulte la carte qui lui a été confiée à son arrivée au sol. Il devrait quitter la voie ferrée pour s'enfoncer sur la gauche dans la montagne. Là doivent se trouver ses camarades du bataillon Walther, en position de combat dans la région montagneuse de Middagsfjell.

Un capitaine de la Kriegsmarine apparaît sur le bord du chemin. Il indique la route aux paras.

— Votre capitaine était par là. Mais ses positions sont attaquées depuis le début de l'après-midi. Je ne sais pas s'il a pu les tenir.

Ce n'est guère encourageant, pense le chef du détachement de renfort, tandis que l'officier de marine s'éloigne, après avoir lancé :

— Faites attention en arrivant là-haut. Bon courage !

L'escalade est particulièrement rude. Les parachutistes, déjà épuisés par leur longue marche, peinent de plus en plus. Scheuring est obligé de prévoir des haltes. Mais alors ses hommes saisis par la bise qui souffle en rafales se plaignent du froid. La pluie redouble. Mille aiguilles de glace semblent s'enfoncer dans les visages, sous le casque d'acier. En cette fin de mai, il fait encore très froid dans le Grand Nord. L'adjudant-major Scheuring essaye de s'orienter. Tous les sommets disparaissent dans le brouillard qui enveloppe de plus en plus le paysage désolé. Le sous-officier n'a désormais, pour se guider, que le crépitement de plus en plus distinct des rafales de mitailleuses. Il reprend sa route et continue la montée vers le sommet. Entre deux bouchons de brume il distingue, pendant quelques instants, devant lui, au pied de la dernière montée avant le sommet, une vallée où serpente un cours d'eau. Il regarde sa carte, consulte sa boussole, essaye de se repérer. Il commence à craindre de s'être égaré et craint fort de tomber sur les avant-postes tenus par l'ennemi.

Des rafales de vent encore plus brutales et plus glacées chassent le brouillard. On distingue maintenant très bien le sommet du Middagsfjell, qui culmine à plus de mille mètres au-dessur des eaux du fjord. Scheuring porte ses jumelles à ses yeux. Il distingue des silhouettes sur l'arête rocheuse. Amis ou ennemis ?

— Mitrailleuses en batterie ! lance l'adjudant-major à ses paras.

Sous la protection de ses pièces, il descend avec un de ses hommes vers la vallée. Aucune réaction sur la crête au-dessus d'eux. Les deux Allemands arrivent devant le ruisseau et le franchissent sautant de pierre en pierre. Au sommet du Middagsfjell personne ne bouge. Scheuring se retourne. Il aperçoit ses paras en position derrière des blocs de rochers, tout autour des mitrailleuses.

— On y va, dit-il à son compagnon.

Ils commencent à escalader la pente, progressant avec prudence de rocher en rocher et tenant leur pistolet-mitrailleur au creux de leur bras, prêts à ouvrir le feu au moindre signe suspect sur la crête.

Peu avant d'arriver au sommet, les deux Allemands aperçoivent un des guetteurs installés sur le piton. Il porte un « sac à os » de parachutiste. Le sous-officier lui crie :

— Où se trouve le poste de commandement du capitaine ?

L'homme fait un geste du bras et lui répond :

— Par là. Vous en avez pour une vingtaine de minutes. Faites quand même attention.

Au moment où il parvient sur la crête, l'adjudant-major Scheuring est salué par quelques coups de feu. Les ennemis ne sont pas loin. Il continue pourtant sa route et va découvrir, camouflé entre deux gros rochers, le poste de commandement de son chef. Après avoir salué son capitaine, il ne peut s'empêcher de lui dire :

— Cela fait quatorze heures que nous marchons pour vous retrouver, Herr Hauptmann.

— Très bien, Scheuring. Récupérez vos hommes et allez vous reposer.

Les paras du renfort, complètement trempés par la pluie et la sueur, sont frigorifiés. Ils essayent de s'abriter du vent glacial qui souffle en rafales hurlantes sur le sommet du Middagsfjell, mais, par un froid pareil, ne peuvent trouver le sommeil. L'aube les trouvera transis et toujours aussi épuisés. Ils voient leurs camarades s'agiter autour d'eux.

— Qu'est-ce qui se passe ? demande Scheuring.

— Le capitaine a reçu l'ordre de changer de position.

— Mais nous venons d'arriver !

— Si vous tenez tellement à rester là...

Rien d'autre à faire qu'à obéir. Au petit matin froid, l'adjudant-major et ses paras de renfort redescendent les pentes qu'ils ont eu tant de mal à grimper. Ils restent silencieux, serrant les dents et souffrant de la morsure des rafales de ce vent qui continue à hurler dans la montagne, au-dessus du Rombaksfjord. Ils rejoignent les rives du cours d'eau Orneelven pour essayer de s'y réchauffer dans un bivouac de fortune et de faire sécher leurs uniformes en attendant de nouveaux ordres d'opération, tandis que l'artillerie alliée pilonne le paysage désolé de ce pays du soleil de minuit transfiguré par la guerre.

***

Tous les paras envoyés en renfort dans le Grand Nord ne parviendront pas jusqu'à Narvik. Certains, après avoir attendu quelques heures, sur l'aéroport de relais, que les Junkers remplissent les réservoirs et que les mécaniciens vérifient les appareils, ne rejoindront jamais leurs camarades du Kampfgruppe Dietl, assiégés à sept cents kilomètres plus loin, bien au-delà du cercle arctique.

Ainsi le lieutenant Rudolf Toschka et ses hommes...

En ce moment, ils attendent sur l'aéroport de Trondheim, impatients de reprendre ce long voyage qui les conduit vers leurs camarades du bataillon Walther, qui ont eu la chance de sauter avant eux. Les moteurs des avions sont en train de chauffer, tandis que les paras, dans le vent des hélices, chargent les gaines métalliques contenant le matériel lourd.

Arrive enfin l'ordre d'embarquer dans les appareils.

Tenant le mousqueton de la corde d'ouverture automatique entre les dents, les chasseurs se hissent rapidement, l'un après l'autre, dans les Junkers. Les mécaniciens enlèvent les cales et les avions se dirigent lentement vers la piste d'envol, en se dandinant un peu comme des canards. Très vite, les moteurs sont lancés à fond, les avions roulent quelques centaines de mètres et c'est le décollage.

Pour les paras, tous les gestes accomplis constituent une sorte d'habitude. Maintenant, assis sur les étroites banquettes, le long du fuselage, ils peuvent un peu se détendre. Ce qui est inhabituel dans ce vol, c'est bien la fantastique beauté du paysage qui se déroule sous les ailes au fur et à mesure que les moteurs les entraînent plus loin vers le Grand Nord. Les avions survolent des montagnes couvertes de neige et creusées de vallées abruptes. Parfois, on aperçoit, là-bas vers l'ouest, la mer qui s'enfonce profondément dans le pays avec ses fjords aux eaux d'un bleu sombre. Les Junkers prennent de la hauteur. Les voici maintenant à 2 500 mètres d'altitude. Ils survolent une mer de nuages. Il n'y a plus rien à voir. Les paras se retournent, essayant de s'installer plus confortablement, les coudes sur les genoux. Certains tentent de bavarder, mais il faut crier pour se faire entendre. Alors, ils préfèrent se taire et même essayer de dormir.

Ils volent depuis deux heures et pensent de plus en plus à ce qui les attend à Narvik. Plus d'un éprouve un pincement au cœur. Trouveront-ils même des champs dégagés pour sauter dans la neige ? Au-delà du cercle polaire, ils ont l'impression que commence un pays mystérieux et hostile.

Et puis ne sera-t-il pas trop tard ? Les chasseurs de montagne n'ont-ils pas succombé devant les assauts des Alliés. Sur l'aéroport de Trondheim, certains « rampants » de la Luftwaffe affirmaient que le général Dietl se trouvait repoussé vers la frontière suédoise, balayé de ses positions du rivage et acculé à la capture.

Le lieutenant pense à la situation tragique de ces camarades qui les attendent à Narvik et pour qui le seul espoir de se voir secourus réside dans l'arrivée des parachutistes. Mais que pourront quelques dizaines d'hommes dans cette dure bataille que leurs compatriotes mènent avec acharnement contre les bataillons norvégiens, polonais, étrangers ou français, soutenus par les canons de la flotte britannique et les appareils des porte-avions ? Personne n'est même certain que le terrain où les paras doivent sauter n'est pas déjà occupé par un ennemi en pleine offensive ? Toschka tourne et retourne la situation dans sa tête. C'est pour finalement s'avouer qu'il n'y comprend pas grand-chose et qu'il verra bien sur place comment se débrouiller. L'esprit d'initiative, on le lui a assez répété, reste la première qualité d'un officier parachutiste.

L'escadrille vole déjà depuis longtemps quand l'exclamation d'un de ses hommes tire l'officier de sa rêverie.

— Herr Oberleutnant, un Heinkel 111 !

Toschka se penche à la fenêtre de mica pour voir le chasseur. « Tout va bien », pense-t-il. Mais, au même moment, il distingue un autre avion. C'est un biplan, d'une étrange couleur brune, qui se dirige vers le Junkers. Il attaque avec le soleil dans le dos et les Allemands sont aveuglés. De toute façon, les paras n'y peuvent rien et font confiance aux mitrailleurs des appareils d'escorte. Ils entendent d'ailleurs quelques rafales.

— Ce sont les nôtres ! lance Toschka à ses hommes avec un sourire.

Au fond, le lieutenant n'en sait trop rien... Au même moment, comme pour le contredire, quelques balles déchirent le mince fuselage de tôle ondulée et viennent claquer dans l'appareil, qu'elles traversent de part en part. Plusieurs paras sont atteints. Tandis que leurs camarades s'efforcent de soigner les blessés, Toschka essaye de rassurer les rescapés de l'attaque :

— Ne vous en faites pas. La chasse va le descendre. Il ne reviendra plus. On a eu un peu de casse, mais on est tous vivants. Pas vrai, les gars ?

Au même moment s'allume le signal vert au-dessus de la portière et retentit la corne de saut.

— *Los ! Los !* hurlent les aviateurs.

Il faut sauter ! Mais on n'est pas encore au-dessus de Narvik ? Il ne s'agit pas de sauter pour combattre. C'est pour évacuer un appareil en détresse que les paras doivent se lancer dans le vide ! Les réservoirs ont été touchés par les assaillants. Les mitrailleurs anglais visent bien et les réservoirs sont déjà en flammes. Le Junkers perd de la hauteur et laisse échapper un énorme panache de fumée noire. Les moteurs, déchiquetés par les rafales se sont arrêtés. Le pilote essaye de tenir encore un peu sa machine en vol plané, mais il demande de hâter l'évacuation. Il a l'impression qu'il est aux commandes d'une bombe volante qui peut exploser d'une seconde à l'autre.

— La porte ne s'ouvre pas ! lancent les deux paras qui s'efforcent de la manœuvrer.

— Arrachez-la ! hurle Toschka.

Il sent l'avion qui dans le même mouvement ralentit et tombe. Horrible impression d'ascenseur en perdition.

Enfin, voici la porte ouverte. Mais au lieu du ciel, les paras aperçoivent une énorme fumée noire qui envahit l'appareil. Ils distinguent des flammes. Puis, très rapidement, ne voient plus rien, tant cette fumée leur pique les yeux. Pourtant, après avoir accroché le mousqueton au câble d'acier, ils se présentent l'un après l'autre à la porte, enchaînant les gestes mille fois répétés à l'exercice. Jamais l'automatisme du saut n'aura tant servi, penseront-ils plus tard. Pour le moment, chacun ne songe qu'à s'emboîter dans le camarade qui le précède et à passer la portière le plus vite possible.

Comme un capitaine à bord d'un navire en perdition, le lieutenant Toschka tient à sauter le dernier. Il plonge dans les flammes et la fumée. Pas fâché de quitter l'appareil touché à mort.

Quand sa coupole s'ouvre, dans le grand silence, l'officier aperçoit le long panache sombre dans le ciel et, au bout, le Junkers qui pique et disparaît. Il est un peu étonné de s'en être si bien sorti. Le voici maintenant en plein dans le brouillard. Il n'y voit pas à quelques mètres. Sale impression. D'une seconde à l'autre, il peut se fracasser contre un sommet rocheux. Vue du ciel, la Norvège n'est qu'un chaos de montagnes déchiquetées, de profondes et sombres forêts de sapins, de pentes abruptes couvertes de neige.

Parfois, entre deux nuages, le lieutenant Toschka distingue

vaguement une arête noirâtre qui émerge dans toute cette immensité blanche. De deux mille mètres d'altitude, la descente dure assez longtemps. Enfin, l'officier découvre une longue vallée très encaissée. Il se trouve juste au-dessus d'un lac de montagne. Il n'aura échappé à l'incendie de l'avion que pour se noyer dans ce trou perdu ! Le lac se rapproche. Inexorablement. Mais un souffle de vent pousse le parachutiste vers un bois de bouleaux. Le sol, soudain, se met à monter à toute allure. Toschka, instinctivement, serre les chevilles et les genoux plus fortement que jamais. Il arrive au sol, roule dans la neige, est entraîné par la voilure et doit se mettre à courir pour la contourner et l'étouffer. Enfin débarrassé de son harnais, son premier geste est de sortir son pistolet. L'officier allemand sait qu'il est tombé en plein pays ennemi.

Pendant la chute, le lieutenant a entrevu les coupoles des parachutes de quelques-uns de ses hommes, vite dissimulées par le brouillard. Maintenant, au-dessus de lui, le ciel est vide. Ils doivent être, eux aussi, arrivés. Il faut les retrouver, se regrouper, reformer l'équipe. Alors, on pourra s'orienter et essayer de rejoindre les camarades là-bas, du côté de Narvik.

Le lieutenant Toschka marche dans la direction où, croit-il, il espère, d'un point plus élevé, apercevoir ses hommes. Il doit traverser un torrent. L'eau glacée le paralyse. Il en est à peine sorti qu'il en découvre un autre encore plus large. Enfin, trempé et transi, il grimpe la pente, enfonçant profondément à chaque pas dans la neige. Du sommet, l'officier allemand a une bonne vue d'ensemble sur tout le paysage montagneux et désolé. Mais il ne voit absolument personne. Il est tout seul dans l'immense nature sauvage. Alors, il décide de redescendre vers la vallée.

Après des heures de marche, le lieutenant Toschka finit par apercevoir une silhouette sombre près d'une des cabanes de bois dispersées dans la montagne. Il s'approche. C'est un civil norvégien. Il lui demande :

— Des Allemands ? Par ici ?

L'homme montre la vallée et dit seulement :

— Par là. Soldats norvégiens.

Le rescapé solitaire n'insiste pas et s'éloigne. Il est impossible qu'il ne parvienne pas à retrouver ses compagnons. Il aperçoit une autre silhouette près d'une cabane, plus bas vers la vallée. En s'approchant, il reconnaît que l'homme porte un « sac à os ». C'est un de ses paras. L'officier aurait envie de courir dans la neige pour le rejoindre.

— Nous ne sommes que deux, Herr Oberleutnant. Tous deux blessés.

— Les autres ?

— Partis dans la vallée pour essayer de découvrir un médecin. Ils doivent revenir dans la nuit.

— Nous allons les attendre. Je suis épuisé, dit Toschka qui ne peut pas laisser seuls les deux blessés de sa compagnie.

La nuit se passe lentement, très froide. Aucun des parachutistes ne revient. Les trois rescapés pensent que leurs camarades sont tombés dans une embuscade. Ils sont sûrement morts ou prisonniers.

A cinq heures du matin, un peu reposé, le lieutenant Toschka décide de partir sans attendre davantage.

— Vous venez avec moi, dit-il aux blessés. Nous allons marcher vers l'est pour essayer d'atteindre la frontière suédoise.

— C'est loin, Herr Oberleutnant ?

— Si je ne me trompe pas, nous devons en être à une trentaine de kilomètres. Ce sera dur. Mais il ne faut pas que les Britanniques ou les Norvégiens nous fassent prisonniers.

— Nous vous suivons, répondent les paras sans discuter.

Les trois Allemands se mettent en route et s'engagent à travers champs. Il n'y a pas un seul chemin. Il faut couper tout droit, en franchissant les chaînes montagneuses et les vallées. Dans les creux, roulent des torrents glacés. Les trois hommes peinent beaucoup. Quand il voit que le blessé le plus atteint ne parvient pas à franchir un passage difficile, Rudolf Toschka le porte sur son dos, tandis que l'autre parachutiste suit en titubant. L'officier dépose son fardeau quelques centaines de mètres plus loin, puis revient en arrière chercher son camarade. Peu à peu, les trois hommes, s'entraidant ainsi, avancent vers l'est. Ils s'arrêtent parfois pour souffler. Le paysage est splendide, avec ses ravins vertigineux et ses cascades bruissantes.

Après une quinzaine d'heures de marche épuisante, la nuit reste claire quand l'officier et ses deux paras arrivent à un sentier. Sur le bord du chemin, de loin en loin, ils découvrent de grosses bornes de granit, peintes en rouge.

— Nous sommes à la frontière suédoise, affirme le lieutenant Toschka.

Les trois Allemands fugitifs découvrent devant eux un immense lac au fond d'une vallée. Ils se croient sauvés quand retentissent des coups de feu. Toschka et ses hommes essayent de se dissimuler derrière des rochers, mais pensent qu'il s'agit de gardes-frontière suédois qu'ils laissent approcher. Quand les soldats les entourent, le fusil braqué, le lieutenant Toschka découvre sur leur casquette de skieur, la cocarde tricolore de l'armée royale norvégienne.

Les deux blessés et l'officier sont prisonniers de guerre. Quelques-uns de leurs gardiens parlent un peu l'allemand. Ils annoncent que leur compagnie se trouve stationnée à une trentaine de kilomètres vers le nord et qu'il faut maintenant la rejoindre.

Après quelques heures dans une cabane, c'est le départ, vers six heures du matin. Les patrouilleurs norvégiens glissent facilement sur leurs skis, mais les trois prisonniers allemands s'enfoncent dans la neige, continuant à s'entraider pour poursuivre leur route. Jusqu'à la fin de l'après-midi, ils marcheront à travers des champs de neige, sans voir une seule maison. Enfin voici un hameau, près d'une mine de cuivre.

— Nous sommes arrivés ? demande Tosckha.

Un des soldats norvégiens secoue la tête.

— Pas encore. Il reste un peu... Dix kilomètres.

Ils doivent toujours tituber dans la neige pendant des heures. Enfin voici, dans la nuit, un village. L'endroit se nomme Jacobshafen. Les prisonniers vont être enfermés à l'école. Les quelques habitants les regardent avec plus de surprise que de haine. Ils ne voient jamais d'étrangers. Alors, des Allemands ou d'autres...

Les trois parachutistes seront bien traités. Une paysanne leur apporte à manger et à boire. Toschka fait comprendre que les deux blessés ont besoin de voir un médecin. Un des patrouilleurs lui répond :

— Seul médecin habite Sulitjelma. Sur frontière suédoise. Nous emmener vous.

Cette fois, les blessés ne marcheront plus. On les transporte dans une charrette pendant une demi-douzaine de kilomètres. Puis ils sont hissés dans une automobile dès que la patrouille atteint une piste carrossable.

Au bout d'une vingtaine de kilomètres, les voici arrivés. Tandis que ses deux hommes sont conduits à l'hôpital, le lieutenant Toschka est prié d'habiter chez le commissaire de police de la bourgade.

L'officier parachutiste va y passer quelques jours, plus en hôte qu'en captif. Il a le droit de se promener pour rendre visite à ses hommes à l'hôpital et même pour vagabonder dans la vallée. Si Toschka a réussi à voir sur une carte où il se trouve, il ne sait pas pour autant où se battent les troupes allemandes.

Le troisième jour de son étrange captivité, l'officier obtient le droit d'écouter à la radio les informations du Reich. Les nouvelles maintenant sont bonnes. Des éléments de la Wehrmacht sont arrivés à Fauske, au fond d'un fjord, sur la côte entre Bodö et Narvik.

— Monsieur le commissaire, je ne suis plus prisonnier. Mes compatriotes ne vont pas tarder à venir ici.

Le policier norvégien ne peut nier l'évidence.

— Alors, lui dit Toschka, ne perdons pas de temps. Je vous demande de m'emmener à Fauske.

— La route est coupée, monsieur l'officier.

— Et le chemin de fer ?

— Il n'y a pas de locomotive.

Finalement, l'officier parachutiste insiste tellement que son gardien déniche une... draisine. En actionnant l'un et l'autre à tour de bras le levier, l'Allemand et le Norvégien feront la vingtaine de kilomètres qui les sépare d'un port.

Près d'une estacade, se trouve un petit bateau à vapeur. Ils embarquent et le navire se dirige vers Fauske. Sur le quai, le lieutenant aperçoit des uniformes allemands.

— Vous voici avec les vôtres, lui dit son ancien gardien. Est-ce que je dois venir avec vous à la Kommandantur ?

— Pourquoi donc ?

— Ne suis-je pas prisonnier à mon tour ?

Le lieutenant Toschka éclate de rire :

— Je ne crois pas. La guerre est finie maintenant. Retournez vite à Sulitjelma et allez voir mes deux blessés à l'hôpital. Vous leur direz que nous viendrons les chercher dès que la route sera rouverte.

Le commissaire de police demande alors :

— Je voudrais une dernière chose. Pouvez-vous me faire un papier en allemand disant que vous avez été tous les trois bien traités par les soldats et les civils norvégiens ?

— Avec plaisir, répond le lieutenant Toschka.

L'officier parachutiste n'a qu'une hâte : savoir si les hommes qui ont sauté de l'avion devant lui s'en sont tiré. A Fauske, personne n'en a de nouvelles. Rudolf Toschka attend et s'impatiente. Enfin, quelques jours plus tard, les paras, qui avaient été faits prisonniers eux aussi, sont libérés par une patrouille de chasseurs de montagne. Le lieutenant les retrouve avec joie [1].

Les parachutistes ne comptent pas s'éterniser dans cette région, touristique entre toutes, où le soleil de minuit est visible du 4 juin au 10 juillet. Pendant que l'officier et ses hommes se trouvaient captifs dans les montagnes du Nordland, leurs camarades menaient de durs combats à Narvik.

L'offensive, attendue avec inquiétude par le général Dietl, s'est déclenchée à 0 heure, dans la nuit du 27 au 28 mai. En avant-garde de la 13e demi-brigade de la Légion étrangère, deux

1. Le lieutenant Rudolf Toschka sera plus tard décoré de la croix de chevalier de la croix de Fer, alors qu'il servait en Crète dans la 1re compagnie du 1er régiment de chasseurs parachutistes. Il trouvera la mort au combat en Sicile, le 21 février 1944 ; nommé capitaine, il commandait un bataillon de parachutistes.

compagnies d'assaut se sont embarquées à Oijord, sur la rive septentrionale du Rombaksfjord, et viennent de prendre pied de vive force sur la rive méridionale, à Orneset, à quelques kilomètres à l'est de Narvik, sur la voie de chemin de fer.

Désormais, les chasseurs parachutistes du bataillon Walther se trouvent au cœur même de la dure bataille qui s'engage dans la lumière glauque du soleil de minuit.

XV

ÉTRANGE VICTOIRE AU-DELA DU CERCLE POLAIRE

La situation, quasi désespérée, des Allemands en Norvège septentrionale va être sauvée... par le haut commandement allié lui-même ! Dès le 24 mai 1940, une semaine après le saut des premiers parachutistes du bataillon Walther sur Björnfjell, l'amiral anglais Cork, qui commande les troupes franco-britanniques devant Narvik, a en effet reçu un télégramme sans équivoque : « Le gouvernement de Sa Majesté a décidé que vos forces devraient évacuer la Norvège septentrionale le plus rapidement possible. La raison en est que les troupes, les navires, les canons et différents matériels sont impérieusement réclamés pour la défense du Royaume-Uni. Nous comprenons qu'au point de vue militaire les opérations d'évacuation seront facilitées si les forces ennemies sont détruites ou capturées. En outre, il est hautement désirable de s'emparer de Narvik afin d'en pouvoir détruire le chemin de fer et les installations portuaires. »

Le message se termine par une recommandation de secret absolu, surtout vis-à-vis des principaux intéressés : « Le gouvernement norvégien n'a pas encore — je répète, pas encore — été informé. »

Cette décision surprend les Alliés dans la région de Narvik, alors qu'ils se trouvent en pleine offensive. Soutenus par le feu des canons britanniques, les chasseurs alpins français, les volontaires polonais, les soldats de la Légion étrangère et les fantassins norvégiens repoussent inexorablement les forces allemandes du général Dietl vers la frontière suédoise. Narvik semble

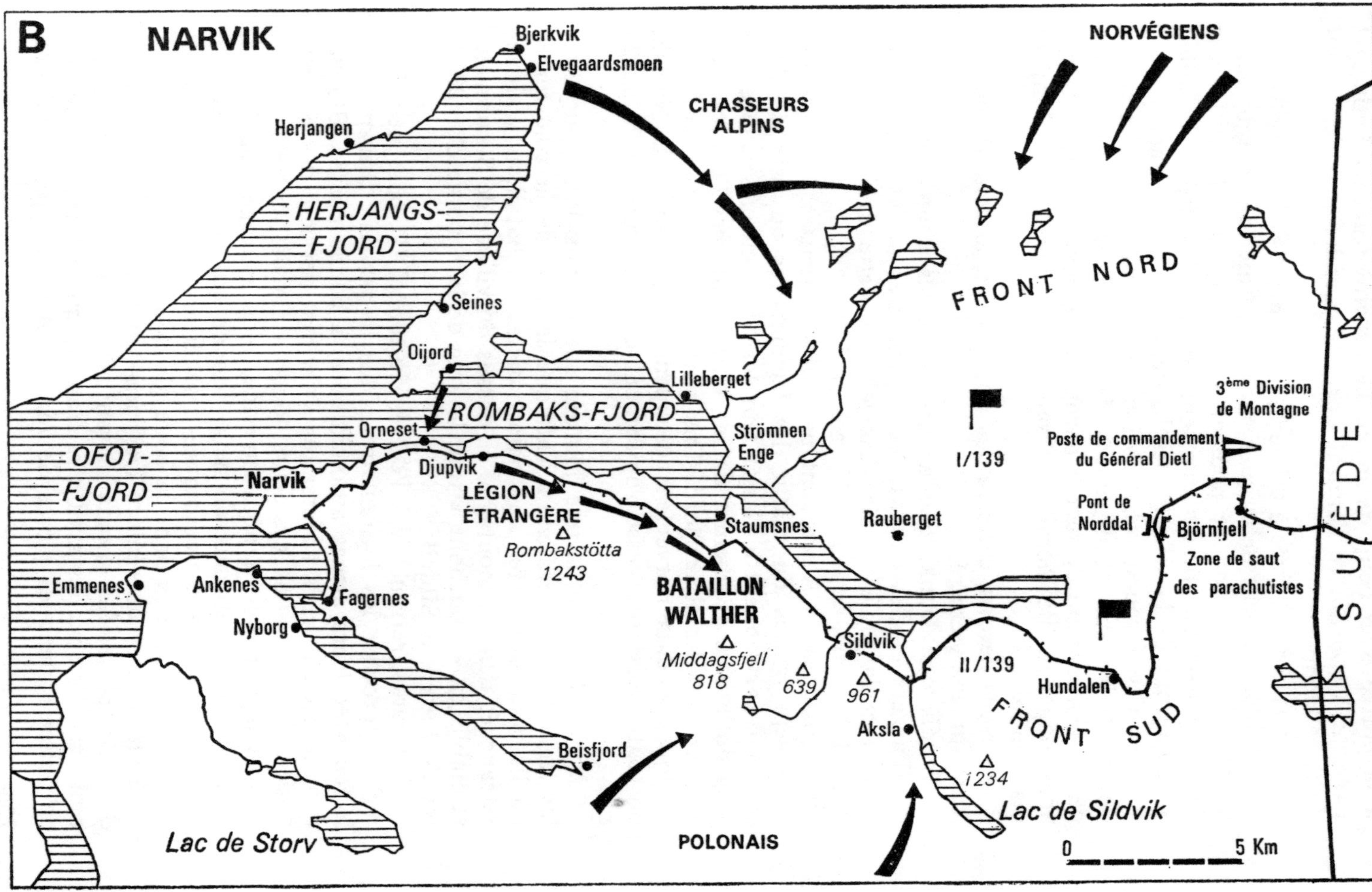
B
NARVIK
Bjerkvik
Elvegaardsmoen
NORVÉGIENS
CHASSEURS ALPINS
Herjangen
HERJANGS-FJORD
FRONT NORD
Seines
Oijord
Lilleberget
ROMBAKS-FJORD
Orneset
Strömnen Enge
3ème Division de Montagne
Poste de commandement du Général Dietl
I/139
OFOT-FJORD
Djupvik
Narvik
LÉGION ÉTRANGÈRE
Staumsnes
Rauberget
Pont de Norddal
Björnfjell
Zone de saut des parachutistes
Rombakstötta 1243
Emmenes
Ankenes
Fagernes
BATAILLON WALTHER
SUÈDE
Nyborg
Sildvik
Middagsfjell 818
639
961
II/139
Hundalen
FRONT SUD
Aksla
Beisfjord
1234
Lac de Sildvik
Lac de Storv
POLONAIS
0
5 Km

à la portée d'un coup de main. Le général français Béthouart parvient à convaincre l'amiral Cork de prendre la ville... avant de l'abandonner.

L'opération est fixée à 0 heure, le 28 mai. Les légionnaires du Ier bataillon doivent débarquer sur la rive méridionale du Rombaksfjord, à Orneset, et pousser vers l'est, en suivant la voie de chemin de fer, tandis que leurs camarades du IIe bataillon s'empareront de la ville et des hauteurs dominant Narvik.

Avec une farouche obstination, le général français a refusé de se rendre aux objurgations de l'amiral britannique. Il est décidé à mener un dernier « baroud d'honneur » et ne veut pas abandonner l'allié norvégien, sans avoir tenté cette dernière manœuvre.

— Nous devons, certes, nous rembarquer, affirme Béthouart. Mais sur une victoire...

Tandis que Dunkerque agonise sous les coups de boutoir des Panzers et des Stukas, les légionnaires et les alpins vont remporter la seule victoire française de cette drôle de guerre qui est devenue, depuis le 10 mai, la *Blitzkrieg*, la guerre éclair, où les troupes du Reich sont partout victorieuses.

A sept heures du matin, les légionnaires au prix de durs combats parviennent à élargir leur tête de pont et s'avancent le long de la voie de chemin de fer, en suivant vers l'est les rives abruptes du Rombaksfjord. Une partie de leurs camarades et quelques soldats norvégiens occupent déjà la ville de Narvik, où toute résistance cesse rapidement dans la nuit du 28 au 29 mai.

Après avoir soufflé une journée sur les positions conquises, les légionnaires repartent à l'attaque le long de la voie ferrée où ils vont se heurter aux parachutistes du bataillon Walther, retranchés dans la montagne au-dessus du village de Straumsnes et établis en « bouchons » tout le long de la ligne de chemin de fer de Narvik à Sildvik.

Les paras, retranchés à l'entrée du tunnel IV, laissent calmement approcher les légionnaires. Puis ils ouvrent brusquement le feu avec leurs armes automatiques, à bonne portée. Bloqués dans leur élan, leurs adversaires s'abritent derrière des rochers, laissant quelques-uns des leurs touchés à mort, entre les rails. Le paysage semble à nouveau vide, plus sauvage que jamais, avec tous ces ruisseaux de neige fondue qui cascadent vers le fjord, ravinant la terre sombre d'où émergent d'énormes quartiers de roc, plantés dans la boue glaciale.

Pour essayer de réduire les paras du tunnel, les Alliés décident d'employer les grands moyens. Des coups de départ déchirent l'air. Ce sont les artilleurs français qui ont réussi à mettre en batterie quelques pièces de 75, à l'entrée du fjord, non loin du village de Troedal. Les premiers obus arrivent et éclatent devant les positions du tunnel, soulevant de grandes gerbes de terre et de neige. Les marins britanniques ne veulent pas être en reste et les canons des croiseurs de la Royal Navy ouvrent le feu à leur tour. Réfugiés sous le tunnel, les paras se soucient peu des éclats et comptent tranquillement les coups d'arrivée. Ils souffrent surtout du froid et fument la pipe, tout autant pour passer le temps que pour essayer de se réchauffer les doigts contre le fourneau brûlant. Entassés les uns contre les autres, dans leur « sac à os » déchiré, avec des joues rongées de barbe et noires de crasse, ils ont la face terreuse et les traits tirés des combattants de l'autre guerre, ressemblant de plus en plus à leurs camarades matelots ou chasseurs de montagne qui se battent ici depuis plus d'un mois dans des conditions épouvantables. D'ailleurs, toutes les unités ont été mélangées par le général Dietl pour constituer ces compagnies de marche où servent, dans une commune misère, soldats de l'armée de Terre, de l'armée de Mer ou de l'armée de l'Air. Ils ne sont plus ici, au Grand Nord de la Norvège, que les enfants perdus d'une très lointaine patrie.

Pendant que les canons alliés bombardent les abords du tunnel, les défenseurs ont le temps de se raconter des histoires. Les marins, arrivés les premiers, jouent aux anciens. Ces grands gaillards taciturnes ont commencé par regarder de haut les paras. Puis ils ont, par bribes, évoqué les premiers jours de la bataille de Narvik :

— Le voyage, par un temps épouvantable, a été terrible. Nous n'avions jamais vu cela auparavant en mer du Nord. Nous nous heurtions à des vagues gigantesques et à des vents qui soufflaient en tempête. Pourtant, ce n'était rien à côté de ce qui nous attendait à Narvik ! Quand les Anglais sont arrivés, sur les quatre destroyers de notre formation, trois ont été envoyés par le fond.

Les paras ont vu, en arrivant le long du Rombaksfjord, les épaves démantelées du *Wolfgang Zenker*, du *Hans Lüdenmann* et du *Bernd von Arnim* qui ne sont plus que les cercueils d'acier où reposent les cadavres de tant d'hommes de la Kriegsmarine.

— Quant à nous, les rescapés, nous avions la chance de nous trouver sur le pont. Nous avons gagné la terre à la nage dans l'eau glacée. Nous avons tout perdu, même notre chemise.

Aussi beaucoup de matelots portent des tenues norvégiennes, mais presque tous ont réussi par miracle à conserver leur bonnet à rubans flottant dans le cou.

Les obus continuent de tomber. Les matelots acceptent les cigarettes que leur offrent les paras et poursuivent leur récit :

— Le destroyer polonais *Wichert* avait réussi à entrer dans le Rombaksfjord. Il nous tirait dessus avec des canons de 127. A huit cents mètres de distance, ce fut une hécatombe parmi les survivants du naufrage. Heureusement, un bombardier Heinkel lui a réglé son compte.

— Vous pouvez dire merci à la Luftwaffe, les gars !

— Ne la ramenez pas ! On a pas vu tellement d'avions allemands, depuis des semaines.

Les paras protestent énergiquement :

— Et comment on serait arrivé, alors ? D'ailleurs, avec un temps pareil...

Les hommes de la Kriegsmarine se récrient. Aucune tempête n'a jamais fait reculer les bateaux. Non, ce qui bloque l'intervention de la marine du Reich, ce sont les navires alliés dont l'aviation allemande n'arrive pas à venir à bout.

— De toute façon, conclut le gradé du bataillon Walther qui commande le poste du tunnel IV, nous sommes tous pris par le blocus. Nous sommes dans le même merdier. Mais on s'en sortira. Tous ensemble.

Les marins ne répondent pas et fument en silence, observant du coin de l'œil les paras, qui essaient de se protéger de l'eau glacée qui ne cesse de ruisseler sur les parois rocheuses du tunnel.

Soudain, un agent de liaison arrivant de l'est surgit au milieu des hommes des avant-postes. Il apporte un message de l'état-major du bataillon Walther :

— Ordre de se replier !

— Mais on tient très bien. Les légionnaires d'en face n'avancent plus d'un mètre.

— Peut-être bien. Mais ce n'est pas la peine de chercher à comprendre. Décrochage immédiat. C'est tout.

Le général Dietl craint qu'un nouveau débarquement allié plus à l'est dans le Rombaksfjord prenne à revers les paras installés dans le tunnel IV. Il a donc décidé de les faire se replier vers la bourgade de Straumsnes. Là, le fjord se resserre brutalement et forme même une sorte de chicane, où tourbillonne le Strömenenge.

Les Allemands se mettent rapidement en marche et gagnent la sortie du tunnel, pataugeant dans la boue glacée et se cognant dans les traverses. Parfois, un para trébuche avec tout son barda. Et le marin qui s'était moqué de lui tombe à son tour, un peu plus loin. Des jurons fusent dans l'obscurité. Enfin, après un long piétinement, voici la lueur grise du jour. Il fait toujours aussi mauvais. Un brouillard humide encrasse tout le paysage.

Paras et marins traversent le village de Straumsnes et vont s'établir en défensive sur une hauteur, juste au-dessus de la ligne de chemin de fer. Ils guettent l'arrivée des légionnaires qui les ont suivis et débouchent à leur tour du tunnel. Les assaillants parviennent, sous le feu des Allemands, à progresser le long de la voie ferrée. Cette fois, les paras n'ont plus en face d'eux les soldats surpris d'un pays neutre, mais des guerriers professionnels. Nombreux sont parmi eux les Espagnols qui ont servi dans l'armée républicaine et ont un compte à régler avec le régime national-socialiste. Les hommes de la Luftwaffe et de la Kriegsmarine vont payer pour leurs compatriotes de la *Legion Condor*. Jamais les paras allemands ne se sont encore heurtés à une troupe de choc de cette valeur [1].

Les légionnaires progressent d'abri en abri, bien couverts par le feu de leurs armes automatiques. Ils se glissent entre les maisons de la bourgade de Straumsnes et occupent la station de chemin de fer. Les Allemands décident de les chasser. Ils vont employer une de ces ruses d'Indiens chères aux paras.

Quelques sapeurs se rendent dans la gare de Sildvik, située en amont sur la voie ferrée. Ils bourrent deux wagons d'explosifs et de ferraille, réalisant une véritable « bombe roulante ». Puis ils poussent la machine infernale sur les rails. La ligne, accrochée le long des rives du Rombaksfjord, ne cesse de descendre jusqu'à Straumsnes. Très rapidement, les deux wagons prennent de la vitesse en dévalant la pente. Arrivés dans la petite gare, ils explosent comme prévu. La déflagration est épouvantable. Il ne reste rien du bâtiment dont les murs de planches et la toiture ont volé dans tous les sens. Les cabanes des alentours ont été littéralement soufflées et tous les abords de la station de chemin de fer offrent un spectacle de désolation. Partout, des débris informes et des corps disloqués. Par miracle, les légionnaires ne compteront qu'un seul mort. Du haut de leur position dans la montagne au sud du fjord, paras et marins ont assisté au spectacle avec des cris de joie. Mais une rude averse de fer et de feu vient vite les calmer.

Trois avions allemands ont certes largué des mines, quelques jours plus tôt, dans le détroit du Rombaksfjord. La chicane du Strömenenge semblait infranchissable. Mais un destroyer de la Royal Navy, tentant le tout pour le tout, a enfoncé le barrage et croise maintenant dans le fond du fjord, dans cet étroit bras de mer, qui se nomme le Rombaksbott et s'enfonce dans la montagne jusqu'à huit kilomètres seulement de la frontière suédoise. Le bâtiment britannique peut prendre sous le feu de ses canons les positions des paras, accrochés dans la montagne au-dessus des ruines de la bourgade de Straumsnes. Il tire rageu-

1. Voir dans la même collection le livre d'Erwan Bergot, *la Légion au combat*, qui évoque notamment l'intervention de la 13ᵉ demi-brigade de la Légion étrangère à Narvik.

sement obus sur obus, essayant de déloger les Allemands qui craignent à nouveau un débarquement sur leurs arrières.

Installé dans son poste de commandement de Björnfjell, près du terrain où sautent les paras arrivant en renfort, le général Dietl garde un calme désormais proverbial.

— Nous ne pouvons rien contre ce navire, dit-il aux officiers de son état-major. Alors, je fais comme s'il n'existait pas.

— Et s'il débarque des troupes dans le dos des paras du bataillon Walther, Herr Generalleutnant ?

— Je n'ai aucune force de réserve pour m'y opposer. Alors, je ne tiens pas compte de ce bateau, comme je viens de vous le dire. Je fais confiance aux paras pour tenir le choc.

Accrochés aux premiers contreforts de la montagne, sur la rive méridionale du Rombaksfjord, les parachutistes du bataillon Walther résistent déjà aux légionnaires français venus de l'ouest. Il leur reste encore à se garder des marins britanniques à l'est...

Le danger vient du nord, où les bâtiments de la Royal Navy croisent librement dans le Rombaksfjord, leurs canons braqués sur les positions de montagne tenues par les paras et les marins. Il va aussi venir du sud, où les volontaires polonais, débarqués dans le Beisfjord, entament un grand mouvement tournant pour prendre à revers les positions allemandes de la presqu'île de Narvik.

Les Polonais attaquent. Venus du sud, ils veulent se couler le long des rives du lac de Sildvik, suivre la vallée de Moëlneven, parvenir jusqu'à la voie ferrée. Quand ils auront rejoint le rivage du Rombaksfjord, ils auront réussi à encercler les deux bataillons qui tiennent ce secteur : celui des chasseurs de montagne du major Haussels et celui des parachutistes du capitaine Walther. Tout le sud-est du dispositif de défense sera emporté comme par un de ces torrents qui dévalent, depuis quelques jours, les pentes des montagnes. Accrochés dans leurs positions escarpées, qui dominent les eaux du fjord à mille mètres d'altitude, les Allemands seront alors voués à la capture ou à la mort.

Il fait un temps épouvantable. Le vent souffle en rafales glaciales. Le plafond est très bas et il n'y a rien à espérer de l'aviation. Le Kampfgruppe connaît peut-être ses derniers instants. Dans son poste de commandement montagnard de Björnfjell, le général Dietl essaye de monter, à toute vitesse, une contre-attaque. Il ramasse tout ce qu'il peut trouver comme combattants. Cela ne va pas très loin. Les comptes sont vite faits : la section de sapeurs du sous-lieutenant Brandt, une compagnie de débarquement de la marine, commandée par l'enseigne Salzwedel, et les deux sections de chasseurs parachutistes du sous-lieutenant Rottke, qui ont réussi à profiter d'une éclaircie pour sauter sur le camp retranché. S'y ajoutent tous ceux qui dans l'état-major sont capables de porter une arme : les plantons, les secrétaires, les téléphonistes, les magasiniers. Toutes les unités sont, une fois de plus, confondues : chasseurs, marins, paras... vêtus d'uniformes disparates et déchirés, hirsutes, transis, mais décidés à suivre jusqu'en enfer le chef qui prend le commandement de cette petite troupe qui ne dépasse guère deux cents hommes. Dietl n'a voulu à la tête de ce corps franc improvisé d'autre officier que lui-même : un général de division commande en personne une unité dont l'effectif ne dépasse pas celui d'une compagnie !

Les hommes s'entassent dans des wagons et le chemin de fer de la mine les conduit jusqu'à la station de Hundalen, où se trouve le poste de commandement du régiment de marche formé des bataillons Haussels et Walther. Le général Dietl ramasse tous les hommes qui se trouvent aux abords de la gare. Même des blessés légers se joignent à leurs camarades. Le chef du Kampfgruppe explique ses intentions aux officiers qui l'entourent :

— Il n'y a qu'une solution : le rapiéçage. Je découvre le front pour colmater une brèche.

C'est une tactique qui demande de l'audace et exige de la chance. Mais Dietl ne manque ni de l'une ni de l'autre. Depuis près de deux mois, il tient la région de Narvik contre vents et marées, reculant pied à pied jusqu'à la frontière suédoise sur laquelle il s'arc-boute, tel un sanglier blessé à mort mais dont les défenses sanglantes restent redoutables à la meute des poursuivants.

La bourgade d'Aksla est tombée aux mains des volontaires polonais. La troupe d'assaut des chasseurs de montagne du major Haussels reprend les ruines fumantes de ces quelques cabanes de planches, perdues dans la montagne au-dessus du lac de Sildvik. Le front semble provisoirement verrouillé. Mais la situation reste grave sur le Middagsfjell.

Cette fois, c'est aux parachutistes du capitaine Walther d'intervenir. Le chef du bataillon a installé son poste de commandement dans un vieux wagon, près de la gare de Sildvik. Le message du général Dietl lui demande d'urgence de former une compagnie de marche pour contre-attaquer les Polonais. Mais où la trouver ? Le capitaine Walther n'a sous ses ordres que des effectifs squelettiques, paras et marins mélangés dans un même dénuement farouche. Tant pis : comme son chef, Walther va faire du « rapiéçage » et dégarnir les lignes tenues par son bataillon.

— Je vous envoie la compagnie von Strachwitz, annonce-t-il au général Dietl.

Compagnie, c'est un bien grand mot pour désigner les quelques dizaines d'hommes, déguenillés et transis, qui se chargent de leur paquetage de combat et se dirigent à la file indienne vers le Middagsfjell. Très vite, les éléments de renfort sont au contact. Les premières rafales de mitrailleuses claquent, répercutées par tous les échos de la montagne. Des nappes de brouillard glacé traînent encore et s'accrochent aux pentes rocailleuses de la vallée. Les volontaires polonais, déjà secoués par la contre-attaque des chasseurs de montagne du major Haussels, essayent, tant bien que mal, de s'accrocher au terrain. Soudain, ils voient débouler sur eux une horde de forcenés, hurlant comme des bêtes féroces et tirant cartouche sur cartouche. Marins et paras, confondus dans une même nuée, foncent à leur tour vers la bourgade d'Aksla. Leurs adversaires décrochent et regagnent leurs positions de départ.

Von Strachwitz peut envoyer un message de victoire à son chef. Il n'a pas de liaison radio. Alors, il détache une feuille de calepin qu'il confie à un agent de liaison. L'officier se permet un peu de lyrisme et écrit : « Les Polonais ont disparu comme la neige au soleil. »

De part et d'autre de la vallée, les Allemands verrouillent solidement le passage et tiennent les montagnes du Middagsfjell et du Sildviksfjell, deux redoutables forteresses naturelles.

Le bataillon Walther s'est installé en défensive sur la cote 638, au-dessus du Rombaksfjord, à mi-chemin entre les stations de Straumsnes et de Sildvik. Toute cette portion de voie ferrée reste sous le feu des mitrailleuses des paras, qui désormais bivouaquent en pleine montagne, sur des positions de fortune, battues par l'artillerie ennemie. Pour amener le ravitaillement ou évacuer les blessés, des porteurs doivent peiner pendant plus de trois heures sur des pistes caillouteuses, serpentant dans un paysage d'enfer arctique. Il fait un temps épouvantable. Avec le printemps, la pluie remplace la neige. Des averses d'eau glacée tombent du ciel, jour et nuit. Des nappes de brouillard givrant succèdent aux rafales de neige fondue qui cinglent les sommets. Parfois un rayon de soleil timide illumine tout ce paysage de montagnes qui dominent les eaux gris sombre du Rombaksfjord. Puis tout fond à nouveau dans la grisaille. La guerre se poursuit dans une atmosphère étrange. Il n'y a plus ni jour ni nuit, mais une interminable aurore noyée de pluie et un tout aussi interminable crépuscule voilé de brume. Tout ce paysage polaire pue la misère et la mort. Les hommes semblent pourrir dans l'humidité glaciale. La dysenterie et le scorbut frappent les paras et les marins tapis dans leurs trous, essayant de se protéger des averses continuelles sous des toiles de tente d'où le moindre geste fait tomber des douches glacées. Les défenseurs de la cote 638 grignotent quelques tranches de saucisson et du pain moisi. Parfois, claque le coup de feu d'un tireur d'élite ennemi Et il faut descendre un nouveau blessé vers la vallée, en le brinquebalant sur un brancard de fortune. Plusieurs seront morts avant d'arriver à l'infirmerie du bataillon, un hangar à bois, non loin de la gare de Sildvik, tout près du cimetière, avec ses croix de bouleau sommées d'un casque rond de para ou d'un bonnet de matelot.

Le capitaine Walther décide de resserrer encore son dispositif et d'abandonner son poste de commandement, établi dans un wagon de chemin de fer à la gare de Sildvik, pour gagner une position plus facile à défendre dans la montagne. Un fort bombardement l'a déjà obligé à se réfugier dans une tranchée, non loin de la station de chemin de fer, autour de laquelle éclatent sans arrêt les projectiles alliés de gros calibre.

Un des secrétaires de l'état-major, installé non loin de son chef, s'énerve en voyant le wagon encadré de plus en plus près par les gerbes provoquées par les obus anglais. Le para pense qu'un projectile va finir par faire mouche et par volatiliser son bureau et toute la paperasse. Pour lui, rien n'est plus précieux que les machines à écrire et les liasses de documents. Alors, sous la mitraille, il bondit hors de son trou, et atteint en quelques bonds le poste de commandement du bataillon. Il voudrait mettre le wagon à l'abri sous un tunnel. Rien de plus facile, pense-t-il. Il suffit de desserrer les freins et la forte pente fera le reste.

Tout se passe d'abord très bien. Le para pousse le wagon, libéré, vers l'abri. Mais la vitesse augmente rapidement. Il est trop tard pour sauter sur la plate-forme et manœuvrer la roue du frein. Le wagon roule de plus en plus vite, pénètre sous le tunnel, mais, comme rien ni personne ne l'arrête, poursuit sa route, à une vitesse infernale. Il franchit à toute allure les lignes allemandes et vient finalement dérailler à l'arrière des lignes tenues par les légionnaires du corps expéditionnaire français. Les étrangers auraient certes préféré un wagon de ravitaillement. Mais les gradés sont intrigués par toute cette paperasse qu'ils découvrent. Le tout est récupéré et transmis à un officier de renseignement qui n'en croit pas ses yeux. Les Allemands viennent ainsi de lui livrer les documents les plus secrets : l'ordre de bataille des forces du général Dietl, le schéma des liaisons, la carte détaillée des positions tenues par les paras, les marins et les chasseurs de montagne, le journal de marche du bataillon Walther et même un ordre d'opération du général Dietl prévoyant les actions à mener dans les prochains jours. Il y a même trois plaintes en conseil de guerre contre des soldats indisciplinés, ce qui dénote une chute du moral dans le régiment de marche où se retrouvent des hommes venus des unités les plus disparates.

Cette trouvaille paraît si extraordinaire aux Alliés qu'ils croient d'abord à un piège. Et puis, ils finissent par se convaincre que ce wagon est arrivé dans leurs lignes par accident.

Seulement l'examen attentif de toute cette paperasse va quand même tromper l'ennemi. Avec un sens de l'organisation tout germanique, le chef des forces allemandes dans la région de Narvik a dressé une liste minutieuse de toutes les unités qui se trouvent sous ses ordres, jusqu'à la plus petite. Le nombre d'hommes n'est pas indiqué, mais cela fait un total impressionnant de formations appartenant aux trois armes et où ne manque même pas une rubrique « artillerie », qui va fort impressionner l'état-major franco-britannique.

Quant au capitaine Walther, sans plus se soucier de la disparition de son bureau et de toute la paperasse du bataillon, il regagne la montagne, où il veut s'installer au milieu de ses compagnies de combat, formées de marins et de paras et qui sont en train d'essayer de verrouiller la position du Middagsfjell au-dessus de la bourgade de Straumsnes.

C'est là où seront dirigés les renforts qui vont, dès que le temps le permettra, sauter encore sur le terrain improvisé de Björnfjell.

⁂

La situation devient d'heure en heure plus grave dans le secteur de Narvik. Les Allemands ont été repoussés à une vingtaine de kilomètres à l'est du port et ne tiennent plus que le fond du fjord. Dans son poste de commandement de Björnfjell, le général Dietl évoque la situation avec les officiers de son état-major :

— L'attaque générale des Alliés se développe sur tous les fronts. Nous ne pourrons plus tenir bien longtemps désormais. Tôt ou tard, nous serons contraints de franchir la frontière suédoise.

— On annonce l'arrivée d'un régiment de chasseurs parachutistes, Herr Generalleutnant.

— Où voulez-vous que ces hommes puissent sauter ? Le terrain de Björnfjell est beaucoup trop petit pour permettre le saut par compagnie ou bataillon. Seuls trois ou quatre avions peuvent parachuter des renforts, qui ne dépassent jamais l'effectif d'une section à chaque fois. Ce n'est qu'un appoint dérisoire, même si les volontaires pour sauter sur Narvik sont des combattants d'élite.

— De toute façon, conclut Dietl, le terrain de Björnfjell sera bientôt sous le feu des canons ennemis. Un parachutage massif, à peu près impraticable dans ce cadre minuscule, tournerait au massacre. Préparez un message à envoyer d'urgence par radio : « Le saut d'un régiment de chasseurs parachutistes est impossible. » Tant pis.

Tous les officiers de l'état-major se taisent. L'atmosphère devient de plus en plus lourde devant cette offensive alliée, que rien ne semble pouvoir enrayer.

— Il n'y aurait qu'un espoir, murmure Dietl d'un air soucieux.

— Et lequel, Herr Generalleutnant ?

— Les chasseurs de la 2e division de montagne. Ils se dirigent vers nous à partir de Sörfold et ne sont même plus à cent kilomètres de Narvik. Mais quels kilomètres !

Les combattants encerclés savent que ceux qui viennent à leur secours vont affronter un terrain épouvantable. Ils doivent traverser des chaînes montagneuses, s'aventurer dans des tourbières rendues impraticables par la fonte des neiges, se risquer sur des glaciers vertigineux, franchir des torrents que le printemps a transformés en rapides tourbillonnants aux eaux furieuses et glacées. Chaque kilomètre exige des heures d'efforts et de dangers. Les chasseurs de montagne, marchant sans repos à la froide lumière du soleil de minuit, mettront au moins une longue semaine avant d'arriver dans la région de Narvik.

Alors ? Alors, il n'y a rien d'autre à faire qu'à « rapiécer » ce front, qui se découd d'heure en heure, et d'attendre les maigres renforts qui pourront quand même être parachutés entre deux bourrasques de mauvais temps. Le 7 juin, quelques Junkers 52 apparaissent au-dessus de Björnfjell. Des hommes sautent. Ce ne sont pas des chasseurs parachutistes mais des artilleurs de montagne qui dépendent de la 3e division. A leur tête, un officier de quarante-huit ans, au visage buriné et raviné de rides profondes, avec un nez en bec d'aigle et des yeux couleur de lac de montagne sous des sourcils en bataille : le colonel Eugen Meindl.

— Je n'ai même pas eu le temps d'effectuer un saut d'entraînement, avoue-t-il au général Dietl. J'ai pensé que vous étiez pressé de me voir.

— Tout s'est bien passé ?

— Parfaitement, Herr Generalleutnant. Et j'ai bien l'intention de recommencer. En attendant, où sont les canons ?

— C'est vrai que vous êtes artilleur, s'exclame Dietl. Eh bien, je peux vous offrir le commandement de toute l'artillerie que possède le Kampfgruppe : deux petites pièces de montagne. C'est tout.

Un adjudant suffirait à une telle besogne. Mais le colonel

Meindl s'est fait parachuter pour se battre, dans n'importe quelles conditions. S'il n'est pas utile comme artilleur, il servira comme fantassin. De toute façon, ce premier saut lui a laissé une impression inoubliable. C'est décidé. S'il parvient un jour à retourner en Allemagne, il demandera sa mutation dans les parachutistes [1].

***

Dans le camp allemand, personne ne croit à la victoire finale, dans cette bataille de Narvik du moins. Le sacrifice des chasseurs de montagne, des marins ou des parachutistes n'aura qu'un seul effet : retarder l'inéluctable échéance. Là aussi, on livre un véritable « baroud d'honneur ».

Situation paradoxale. Tandis que le général Béthouart sait qu'il doit se rembarquer et abandonner Narvik, son adversaire, le général Dietl, est persuadé qu'il va être contraint de se réfugier en Suède. Déjà, quatre trains attendent les survivants de son Kampfgruppe, au-delà de la frontière norvégienne. Le temps se remet à la pluie.

Dans une atmosphère de désolation glaciale, les rumeurs courent plus vite encore que les vents furieux. L'adjudant-major Scheuring entend des paras de l'état-major répéter que, dans moins de six jours, le Führer va intervenir et libérer les assiégés du secteur de Narvik. Pourtant, la pression des fantassins ennemis se renforce d'heure en heure et les canons des bâtiments de la Royal Navy pilonnent de leurs gros obus de marine les positions des troupes allemandes sur la rive méridionale du Rombaksfjord.

Aucune nouvelle des renforts annoncés. La promesse d'Adolf Hitler aux combattants de Narvik ne serait-elle qu'un bluff gigantesque ?

A l'aube du sixième jour de l'attaque alliée, un bruit court dans le camp retranché : l'ennemi se serait retiré... Les combattants des premières lignes sont frappés par un silence si étrange qu'il ressemble à une ruse. Le général Dietl décide d'envoyer

1. Après la bataille de Narvik, le colonel Eugen Meindl, promu général de brigade, prendra la tête de la plus prestigieuse unité de l'arme aéroportée allemande : le *Sturm-Regiment* ou régiment d'assaut, formé à partir du bataillon Koch, avec les vainqueurs d'Eben-Emael et des ponts du canal Albert. Le général Meindl sautera le premier jour des opérations de Crète, le 20 mai 1941, près de l'aéroport de Malémé, et il sera très grièvement blessé dès les premiers instants de la bataille. Il commandera ensuite une division de parachutistes en Russie, puis un corps d'armée en Normandie et une armée en Hollande en 1945. Mort en 1951, à soixante ans, le général Eugen Meindl est enterré dans sa ville natale de Donaueschingen, près du lac de Constance.

des patrouilles en reconnaissance. Quelques hommes du bataillon Walther, sous les ordres de l'adjudant-major Scheuring, progressent le long de la voie ferrée, cette fois vers l'ouest, en direction de Narvik, situé à une vingtaine de kilomètres de Sildvik, une des dernières stations encore entre les mains des Allemands.

Le 8 juin dans la matinée, par un soleil timide, quelques paras s'avancent prudemment, l'arme au poing. A la première apparition suspecte, les pistolets-mitrailleurs et les grenades entreront dans la danse. Mais personne ne se montre. Les Allemands découvrent les emplacements des avant-postes ennemis. Ils sont vides. Il ne reste que des étuis de cartouches et quelques boîtes de ration.

Soudain, un des paras aperçoit une silhouette. Il tire une brève rafale. Son adversaire dégringole dans un mouvement saccadé. Quand le chasseur parachutiste s'approche pour reconnaître le cadavre de l'homme qu'il vient d'abattre, il s'aperçoit que ce n'est qu'un mannequin de paille, revêtu d'un uniforme kaki des armées alliées. En face aussi, on commence à savoir employer les ruses d'Indiens. L'adjudant-major Scheuring ordonne de reprendre la marche.

— *Vorwärts ! Langsam...*

En avant, lentement. Les paras se méfient de plus en plus. Ils s'attendent à ce qu'une arme automatique se dévoile brusquement et fauche toute la patrouille de quelques rafales bien ajustées.

Voici l'entrée d'un tunnel, près de la station de chemin de fer de Straumsnes. Les légionnaires l'occupent sans aucun doute. L'ouverture noire semble la gueule béante d'un monstre dans laquelle les paras hésitent manifestement à s'engouffrer.

— *Achtung !* lance l'adjudant.

Mais ce n'est pas la peine de recommander de faire attention. Ses hommes semblent se méfier de plus en plus. D'un geste, Scheuring désigne deux chasseurs qui vont progresser les premiers, couverts, tant bien que mal, par les armes de leurs camarades. Les paras s'avancent vers l'entrée et disparaissent bientôt dans le noir. On s'attend à entendre d'une seconde à l'autre des détonations. Mais rien d'autre qu'un silence oppressant. Les deux Allemands avancent lentement dans le noir. Ils entendent l'eau glacée qui ruisselle le long des parois et pataugent jusqu'à la cheville dans la boue. Ils craignent un piège et se demandent à chaque pas si les traverses de la voie ne sont pas minées. Mais rien ne se produit. Seul un bruit de cascade déchire le silence. Les paras lancent au hasard :

— *Hände hoch !*

Haut les mains ? Mais il n'y a personne pour leur obéir.

Même pas un mannequin de paille sous ce tunnel. Rien que l'obscurité et l'humidité. Et ce froid qui les prend à la gorge dans les ténèbres. Alors un des paras revient en courant vers son chef et lance à l'adjudant-major Scheuring :

— Il n'y a personne.

Les Allemands ne découvriront dans le tunnel que quelques barriques de vin, abandonnées par leurs adversaires et qu'ils ne tarderont pas à mettre en perce pour la plus grande joie de leurs camarades, paras et marins, du bataillon Walther.

Le capitaine, aussitôt prévenu, ne connaît qu'une consigne :

— On continue vers Narvik.

Le chef du bataillon ne cache pas son impatience de reprendre le terrain perdu les jours précédents. Ses parachutistes descendent de leurs positions de la montagne et commencent à progresser vers Narvik en suivant la voie ferrée. Ils traversent les ruines de la gare de Straumsnes, détruite par l'explosion du wagon bourré d'explosifs. Les voici maintenant le long de la partie la plus large du Rombaksfjord, après la chicane du Strömenenge.

En se retirant, les légionnaires ont arraché par endroits les rails et ont renversé les wagons avant d'essayer d'y mettre le feu. Les paras s'avancent dans un paysage de désolation, au milieu des ferrailles tordues et des ruines des maisons incendiées. Ils traversent les tunnels vides où leurs pas résonnent longuement sous les voûtes. Dès qu'ils sortent de terre, la pluie recommence à cingler les colonnes en marche vers le port. Il fait toujours un temps gris et brumeux. Le soleil se montre à peine entre deux averses glaciales.

Au sortir d'un virage, soudain, les paras et les marins découvrent Narvik. De la ville de dix mille habitants il ne reste que des ruines encore fumantes. Les Alliés ont tout détruit avant de se rembarquer. Les quais de la gare sont jonchés de matériel abandonné, les fils électriques pendent au-dessus des voies arrachées. Des locomotives gisent, éventrées, leur foyer détruit à la grenade. On dirait des monstres de fer vomissant leurs entrailles. Les wagons de bois ont brûlé et il n'en reste que des plates-formes aux longerons tordus et noircis par la fumée. Tous les signaux ont été abattus et les aiguillages détruits. Du bâtiment de la gare, il ne reste qu'un mur couleur de cendre. Un peu plus loin, les paras découvrent ce qui reste d'une église, quelques arcades branlantes au milieu d'un champ de briques. Le cimetière a été pilonné par les 380 de l'artillerie de marine britannique et les pierres tombales ont volé en éclats dans un rayon de plusieurs dizaines de mètres.

Il est huit heures et demie du soir, ce 8 juin 1940, quand les avant-gardes du bataillon Walther découvrent ce champ de ruines qui était autrefois une petite ville coquette et pimpante. Sous le soleil de la nuit, les combattants ont un teint blafard, de la couleur de ce plâtre sale et délavé par les averses qui recouvre tout le paysage dévasté par la guerre.

Quelques civils norvégiens sortent des caves et annoncent aux paras que les légionnaires se sont rembarqués la veille et les chasseurs alpins le jour même.

Dans les rues errent des dizaines de mulets que les troupes en retraite ont été obligées d'abandonner. Ils trouvent aussitôt de nouveaux maîtres parmi les Tyroliens et les Carinthiens des régiments de chasseurs de montagne du Reich. Les paras, plus que des mulets, se soucient de récupérer des armes, des munitions et surtout du ravitaillement. Depuis trois semaines, ils ont autant souffert de la faim que du froid dans leurs positions de la montagne.

L'adjudant-major Scheuring, qui marche avec un détachement d'avant-garde, découvre une ville dévastée comme par une tornade. Il n'y a plus un seul carreau aux fenêtres des rares maisons encore debout. Des obus ont arraché la façade de l'hôtel Royal qui s'enorgueillissait avant la guerre d'offrir aux touristes cent soixante lits. Toutes les chambres désormais sont béantes sur la rue et le bâtiment, ainsi ouvert à tous les vents, ressemble à une gigantesque maison de poupée. Un peu plus loin, des dizaines de voitures abandonnées semblent soudées l'une à l'autre par les flammes d'un gigantesque incendie. La pluie continue à tomber, transformant tant de cendres en une boue noirâtre et puante.

Les premiers chasseurs parachutistes arrivés au port découvrent un spectacle désolant. Des dizaines de bateaux ont été envoyés par le fond. Seules émergent les cheminées et les passerelles. Les eaux mazouteuses du fjord charrient des épaves informes qui viennent battre contre les pilotis de la jetée.

Longuement, l'adjudant-major Scheuring va s'attarder sur les quais. Il ne peut s'arracher à ce spectacle étrange, d'une tragique beauté. Le fjord semble figé comme sur une estampe avec le décor sombre des montagnes qui l'enserrent. Il découvre au large une vingtaine de mâts de navires surgissant de leur tombeau marin. Le soleil de minuit joue avec les courtes rides des eaux du fjord. Après des jours et des jours de bombardement, les paras découvrent le grand silence du Nord arctique. Seul bruit dans le crépuscule sans fin, celui du clapotis des vagues, fouettées par les courants et les rafales de vent.

Narvik se trouve désormais aux mains des troupes du Reich et le général Dietl envoie à Trondheim un message de victoire. Il a repris la ville sans tirer un seul coup de feu.

En ce jour du 9 juin, cela fait deux mois, jour pour jour, que ses trois bataillons arrivaient à bord des bâtiments de la Kriegsmarine et s'emparaient de Narvik. Il fait presque aussi froid, en ce jour de victoire. Une brusque tempête de neige balaie la voie ferrée où marchent des colonnes de parachutistes, de matelots, de chasseurs de montagne en route vers le port. Ils vont mettre dix ou douze heures pour gagner la ville, où les attend leur chef.

Tous, à son image, sont devenus durs et secs. Ils ont des traits creusés et des yeux fiévreux. Déguenillés et épuisés, ils reprennent pourtant le pas cadencé, en arrivant dans les ruines de Narvik, et se dirigent en chantant vers la place du rassemblement, où les attendent le général Dietl et les officiers de son état-major, aussi boueux et fatigués que les hommes descendus des positions de montagne. En quelques semaines, ils ont tous vieilli de plusieurs années.

Les parachutistes du bataillon commandé par le capitaine Walther [1] doivent quitter Narvik les premiers, pour être rapatriés vers l'Allemagne. Ils quittent à regret les chasseurs de montagne et les matelots, avec qui ils ont partagé tant de misères et de dangers dans les compagnies de marche accrochées aux pentes caillouteuses et enneigées du Middagsfjell. Les rescapés de Narvik s'embarquent à bord d'un dragueur de mines. Puis ils seront rapidement transbordés sur un croiseur de bataille.

Commence une longue traversée dont la première étape sera Oslo. Dans la capitale norvégienne, les paras découvrent que tous les journaux du Reich parlent des hommes de Narvik comme de héros.

Depuis le 17 juin, le gouvernement français a entamé les négociations d'armistice. Sur le front de l'Ouest, la guerre se termine. Les paras de Narvik regagnent leurs garnisons, encore mal réveillés de ce terrible cauchemar de peur, de froid et de misère qu'ils ont connu dans le Grand Nord. Pourtant, ils vont vite s'habituer à se considérer comme les premiers soldats du monde. Jamais les hommes de la Luftwaffe n'ont été si orgueilleux qu'en ce début du brûlant été 1940.

---

1. Promu major, le capitaine Erich Walther commandera le Ier bataillon du 1er régiment de chasseurs parachutistes pendant la campagne de Crète. Il finira la guerre colonel et décoré de la croix de chevalier de la croix de Fer, avec feuilles de chêne et glaives, une des plus hautes distinctions militaires allemandes décernées à seulement cent cinquante combattants d'élite. Le colonel Walther, fait prisonnier par les Soviétiques, est mort en captivité en 1947.

XVI

LE GÉNÉRAL STUDENT COMMANDE UN CORPS D'ARMÉE

Sur son lit d'hôpital, le général Student ne cesse de penser à la grande opération dans laquelle il voudrait désormais lancer ses parachutistes. Il n'est même pas nécessaire, pense-t-il, que la bataille de France soit terminée pour commencer la bataille d'Angleterre. Ce qui s'est passé en Belgique et en Hollande a rempli le père des troupes aéroportées allemandes d'une légitime fierté. Il croit possible de créer une tête de pont sur la Grande Ile, sans doute dans la région de Folkestone. Les aérodromes aux mains de ses paras, n'importe quelle unité d'infanterie pourra alors traverser la Manche et être mise à terre par les infatigables Junkers 52, sans même avoir subi un entraînement spécial.

Kurt Student ne sait pas que le Führer reste très hésitant. L'ancien combattant du front de l'Ouest a gardé de la Grande Guerre une vision très impressionnante de l'armée française. Il veut d'abord écraser cet adversaire et l'obliger à capituler ou à demander l'armistice. Plus encore que par des motifs militaires, Adolf Hitler semble aussi freiné par des considérations politiques. Il a toujours cru à une entente entre les deux grands peuples nordiques européens d'Allemagne et d'Angleterre. Il n'a pas mesuré la détermination d'un Winston Churchill et croit que les Britanniques vont chercher une issue honorable pour cesser le combat. Adolf Hitler répugne donc encore, en cet été 1940, à tenter une opération de vive force, même si son grand état-major a préparé les plans d'un débarquement outre-Manche qui porte le nom de code de *Seelöwe* (lion de mer).

Le général Student, lui, s'obstine. Il croit l'opération possible. Mais il sait que le temps travaille contre les envahisseurs. Alors il essaye de convaincre son chef direct, Hermann Göring.

Le grand maître de la Luftwaffe, promu maréchal du Reich, n'est pas optimiste. Il enrage de n'avoir encore à sa disposition qu'une seule division parachutiste, péniblement mise sur pied, contre l'avis de tous les stratèges traditionnels de la Wehrmacht. L'ancien as de l'autre guerre estime, lui, que l'opération n'est pas possible sans avoir au moins quatre divisions parachutistes. Et puis le parc aérien des Junkers 52 n'est pas illimité. D'ailleurs, une telle opération exige la maîtrise de l'air absolue dans un secteur bien déterminé et l'aviation de chasse anglaise n'est pas détruite. Alors...

Alors, le maréchal du Reich reçoit sans enthousiasme le général Student, le 2 septembre 1940, dans sa demeure seigneuriale de Karinhall. Le créateur de l'arme parachutiste allemande semble à peine convalescent et il paraît encore plus pâle au milieu du somptueux décor de tapisseries, de massacres de cerfs ou de sangliers, de lourds meubles de chêne sombre aux colonnes torsadées. Un feu brûle déjà dans l'énorme cheminée où l'on pourrait rôtir un aurochs. Hermann Göring, dans un uniforme d'un blanc immaculé, se fait tout sourire. Mais il élude le seul problème qui préoccupe son hôte :

— Ne vous souciez pas de cette opération *Seelöwe*, Student, elle est retardée. Regardez plutôt ce qui se trouve dans cet écrin.

C'est une somptueuse décoration : l'insigne de pilote en or avec brillants. Mais Kurt Student n'est pas comme le maréchal du Reich, un obsédé de la collection de médailles. Ce qui l'intéresse aujourd'hui, c'est l'assaut de ses paras contre l'Angleterre. Il affirme à son chef :

— Mon état-major a préparé des plans précis. Je vous assure que cette opération peut réussir.

Hermann Göring écarte tout cela d'un geste onctueux de sa main aux doigts énormes où brillent quelques bagues :

— Vous ne devriez pas travailler autant, mon cher Student. Faites donc davantage attention à votre santé.

La courtoisie tonitruante de l'accueil du créateur de la nouvelle Luftwaffe ne trompe pas Student. Il sait bien que retarder l'opération *Seelöwe*, c'est la compromettre, si ce n'est même l'annuler purement et simplement. Il prend congé fort rapidement et assez froidement. Cette visite à Karinhall sera pour lui une déception.

Pourtant, avant même la fin du mois de septembre, le général Student sollicite une nouvelle entrevue du maréchal Göring. Celui-ci lui annonce d'emblée, comme en confidence :

— Le Führer espère négocier une paix séparée avec les Britanniques. Vous voyez bien que nous avons eu raison de ne pas nous bousculer pour déclencher le plan *Seelöwe.*

L'entrevue dure peu. La bataille d'Angleterre fait rage dans le ciel et la Luftwaffe se heurte à forte partie. Certains témoins assurent que Göring aurait dit à Student en le reconduisant à sa voiture :

— Si nous perdons cette guerre, que Dieu ait pitié de nous !

***

A la fin du mois de janvier 1941, le Führer convoque Hermann Göring et Kurt Student. Il met un train spécial à leur disposition pour qu'ils se rendent à Berchtesgaden. Dès le début de l'entretien, il est question de l'invasion de l'Angleterre et du plan *Seelöwe.* Mais le chef des parachutistes allemands s'aperçoit bien vite que ce ne sont que des rêveries et qu'Adolf Hitler ne songe pas véritablement à franchir la Manche. Le Führer ne pense pas un seul instant que ses paras puissent sauter, ni à Folkestone ni nulle part ailleurs sur la Grande Ile.

La remise en cause de l'opération *Seelöwe* n'empêche pas les Allemands de tirer les enseignements des campagnes du Nord et de l'Ouest ; de plus en plus nombreux sont désormais les généraux qui commencent à prendre au sérieux les soldats du ciel.

Le *General der Flieger* Kurt Student, désormais complètement rétabli, a pris, depuis le 1er janvier de l'année 1941, le commandement du XIe corps d'armée aérien, unité entièrement parachutiste. Il a pour chef d'état-major le Generalmajor Alfred Schlemm et pour chef du bureau des opérations le lieutenant-colonel Heinz Trettner. Quant à la 7e division aérienne, fer de lance de ce corps d'armée, elle est désormais commandée par le Generalleutnant Wilhelm Süssmann.

De nouvelles unités sont mises sur pied au cours de l'hiver. Au 1er régiment de chasseurs parachutistes, toujours commandé par le colonel Bruno Bräuer, et au 2e du colonel Alfred Sturm s'ajoute un 3e régiment de chasseurs parachutistes, sous les ordres du colonel Richard Heidrich. C'est un peu un revenant parmi les paras. Ancien officier de l'armée de Terre, il ne s'est pas toujours entendu avec ses camarades de l'aviation et a fait la campagne de France à la tête d'une unité d'infanterie de la Wehrmacht. Mais Student, qui l'a longtemps observé à son état-major, finit par obtenir qu'il réintègre la division, dont il sera l'un des plus anciens brevetés paras.

A ces trois régiments d'infanterie à trois bataillons chacun et qui forment la 7e division aérienne, s'ajoute une quatrième unité autonome, le régiment d'assaut, ou *Sturmregiment,* que commande le colonel Eugen Meindl, un ancien artilleur de la Première Guerre mondiale, qui a sauté en parachute lors des combats de Narvik, sans entraînement préalable, et n'a plus eu de cesse par la suite que d'obtenir sa mutation dans les paras. Son régiment s'inspire des exploits réalisés à Eben-Emael et sur le canal Albert par les hommes du bataillon d'assaut du major Walter Koch, qui commande d'ailleurs le Ier de ses quatre bataillons d'assaut [1].

Les fantassins parachutistes des trois régiments de chasseurs ou du régiment d'assaut sont handicapés par le manque d'armes lourdes de soutien. Sous le feu de l'ennemi, ils ont même parfois beaucoup de mal à récupérer leurs fusils, leurs mitrailleuses et leurs mortiers, largués dans les gaines métalliques. Alors, dans le pire des cas — on l'a vu en Norvège comme en Hollande — ils doivent se battre, avec pour seules armes, leur pistolet, leurs grenades et même leur couteau.

Les premières minutes de chaque opération sont donc terriblement aléatoires. Et même après avoir réussi à retrouver fusils, mitrailleuses ou mortiers, les paras restent trop faiblement équipés, surtout si l'adversaire ou le mauvais temps viennent entraver l'appui aérien ou s'il n'est pas possible de conquérir et d'aménager des terrains d'aviation où viendraient se poser les Junkers apportant des renforts, des munitions et des armes lourdes. L'échec subi aux environs de La Haye incite les paras à ne faire confiance qu'à leurs seuls moyens.

La création d'une artillerie parachutable devient donc un des grands soucis des services techniques de la Luftwaffe. On étudie la possibilité de larguer des charges soutenues par cinq parachutes et on s'attache à trouver le canon qui sera le plus commode à expédier par la voie des airs. Finalement, les spécialistes du transport aérien comme de l'artillerie adoptent la pièce de 37 PAK, initialement prévue comme antichars mais qui peut également servir contre des maisons et de petits fortins. Le major Bode prend la tête d'un groupe d'artillerie parachutiste et le capitaine Schmitz celle d'un bataillon parachutiste de chasseurs de chars. Ils forment désormais, avec le bataillon de mitrailleuses lourdes du capitaine Schulz [2], un élément d'appui solide pour la 7e division du général Süssmann. Il est également mis sur pied un bataillon de génie parachutiste que commandera le major Liebach.

---

1. Ne pas confondre le *Sturmregiment*, ou régiment d'assaut, avec le 2e régiment de chasseurs parachutistes qui porte parfois le nom de son chef, le colonel Sturm, et peut être appelé le régiment Sturm...

2. Ne pas confondre avec le major Karl-Lothar Schulz, le vainqueur de Waalhaven, qui, après avoir été blessé lors des combats de Hollande, a repris la tête du IIIe bataillon du 1er régiment de chasseurs parachutistes.

⁂

L'expérience d'Eben-Emael a prouvé, s'il en était besoin, le rôle capital que doivent jouer les unités de génie parachutiste. Pour faire sauter des fortifications ou rétablir des ouvrages d'art, les sapeurs sont indispensables. Et ils doivent être considérés comme des combattants d'élite, au même titre que les fantassins. Aussi la compagnie du génie voit-elle ses effectifs s'accroître jusqu'à constituer un bataillon, qui prend ses quartiers dans une forêt de pins, à quelques kilomètres de Dessau, capitale de l'ancienne principauté d'Anhalt et centre industriel dominé par la firme Junkers. En face des cantonnements de la nouvelle unité, de l'autre côté du fleuve, se dressent les bâtiments de l'Ecole militaire du génie, où sont formés officiers, sous-officiers et spécialistes venus de tout le Reich.

Le major Liebach a sous ses ordres dans ce bataillon, en plus des services techniques, quatre compagnies de sapeurs. Il mène dès la fin de l'année 1940 l'entraînement à un rythme infernal. Ses hommes ne peuvent rien ignorer des pièges et des mines de toute forme et de toute origine, ils doivent savoir manier le lance-flammes, improviser un barrage routier, piloter un canot pneumatique à moteur hors-bord, lancer des passerelles, dégager des routes, conduire des locomotives. Le major Liebach vient des troupes de montagne et son seul regret est de n'avoir pas le temps d'emmener ses sapeurs dans les Alpes, pour en faire aussi des skieurs et des grimpeurs. Ils devront s'en consoler en escaladant les hautes façades des immeubles et des casemates, expédiant leurs charges creuses par le moindre orifice.

Le cantonnement de Dessau-Kochstedt vit au rythme des explosions et les gradés rivalisent à qui montrera le plus d'imagination dans cette « guerre d'Indiens » que doivent mener les sapeurs paras, grands experts en pièges et ruses de toutes sortes.

Sous les ordres du major Liebach, les quatre compagnies de combat sont commandées par les lieutenants : Paul Adolff à la 1re, Cord Tietjen, le vainqueur du pont de Moerdijk, à la 2e, Steiner à la 3e et Siegfried Gerstner à la 4e. Les chefs de section sont aussi enthousiastes qu'imaginatifs et de jeunes officiers comme les sous-lieutenants Unichen ou Häffner ne pensent qu'à égaler les exploits des « anciens » de Norvège et de Hollande.

La 7e division parachutiste, que commande le général Wilhelm Süssmann, groupe aussi tous les services d'une grande unité : transmissions, transports, ravitaillement, ateliers de réparations, postes de secours, hôpital de campagne, gendarmerie, sans oublier les photographes et les cinéastes de la compagnie de propagande...

Parmi les hommes rassemblés sous les ordres, désormais plus lointains mais toujours attentifs, du général Student, il n'existe pas de distinction entre les combattants de première ligne et les autres. Tous appartiennent à la même arme et tous portent le même brevet de para.

***

Les parachutistes sont toujours des volontaires, recrutés par « écrémage » dans toutes les unités de la Wehrmacht, armée de l'Air comme armée de Terre. La « solde à l'air » qui améliore sensiblement la paie et fait du soldat du ciel un relatif privilégié jouerait peut-être son rôle si les permissions étaient plus fréquentes. Mais elles demeurent exceptionnelles et les heures de quartier libre dans les villes de garnison sont d'autant plus rares que les paras causent parfois quelques troubles en se promenant en tenue de saut ou en provoquant des bagarres avec les militaires des autres unités et surtout avec les agents de police. Ils jouent volontiers aux « casseurs » et « roulent les mécaniques », avec un mépris évident pour tous ceux qui n'ont jamais sauté d'un Junkers 52, volant à cent vingt kilomètres à l'heure, à une altitude de cent mètres. Tous ceux qui ne sont pas passés « par la portière » sont pour eux des moins que rien, fussent-ils caporaux ou colonels. Les paras prennent l'habitude de ne saluer que ceux de leurs supérieurs qui portent comme eux le brevet où l'aigle d'or fonce en piqué sur sa proie.

Mais les dures nécessités du service vont laisser de moins en moins le temps aux parachutistes de consolider leur réputation auprès des autorités militaires et civiles des paisibles bourgades allemandes où ils tiennent garnison. Cette troupe, réservée pour les grandes occasions et portée à se croire tout permis quand elle se trouve au repos, va être reprise en main par des chefs énergiques, que ce soit des « vieux paras » comme Bruno Bräuer ou Richard Heidrich, ou des nouveaux venus, comme Eugen Meindl ou Alfred Sturm. Dès le début de l'année 1941, un entraînement impitoyable remplace un certain laisser-aller qui durait depuis plus de six mois.

Les parachutistes sont — obligatoirement — des hommes qu'animent l'esprit d'aventure et le goût du risque. Ils se sont portés volontaires pour échapper à la routine des unités normales de la Werhmacht, certes. Mais aussi, tout simplement, parce qu'ils veulent, comme tous les jeunes Allemands de cette époque, se battre pour le Reich et le Führer. Le patriotisme est devenu une sorte d'instinct que l'on trouve tout autant chez les professionnels de la guerre, éternels lansquenets, que chez les plus jeunes des volontaires, étudiants ou ouvriers. On trouve de tout chez les paras. Des idéalistes et des aventuriers. Des titulaires d'un casier judiciaire soucieux de se refaire une virginité et des opposants au régime qui n'ont pas trouvé de moyen plus original de décourager la Gestapo. Servent aussi dans les rangs de la troupe d'anciens officiers ou sous-officiers qui ont eu « des ennuis » dans d'autres unités. Non pour lâcheté, certes, mais pour indiscipline.

Jamais encore dans l'armée allemande on n'avait vu réunis des individus aussi divers par l'origine et même par l'âge ou les convictions. Et jamais non plus on ne parviendra à créer finalement une communauté aussi unie. Magie du saut, puis du combat. Les paras ne sont pas comme les autres. Et plus ils sont différents entre eux, plus ils semblent former un seul bloc vis-à-vis du monde étranger de ceux qui ne possèdent pas le fameux brevet.

Certains, parmi les plus âgés, se sont engagés dans les corps francs, au lendemain de la défaite de 1918, pour voler vers les frontières menacées, et quelques-uns ont, par contre, rejoint les gardes rouges au moment de la révolution spartakiste. Ils ont parfois combattu les uns contre les autres en 1919. On verra même, comme camarades de chambrée, l'adjoint du Dr Göbbels lors du combat politique pour Berlin, au début des années trente, et son principal adversaire, le chef d'une cellule du parti communiste dans la banlieue ouvrière de Wedding. Le premier sera tué en Crète et le second, six mois plus tard, devant Leningrad.

Une troupe d'élite ne se forme pas autrement, avec des hommes hors du commun, venus des classes dangereuses et des lointains brumeux. Peu à peu, de très jeunes volontaires vont grossir les rangs ; ils viennent de tous les corps de troupe ou même directement des usines, des lycées et des fermes. Ils seront considérés comme des « moins que rien » jusqu'à la minute de vérité du premier saut. Alors, ils entreront dans la grande fraternité des paras et regarderont à leur tour de très haut les « rampants », ceux qui n'ont jamais osé se lancer du haut du ciel, en se fiant à la coupole blanche de leur parachute.

Ils sont maintenant, dans tout le Reich, une demi-douzaine de milliers d'hommes prêts à tout. Avec quelle crânerie ils portent, le plus serré et le plus court possible, la veste gris-bleu de l'aviation et le pantalon gris-vert, sous la combinaison de saut, le fameux « sac à os » aux multiples fermetures éclair. A leurs pieds, des chaussures à semelles de caoutchouc, qui leur donnent une démarche silencieuse de félins. Dans une poche spéciale, sur la cuisse droite, en service comme au repos, le couteau à lame rentrante de para, au bout de sa tresse où se reconnaît la fantaisie de chacun. Tresses blanches, bariolées ou noires constituent autant d'entorses au règlement et autant de défis envers ceux qui n'ont jamais sauté... Le chic du chic est même d'ajouter à l'uniforme de sortie de la Luftwaffe aux écussons jaunes, un foulard blanc, en soie de parachute. Rares sont ceux qui peuvent se permettre ce luxe suprême. Presque tous tomberont sur le champ de bataille de Crète, cet insolent foulard au cou.

⁂

Les paras allemands ne sauteront donc pas sur l'Angleterre. Chaque jour qui passe, en ce début d'année 1941, rend plus illusoire cette opération qui pourrait, sans nul doute, changer le cours de la guerre et terminer l'offensive à l'Ouest sur une victoire totale. Dans leurs casernes et leurs camps, les hommes du général Student s'impatientent, après cet interminable hiver d'entraînement monotone, où les nouveaux volontaires ont vécu leur stage de saut sur des terrains d'aviation couverts de neige.

Parmi les nouveaux venus dans l'arme parachutiste, le plus célèbre est sans nul doute le boxeur poids lourd Max Schmelling. Il a perdu son titre de champion du monde après un combat mémorable contre le Noir américain Joe Louis. Il n'en reste pas moins une des plus grandes gloires sportives du IIIe Reich et un champion adoré du public, même s'il ne correspond guère au type idéal du mince Aryen blond, cher à la propagande raciste. Les lèvres épaisses, le nez écrasé, les pommettes saillantes, il arbore une chevelure noire et frisée qui donne un aspect méridional à son lourd visage brutal que barrent d'énormes et touffus sourcils noirs. Ses ennemis trouvent qu'il ressemble à un orang-outan. Mais ses succès sur le ring lui ont permis de gagner pas mal d'argent et de multiplier les conquêtes féminines. Il plaît au public sportif et surtout aux femmes qui se laissent entraîner dans les salles enfumées où se déroulent les championnats de boxe.

Pourtant, Max Schmelling n'a pas que des amis dans le régime national-socialiste et il est au plus mal avec son ministre de tutelle, von Tschammer und Osten, qui porte le titre de chef des sports du Reich et à qui on doit la remarquable organisation des jeux Olympiques de Berlin en 1936. C'est sans doute sur son intervention personnelle que Max Schmelling, pourtant déjà âgé de trente-cinq ans à cette époque, s'est vu appelé en 1939 devant un conseil de révision, qui l'a déclaré « bon pour le service », alors que seuls les très jeunes gens étaient alors mobilisés. L'ancien champion du monde a réussi à se faire envoyer à l'hôpital pour échapper à la campagne de Pologne et il a poursuivi ensuite une carrière assez obscure dans une unité de défense antiaérienne de la Luftwaffe en Prusse-Orientale. Une véritable planque. Mais le destin va, non sans un certain humour, tirer Max Schmelling de sa retraite confortable. Son unité de FLAK décide de se passer de ses services et l'autorise à rentrer chez lui, sans pourtant le démobiliser officiellement.

Un journaliste berlinois de ses amis, qui doit faire un reportage dans une unité de chasseurs parachutistes, demande au boxeur s'il veut l'accompagner. Tous deux assistent à une séance d'instruction, déjeunent à la cantine avec les recrues et l'après-midi grimpent même dans un avion d'où doivent sauter les jeunes volontaires paras. Revenu au sol, le journaliste et son ami se déclarent fortement impressionnés par ce qu'ils ont vu et félicitent chaleureusement l'officier commandant la base d'instruction au saut. Celui-ci, pince-sans-rire, n'est pas fâché de rabattre un peu le caquet à l'ancien champion poids lourd dont les allures de matamore l'exaspèrent un peu :

— Seriez-vous aussi courageux que mes jeunes recrues, monsieur Schmelling ? lui demande-t-il.

— Pourquoi pas, répond le boxeur en riant. J'ai déjà vu bien pis dans ma vie.

Et sans penser à rien, les deux hommes regagnent Berlin. L'armée semble ne plus avoir besoin de Max Schmelling qui reste tranquillement dans ses foyers.

Quelques mois se passent et, brusquement, pendant l'été 1940, après la fin de la campagne de France, Schmelling reçoit un ordre d'appel sous les drapeaux. Il grimpe dans sa propre automobile pour se rendre à la convocation. Sur la feuille figure comme destination : Stendal.

Schmelling arrive à la « maison mère » des paras allemands. La sentinelle lui présente les armes et un chasseur s'empare de la valise de celui qui reste un des sportifs les plus populaires de tout le Reich. Un colonel reçoit très aimablement le boxeur et lui demande avec un sourire :

— Comment allez-vous, monsieur Schmelling ?

— Mais très bien, Herr Oberst.

— Alors, un jour, vous pourrez entraîner de jeunes recrues. Auparavant, il serait peut-être bon que vous repreniez à zéro l'entraînement de base.

Sitôt quitté le bureau, le champion redevient un soldat parmi d'autres et il commence par apprendre à faire son lit au carré et à balayer la chambrée.

Un personnage d'une telle importance ne manque pas de provoquer quelques remous et le colonel se demande même s'il ne doit pas l'inviter à prendre ses repas au mess des officiers. Mais Schmelling ne tient pas trop à se faire remarquer et préfère rester avec ses camarades, qui ont tous une bonne quinzaine d'années de moins que lui et félicitent joyeusement le célèbre boxeur d'avoir voulu s'engager dans les paras. Schmelling se garde bien de les détromper et commence à comprendre qu'il est « piégé » et que le voici désormais « volontaire d'office »... Il accepte pourtant d'être chef de chambre. Au bout de huit semaines, même s'il a réussi la plupart du temps à couper à l'exercice pour aller se planquer dans une carrière à regarder les geais et les lapins, il est nommé caporal.

Malgré lui, Schmelling se trouve pris par l'ambiance et décide de faire contre mauvaise fortune bon cœur. Il part avec ses camarades pour le stage parachutiste.

Tout commence par un saut de six mètres de haut dans une fosse au sol sablonneux. Le chef de section, un adjudant, doit sauter juste devant le boxeur. Il se reçoit mal et reste par terre. Schmelling saute, au moment où le sous-officier se relève, et lui tombe dessus. Le choc est si violent que l'ancien champion du monde se déplace un ménisque. Le voici à l'hôpital militaire. Rapidement, il réussit à se faire admettre dans une clinique privée, où il passe six semaines, croyant bien que la guerre est finie pour lui. Il est à peine debout qu'il reçoit pourtant un ordre de marche pour l'école de saut de Wittstock.

Là, l'attendent non seulement des instructeurs parachutistes, mais surtout les journalistes de tout le Reich. Max Schmelling, gloire nationale et idole des foules, devient le prototype même des parachutistes de la nouvelle Allemagne. Il figure en couverture du célèbre magazine *Signal,* qui lui consacre tout un reportage illustré de nombreuses photographies. Un champion du monde à l'entraînement chez les paras, voilà un beau sujet pour la propagande du Dr Göbbels, qui donne l'ordre aux reporters de le mitrailler pendant tout son stage ! Le public retrouvera ainsi son idole courant à petites foulées à la tête de son équipe, grimpant dans la carlingue d'un Junkers 52 ou se dirigeant vers le point de regroupement après le saut, son parachute roulé sous le coude. Max Schmelling, qui n'a jamais été ennemi de la publicité, commence à s'accoutumer à cette gloire insolite.

D'ailleurs, les parachutistes sont bien habillés, bien nourris, bien logés et son stage de saut se déroule sans histoire. Même son ménisque évite de le tourmenter...

Finalement, le caporal Schmelling est affecté à un régiment de chasseurs parachutistes et rejoint sa garnison. Avec ses camarades, il traverse tous les matins la petite ville de Wolfenbüttel pour se rendre à l'exercice. Les paras chantent à réveiller tous les habitants. Le soir, c'est le retour du champ de manœuvre, en chantant encore plus fort malgré la fatigue d'une rude journée. Après quelques semaines, le régiment part en exercice dans les landes de Lüneburg.

Tirer, courir, ramper, tout cela devient pour le caporal Schmelling de la routine. Les photographes ne s'occupent plus guère de lui. Quelques sauts d'avion viennent rompre la monotonie de ces journée de la fin d'hiver. Les équipes arrivent au sol, se regroupent, bondissent vers leurs objectifs au milieu des rafales de balles en bois.

Les paras marchent pendant des kilomètres et des kilomètres en traînant tout leur équipement. Ils ruissellent de sueur, malgré le froid encore vif de ce mois de mars. Puis arrive l'ordre de s'arrêter et de creuser des tranchées. Ils abandonnent le fusil pour la pelle. Ils passeront la nuit à se relayer pour monter la garde. Ceux qui ne peuvent dormir écoutent le caporal Schmelling, de fort bonne humeur, leur raconter quelques souvenirs de ses anciens combats.

Le champion s'habitue à sa nouvelle vie, même si les jeux de la guerre ne sont plus, croit-il, de son âge. Après le terrain de manœuvre va quand même venir le champ de bataille... Mais il n'ose pas trop y penser et il s'endort au milieu de ses camarades, sur la lande de Lüneburg, en pensant aux grandes heures du ring, sous la lumière métallique et cruelle des projecteurs, tandis que retentissent les coups de gong rythmant les rounds de la rencontre.

***

Dans les derniers jours de l'hiver 1941, le maréchal du Reich convoque le général Student à son quartier général. Hermann Göring, d'habitude triomphant et toujours content de lui, ne cherche pas à cacher une certaine amertume :

— Nous avons manqué de saisir l'occasion du débarquement en Angleterre. Maintenant, il est trop tard. La seule possibilité qui nous reste de vaincre est de détruire l'empire britannique. La Méditerranée et le Proche-Orient vont jouer désormais un rôle décisif.

— N'est-ce pas le domaine des Italiens, Herr Reichsmarschall ?

— Mais ils sont à peine capables de défendre leur propre empire ! rétorque Göring d'un air méprisant. Non, Student, croyez-moi, ce sera à nous de faire le travail. A nous, c'est-à-dire à vous et à vos paras.

Le maître de la Luftwaffe demande alors brusquement :

— Que voyez-vous comme objectifs possibles pour des raids aéroportés ?

— D'abord Gibraltar. Ce serait le plus facile. Mais il y a aussi le canal de Suez, la Crète, Chypre et même Malte.

— Entendu. Mettez-vous au travail et préparez vos ordres

d'opérations. Nous finirons bien par convaincre le Führer de vous lancer à nouveau dans la bataille.

Le général Student regagne son quartier général, situé près de l'aérodrome de Tempelhof à Berlin. Il pense à ces objectifs lointains, proies admirables pour des paras imaginatifs et courageux. Mais l'évolution de la situation dans les Balkans ne tarde pas à modifier tous les plans du chef du XIe corps d'armée aérienne.

XVII

UN PASSAGE VITAL ENTRE L'ATTIQUE ET LE PELOPONNESE

L'idée de la prise de Gibraltar par ses parachutistes a enthousiasmé le maréchal Göring. Il ne cesse de pousser le général Student à préparer cette opération déjà prévue en 1940, mais abandonnée [1].

Le projet est remis au point fébrilement. La capture du célèbre rocher, qui domine le détroit entre la mer Méditerranée et l'océan Atlantique, ne sera certes pas plus difficile à mener que la neutralisation des coupoles et des casemates d'Eben-Emael. Hermann Göring n'a qu'une envie : présenter le projet au Führer. Lors d'une de leurs rencontres, le maréchal du Reich se montre d'un enthousiasme qu'il croit communicatif.

— Je vous garantis le succès. Maîtres de Gibraltar, nous pourrons passer en Afrique quand nous le voudrons et faire du Maroc une base de départ pour la conquête d'un nouveau continent.

— Certes, fait observer Adolf Hitler, militairement, l'opération me semble possible. Mais politiquement, elle ne l'est toujours pas.

— Et pourquoi donc, *mein Führer ?*

— Je ne veux rien faire qui puisse déplaire au général Franco. L'Espagne a décidé de rester neutre et refusera ensuite le simple passage de nos troupes sur son territoire !

1. L'Abwehr de l'amiral Canaris fut, à cette époque, chargée de mettre au point l'opération, baptisée « Felix ». La prise du rocher devait être confiée à des éléments du régiment « Brandenburg » et au bataillon du génie 51, déjà engagé à Eben-Emael.

OPÉRATION SUR CORINTHE

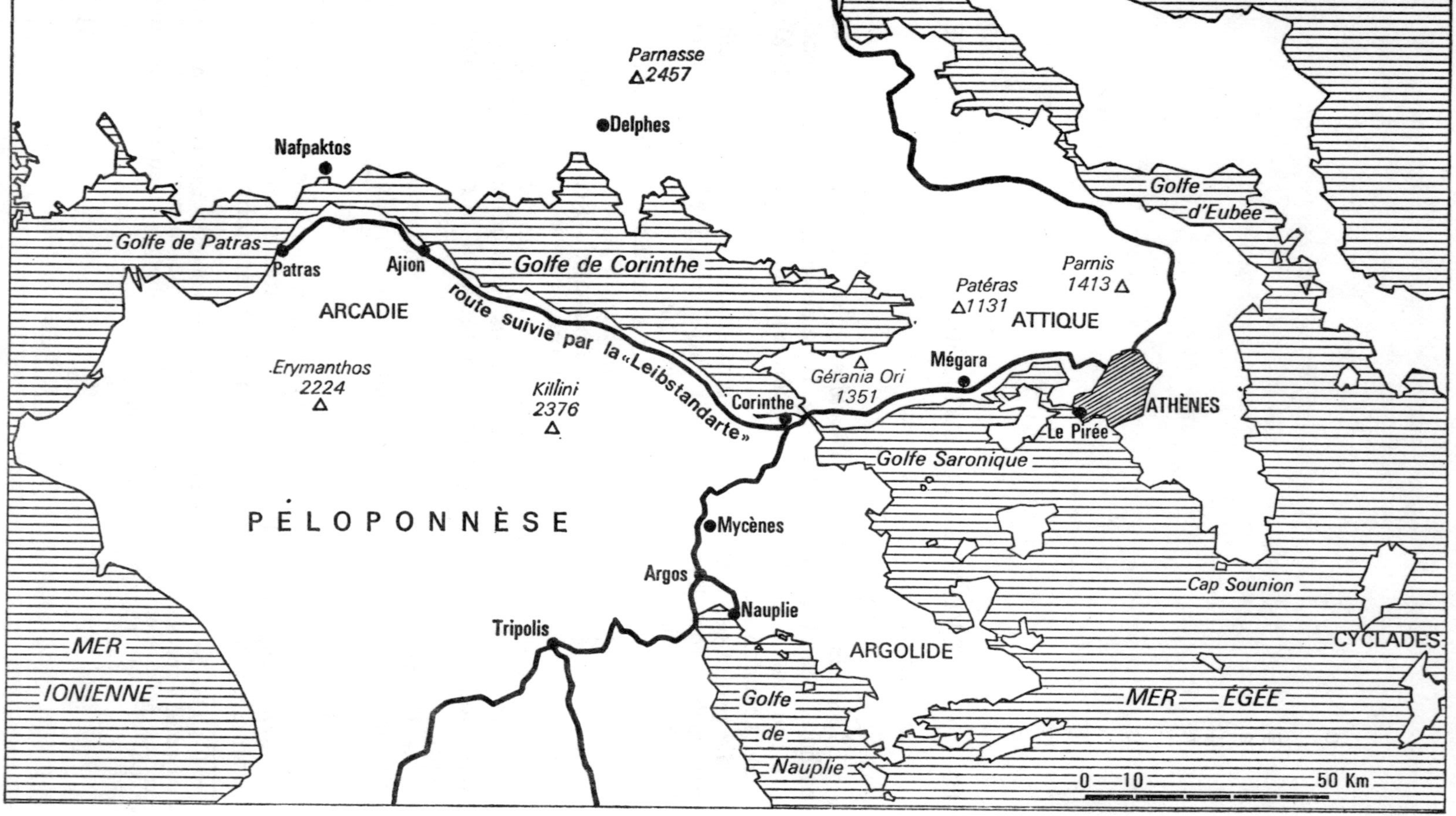

Le maréchal du Reich est à la fois stupéfait et indigné :

— Voilà comment sont remerciés les sacrifices de nos volontaires de la *Legion Condor*. Mais que serait, sans nous, ce Franco ?

Le Führer se soucie de moins en moins des remarques de Göring qui, en dépit de ses rodomontades, est en train de perdre la bataille aérienne d'Angleterre. Que le créateur de la Luftwaffe s'occupe donc de ses chasseurs et de ses bombardiers, au lieu de rêver de politique internationale et de conquête lointaine.

Le Führer a d'ailleurs d'autres soucis en Méditerranée. Plus que les réticences de l'Espagne, ce qui l'inquiète ce sont les foucades de l'Italie. Son allié Mussolini, sans même le prévenir, vient d'attaquer la Grèce et s'englue dans une campagne sans gloire et sans espoir. Pour sauver l'Axe, l'Allemagne va devoir intervenir tôt ou tard dans les Balkans. En attendant, ses diplomates mènent une offensive plus discrète, mais tout aussi victorieuse que celle des généraux. La Slovaquie, la Hongrie, la Roumanie, la Bulgarie se rangent plus ou moins ouvertement dans le camp du Reich. Même la Yougoslavie conduite par le régent Paul bascule vers une alliance avec l'Allemagne.

Les Britanniques ne peuvent tolérer de perdre cette carte. Ils manœuvrent pour provoquer une révolution de palais. Un coup d'Etat éclate à Belgrade. Le nouveau gouvernement n'a rien de plus pressé que de signer un accord avec l'Union soviétique, dont les rapports avec l'Allemagne nationale-socialiste se détériorent de jour en jour. Le pacte germano-soviétique n'est plus qu'un lointain souvenir et les cartes sont en train de se redistribuer.

***

Le 6 avril 1941, les troupes allemandes attaquent en Macédoine. Les colonnes motorisées déferlent vers la Serbie et la Grèce. En une dizaine de jours, les Yougoslaves sont hors de combat. Quant aux troupes grecques, elles ne vont pas tarder à refluer en compagnie des rescapés du corps expéditionnaire britannique — qui comprend surtout des Néo-Zélandais et des Australiens.

Les paras ne sauraient rester à l'écart de cette nouvelle guerre éclair que mènent les troupes du Reich. Le 2ᵉ régiment de chasseurs parachutistes se trouve alors dans la région de Plodiv, en Bulgarie, sous les ordres du colonel Alfred Sturm, un ancien combattant de la Première Guerre mondiale, volontaire pour les troupes parachutistes malgré ses cinquante-deux ans.

Sturm est convoqué au quartier général de la 7ᵉ division

aérienne, que commande désormais le général Süssmann, maintenant que Student a été promu à la tête du corps d'armée.

— Je compte mener une opération parachutiste sur l'île de Lemnos, lui annonce-t-il. Les Anglais sont en train d'y installer une base pour leurs bombardiers qui pourraient ainsi attaquer les pétroles roumains de Ploetsi dont nous avons grand besoin pour notre ravitaillement en carburant.

S'emparer d'un aérodrome est une mission classique pour des parachutistes et l'état-major du colonel Sturm, sous les ordres de son officier adjoint, le capitaine Paul, se met au travail pour préparer le saut de plusieurs centaines d'hommes dans ce petit paradis ensoleillé que doivent brusquement réveiller les moteurs grondants de la guerre.

Mais la situation militaire évolue très rapidement en Grèce : près de soixante mille hommes des troupes alliées sont en train de refluer vers le sud, sous la pression des unités allemandes déferlant en Macédoine. Grecs et Britanniques s'efforcent de gagner la presqu'île du Péloponnèse pour s'y embarquer afin de rejoindre la Crète ou même l'Egypte. Cette armée en retraite, qui comprend surtout des soldats du corps expéditionnaire néo-zélandais, doit traverser le golfe de Patras. Il n'existe qu'un seul passage : le pont qui enjambe l'étroit canal de Corinthe.

Taillé dans le rocher comme par un coup de hache gigantesque, le canal remonte à l'antiquité hellénique. Il a naguère été creusé par des dizaines de milliers d'esclaves capturés dans le Proche-Orient. Affamés, battus, épuisés, les malheureux déportés n'en ont pas moins commencé une œuvre prodigieuse qui n'a d'ailleurs été reprise et terminée qu'à la fin du XIXe siècle, entre 1883 et 1893. Ce canal met en communication, par une tranchée longue de plus de six kilomètres, les eaux de la mer Ionienne et de l'Adriatique avec celles de la mer Egée. Cette coupure artificielle, aux parois presque verticales d'une dizaine de mètres de haut, n'est franchie que par un seul pont, une sorte de passerelle métallique plutôt, qui prend soudain, en cette mi-avril 1941, une importance stratégique absolument capitale.

S'emparer de l'ouvrage et couper les forces britanniques attardées dans l'Attique de celles qui ont déjà réussi à gagner le Péloponnèse, c'est une mission qui revient, plus que nulle autre de cette guerre éclair de Grèce, aux paras.

Aussi, un nouvel ordre vient bouleverser les préparatifs contre l'île de Lemnos. Le colonel Sturm peut annoncer à ses officiers :

— Il ne s'agit plus de s'emparer d'un aérodrome mais de capturer un pont. Ce sera celui du canal de Corinthe. Nous sauterons d'un jour à l'autre.

Le colonel Sturm va se trouver à la tête d'un Kampfgruppe comprenant deux bataillons de son régiment, le Ier du major Hans Kroh et le IIe du capitaine Erich Pietzonka, une compagnie du génie, une batterie d'artillerie légère de campagne et des éléments des transmissions et du service de santé.

Le 25 avril 1941, les hommes qui doivent sauter sur le canal de Corinthe se réunissent à Larissa en Thessalie. Ils reçoivent leurs derniers ordres, dans une atmosphère d'improvisation et d'enthousiasme. Il fait de plus en plus chaud et les pistes de béton de l'aérodrome sont brûlantes. L'opération doit avoir lieu le lendemain.

Le chef du 2e régiment de chasseurs parachutistes réunit ses officiers pour une dernière conférence :

— Nous sauterons sur deux secteurs : le Ier bataillon du major Kroh au nord du canal et le IIe du capitaine Pietzonka au sud. Quand nous arriverons au sol, si tout se passe bien, le pont de Corinthe sera déjà entre nos mains.

Le colonel Alfred Sturm s'explique aussitôt :

— En effet l'avant-garde du Kampfgruppe sera déposée à proximité de notre objectif par planeurs. Elle comprendra un détachement de sapeurs et une section de la 6e compagnie de chasseurs parachutistes de notre 2e régiment.

Le rôle de ce groupe d'assaut est d'atterrir le plus près possible du canal, de s'emparer du pont par surprise, de neutraliser les charges explosives de sabotage et de tenir bon jusqu'à l'arrivée du reste des paras.

— Messieurs, conclut le colonel Sturm, le succès de l'opération repose sur la surprise et la précision. Je compte sur vous. Vous pouvez disposer.

Tous les officiers s'immobilisent dans un bref garde-à-vous, puis partent rejoindre les unités de combat qui vont sauter dans quelques heures de part et d'autre du canal de Corinthe.

***

Quand, à cinq heures du matin le 26 avril 1941, les planeurs doivent prendre l'air, la piste d'envol se trouve à peine dégagée ; sur ce terrain hellénique de fortune, les rampants de la Luftwaffe ont travaillé toute la nuit pour libérer les deux mille mètres de piste nécessaires à l'envol des avions remorqueurs et de leurs planeurs d'assaut. L'opération sur le canal de Corinthe mobilise près de trois cents Junkers 52 qui doivent décoller au milieu des autres appareils allemands, Stukas, Heinkels ou Messerschmitts, rassemblés en grand nombre sur l'aérodrome de Larissa.

Le premier groupe d'assaut ne comporte que dix planeurs.

Ils emportent une section de la 6e compagnie du 2e régiment de chasseurs parachutistes, sous les ordres du sous-lieutenant Hans Teusen, et une section de la 3e compagnie du bataillon de sapeurs parachutistes commandée par le sous-lieutenant Häffner. C'est sur ces deux très jeunes officiers que repose tout le succès de la délicate opération du canal de Corinthe. Opération entourée d'un tel secret que même le chef des paras allemands, le général Student, n'a pas été mis au courant par le grand état-major.

Au bout de deux heures de vol, les pilotes aperçoivent enfin l'objectif. Le canal forme une coupure sombre, totalement rectiligne, à l'endroit le plus étroit de l'isthme de Corinthe. Le ciel est bleu, très dégagé, sans un seul nuage. Un vrai temps de vacances. Après avoir largué leurs remorques au-dessus de l'Attique, les planeurs descendent vers le sol, dans un silence uniquement troublé par le sifflement du vent dans la voilure.

Les DFS 230 surgissent du nord, comme s'ils descendaient des montagnes qui culminent à près de mille mètres. Ils ont lâché leur câble de remorque au-dessus des sommets et maintenant ils piquent sur le pont de Corinthe au milieu du fracas des canons antiaériens et des mitrailleuses qui se déchaînent en quelques secondes.

Bien vite, apparaissent les nuages blancs et noirs des projectiles antiaériens. Les Britanniques ont installé leurs pièces de part et d'autre du canal et les planeurs allemands sont pris à partie dès qu'ils s'approchent de l'objectif, ce pont métallique qu'éclaire brutalement un soleil impitoyable de printemps. Près des emplacements des pièces antiaériennes, les pilotes distinguent aussi des positions d'infanterie. Les Britanniques ont compris l'importance stratégique capitale du canal de Corinthe et, depuis quelques jours, ils se méfient.

***

— Attention à l'atterrissage !

Le choc est rude pour tous les équipages. Neuf planeurs tombent exactement aux emplacements prévus. Les pilotes du canal de Corinthe sont dignes de leurs camarades du fort d'Eben-Emael ! Un seul d'entre eux manque sa manœuvre, ne peut maîtriser son appareil et va s'écraser contre un des piliers du pont. Toute la carcasse métallique du planeur se disloque, la toile se déchire, les ailes se brisent dans un grand froissement sec. Des décombres de l'appareil, on va retirer tout à l'heure neuf blessés graves. Toute une équipe de sapeurs va cruellement manquer au sous-lieutenant Häffner. Mais déjà leurs camarades bondissent à l'assaut des positions tenues par les Néo-Zélandais et les Grecs.

Les planeurs se sont posés des deux côtés de l'ouvrage et les paras qui attaquent, par cette brûlante matinée du 26 avril, surgissent aussi bien de la route de l'Attique que de celle du Péloponnèse. Les deux postes de garde, à chaque extrémité du pont, sont brutalement éliminés par quelques rafales de pistolets-mitrailleurs et quelques jets de grenades à main. Tout de suite, sous la protection des chasseurs parachutistes, les sapeurs se précipitent sur les câbles d'allumage du dispositif de sabotage. Deux équipes cherchent fébrilement les fils électriques et quelques démineurs vont faire les acrobates suspendus aux poutrelles, à une dizaine de mètres au-dessus des eaux du canal de Corinthe encore plongé dans l'ombre de ses rives verticales.

— Dépêchez-vous ! crie leur chef, le sous-lieutenant Häffner.

La mission des paras est de couper le trafic britannique entre l'Attique et le Péloponnèse. Mais prendre le pont intact serait un résultat encore plus extraordinaire. Deux équipes de la section du génie parachutiste combattent durement contre les défenses immédiates du pont pour protéger les deux équipes de déminage. Incontestablement, leurs adversaires ont été surpris et n'arrivent pas à opposer une résistance coordonnée. Des paras bondissent d'abri en abri, sous des rafales de mitrailleuses qui ricochent en gerbes d'étincelles contre les rochers brûlés de soleil. Un peu plus loin, des chasseurs du sous-lieutenant Teusen s'en prennent aux batteries antiaériennes les plus proches.

Le sous-lieutenant Häffner s'impatiente. Les positions ennemies situées à proximité immédiate du pont ont été enlevées d'assaut sans trop de mal. Mais celles qui se trouvent plus éloignées ont le loisir de s'organiser et de prendre l'ouvrage sous leur feu. La situation des paras va devenir très vite intenable. Et les sapeurs chargés du démontage des charges explosives n'arrivent pas à terminer leur besogne.

Les chasseurs parachutistes des deux bataillons de Hans Kroh et de Erich Pietzonka semblent en retard. On devrait déjà voir arriver les Junkers 52. Mais le ciel reste désespérément vide et aucun appareil ne surgit au-dessus des montagnes qui barrent l'horizon vers le nord de leur énorme masse chaotique.

Au bout d'une demi-heure, la situation de difficile devient franchement mauvaise. Les Britanniques se sont vite aperçus qu'ils ne sont attaqués que par une cinquantaine d'hommes. Les défenseurs du secteur de Corinthe possèdent une supériorité numérique écrasante. Les premières contre-attaques débouchent. Les paras de Teusen et de Häffner les bloquent du feu de leurs mitrailleuses légères, récupérées dans les planeurs dès l'atterrissage.

Les sapeurs travaillant sous le pont ont fini par trouver les charges explosives. Ils les ont patiemment démontées et les ont déposées sur le tablier, dans l'intention de les enlever plus tard. Ils ont aussi récupéré soigneusement les amorces et les détonateurs car, en cas de succès de la contre-offensive ennemie, il vaudrait mieux faire sauter le pont que de le voir tomber intact aux mains des Britanniques et des Grecs.

Le sous-lieutenant Häffner se montre un peu inquiet de voir ainsi rassemblés à l'air libre tant d'explosifs. Il crie :

— Emmenez les charges plus loin !

Mais, au même moment, l'ouvrage se trouve pris sous le feu de plusieurs canons anglais. Les sapeurs, cloués au sol, essayent de se protéger derrière les poutrelles.

Soudain, dans un fracas assourdissant, le pont de Corinthe saute, tandis que toute la terre des deux rives vibre sous la déflagration. Plusieurs sapeurs ont été projetés vers le ciel puis précipités, avec les débris des poutrelles et du tablier, dans les eaux du canal.

— *Sakrament !* jure le sous-lieutenant Häffner. Qu'est-ce qui se passe !

Un projectile des pièces antiaériennes aurait-il fait éclater les charges explosives démontées ? Cela semble peu probable. Il circulera par la suite une autre version, plus héroïque : deux officiers britanniques, faits prisonnier par les paras dès le début de l'engagement, auraient réussi à s'évader et à profiter de la confusion des combats pour se glisser sous les poutrelles et faire sauter tout l'ouvrage. Ils auraient employé un explosif nouveau, la gélignite, que l'on nommera plus tard « plastic » [1].

— Où est le journaliste ?

Au moment de l'explosion, un reporter de la compagnie de propagande, du nom de von der Heyden, se trouvait au milieu du pont en train de photographier sous la mitraille. Arrivé avec la première vague de planeurs d'assaut, il n'a pas cessé de prendre cliché sur cliché, depuis le début de l'opération. Mais personne ne le voit plus. Von der Heyden a disparu. Sans doute déchiqueté par l'explosion ou noyé au fond du canal de Corinthe au milieu de la fumée et des débris. De lui, on ne va retrouver, projeté sur l'autre rive, que son appareil. Il semble intact. Par la suite, un laboratoire parviendra à développer la pellicule et les Allemands posséderont ainsi quelques documents extraordinaires sur la prise du pont et les premiers combats menés par les sapeurs et les chasseurs parachutistes à partir de sept heures du matin.

1. Selon des sources allemandes, ces deux officiers, le capitaine Philips et le lieutenant Tyson, auraient réussi à s'échapper et auraient été décorés de la « Military Cross ». Mais on n'en trouve pas trace dans les documents alliés...

⁂

Les renforts devraient maintenant arriver d'une minute à l'autre et être parachutés près du pont de Corinthe. Häffner et Teusen s'énervent.

— Je me demande ce qui a pu arriver, confie le sapeur à son camarade.

— Ne t'en fais pas, affirme le chasseur. Les camarades ne vont pas tarder. Le colonel Sturm ne nous laissera pas tomber.

Voici enfin les Junkers. Les appareils passent au-dessus des ruines du pont, les moteurs ralentissent, on aperçoit les silhouettes des hommes qui se lancent dans le vide. Puis les blanches corolles s'épanouissent l'une après l'autre.

La première unité à sauter est la 6ᵉ compagnie du capitaine Gerhard Schirmer qui arrive en avant-garde du bataillon Pietzonka. Le sous-lieutenant Teusen est bien content de voir arriver son chef et ses camarades. Les paras atterrissent dans une sorte de dépression, juste au sud du canal.

D'autres, ceux du bataillon du major Kroh, vont tomber, comme prévu, au nord, de l'autre côté du pont détruit.

Sitôt arrivés à terre, les chasseurs du régiment Sturm doivent se battre au corps à corps avec les Britanniques, qui tiennent sous leur feu presque toute la zone de largage. Ils ont bien du mal à contrôler le terrain et à s'emparer de l'aérodrome.

En plein milieu des combats son radio appelle le capitaine Schirmer :

— Herr Hauptmann, un message du colonel Sturm.

Le chef du 2ᵉ régiment n'a pas de bonnes nouvelles :

— Votre chef de bataillon, le capitaine Pietzonka, a été blessé. C'est vous qui prenez le commandement au sud du pont.

Le capitaine Schirmer se passerait bien de cette promotion inattendue. Mais son chef ne lui laisse pas le temps de souffler :

— Tandis que vos camarades attaquent le terrain d'aviation, vous allez nettoyer la ville de Corinthe et en tenir tous les accès.

Le chef de la 6ᵉ compagnie, au cours des combats de rues, ne va pas tarder à retrouver le sous-lieutenant Hans Teusen qui s'est, lui aussi, lancé à l'assaut de la ville, après avoir réussi à s'emparer de deux canons antiaériens britanniques qu'il a aussitôt retournés contre l'ennemi.

— Tout va bien, Herr Hauptmann. Mais il était temps que vous arriviez.

Gerhard Schirmer annonce à son subordonné ce qu'il connaît de la situation.

— Je remplace Pietzonka à la tête du IIᵉ bataillon. Vous allez prendre le commandement de la compagnie. Notre premier travail est de réduire Corinthe.

*
* *

Les paras de la 6e compagnie se heurtent à une assez forte résistance. Les rues de la ville de Corinthe, étroites et tortueuses, avec leurs boutiques orientales aux rideaux de fer prestement baissés, se prêtent à la défense. Des Britanniques et quelques soldats de l'armée royale grecque essayent d'arrêter les envahisseurs. Des grenades tombent sur les Allemands, lancées des toits en terrasse. Quelques fusils-mitrailleurs tirent de sèches rafales, chaque fois qu'un des paras quitte le porche où il s'abritait, pour essayer de bondir dans une autre encoignure, quelques mètres plus loin. La ville semble morte, écrasée de soleil et de peur. Malgré les combats, les déflagrations, l'odeur de la poudre et des explosifs, il monte des ruelles désertes un parfum entêtant d'épices et de friture. Voici les Allemands bloqués. Le capitaine Schirmer s'impatiente et lance au sous-lieutenant Teusen :

— Il faudrait de l'artillerie... ou des Panzers.

Il leur semble alors entendre un grondement de moteurs et un bruit de chenilles. Peut-être les défenseurs ont-ils réussi à rameuter des blindés ? Alors la position des paras va devenir intenable. Soudain, un, puis deux chars apparaissent. Et Gerhard Schirmer n'a rien pour les arrêter. Dans quelques instants, sa compagnie va être taillée en pièces. Mais un homme sort le buste de la tourelle, en agitant un drapeau... à croix gammée, tandis qu'apparaît une autre tête.

— Herr Hauptmann, ne nous tirez pas dessus !

Ce sont des paras de sa compagnie. Ils ont attaqué ces blindés à la grenade non loin du canal, mis hors de combat les équipages et pris leurs places aux commandes. Schirmer appelle un sous-lieutenant.

— Maintenant, foncez vers le centre de la ville. Et essayez de mettre la main sur les autorités locales.

Quelques dizaines de minutes plus tard, les Allemands, soutenus par le feu des deux blindés capturés près du pont, parviennent à déboucher sur la place centrale, où chante une fontaine. Dans l'hôtel de ville, le maire de Corinthe n'a pas quitté son poste. Il est entouré du chef de la police locale et du commandant de la garnison grecque.

— Donnez l'ordre à tous vos soldats de déposer les armes ! lance le capitaine Schirmer. Vous voyez bien que la guerre est finie pour vous.

— Mais les Anglais continuent à se battre, proteste l'officier de l'armée royale d'un air navré.

— Laissez-les donc se faire tuer si ça les amuse. D'ailleurs, rassurez-vous. Ils songent surtout à fuir vers Nauplie pour se rembarquer.

De toute façon, Schirmer décide de faire conduire ces prisonniers de marque auprès de son chef, le colonel Alfred Sturm. Le chef de la 6e compagnie expédie vers la zone du canal les trois Grecs escortés de quelques-uns de ses paras.

Peu après, le chef du 2e régiment de chasseurs parachutistes obtient la reddition sans conditions de la ville de Corinthe. Le saut de ses deux bataillons et le survol à peu près incessant de la région par les Heinkels et surtout les Stukas semblent avoir fort impressionné les Grecs, qui ne songent plus maintenant qu'à protéger les civils et même à faire ouvrir de nouveau les boutiques. Vers une heure de l'après-midi, tout est terminé à Corinthe, même si quelques soldats britanniques isolés continuent à faire le coup de feu contre les patrouilles allemandes.

Les assaillants, cependant, fortifient sans cesse leurs positions et élargissent leur tête de pont sur les deux rives du canal, tant vers l'Attique que vers le Péloponnèse.

***

Le colonel Alfred Sturm, un petit homme sec au visage impassible, peut être content de lui. A plus de cinquante ans, il a sauté à la tête de ses paras, comme un jeune homme. Et il se sent en pleine forme, dans son « sac à os » marqué des trois ailes et des deux barres de son grade. Il porte même, à l'épaule, un pistolet-mitrailleur, comme le chef d'une de ses équipes d'assaut qui viennent de livrer les derniers combats dans les faubourgs de Corinthe totalement investie. Bien entendu, la plus grande satisfaction de Sturm, c'est la totale réussite du saut de ses deux bataillons. Malgré les pièces antiaériennes ennemies, les paras n'ont eu que peu de pertes à l'atterrissage, et le capitaine Paul, l'officier adjoint, n'a que de bonnes nouvelles à transmettre à son chef :

— Au sud, le bataillon de Pietzonka, que commande maintenant Schirmer, a réussi à totalement se rendre maître de la ville et attend vos ordres pour envoyer des patrouilles de reconnaissance.

— Et que se passe-t-il au nord du canal, Paul ?

— Le bataillon Kroh est en train de s'installer en défensive, face aux premiers contreforts de l'Attique. Il a envoyé une reconnaissance vers l'est, en direction de la bourgade côtière de Kalamaki. Il y a de nombreux prisonniers anglais et grecs, Herr Oberst.

Le major Hans Kroh a commencé par rapidement nettoyer les abords du pont détruit des derniers nids de résistance encore tenus par les Britanniques. Désormais, les défenseurs sont pris au piège. Ils ne peuvent plus traverser le canal pour rejoindre le Péloponnèse et les ports d'embarquements vers la Crète et l'Egypte. Alors, il ne reste aux servants des batteries antiaériennes qu'à se faire tuer sur place ou à se rendre. Rares seront ceux qui parviendront à décrocher et à gagner le refuge des montagnes de l'Attique, abandonnant sur place, aux mains des assaillants, mitrailleuses et canons.

Les forces britanniques, en retraite depuis la région d'Athènes, ne vont pas tarder à rejoindre les rescapés de Corinthe dans ces contreforts montagneux dont certains sommets dépassent mille mètres d'altitude. Là, ils pourront se regrouper pour essayer de forcer le passage. Cette concentration probable de troupes ennemies au nord de ses positions inquiète le chef du Ier bataillon, qui ordonne à ses 1re, 2e et 3e compagnies de s'installer en défensive, sous la protection des mitrailleuses et des mortiers lourds de la 4e compagnie du capitaine Morawetz. Il ne restera plus alors qu'à attendre leurs camarades de la Wehrmacht qui doivent les rejoindre, en bousculant les dernières troupes britanniques, prises entre deux feux au piège des montagnes de l'Attique.

***

Les Britanniques ne peuvent franchir le canal de Corinthe. Mais les paras n'ont encore accompli que la moitié de leur mission. Il faut maintenant rétablir le passage pour les troupes allemandes dont l'arrivée semble imminente. Le lieutenant Arnold von Roon, chef de la 3e compagnie, met ses hommes au travail pour établir une passerelle. Sapeurs et chasseurs travaillent sans arrêt sous une chaleur accablante. En dessous d'eux, scintillent les eaux immobiles du canal qu'éclaire enfin le soleil et qui prennent une couleur d'un bleu profond entre les deux murailles presque verticales où la lumière s'accroche au moindre relief pour tracer des traits d'ombre violette.

Quelques poutrelles métalliques sont assemblées et lancées au-dessus du vide. Les pontonniers s'affairent pour rétablir le passage. Ils se sont mis torse nu et la sueur ruisselle sur leur dos où frappe durement le soleil. Ils travaillent tranquillement, sous la protection des petits postes établis vers le nord et le long des berges du canal par leurs camarades du bataillon Kroh.

Tandis qu'est lancé un pont provisoire, à la place du pont détruit sur la grande route qui mène de l'Attique au Péloponnèse, les parachutistes cherchent à établir également une passerelle qui permettra au moins le passage des éléments légers.

L'adjudant-chef Barutzki conduit une forte patrouille dans

la région basse et marécageuse qui se trouve au fond du golfe de Corinthe, à l'entrée occidentale du canal, dont les berges ne sont pas encore escarpées. Le sous-officier pense qu'il devrait être possible de lancer au moins un pont de bateaux. Rapidement les hommes du génie parachutiste vont se mettre au travail, sous la protection des pièces antiaériennes capturées de haute lutte sur les Britanniques et désormais servies par des artilleurs allemands.

La position du canal de Corinthe se renforce d'heure en heure, mais les troupes du Reich, sous les ordres du colonel Sturm, ne groupent encore que quelques centaines d'hommes et ils ont en face d'eux des dizaines de milliers de combattants alliés, terrés dans les montagnes de l'Attique et dont la seule chance d'échapper à la capture et de forcer le passage vers le sud et les ports d'embarquement de la presqu'île.

⁂

Pourtant, la première nuit, sur les positions conquises à l'aube, sera étrangement calme. Après la fournaise de la journée, il fait presque frais. Les paras, établis par petits postes autour d'une arme automatique, se sentent envahis par une sorte de torpeur. Les feuillages bruissent doucement dans la brise qui souffle du golfe de Corinthe. Une odeur de marécage domine le parfum entêtant des eucalyptus.

Avec les premières lueurs violettes de l'aurore, un hurlement de moteurs déchire le calme d'un ciel sans nuages. Les bombardiers allemands jaillissent du nord, prêts à frapper la terre hellénique déjà si meurtrie par les ouragans de la guerre. Les Stukas tournent et retournent comme des oiseaux de proie. Un avion d'observation surgit. Quand la radio tombe en panne, il n'y a pas mieux que le « Fieseler Storch » — la Cigogne — pour porter le courrier. Le colonel Sturm va recevoir des nouvelles de l'offensive allemande, dont les colonnes motorisées déferlent vers les rivages méridionaux de l'Attique.

Le colonel Alfred Sturm prend rapidement connaissance du message du grand état-major et annonce à son officier adjoint, le capitaine Hugo Paul :

— Tout va pour le mieux. Des éléments de la *Leibstandarte SS Adolf Hitler* ont réussi à s'embarquer à Naupacte pour franchir le golfe et s'emparer de Patras. Ils se dirigent vers nous par la route côtière du Péloponnèse septentrional.

Il appartient au IIe bataillon que commande toujours le capitaine Schirmer, d'établir la liaison avec les hommes de la Waffen SS. Les paras réquisitionnent quelques véhicules et se lancent vers l'ouest. Il n'y a plus que cent quarante kilomètres de bonne chaussée entre les deux unités allemandes en marche l'une vers l'autre. Dans la journée, deux voitures civiles bondées d'hommes en armes se trouvent soudain nez à nez dans un virage de cette route qui serpente le long des rives du golfe de Corinthe. Crissements de freins. Des deux côtés, on bondit à terre, le doigt sur la détente des pistolets-mitrailleurs. Rapidement les hommes en tenue camouflée de la SS reconnaissent pour des compatriotes ces nouveaux venus qui portent le « sac à os » des paras et le casque rond recouvert d'une toile vert olive.

La liaison est établie au bord de ce long détroit aux eaux immobiles d'un bleu profond et que dominent des montagnes pelées et chaotiques [1].

***

Tout autant que la liaison avec les SS de la garde du corps du Führer, ce qui importe désormais au colonel Sturm, c'est la poursuite de l'ennemi, qui essaie d'échapper au piège de l'avance allemande et espère gagner le port de Nauplie, à une soixantaine de kilomètres au sud de Corinthe, tout au fond du golfe d'Argolide. Là des bateaux sont rassemblés, prêts à emmener les soldats du corps expéditionnaire britannique vers la Crète ou l'Egypte. Mais ces navires sont sans cesse attaqués par les Stukas qui s'efforcent de les bloquer et d'empêcher tout embarquement des troupes ennemies. Il faut rattraper les fuyards et les capturer, avant qu'ils ne profitent de la nuit pour s'échapper du Péloponnèse. Ce sera la mission maintenant confiée au bataillon du capitaine Gerhard Schirmer.

Le chef du 2e régiment de chasseurs parachutistes parvient à joindre le jeune officier par radio :

— Si tout va bien à Corinthe, ne vous attardez pas. Ce n'est pas le moment de vous arrêter. Ramassez tous les hommes que vous pourrez et lancez-vous à la poursuite de l'ennemi. Ne lui laissez pas le temps de respirer.

Le nouveau chef du IIe bataillon ne perd pas de temps à demander avec quels véhicules. A lui de se débrouiller. Son chef n'a qu'un souci : la poursuite de l'ennemi :

— Collez-lui au train, Schirmer. Poursuivez-le jusqu'à Argos et Nauplie. Ne le laissez pas se rembarquer.

Comment résister à une telle aventure ? Voici les paras du

---

1. Voir, du même auteur dans la même collection : *les Panzers de la Garde noire.*

bataillon Schirmer lancés dans une nouvelle marche des Argonautes...

Le capitaine prend aussitôt ses dispositions pour la poursuite et ordonne au sous-lieutenant Hans Teusen :

— C'est vous qui commanderez l'avant-garde. Direction Argos puis Nauplie. Ne perdez pas une seconde. Je vous suivrai avec le reste du bataillon.

Les paras font la chasse à tout ce qui peut encore rouler. Ils s'entassent dans de vieux tacots grecs réquisitionnés et dont ne voudrait aucun garagiste. Quelques malins parviennent à découvrir des véhicules militaires abandonnés par les Britanniques et des mécaniciens improvisés parviennent à faire tourner les moteurs. Des corvées font le plein d'essence tandis que les mitrailleurs bricolent des affûts pour leur pièce sur le capot des voitures. En quelques heures, l'étrange colonne est prête à prendre la route et ressemble à un convoi de romanichels avec tous ces véhicules disparates à bout de souffle.

Le sous-lieutenant Hans Teusen, cependant, ne se sent plus de joie depuis que son chef lui a confié l'avant-garde de la colonne des Argonautes.

Tout le long de la chaussée qui mène, plein sud, vers Argos, les Allemands découvrent des centaines et des centaines d'épaves abandonnées par leurs ennemis en retraite. Les Stukas que les paras ont vu tourner dans le ciel et fondre sur leurs proies, ont accompli depuis la veille une terrible besogne. Camions, tracteurs d'artillerie, voitures, engins blindés, tout ce matériel, éventré par les bombes et ravagé par les flammes, gît pêle-mêle sur le bord de la route. Des épaves continuent de brûler dans les champs ou dans les vergers. Vainement les conducteurs ont essayé d'échapper aux avions en se cachant sous les orangers ou les citronniers. Mais la foudre a frappé. Et il ne reste que des carcasses informes et des cadavres racornis.

Le paysage grandiose et tragique de Mycènes a vu revenir la grande furie de la guerre. Et les Stukas ont frappé, non loin de ces ruines figées à jamais dans la poussière des siècles, accrochées au flanc de ces montagnes dénudées où s'allument désormais les incendies de la guerre. Juste avant d'arriver dans la bourgade d'Argos, les chasseurs parachutistes du sous-lieutenant Teusen découvrent sur un terrain d'aviation improvisé une quarantaine d'avions détruits. Terrible vision d'un champ de ruines modernes où le feu a rongé le métal et la toile des fuselages tordus. Cimetière de machines qui ne sont plus que sépulcres informes où veillent, à leur poste de combat et de mort, les pilotes carbonisés.

Les véhicules réquisitionnés peinent dans ce décor de montagne austère où le poids de l'Histoire semble peser sur les pierres et les sources. Les paras, dans leur tenue de drap et leur « sac à os » souffrent de la chaleur, même s'ils roulent tous carreaux baissés.

Le soleil se couche quand les Allemands arrivent aux portes d'Argos. Le paysage à son tour s'enflamme. Voici les premières maisons de la cité au nom magique. Mais les soldats ne songent qu'à tirer en arrière la culasse de leurs armes automatiques et à guetter la moindre silhouette. Tout pourtant n'est que désert et poussière : Argos est une ville morte.

Il n'y a plus un seul soldat britannique. Les camions roulent lentement. Des femmes vêtues de noir surgissent des maisons et regardent ces guerriers inconnus tombés du ciel de l'Attique. Une nouvelle invasion a repris la vieille route des Doriens. Quelques hommes apparaissent, tirent une chaise d'un recoin et s'assoient sur le seuil des maisons, croyant la guerre finie.

La colonne dépasse Argos et s'installe pour la nuit dans un petit village, non loin du golfe d'Argolide dont on découvre parfois les eaux calmes à un tournant de la route. Epuisés de fatigue, les paras qui n'ont guère dormi depuis leur saut de la veille, sommeillent sous la protection des sentinelles. Les étoiles s'allument une à une, tandis que les servants mettent en batterie les canons et les mitrailleuses abandonnés hier par l'ennemi.

A l'aube, la marche reprend. Maintenant, le port de Nauplie semble tout proche. Avant d'y arriver, les Argonautes de la Luftwaffe vont tomber sur une arrière-garde des forces alliées en retraite. Peu importe qu'ils soient beaucoup plus nombreux que les hommes de la section du sous-lieutenant Teusen.

— On attaque, décide leur chef.

Ses chasseurs parachutistes bondissent des voitures et s'élancent contre les Britanniques avec une telle fougue que leurs adversaires se rendent après un très bref combat.

Une quarantaine de Néo-Zélandais sont faits prisonniers. Pour les garder, il suffira de deux parachutistes légèrement blessés que le sous-lieutenant Teusen laisse en arrière, tandis que leurs camarades reprennent la poursuite vers le sud.

Ils n'iront pas loin. Dès la sortie de la bourgade la section est prise sous le feu. L'ennemi semble installé sur une hauteur escarpée à droite de la route. Le sous-lieutenant Teusen descend de voiture et s'avance pour reconnaître le terrain. Il s'écroule, fauché par une nouvelle rafale. Malgré sa blessure, il garde le commandement de sa section et décide de ruser. Les Néo-Zélandais, c'est évident, sont beaucoup plus nombreux que les Allemands. Mais les paras possèdent un moral de vainqueurs qui les porte aux plus folles aventures. Teusen fait venir à lui un de ses sous-officiers qui parle assez bien l'anglais.

— Tu vas prendre un drapeau blanc et jouer le parlementaire. On te tirera peut-être dessus, mais avec de la chance tu finiras bien par trouver celui qui commande en face.

— Et que lui dire, Herr Leutnant ?

— Que nous sommes l'avant-garde d'une division parachutiste et que nous attendons d'un instant à l'autre le soutien de l'aviation de bombardement. Et tu n'auras plus qu'à leur proposer de se rendre.

Les Britanniques, qui font retraite depuis plusieurs jours, paraissent épuisés et leur chef accueille sans trop de surprise la proposition du sous-lieutenant Teusen, tant les Allemands ont réussi à faire croire qu'ils étaient partout invincibles sur le continent.

Une fois encore, une « ruse d'Indien » va réussir. Leurs adversaires se rendent sans trop hésiter et les Argonautes de la section Teusen s'installent sur une position qui domine le port d'embarquement des Britanniques. Ils peuvent tenir là pendant des heures sans être délogés. D'ailleurs, qui y songerait ? Soudain, on entend un bruit de moteurs. C'est le reste de la compagnie qui arrive dans des voitures réquisitionnées, précédant tout le IIe bataillon. Le capitaine Schirmer obéit aux ordres et arrive à Nauplie à la tête de ses paras. Tout rembarquement de l'adversaire sera impossible dans ce secteur.

Les chasseurs parachutistes du bataillon Schirmer, à l'issue de leur longue marche, vont parvenir à capturer le commandement en chef de l'armée grecque du Péloponnèse et toute résistance des forces alliées cessera rapidement dans la grande presqu'île.

Le capitaine Schirmer comme le sous-lieutenant Teusen se verront décorés tous deux de la croix de chevalier de la croix de Fer. Le nouveau chef du IIe bataillon a inauguré sa prise de commandement en pleine bataille par un coup d'éclat. Et ses Argonautes, la poursuite finie, abandonnent leur combinaison de saut, leur tenue de gros drap gris-bleu et leurs bottes lacées aux épaisses semelles de caoutchouc, pour partir se baigner dans les eaux transparentes du golfe d'Argolide [1].

---

1. Le capitaine Gerhard Schirmer prendra part à la bataille de Crète, puis rejoindra le front de l'Est, où il se battra sur le Mious, en Ukraine du Sud. Après un rapide séjour en Tunisie, il retourne en Russie comme chef de bataillon à Jitomir et à Kirovograd. Promu lieutenant-colonel et décoré des feuilles de chêne, il commande le 16e régiment de chasseurs parachutistes dans les pays baltes et à Tilsit. Compromis pour ses relations avec des conjurés du 20 juillet 1944, il est arrêté par la Gestapo. Relâché, il rejoint le front du Danube dans le cadre de la 10e division parachutiste. Fait prisonnier par les Russes, Gerhard Schirmer fera onze ans de camp de travail dans le célèbre bagne de Vorkouta, à l'extrême nord de l'Oural. En 1956, il reprend du service dans l'armée de la république fédérale et devient colonel de la Bundeswehr.

⁂

Dans la nuit du 27 au 28 avril, le major Kroh reçoit par radio un ordre d'alerte. On signale des éléments blindés britanniques se dirigeant vers le sud, venant de la région d'Athènes. Maintenant que le passage est rétabli sur le canal de Corinthe, peut-être vont-ils tenter de reprendre le pont et de tenir la seule voie de retraite possible vers le Péloponnèse ? Kroh dit seulement à ses chefs de compagnie :

— Ouvrez l'œil et tendez l'oreille. Et prévenez-moi au premier bruit de moteur.

On entendra, quelques heures plus tard, un sourd grondement venu de la montagne. Ce ne sont pas les Britanniques mais les Allemands, dont les détachements d'avant-garde déboulent à toute allure vers le sud à la poursuite de l'ennemi. Le colonel Sturm se tient à l'entrée du pont. L'ouvrage est réparé tant bien que mal. Les paras de deux bataillons de chasseurs et d'une section de sapeurs ont rempli leur mission.

— La voie est libre.

Mais les premiers qui ont sauté déplorent des pertes assez lourdes. Rien qu'à la section du sous-lieutenant Häffner, on compte, sur une quarantaine de sapeurs, huit morts et dix-huit blessés.

A peine trois semaines plus tard, les survivants de Corinthe, le sous-lieutenant Häffner, décoré de la croix de chevalier, à leur tête, trouveront presque tous la mort au combat.

Ce qu'ont connu jusqu'ici les paras du IIIe Reich n'est que la préface à la grande opération qui sera peut-être le tombeau de l'arme aéroportée allemande : la Crète.

ANNEXES

LES GRADES DANS LES UNITES PARACHUTISTES ALLEMANDES

LUFTWAFFE	ÉQUIVALENCE
General der Flieger	Général de corps aérien
Generalleutnant	Général de division aérienne
Generalmajor	Général de brigade aérienne
Oberst	Colonel
Oberstleutnant	Lieutenant-colonel
Major	Commandant
Hauptmann	Capitaine
Oberleutnant	Lieutenant
Leutnant	Sous-lieutenant
Oberfähnrich	Aspirant
Stabsfeldwebel	Adjudant-chef major
Oberfeldwebel	Adjudant-chef
Feldwebel	Adjudant
Fähnrich	Aspirant de 2e classe
Unterfeldwebel	Sergent-chef
Oberjäger	Sergent
Hauptgefreiter	Caporal-chef major
Obergefreiter	Caporal-chef
Gefreiter	Caporal
—	1re classe
Schütze	2e classe

PREMIER REGIMENT DE CHASSEURS PARACHUTISTES (FJR 1)
1935-1939

Ier bataillon (fin 1935) à Stendal — Armée de l'Air (WL)

Commandeur	Major Bruno BRAUER
Adjoint	Lieutenant VOGEL
Officier de transmissions	Sous-lieutenant DUNZ
1re compagnie	Lieutenant Erich WALTHER
2e compagnie	Lieutenant Hans KROH
3e compagnie	Lieutenant Karl-Lothar SCHULZ
4e compagnie	Capitaine REINBERGER

parmi les officiers : lieutenants et sous-lieutenants NOSTER, GERICKE, MERTEN, KOCH, GRÖSCHKE, PAUL, HERMANN, etc.

IIe bataillon (fin 1937) à Brunswick — Armée de Terre (WH)

Commandeur	Major Richard HEIDRICH puis capitaine Fritz PRAGER
Adjoint	Lieutenant HECKEL
Officier de transmissions	Lieutenant Rudolf BÖHMLER
1re compagnie (5e)	Lieutenant baron VON BRANDIS
2e compagnie (6e)	Lieutenant Eduard HÜBNER
3e compagnie (7e)	Lieutenant PAGELS
4e compagnie (8e)	Capitaine PELZ

A dater du 1er janvier 1939, le bataillon parachutiste de l'Armée de Terre est rattaché à l'Armée de l'Air (Luftwaffe) et fait partie de la 7e division aérienne, commandée par le Generalmajor Kurt Student.

ARMEE DE L'AIR (LUFTWAFFE) — PRINTEMPS 1940

7e division aérienne (parachutiste)

Etat-major

Commandeur	Général de division Kurt STUDENT
Officier-adjoint	Major ERLICH
Officier d'ordonnance	Lieutenant HERMANN
Chef d'état-major	Major breveté Heinz TRETTNER
Officier d'opérations 1	Capitaine Hans KROH
Officier d'opérations 2	Capitaine Eduard HÜBNER
Matériel	Capitaine OSTERROTH
Renseignements	Lieutenant LAMPERTSDORFER
Contre-espionnage	Major BOCK
Personnel	Lieutenant VON FICHTE
Transmissions	Major SCHOSTAG
Intendance	Officier d'administration WITZUM
Service sanitaire	Médecin-colonel KNEBEL
Armement et matériel	Capitaine KATHLER
Ingénieur de vol	Ingénieur d'aviation STOK

Unités divisionnaires

Section de reconnaissance	Lieutenant LANGUTH
Section de transport	Lieutenant SCHAFER
Compagnie de transmissions	Lieutenant SCHLEICHER
Section de fusiliers-motocycl.	Sous-lieutenant GEYER
Batterie d'obusiers	Lieutenant SCHRAM
Batterie de FLAK légère	Lieutenant TIMM
Compagnie de PAK	Capitaine GOTZEL
Compagnie sanitaire	Docteur Heinrich NEUMANN
Compagnie de transport	Capitaine ROSLOFF

CAMPAGNE DE DANEMARK ET DE NORVEGE — 9 AVRIL 1940	
Ier bataillon/FJR 1	
Commandeur	Capitaine Erich Walther
1re compagnie	Lieutenant Herbert Schmidt (Dombas)
2e compagnie	Capitaine Kurt Gröschke (Oslo-Fornebu)
3e compagnie	Lieutenant baron von Brandis (Stavanger-Sola)
4e compagnie	Capitaine Walter Gericke (Vordingborg)

ATTAQUE DES PONTS DU CANAL ALBERT
ET DE LA FORTERESSE D'EBEN EMAEL
10 mai 1940

Bataillon d'assaut Koch	(Cologne)
Commandeur	Capitaine Walter Koch
Chef des pilotes	Lieutenant Walter Kiess
Médecin	Docteur Rolf Jager
Groupe « Acier »	Lieutenant Gustav Altmann (Weldwezelt) Sous-lieutenant Helmuth Ringler
Groupe « Béton »	Sous-lieutenant Gerhard Schacht (Vroenhoven)
Groupe « Fer »	Sous-lieutenant Martin Schachter (Canne) Sous-lieutenant Joachim Meissner
Groupe « Granit »	Lieutenant Rudolf Witzig (Eben Emael) Sous-lieutenant Egon Delica

ARMEMENT POUR L'ATTAQUE SUR EBEN EMAEL

30 charges tubulaires
9 charges allongées de 6 kilos
28 charges creuses de 50 kilos
28 charges creuses de 12,5 kilos
70 charges de 3 kilos
13 caisses d'explosifs de 25 kilos
55 sacs de grenades à main
6 mitrailleuses MG 34
4 lance-flammes
16 pistolets-mitrailleurs

GROUPE D'ASSAUT « GRANIT » — EBEN EMAEL — 10 MAI 1940

Equipe 1

Adjudant Niedermeier
Adjudant Raschke, pilote
Sous-lieutenant Delica
List
Drucks
Kramer
Graef
Stucke

Equipe 2

Sergent Max Maier (T)
Sergent Brandenbeck, pilote
Walter Meier (B)
Iskra
Olmann
Gehlich
Bader (B)
Comdur

Equipe 3

Sergent Arendt
Sergent Supper, pilote
Merz (B)
Müller
Kupsch
Stopp
Franz

Equipe 4

Adjudant-chef Wenzel
Sergent Brantigam, pilote
Polzin
Schmidt
Köhler
Florian
Engelmann

Equipe 5

Adjudant Haug
Sergent Lange, pilote (B)
Grechza
Jannoswski (B)
Hartmann (B)
Stützinger
Bögle (T)

Equipe 6

Sergent Harlos
Sergent Ziller, pilote
Gramse
Zirwes
Grigowski
Lukascheck
Blaser

Equipe 7

Sergent Heinemann (B)
Sergent Scheitauer, pilote (B)
Passman (B)
Michalke (B)
Mülder
Schultz
Höpfner (B)
Alefs

Equipe 8

Sergent Unger (T)
Sergent Distelmeier, pilote
Else (B)
Hierlander
Meyer (B)
Hooge (B)
Plitz
Weinert

Equipe 9

Sergent Neuhaus
Sergent Schulz, pilote
Schlosser (B)
Wiegers
Jacob (B)
Körner
Seltmann

Equipe 10

Sergent Hubel (T)
Sergent Kraft, pilote
Guthan
Bansimir
Jürgensen (T)
Hansing
Gilz, radio
Kultz, radio

Equipe 11

Sergent Schwarz
Sergent Pilz, pilote
Johnsen
Lieutenant Rudolf Witzig
Kruck (T)
Krenz
Braun, radio

(T) : Tué.
(B) : Blessé.

CAMPAGNE DE HOLLANDE — 9 MAI 1940

1er régiment de chasseurs parachutistes (FJR 1)

Commandeur	Colonel Bruno BRAUER
Adjoint	Capitaine RAU
Officier d'ordonnance	Lieutenant SCHEMEITAT
Officier à disposition	Lieutenant comte VON SCHULENBURG
Médecin régimentaire	Dr MULLER et Dr WERNER
	Ier Bataillon
Commandeur	Capitaine Erich WALTHER
Adjoint	Lieutenant ZUBER
Transmissions	Lieutenant GERHOLD
1re compagnie	Lieutenant GÖTTE
2e compagnie	Capitaine GRÖSCHKE Sous-lieutenant VON BLÜCHER
3e compagnie	Lieutenant baron VON BRANDIS
4e compagnie	Capitaine Walter GERICKE
	IIe Bataillon
Commandeur	Capitaine Fritz PRAGER
Adjoint	Lieutenant HAEDRICH
Transmissions	Lieutenant Günter HOFMANN
5e compagnie	Lieutenant STRAEHLER-POHL Sous-lieutenant Cord TIETJEN
6e compagnie	Lieutenant STANGENBERG
7e compagnie	Lieutenant PAGELS
8e compagnie	Lieutenant Rudolf BÖHMLER Lieutenant Alfred SCHWARZMANN
	IIIe Bataillon
Commandeur	Capitaine Karl-Lothar SCHULZ
Adjoint	Lieutenant SCHMUCKER
9e compagnie	Lieutenant GESSNER
10e compagnie	Lieutenant Karl-Heinz BECKER
11e compagnie	Lieutenant Horst KERFIN
12e compagnie	Lieutenant Werner SCHMIDT Lieutenant SCHULLER Sous-lieutenant HILLENBRANDT
13e compagnie	pas encore formée en Hollande
14e compagnie (PAK)	Lieutenant REITZENSTEIN

CAMPAGNE DE HOLLANDE — 9 MAI 1940

2e régiment de chasseurs parachutistes (*FJR 2*)
pas d'état-major régimentaire

	Ier Bataillon
Commandeur	Capitaine NOSTER
Adjoint	Lieutenant HECKEL
Transmissions	Sous-lieutenant JACOBI
1re compagnie	Lieutenant SCHLICHTING
2e compagnie	Lieutenant MERTEN
3e compagnie	Lieutenant Arnold VON ROON
4e compagnie	Capitaine MORAWETZ
	IIe Bataillon
Commandeur	Capitaine PIETZONKA
Adjoint	Lieutenant KNOBLOCH
Transmissions	Lieutenant KOEBECKE
5e compagnie	Lieutenant THIEL
6e compagnie	Capitaine Gerhard SCHIRMER
7e compagnie	Lieutenant Horst ZIMMERMANN
8e compagnie	Lieutenant Hugo PAUL

LE CORPS AÉROPORTÉ POUR L'ATTAQUE CONTRE LA HOLLANDE au 10 mai 1940

2ᵉ flotte aérienne
(Gal C.A. Kesselring)

Corps aéroporté
(Gal D.A. Student)

7ᵉ division aérienne
(Gal D.A. Student)

- 16ᵉ régiment d'infanterie (2 bataillons)
- 1ᵉʳ régiment de chasseurs parachutistes (3 bataillons + 1 compagnie anti-chars)
- Groupe d'artillerie 7
- Batterie anti-aérienne 106
- Compagnie de transport 7
- Compagnie médicale 7
- Groupe de reconnaissance divisionnaire
- Compagnie de transmissions 7
- Section de gendarmerie

22ᵉ division aéroportée
(Gal de division Sponeck)

- 1ᵉʳ bataillon du 2ᵉ régiment de chasseurs parachutistes
- 6ᵉ compagnie du 2ᵉ régiment de chasseurs parachutistes
- 47ᵉ régiment d'infanterie (3 bataillons)
- 65ᵉ régiment d'infanterie (3 bataillons)
- Régiment d'artillerie 22
- Bataillon du génie 22
- Groupe de reconnaissance 22
- Bataillon de transmissions 22
- Bataillon anti-chars 22
- Bataillon anti-aérien 22
- Unité médicale 22

Unités de transport aérien
(Junkers 52)

- Escadre de transport I (4 groupes pour la 7ᵉ division parachutiste)
- Groupe de transport 9
- Groupe de transport 12

- Escadre de transport 2 (4 groupes pour la 22ᵉ division aéroportée)
- Groupe de transport 11
- Groupe de transport 1/172

SUPPORT AÉRIEN
(Gal B.A. Putziger)

Attaque au sol

- 4ᵉ escadre de bombardement (3 groupes de Me 111)
- 1 groupe de Ju 88
- 1 groupe de "Stukas" (Ju 87)

Couverture aérienne

- 26ᵉ escadre de chasse (Me 109)
- 51ᵉ escadre de chasse (Me 109)
- 26ᵉ escadre de destroyers (Me 110)

LE JUNKERS JU 52

La première version du fameux Ju 52 vola en 1934 et était alors destinée à devenir un bombardier lourd. Si le Ju 52 servit dans ce rôle durant la guerre d'Espagne avec la Légion Condor, il devint bientôt l'autobus volant de la Luftwaffe, comme l'appareil standard de la Lufthansa. Le développement des troupes aéroportées allemandes est lié à l'existence de cet appareil qui pouvait transporter dix-sept parachutistes, ou bien douze parachutistes et quatre gaines métalliques d'armes.

La carlingue et les ailes sont en aluminium et très fiables. Trois mille appareils seront fabriqués jusqu'en 1945, de cinq types différents.

La première unité de transport aérien à collaborer avec les paras est le IVe groupe de la *Kampfgeschwader* 152 « Hindenburg ». En octobre 1937, ce groupe devient *Kampfgruppe zbV 1* et il passe sous le contrôle de la 7e division aérienne. Un *Kampfgruppe zbV 2* est formé en août 1938. Chacun de ces groupes peut aligner 53 appareils et transporter un bataillon complet de paras. Pour les combats de 1939/1940, la Luftwaffe peut aligner deux escadres de transport à 220 appareils chacune, plus plusieurs groupes autonomes.

Caractéristiques techniques (Ju 52/3 M).

Trois moteurs en étoile BMW 132 A-3 à 9 cylindres et 730 CV.
Armement : 2 mitrailleuses MG 15 de 7,92 mm.
Vitesse max. à 3 000 pieds : 276 km/h.
Vitesse max. de croisière : 246 km/h.
Autonomie : 997 km.
Plafond : 5 885 m.
Poids à vide : 5 723 kg.
Charge utile : 9 508 kg.
Surcharge : 10 508 kg.
Envergure : 31,8 m.
Longueur : 18,85 m.
Hauteur : 6,11 m.

LE PLANEUR DFS-230

Mis au point après 1933 sous l'égide de l'Institut allemand de Recherche sur le vol à voile (D.F.S.) à partir d'un engin d'observation météorologique, les premiers appareils sortent de l'usine de Gothaer en 1937 pour être testés. Le DFS-230 n'est officiellement adopté par la Wehrmacht qu'après l'entrée en guerre, et sera fabriqué à 1 591 exemplaires. C'est le plus petit planeur standard existant : sa destination est le transport d'un groupe de combat avec son équipement.

Les types A et B sont équipés d'un dispositif de freinage amélioré. Le type C est doté de fusées de freinage. Le DFS-230 sera tardivement transformé en planeur de ravitaillement en piqué avec parachutes freins.

L'armature de la carlingue est en tubes d'acier et entoilée. Six sièges regardent vers l'avant et quatre vers l'arrière. Les ailes sont en bois. La dérive et le plan horizontal de queue sont en contreplaqué, les gouvernails de direction et de profondeur en bois entoilé.

Si ce planeur permet une approche silencieuse, il constitue par contre une excellente cible pour les tireurs au sol.

Caractéristiques techniques.

Envergure : 21,98 m.
Largeur du fuselage : 0,70 m.
Longueur : 11,24 m.
Hauteur : 2,74 m.
Poids à vide : 780 kg.
Charge utile : 1 150 kg.
Vitesse max. en remorque : 185 km/h.
Vitesse max. en piqué : 290 km/h.

PARACHUTISTES ET AVIATEURS DECORES DE LA CROIX DE CHEVALIER DE LA CROIX DE FER APRES LES CAMPAGNES DU PRINTEMPS 1940

12-5-1940	Lieutenant Gustav ALTMANN	Chef du groupe « Acier »
13 5-1940	Adjudant Helmut ARPKE	Sous-officier au bataillon d'assaut Koch
24-5-1940	Sous-lieutenant Wolfgang comte VON BLÜCHER	Chef de section à la 2e compagnie du FJR 1
24-5-1940	Colonel Bruno BRAUER	Commandeur du FJR 1
12-5-1940	Sous-lieutenant Egon DELICA	Adjoint au chef du groupe « Granit »
24-5-1940	Adjudant Helmut GÖRTZ	Chef de section à la 1re compagnie du FJR 1
12-5-1940	Médecin-chef Dr Rolf JAGER	Médecin du bataillon d'assaut Koch
24-5-1940	Lieutenant Horst KERFIN	Chef de la 11e compagnie du FJR 1
12-5-1940	Lieutenant Walter KIESS	Chef des planeurs du bataillon d'assaut Koch
10-5-1940	Capitaine Walter KOCH	Commandeur du bataillon d'assaut Koch
12-5-1940	Sous-lieutenant Joachim MEISSNER	Adjoint du chef du groupe « Fer »
24-5-1940	Capitaine Fritz PRAGER	Chef du IIe bataillon du FJR 1
15-5-1940	Sous-lieutenant Helmut RINGLER	Chef des mitrailleuses du groupe « Acier »
12-5-1940	Sous-lieutenant Gerhard SCHACHT	Chef du groupe « Béton »
12-5-1940	Sous-lieutenant Martin SCHACHTER	Chef du groupe « Fer »
29-5-1940	Lieutenant Herbert SCHMIDT	Chef de la 1re compagnie du FJR 1
24-5-1940	Capitaine Karl-Lothar SCHULZ	Chef du IIIe bataillon du FJR 1
29-5-1940	Lieutenant Alfred SCHWARZMANN	Chef de section à la 8e compagnie du FJR 1
12-5-1940	Général de division Kurt STUDENT	Commandeur de la 7e division aérienne (parachutiste)
24-5-1940	Sous-lieutenant Cord TIETJEN	Chef de section à la 5e compagnie du FJR 1
24-5-1940	Major breveté Heinz TRETTNER	Chef d'état-major de la 7e division aérienne
24-5-1940	Capitaine Erich WALTHER	Chef du Ier bataillon du FJR 1
10-5-1940	Lieutenant Rudolf WITZIG	Chef du groupe « Granit »
15-5-1940	Lieutenant Otto ZIERACH	Pilote de planeur au bataillon d'assaut Koch

BIBLIOGRAPHIE

AUSTERMANN Heinz : *Von Eben Emael bis Edewechter Damm,* Verlag des Falschirm-Pionnier Gemeinschaft, Holzminden, 1971.

BENDER Roger James et PETERSEN George A. : *« Hermann Göring », from Regiment to Fallschirmpanzerkorps,* San José, California, 1975.

BERGOT Erwan : *Les Paras,* André Balland, Paris, 1971.

BERGOT Erwan : *La Légion au combat,* Presses de la Cité, Paris, 1975.

BÖHMLER Rudolf et HAUPT Werner : *Fallschirmjäger (Paratrooper),* texte germano-anglais, Verlag Hans-Henning Podzun, Dorheim, 1971.

CROOKENDEN Napier : *Airborne at War,* Ian Allan Ltd, London, 1978.

DAVIS Brian L. : *German Parachute Forces 1935-1945,* Arms and Armour Press, London, 1974.

EDWARDS Roger : *German Airborne Troop,* foreword by Generaloberst Kurt Student, Macdonald Illustrated War Studies, London, 1974.

GERICKE Walter : *Fallschirmjäger hier und da,* Berlin, 1941.

GERICKE Walter : *Soldaten fallen vom Himmel,* Schützen Verlag, Berlin, 1940.

HAUPT Werner : *Fallschirmjäger 1939-1945, Weg und Schicksal einer Truppe,*

GÖTZEL Hermann : *Generaloberst Kurt Student und seine Fallschirmjäger,* Podzun-Pallas, Friedberg, 1980.

HARMS Norman et VOLSTADT Ron : *Fallschirmjäger in Action,* Squadron Signal Publications, Warren, Michigan, 1973.

HAUPT Werner : *Fallschirmjäger 1939-1945, Weg und Schicksal eine Truppe,* Podzun Pallas Verlag, Friedberg, 1979.

HOVE Alkmar von : *Alerte ! Parachutistes,* Edition de la Pensée moderne, Paris, 1960.

KILLEN John : *La Luftwaffe,* Robert Laffont, Paris, 1967.

KUHN Volkmar : *Deutsche Fallschirmjäger im Zweiten Weltkrieg,* Motorbuch Verlag Stuttgart, 1975. Traduction anglaise : *German Paratroops in World War II,* Ian Allan Ltd, London, 1978.

LHOEST Jean-Louis : *Les Paras allemands au canal Albert, mai 1940,* Presses de la Cité, Paris, 1964.

MACDONALD Charles : *Les Parachutistes, une arme d'élite,* Histoire illustrée de la Seconde Guerre mondiale, Marabout, 1970.

MELIGNE William : *... Go !,* Charles Lavauzelle, Paris, 1950.

MELZER Walter : *Albert-Kanal und Eben-Emael,* Heidelberg, 1957.

MERGLEN Albert : *La Guerre de l'inattendu,* Arthaud, Paris, 1966.

MERGLEN Albert : *Histoire et avenir des troupes aéroportées,* Arthaud, Paris, 1968.

MIKSCHE lieutenant-colonel : *Paratroupes,* Payot, Paris, 1966.

MORDAL Jacques : *Narvik,* Presses de la Cité, Paris, 1959.

MRAZEK James E. : *Lastensegler auf Eben Emael,* Motor Verlag, Stuttgart, 1980.

QUARRIE Bruce : *Fallschirmjägerdivision « Hermann Göring »*, Osprey Publishing, London, 1978.

RAMSEY Winston G. : *After the battle* (*Fort Eben Emael*), London, 1974.

ROCOLLE chef de bataillon breveté : *L'Arme aéroportée, clé de la victoire,* deux tomes, Charles Lavauzelle, Paris, 1948.

SCHMIDT Herbert : *Die Fallschirmjäger von Dombas,* Schützen Verlag, Berlin, 1941.

SEEMEN Gerhard von : *Die Ritterkreuzträger 1939-1945,* Bad Wanheim, 1955.

SERGENT Pierre : *Histoire mondiale des Parachutistes,* Bureau de Production Littéraire, Paris, 1974.

SPRINGENSCHMID Karl : *Die Männer von Narvik,* Leopold Stocker Verlag, Graz-Stuttgart, 1977.

TORRIS M.J. : *Narvik,* Arthème Fayard, Paris, 1942.

VAN OOSTEN capitaine de corvette F.I. : *La Défaite vient du ciel,* Historia-Magazine, Seconde Guerre mondiale n° 7, Tallandier, Paris, 1972.

VERINE Yann : *La Révélation allemande,* dans numéro spécial *Les Paras,* Historia n° 391 bis, Paris, 1979.

WAAGE Johan : *La Bataille de Narvik,* Robert Laffont, Paris, 1965.

WINDROW Martin et ROFFE Michael : *Luftwaffe, Airborne and Field Units,* Man at arms Series, Osprey, London, 1972.

WITZIG Rudolf : *La Capture du fort Eben Emael,* dans Historia-Magazine, Seconde Guerre mondiale n° 7, Tallandier, Paris, 1972.

Aéroportés 1918-1944, numéro spécial Connaissance de l'Histoire, n° 18, Hachette, Paris, novembre 1979.

Der deutsche Fallschirmjäger, revue bimestrielle des anciens parachutistes allemands.

TABLES

TABLE DES CHAPITRES

TABLE DES CARTES

Aubin Imprimeur
LIGUGÉ, POITIERS

Achevé d'imprimer en avril 1988
N° d'édition 4327 / N° d'impression L 27129
Dépôt légal, 1er trimestre 1981
Imprimé en France